普通高等教育“十四五”规划教材

工科物理化学

陈泳 徐惠 主编

中国石化出版社

内 容 提 要

本书根据教育部高等学校化学与化工类学科教学指导委员会提出的“化学教学基本内容”编写。全书着重阐述基本概念和基本规律，避免不必要的推导和证明，在具体内容的叙述方法上力求通俗易懂，突出工科专业的实际需要，既全面系统地阐述物理化学的基本概念和基础理论，又适当介绍学科发展的趋势和最新成果。

本书可以作为高等学校非化学、化工类高等工科专业的学生学习物理化学的教材，也可以作为相关科研和工程技术人员的参考书。

图书在版编目(CIP)数据

工科物理化学／陈泳，徐惠主编．—北京：中国石化出版社，2023.1

ISBN 978-7-5114-6948-9

Ⅰ．①工…　Ⅱ．①陈…　②徐…　Ⅲ．①物理化学-高等学校-教材　Ⅳ．①G64

中国版本图书馆 CIP 数据核字(2022)第 251928 号

中国石化出版社出版发行

地址：北京市东城区安定门外大街 58 号

邮编：100011　电话：(010)57512500

发行部电话：(010)57512575

http://www.sinopec-press.com

E-mail:press@sinopec.com

北京柏力行彩印有限公司印刷

全国各地新华书店经销

*

787×1092 毫米 16 开本 19 印张 447 千字

2023 年 1 月第 1 版　2023 年 1 月第 1 次印刷

定价：59.00 元

前　言

物理化学是通过研究化学现象和物理现象之间的相互联系，找出化学运动中最具普遍性的基本规律的一门学科。因此，凡是要使物质发生变化以转变为相关产品的众多工科专业，均将物理化学课程放在一个非常重要的地位。对于非化学、化工专业的工科学生来说，学习物理化学的主要目的是掌握物理化学的基本原理并为其专业服务。目前，国内出版的物理化学教材已有许多版本，其中不乏高水平之作，本书是在借鉴这些优秀教材的基础上，博众家之长，为大学本科非化学、化工专业的工科专业的学生提供一本学习物理化学的教材。本书既能满足材料、生物、轻工、食品、环境、给排水等类型的工科各专业对物理化学内容的基本需求，又能适合不同工科专业的应用重点。

本书根据教育部高等学校化学与化工类学科教学指导委员会提出的“化学教学基本内容”编写，以非化学、化工类高等工程本科专业的学生为主要对象，主要内容包括气体、热力学第一定律、热力学第二定律、多组分系统热力学、化学平衡、相平衡、电化学基础、化学动力学、界面现象和胶体化学。在本书的编写过程中，在知识点的分布和先后次序安排方面，力求突出前后内容的连贯性、系统性和严密性。本着深入浅出和少而精的原则，着重阐述基本概念和基本规律，避免不必要的推导和证明，在具体内容的叙述方法上力求通俗易懂，强调应用，突出工科专业的实际需要，既全面系统地阐述物理化学的基本概念和基础理论，又适当介绍学科发展的趋势和最新成果。同时，根据物理化学的课程思政目标，凝练各章教学内容所包含的思政元素，在每章后列举了课程思政案例，培养学生的科学精神和逻辑思维方法，激发学生的家国情怀和使命担当的责任心。本书适合需要开设物理化学课程的非化学、化工类所有工科专业使用。书中采用以国际单位制(SI)为基础的“中华人民共和国法定计量单位”和国家标准(GB 3100～3102—1993)所规定的符号。

按理论课教学要求，本书全部授课时间需要50~80学时，各专业共同需要的基本内容均作为重点而列入。由于不同学校的教学时数不同，不同专业对物理化学教学内容的要求也不可能完全一致，所以编入的内容稍多于教学学时的教学量，使用时可按专业需求和教学时数自行取舍内容，有“*”标记的内容主要涉及学生知识面的拓宽，可供学生自学。在每章末附有本章重点、难点等知识点介绍、基本计算公式和应用条件，同时提供了紧扣教材内容的思考题和习题，便于学生学习和总结。

全书共分十章，由陈泳、徐惠任主编，参加编写人员有陈泳、徐惠(绪论、前言)，王玉春(第一章、第四章)，张庆堂(第二章)，徐惠、赵冬妮(第三章、第七章)，陈泳(第五章、第八章)，龙雪枫(第六章)，赵新红(第九章、第十章)。全书由陈泳、徐惠统稿。赵仕玲负责全书的校对工作。

本书在编写过程中，参考和引用了国内外一些优秀的物理化学教材及教学研究论文。同时，本书的出版得到了兰州理工大学应用化学红柳重点专业建设项目和中国石化出版社的大力支持，借此一并致谢。

受编者水平所限，且时间有限，书中错误和不当之处在所难免，敬请读者批评指正。

目　　录

绪　论

§0.1　物理化学研究目的及其内容

化学作为自然科学的一个领域，是研究物质性质与变化的科学。任何一个化学反应的发生总是与各种物理过程相联系。例如：发生化学反应时总是伴随着热量的吸收或放出；原电池将自发的化学反应转化成电能储存起来，而电解过程需要外加电源的帮助才能完成；植物的光合作用需要光照才能发生，镁条在空气中燃烧会发出耀眼的白光。可以说，这样的例子举不胜举，证明了在微观粒子相互作用、相互运动的化学变化过程中，总是伴随着物理变化，如温度、压力、体积、浓度、颜色的变化等，而热、电、光、磁等物理因素也有可能引发化学变化或影响化学变化的进行，所以物理现象和化学现象之间是密不可分的。在考察、研究这种联系的过程中，逐步形成了物理化学这门学科。物理化学是从研究化学现象和物理现象之间的联系入手，运用物理学的理论和实验方法，研究物质变化中具有普遍性的基本规律的一门学科。

物理化学又称为理论化学，被誉为"化学中的哲学"。研究物理化学的目的，在于探讨物质变化的相互关系及有关因素的影响，从而掌握化学变化的基本规律，并用于解决生产实践和科学实验中有关问题。具体地讲，物理化学主要是研究和解决以下三方面的问题：

(1) 化学反应的方向和限度问题。主要研究在指定条件下，某一化学反应能否按预期的方向进行；如果能够进行，反应的最大产率，即反应的限度为多少；外界条件如温度、压力、浓度等对反应的方向和限度(化学平衡的位置)有什么影响；如何控制外界条件使化学反应向有利于生产的方向进行；化学反应的热效应及变化过程中的能量关系如何；等等。对于这些问题的研究是以物理学中的热力学理论为基础的，所以称为化学热力学。

(2) 化学反应进行的速率和机理问题。主要研究化学反应的速率究竟有多快？反应究竟是通过何种历程(反应机理)进行的？温度、压力、浓度和催化剂等各种因素对反应速率有何影响？对这些问题的研究构成了物理化学的另一个分支，称为化学动力学。

在实际应用中，化学热力学和化学动力学互为补充。例如氢气与氧气化合生成水的反应，由热力学数据判断这个反应的趋势是基本可以进行到底。但根据反应条件的不同，可能会出现下列几种情况：①在有限的时间内看不到有水生成；②爆炸；③以一定的速率进行(人为控制时)。所以，对于一个化学反应仅仅知道其方向和限度是不够的，还需要弄清其反应的速率、机理及影响反应速率和机理的因素。这是因为，化学热力学的研究主要解决反应可能性的问题，而化学动力学的研究则解决反应现实性的问题，因此在实际应用中，必须将二者结合起来进行讨论，才能得到符合实际的结果。

(3) 物质结构与性能之间的关系。主要从微观角度探讨物质的内部结构及变化的规律性，物质具有不同的性质和状态的根本原因是物质内部的化学结构不同造成的。物质结构这部分内容对于我们深入了解化学热力学和动力学的本质问题，指导我们合成所需性能的新材料方面是非常有意义的。根据研究此类问题的方法和手段，这部分内容已形成结构化学和量子化学两个分支，一般在基础物理化学中不予介绍。

物理化学学科的内容十分丰富广泛，根据工科专业的需要和教学学时的限制，本书是在掌握化学热力学和化学动力学基本原理的基础上，介绍其在化学平衡、相平衡、电化学、界面现象及胶体化学等方面的具体应用，了解物理化学与人们生产和生活的密切关系。

§0.2 物理化学的研究与学习方法

物理化学是自然科学中的一个分支，其研究方法遵循着自然科学研究方法的一般原则，即按照“实践—认识—再实践”这一发展规律。在物理化学的研究中应充分重视实验的重要性，任何认为物理化学是专搞理论而轻视实验的想法都是错误的。物理化学的研究方法由于研究对象的特殊性，可以分为理论研究方法和实验研究方法两个方面。

理论研究方法包括热力学方法、量子力学方法和物质结构方法。在基础物理化学课程中主要是应用热力学方法，该方法是一种宏观方法，以大量的分子、原子所构成的宏观系统为研究对象，以经验概括出的热力学第一定律和热力学第二定律为基础，引出五个重要的热力学函数和几个重要的判据，并用以判断变化的方向和平衡条件，在处理问题时只注重系统起始和终了的状态，而无须知道系统内部粒子的结构变化和过程的机理。用热力学方法来研究化学平衡、相平衡、反应的热效应和电化学等内容，其结论十分可靠。然而，由于热力学方法只从系统的起始和终了状态来研究系统的变化情况，因此不能解决反应速率、反应机理和物质结构等问题。要研究微观质点如分子、原子、原子核等结构及其运动规律就需要应用统计力学方法和物质结构微观研究方法。用统计力学方法可从少数粒子的运动规律来推断由大量粒子所组成系统的运动规律。用这种方法可使系统的微观运动和宏观表现联系起来，如研究气体分子运动理论、反应的速率理论等。而量子力学则是研究微观质点的结构的重要理论工具。

实验研究方法包括化学方法(化学成分的分析)、热力学方法(测量热效应、表面张力等热力学数据)、电学方法(测量电势、电流等)、光学方法(测量折射率、旋光度等指标)、波谱方法(质谱、红外光谱、磁共振)等。目前由于实验仪器的不断发展和测试方法的逐渐改进，为物理化学学科的拓展提供了先进的探测和研究手段。

由于物理化学是一门比较抽象的理论课程，初学者往往感到概念、理论晦涩难懂，计算公式繁多难以掌握。针对物理化学课程的特点，就如何学习该门课程提出如下几点，供读者参考。

(1) 物理化学中涉及许多基本概念和理论，而这些概念和理论都是通过对一些具体过程的讨论、概括、归纳出来的。因此在学习过程中要注意联系具体实例，并加以对照，使抽象概念、理论具体化。了解基本概念和基础理论正确的含义、清晰的界限和适用的范围，对于表示定律(或结论)的数学公式，必须弄清它的意义及适用条件。运用所学理论解释客观现象，创造性地解决实际问题，有利于加深对基本概念、理论的理解。

(2) 物理化学是一门逻辑性较强的课程，物理化学的各章节内容虽然各有重点，但其互相衔接，密切联系。在学习过程中必须及时复习，前后联系，勤于思考，并且认真进行总结才有可能学好。

(3) 物理化学的计算公式繁多，但众多的公式只是少数公式在不同条件下的运用而已。

要掌握物理化学的基本运算就必须重视思考题和习题的练习，这对加深理解物理化学的原理和概念，培养独立思考的习惯和提高分析问题和解决问题的能力很有帮助，只有善于解题才能善于将实际问题与理论结合起来，用物理化学理论指导实践。

§0.3 物理量的表示与运算

物理化学是一门严格定量的科学，经常用定量公式来描述各物理量之间的关系，因此正确表示物理量和进行物理量的规范运算就显得十分重要。

0.3.1 物理量的表示

物理量通常用斜体的单个拉丁字母或希腊字母表示，有时带有下标或其他说明性标记。例如，p 代表压力，V 代表体积，V_m 代表摩尔体积，η 代表黏度等。

物理量由两部分组成，一部分是数值，另一部分是单位。例如 $p=100\text{kPa}$，即压力 p 的数值为 100，单位为 kPa。

单位符号一般用小写、正体的拉丁字母表示，如 m 表示米，s 表示秒等。如果单位名称来源于人名，则第一个字母用大写、正体表示，例如 K(来自 Kelvin)，J(来自 Joule)等。不可能出现没有单位的物理量，只是在物理量的单位为 1 时可以不表示出来。例如，$a=0.1$，说明物理量 a 的数值为 0.1，单位为 1。本书附录一中给出了 7 个国际单位制的基本单位、22 个国际单位制的导出单位。

在列表中，为了使表格简单明了，通常在表头中将物理量的单位约掉，用物理量与其单位的比值，即用纯数表示物理量，例如 $p/\text{kPa}=100$，表示为 $p=100\text{kPa}$，$T/\text{K}=273.15$，表示为 $T=273.15\text{K}$。

在作图时，坐标轴只能是数轴，上面标明的数字是纯数，所以坐标轴同样是用物理量与其单位的比值表示的。

计算公式中若有物理量 A 的对数项，在对数符号后面的应该是纯数，即用 A 表示物理量，$[A]$表示其单位，则其同样用物理量与其单位的比值表示，写成表达式为：$\ln A/[A]$。例如：$\ln V/\text{dm}^3=1.0$。为了简便起见，本书中 A 的对数采用 $\ln A$，而不记作 $\ln(A/[A])$，请读者注意。例如第六章中的克劳修斯-克拉佩龙方程表示形式为：

$$\frac{\mathrm{d}\ln p}{\mathrm{d}T}=\frac{\Delta_{\text{vap}}H_m}{RT^2}$$

其中 $\ln p$ 为 $\ln(p/[p])$。

0.3.2 物理量的运算

科学技术中的方程式可分为量方程式和数值方程式。在计算过程中，将包括数字和单位的物理量带入表示物理量之间关系的方程式进行运算的方法称为量方程式运算。例如，已知 1mol 理想气体，在 273.15K 和 101325Pa 条件下，体积为 22.413dm^3，试计算摩尔气体常数 R 的值。

$$R=\frac{pV}{nT}=\frac{101325\text{Pa}\times 22.413\times 10^{-3}\text{m}^3}{1\text{mol}\times 273.15\text{K}}=8.314\text{J}\cdot\text{mol}^{-1}\cdot\text{K}^{-1}$$

对于复杂运算为了简便起见，不列出每个物理量的单位，而直接给出最后单位，这种运算方式称为数值方程式运算。例如上面的数据采用数值方程式运算，即每个物理量都除以单位则得：

$$\frac{R}{\mathrm{J\cdot mol^{-1}\cdot K^{-1}}}=\frac{p/\mathrm{Pa}\times V/\mathrm{m}^3}{n/\mathrm{mol}\times T/\mathrm{K}}=\frac{101325\times 22.413\times 10^{-3}}{1\times 273.15}=8.314$$

两种方法均可以进行计算，计算结果完全相同，计算过程中物理量应全部采用 SI 单位，才能得出正确结果。

第1章　气　　体

物质是由大量的原子、分子等微观粒子组成的聚集体。在通常情况下，物质的聚集状态可分为气体、液体和固体三种，其中气体由于分子间的距离大，相互作用力小，所以分子的热运动能克服分子之间微弱的作用力而充满任意形状容器，分子之间有较大的空间，从而使气体表现出极大的可压缩性、扩散性和良好的混合性。固体内分子间隙较小，分子间的作用力很大，所以很难压缩，具有一定的形状和体积。液体介于气体和固体之间，其分子间作用力能使分子维持一定的平均距离，但又不足以将分子束缚在平衡位置，因此，液体可以流动，无一定的形状，其形状随容器形状而定，并且具有一定的体积。相较于气体，液体也很难压缩。由于气体体积随温度、压力变化大，且最为简单，故对它的研究较早也最多，实践与理论探索的成果也比较完整和系统。所以气体是物理化学研究的重要物质对象之一，而且在研究液体和固体所服从的规律时也往往借助于它们与气体的关系进行研究。因此，气体在物理化学中占有重要的地位。

本章主要讨论气体的某些规律，特别是气体的宏观性质：压力(p)、体积(V)、温度(T)、物质的量(n)间的相互关系。

§1.1　理想气体

1.1.1　气体的基本实验定律

低压和较高温度的条件下，一切处于气体状态的物质具有共同的p-V-T关系。从17世纪中期开始，人们对低压下的气体做了大量的研究，通过实验总结出三条经验定律。

(1) 波义耳(Boyle)定律

1662年波义耳发现，在等温条件下，一定量任何气体的体积V均与其压力p成反比，即

$$pV=\text{常数}(T,\ n\text{一定})$$

(2) 盖-吕萨克(Gay-Lussac)定律

1808年盖-吕萨克提出，在等压条件下，一定量任何气体的体积V均与其热力学温度T成正比，即

$$\frac{V}{T}=\text{常数}(p,\ n\text{一定})$$

T代表热力学温度，其单位为开尔文(Kelvin)，简称开，符号为K。

(3) 阿伏伽德罗(Avogadro)定律

1811年阿伏伽德罗总结出，在相同温度、压力下，等体积的任何气体均含有相同的分子个数，即

$$\frac{V}{n}=常数(T,\ p\ 一定)$$

这个定律也可阐述为，在相同温度、压力下，任何气体的摩尔体积 V_m 均相等。

1.1.2 理想气体的概念

从微观角度看，气体有两个共同特点：一是分子间的平均距离较大，分子间的作用力很微弱；二是分子本身所占体积远远小于整个气体所占体积(容器的体积)。正是由于这两点共性，一切气体尽管其分子结构各不相同，但是都普遍地服从上述三条近似规律。三个定律是在压力不太高，温度不太低的情况下总结出来的，进一步的实验发现，随着压力的降低与温度的升高，气体的 p-V-T 关系与这三个定律所发生的偏差越来越小。依此推理，当压力趋近于零时，因为气体分子间的平均距离变得很大，分子间的作用力就可忽略不计，分子本身的体积相对于整个气体所占有的体积也可忽略不计，此时所有气体均能严格遵守三个定律。于是，人们就提出这样一种设想：在压力趋近于零的极限条件下，各种真实气体都处于理想气体状态。所以，理想气体是从实际中抽象出来的假想气体。

从宏观角度看，理想气体是在任何温度和压力下严格遵守上述三个定律的气体。从微观角度看，理想气体具有下面两个基本特征：

① 分子间没有相互作用力；

② 分子本身不占有体积。

这两个特征实际上构成了理想气体的微观模型。建立一种简化的模型，是一种重要的科学方法，具有极为重要的理论意义和实际意义。理想气体模型已成为物理化学课程中讨论许多问题的重要基础。在工程计算时，在计算精度要求不高时，常把较高温度和较低压力下的气体作为理想气体处理，可以大大简化计算过程。

1.1.3 理想气体状态方程

将前述三个经验定律相结合，整理可得如下的状态方程：

$$pV=nRT \tag{1.1}$$

式(1.1)称为理想气体的状态方程，是表示理想气体的压力、体积、物质的量、温度之间关系的方程。式中 p 的单位为 Pa，V 的单位为 m^3，n 的单位为 mol，T 的单位为 K，R 称为摩尔气体常数，p、V、T、n 采用国际单位制时，R 的单位是 $J \cdot mol^{-1} \cdot K^{-1}$。理想气体状态方程所示的关系非常简单，计算十分方便。虽然它只严格适用于理想气体，但也经常用于计算低压下的真实气体，究竟在多低压力下，才能把真实气体作为理想气体处理，尚无明确的界限，要根据气体的性质和计算结果所要求的精度来确定。一般易液化的气体使用的压力范围要窄些，而难液化的气体使用的压力范围相对宽一些。通常 $p<1000kPa$，只要温度不是太低，在这样条件下按式(1.1)计算所得的结果与实验值偏差最多为±5%。在工程设计中，常常允许误差达 10%，所以工业上仍然广泛应用式(1.1)。

理想气体状态方程是一个含有四个变量 p、V、T 与 n 的表达式。对于一定量的某种理想气体(n 已给定)，p、V、T 之间通过一个方程式关联起来，所以三个变量中只有两个是独立变量，另一个是非独立变量。由此可见，一定量理想气体的状态可以由三个变量中的任意两个来确定。通常，人们选择易于直接测定的温度 T 和压力 p 来描述一定量气体的状态。由 $pV=nRT$ 方程可知，只要 V、T、n 相同，所产生的压力就相同，也就是说，服从 $pV=nRT$ 状态方程的气体与气体的化学性质无关。实际上这是一种理想化行为，因此我们又可以把理想气体的定义表述为：凡是在任何温度、压力下均遵循 $pV=nRT$ 状态方程的气体称为理想气体。

因为摩尔体积 $V_m=\frac{V}{n}$，此外，因气体的物质的量 n 可写作气体质量 m 与该气体的摩尔质量 M 之比，即 $n=\frac{m}{M}$，故理想气体状态方程可表示为另两种形式：

$$pV_m=RT \tag{1.2}$$

$$pV=\frac{m}{M}RT \tag{1.3}$$

理想气体状态方程十分有用，用它可以进行许多低压下气体的计算。在有了必要的实验数据之后，除了可计算气体的 p、V、T、n 外，还可以用来求算气体的密度 ρ、相对分子质量 M 等。

【例 1.1】 由气柜经管道输送压力为 141855Pa、温度为 40℃的乙烯，求管道内乙烯的密度 ρ。

解：根据理想气体状态方程 $pV=\frac{m}{M}RT$，则

$$p=\frac{m}{V}\frac{RT}{M}=\rho\frac{RT}{M}$$

所以

$$\rho=\frac{Mp}{RT}$$

代入数值，得

$$\rho=\frac{28\times10^{-3}\text{kg}\cdot\text{mol}^{-1}\times141855\text{Pa}}{8.314\text{J}\cdot\text{mol}^{-1}\cdot\text{K}^{-1}\times313\text{K}}=1.526\text{kg}\cdot\text{m}^{-3}$$

1.1.4 摩尔气体常数 *R*

摩尔气体常数的数值可以通过实验求得。理论上若将实验测定的 p、V_m、T 数值，代入式(1.2)，即可算出 R 值。其实不然，实验结果表明(图 1-1)，在确定的温度下，同一气体的 pV_m 值并不是一个常数，仍随压力 p 而变化，至于不同的气体，即使彼此压力、温度相同，pV_m 值亦有差异。说明从任意条件下任何气体的实测 p、V、T 数据中，不可能得到一个普遍适用的常数 R。我们知道，真实气体只有当压力趋近于零的极限条件下，才严格遵守式(1.2)，即

$$\lim_{p\to0}(pV_m)=RT$$

但当压力很低时，实验不易操作，数据亦不易测准。然而实验发现，不同的真实气体，在 $p\to0$ 时，pV_m 趋于一共同值。所以我们就采取如图 1-1 所示的直线外推

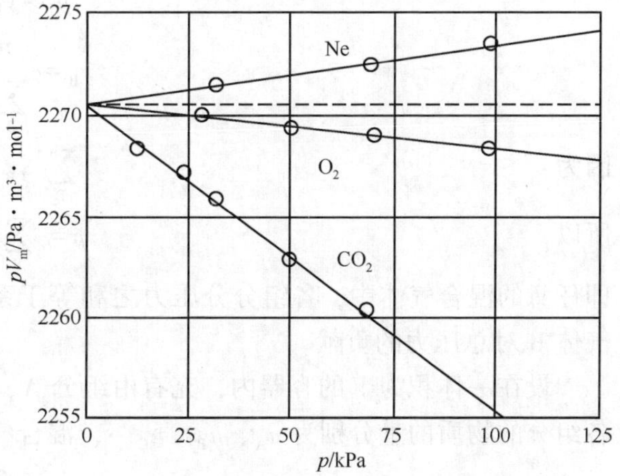

图 1-1 273.15K 时 Ne、O_2、CO_2 的 pV_m-p 图

法，以 p 为横坐标，以 pV_m 为纵坐标，作 pV_m-p 恒温线，把直线外推到压力等于零，将所得的 $(pV_m)_{p\to 0}$ 值代入上式就可精确求得 R 的值。如图 1-1 所示条件下，当外推至压力等于零时，三条直线相交于一点，$(pV_m)_{p\to 0}=2271.1\text{J}\cdot\text{mol}^{-1}$，由此可求得

$$R=\frac{(pV_m)_{p\to 0}}{T}=\frac{2271.1}{273.15}=8.314\text{J}\cdot\text{mol}^{-1}\cdot\text{K}^{-1}$$

思考题 1 在两个容积相同且密封的容器中，装有温度相同的理想气体。试问此两容器中气体的压力是否一定相等？

思考题 2 若以 pV 为纵坐标、以 p 为横坐标作图，对于理想气体来说是一条什么形状的线？为什么？

§1.2 理想气体混合物

各种气体能按任意比例混合形成均匀的气体混合物。人们在生产和生活实践中遇到的大多数气体都是气体混合物，如空气就是由 N_2、O_2、CO_2、H_2O 及惰性气体组成的。早在 19 世纪，科学家在对低压混合气体的实验研究中，就总结出两条重要的定律，即道尔顿(Dalton)分压定律与阿玛格(Amagat)分体积定律。两个定律其实只严格地适用于理想气体混合物。而理想气体混合物指的是混合气体中的每一个组分均具有理想气体的性质的气体混合物。下面对两个定律作说明与解释。

1.2.1 道尔顿分压定律

气体混合物中任一气体都对器壁施以压力，常用分压来描述其中某一组分气体所产生的压力，或者该组分气体对总压力的贡献。为了热力学计算的方便，人们提出了一个既适用于理想气体混合物，又适用于真实气体混合物的分压力定义：在总压力为 p 的气体混合物中，其中任一组分 B 的分压力 p_B 等于其在混合气体中的物质的量分数 y_B 与总压力 p 的乘积，即

$$p_B=y_B p \tag{1.4}$$

$$y_B=\frac{n_B}{\sum_B n_B}$$

因为 $$\sum_B y_B=1$$

所以 $$p=\sum_B p_B \tag{1.5}$$

即任意的混合气体中，各组分分压力之和等于系统的总压力。所以可把分压力 p_B 看作组分气体 B 对总压力的贡献。

设在一体积为 V 的容器内，充有由组分 A、B、C…组成的理想气体混合物，温度为 T，各组分的物质的量分别为 n_A、n_B、n_C…，混合气体的物质的量为 n，总压力为 p，则

$$p=\frac{nRT}{V}$$

由式(1.4)得，$p=\frac{p_B}{y_B}$，且 $y_B=\frac{n_B}{n}$，代入上式得

$$p_B=\frac{n_B RT}{V} \tag{1.6}$$

式(1.6)表示理想气体混合物中某一组分 B 的分压等于该气体单独存在于混合气体的温度及总体积条件下所具有的压力。此式可作为理想气体混合物中某组分气体分压力的定义，它是理想气体混合物所具有的一种性质。这一点不难理解，因为气体的压力是大量分子与器壁撞击的结果，混合气体的总压力是各个组分的大量分子共同与器壁撞击的总结果，也就是说，各个组分对混合气体的总压力 p 都有贡献。由于理想气体分子间无相互作用，即可认为气体 A、C、…的存在对气体 B 没有影响，气体 B 如同是单独存在于容器中。若把气体 B 对总压力 p 的贡献，叫作组分 B 的分压力 p_B，则 p_B 即是组分 B 单独占据体积 V 时所表现的压力，于是对任意组分气体 B，即有式(1.6)成立。

根据式(1.5)，混合气体的总压力显然等于各个气体分压力的总和。

$$p=p_A+p_B+p_C+\cdots=\frac{n_A}{V}RT+\frac{n_B}{V}RT+\frac{n_C}{V}RT+\cdots=(n_A+n_B+n_C+\cdots)\frac{RT}{V}$$

即

$$p=\sum_B n_B\frac{RT}{V} \tag{1.7}$$

式(1.7)称为道尔顿分压定律，即混合气体的总压力等于与混合气体的温度、体积相同条件下各组分单独存在时产生压力的总和。道尔顿分压定律严格地说只适用于理想气体混合物，对真实气体混合物，在总压力趋于零时，才严格遵守道尔顿分压定律。不过，工程上也常应用于低压下的真实气体混合物近似计算。

应当指出：对于理想气体混合物，按式(1.4)定义的某一组分 B 的分压力 p_B 与该组分单独存在并具有与混合气体相同 T、V 条件时所产生的压力 $n_B\frac{RT}{V}$ 相等。但对真实气体混合物来说，分压力 p_B 值则与 $n_B\frac{RT}{V}$ 不等。这就说明 $p=\sum_B n_B\frac{RT}{V}$ 的加和关系不适用于真实气体混合物。

【例 1.2】 某气柜内储有气体烃类混合物，其压力 p 为 104364Pa，气体中含有水蒸气，水蒸气的分压力为 3399.72Pa。现将湿混合气体用干燥器脱水后使用，脱水后的干气体中水含量可忽略。问每千摩尔湿气体需脱去多少千克的水？

解： 用 B 表示湿烃类混合物中的水蒸气。利用分压力定义，首先求出湿混合气体中水的物质的量分数

$$y_B=\frac{p_B}{p}=\frac{3399.72\text{Pa}}{104364\text{Pa}}=0.0326$$

再根据

$$y_B=\frac{n_B}{\sum_B n_B}$$

则

$$n_B=y_B\sum_B n_B=0.0326\times1000\text{mol}=32.6\text{mol}$$

则所需脱去水的质量为

$$m_B=n_BM_B=32.6\text{mol}\times18\times10^{-3}\text{kg}\cdot\text{mol}^{-1}=0.587\text{kg}$$

1.2.2 阿玛格分体积定律

由上述可见，$pV=nRT$ 也适用于理想气体混合物。因为

$$V=(n_A+n_B+n_C+\cdots)\frac{RT}{p}$$

于是我们定义$\frac{n_B RT}{p}$为组分 B 的分体积，用符号 V_B表示，V_B即是组分 B 在混合气体的温度 T、压力为总压力 p 下单独存在时所占有的体积，所以对理想气体混合物中任意组分气体 B，其分体积可表示为

$$V_B=\frac{n_B RT}{p} \tag{1.8}$$

而混合气体的总体积显然等于各组分的分体积的总和。

$$V=\frac{n_A}{p}RT+\frac{n_B}{p}RT+\frac{n_C}{p}RT+\cdots=V_A+V_B+V_C+\cdots \tag{1.9}$$

式(1.9)就是阿玛格分体积定律的数学式，它表示理想气体混合物的总体积 V 等于各组分气体分体积 V_B的和。同道尔顿分压定律一样，它严格适用于理想气体混合物，亦可用于低压混合气体的近似计算。

应用分压定律与分体积定律做计算时，应该注意，计算分压力必须用总体积，计算分体积必须用总压力。

如果将分压力的表达式(1.6)与总压力的表达式(1.7)相除，得到

$$\frac{p_B}{p}=y_B \tag{1.10}$$

如果将分体积的表达式(1.8)与总体积的表达式(1.9)相除，得到

$$\frac{V_B}{V}=y_B \tag{1.11}$$

式(1.10)和式(1.11)表明：对于理想气体混合物，任一组分的分压力与总压力之比以及分体积与总体积之比(常称体积分数)，都等于混合物中该组分的物质的量分数，其中，式(1.10)用得较多。

思考题3 当温度为 T 时，容积恒定为 V 的容器中有由 A、B 构成的理想气体混合物，其分压力及分体积分别为 p_A、p_B和 V_A、V_B。若又往容器中加入物质的量为 n_c的理想气体 C，试问 A、B 的分压力 p_A、p_B和分体积 V_A、V_B及总压力 p 是否不变？

§1.3 真实气体状态方程

1.3.1 真实气体的微观模型

理想气体的概念及其状态方程只是在低压、高温的情况下可反映真实气体的行为，即理想气体状态方程只是反映了各种真实气体的共性，而忽略了它们的个性。随着气体压力、温度扩展到高压、低温，真实气体的个性作用则越来越显著，各种气体对理想气体状态方程显

著偏离，我们称之为真实气体与理想气体间的偏差，偏差的程度有大有小，既与气体的种类有关，也与气体所处的温度和压力有关。在这种情况下就不能用理想气体状态方程来描述真实气体的行为，而需要寻找能反映各种真实气体个性的状态方程。

真实气体与理想气体之间的偏差是分子间力造成的。物质分子之间普遍地存在着相互作用力——吸引力和排斥力。在通常情况下，气体分子间的平均距离较大，吸引力总是占优势，而排斥力只在分子很接近时才呈现。因此，作为一种近似，我们可以将真实气体分子看作是具有一定大小的硬球，而在硬球间只存在吸引力，这是真实气体的一种简化微观模型：当两个分子没有直接接触时，存在吸引力，而没有排斥力，当两个分子一旦接触时，电子云之间产生强烈排斥力，以致再不能进一步接近而被弹开。虽然实际情况并非如此简单，但上述模型毕竟比理想气体模型更进一步，能够反映真实气体的实际，可以作为进一步建立真实气体状态方程的基础。

1.3.2 真实气体的状态方程

(1) 范德华(van der Waals)方程

由于高压、低温气体越来越多地用于工业上，迫切需要较准确地描述真实气体 p、V、T 关系的状态方程。人们对理想气体状态方程作了多种形式的修正，目前已经提出数以百计的真实气体状态方程。其中一些状态方程广泛地应用在生产、科研上，并且新的状态方程还在不断出现。下面介绍一个较为著名而且形式上比较简单的真实气体状态方程——范德华方程。范德华方程是以真实气体的硬球模型为基础，在理想气体状态方程中加了两个校正项而得到的，具体形式为

$$\left(p+\frac{a}{V_{\mathrm{m}}^{2}}\right)(V_{\mathrm{m}}-b)=RT \tag{1.12}$$

若气体的物质的量为 n，则

$$\left(p+\frac{n^{2}a}{V^{2}}\right)(V-nb)=nRT \tag{1.13}$$

在式(1.12)和式(1.13)中，a、b 称为范德华常数，是气体的特性参量，它们分别与气体分子之间引力的大小及气体分子本身的体积大小有关。范德华认为，a 和 b 的值不随温度而变。

两项校正分别是对压力和体积的校正。将压力校正项表示为$\frac{a}{V_{\mathrm{m}}^{2}}$，称为内压力；将体积校正项表示为 b。

在理想气体状态方程中，p 是气体分子间无相互作用力时的压力。而真实气体分子间存在相互作用力，人们常称它为范德华力，且一般情况下为吸引力。在气体内部，一个分子受到周围吸引力的作用，由于周围气体分子均匀分布，故该分子所受的吸引力的合力为零。对于撞击器壁的气体分子来说，由于受到气体内部分子的吸引力，从而削弱了它对器壁的撞击力，也就降低了气体的压力，所以真实气体对器壁的压力要较理想气体的小。我们将这种由于分子间引力所造成的压力的减小量，称为内压力 p_{in}。内压力与摩尔体积的平方成反比。即

$$p_{\mathrm{in}}\propto\frac{1}{V_{\mathrm{m}}^{2}}\text{或}\ p_{\mathrm{in}}=\frac{a}{V_{\mathrm{m}}^{2}}$$

a 是比例常数，单位是 $Pa \cdot m^6 \cdot mol^{-2}$，它表示 1mol 气体在占有单位体积时，由于分子间相互作用而引起的压力减小量。a 值决定于气体的性质，不同气体的 a 值各不相同(见附录三)，a 值愈大，气体分子间的引力亦愈大。可以这样推理，真实气体在分子间引力为零时所表现的压力应比实际测得的压力 p 大 $\frac{a}{V_m^2}$，故在式(1.12)中用校正后的压力 $p+\frac{a}{V_m^2}$ 取代理想气体状态方程中的压力。

由于理想气体模型是将分子视为不具有体积的质点，故理想气体状态方程式中的体积项应是气体分子可以自由活动的空间。由于理想气体分子本身不占有体积，因而该体积即为气体所占据的全部空间的体积。但当计算真实气体时，根据硬球模型，真实气体分子占有一定的体积，这意味着气体分子在容器内可以自由活动的空间不再是体积为 V 的全部空间，而是减少了。设 1mol 真实气体的体积为 V_m，则必须从 V_m 中减去一个与气体分子本身体积有关的修正项 b，即真实气体分子只能在 (V_m-b) 的空间内活动，故在式(1.12)中用校正后的体积 (V_m-b) 取代理想气体状态方程中的体积。不同气体的 b 值各不相同(见附录三)，其常用单位是 $m^3 \cdot mol^{-1}$，分子愈大，b 值愈大。

综合上述两项的修正，就可得到范德华方程。范德华方程从理论上分析了真实气体与理想气体的偏差，两个校正项有明确的物理意义，式中 a 和 b 两个物性常数可由实验确定，故称为两参数半经验半理论的真实气体状态方程。范德华方程在 100MPa 的压力范围内能较好地描述真实气体的 p-V-T 关系，但范德华建立的气体模型毕竟是一种简化了的模型，在很高压力下就不能令人满意。为此，工程上发展了许多其他两参数及多参数精度更高的状态方程。

【例 1.3】 试用范德华方程计算甲烷 CH_4 在 203K 及 3.040MPa 时的摩尔体积。实验测定值为 $0.4402dm^3 \cdot mol^{-1}$。已知 CH_4 的范德华常数 $a=228.3\times10^{-3}Pa \cdot m^6 \cdot mol^{-1}$，$b=42.78\times10^{-6}m^3 \cdot mol^{-1}$。

解： 应用范德华方程由 p、T 求 V_m 时要解一元三次方程。当 $T>T_c$ 时，可解得一个实根和两个虚根，实根即所求的解。本题即属于这种情况。为了简单，常不求解一元三次方程，而采用另一种方法——迭代法求解。

将范德华方程改写成如下形式：

$$V_m=\frac{RT}{p+\frac{a}{V_m^2}}+b$$

可先用理想气体状态方程计算出第一次近似解 $V_{m,1}$ 再应用上式得到第二次近似解 $V_{m,2}$。这样继续下去，在温度不太低、压力不太大的情况下，即可求得满意的结果。

将题中给出的 CH_4 的范德华常数 a、b 及所处的 $p=3.040\times10^6 Pa$、$T=203K$ 代入上式，得

$$V_m=\frac{8.314J \cdot mol^{-1} \cdot K^{-1}\times203K}{3.040\times10^6Pa+0.2283Pa \cdot m^6 \cdot mol^{-1}/V_m^2}+42.78\times10^{-6}m^3 \cdot mol^{-1}$$

先用理想气体状态方程求出第一次近似解，即

$$V_{m,1}=\frac{RT}{p}=\frac{8.314J \cdot mol^{-1} \cdot K^{-1}\times203K}{3.040\times10^6Pa}=0.5552dm^3 \cdot mol^{-1}$$

再应用上式连续求出各近似解 $V_{m,2}=0.4892dm^3 \cdot mol^{-1}$、$V_{m,3}=0.4653dm^3 \cdot mol^{-1}$，最后得

$$V_{m,12}=0.4456 dm^3 \cdot mol^{-1}$$

第12次近似值已准确至四位有效数字。$V_{m,12}$值与实测值0.4402$dm^3 \cdot mol^{-1}$的相对误差仅稍大于1%。

(2) 维里(Virial)方程

维里方程是20世纪初由卡末林-昂尼斯(Kammerlingh-Onnes)提出的一种纯经验方程，后来从统计力学的角度得到了证明，一般有两种形式，即

$$pV_m=RT(1+Bp+Cp^2+Dp^3+\cdots)$$

$$pV_m=1+\frac{B'}{V_m}+\frac{C'}{V_m^2}+\frac{D'}{V_m^3}+\cdots$$

式中的B、C、D…和B'、C'、D'…称为第二、第三、第四……维里系数，它们与气体的本性有关，并且都是温度的函数。两式中的维里系数有不同的数值和单位，通常可由实验测定的p、V、T数据拟合得出。在上述方程式中，所用维里系数的数目取决于压力的范围和要求的精度，一般而言，压力越大，V_m越小，因而高次项所起的作用也越大，选用的项数也应越多。

1.3.3 压缩因子

真实气体与理想气体的偏差除了取决于这种气体的性质外，在很大程度上也与所处的温度和压力有关。对于高压下真实气体的p、V、T性质，不能用理想气体状态方程来描述，也不便用范德华方程描述。为简便地衡量这种偏差的大小，将真实气体与理想气体之间的偏差归结到一个校正因子Z上去，即有以下关系式：

$$pV=ZnRT \tag{1.14}$$

式(1.14)即为高压下也适用的真实气体的状态方程。我们将其中的校正因子Z称为压缩因子，即压缩因子Z的定义为

$$Z \stackrel{\text{def}}{=\!=} \frac{pV}{nRT}=\frac{pV_m}{RT} \tag{1.15}$$

对于理想气体，其压缩因子$Z=1$。当真实气体的性质偏离理想气体性质时，值就不等于1，压缩因子的数值可用来说明真实气体偏离理想气体的程度。对于真实气体，若$Z>1$，实测的pV比按理想气体状态方程计算的nRT值大，表明该真实气体比理想气体难以压缩；反之，若$Z<1$，pV值比nRT值小，表明该真实气体比理想气体易压缩。

思考题4 范德华修正理想气体状态方程时，引入了几个修正项？物理意义各是什么？

思考题5 压缩因子有何作用？

§1.4 气体的液化

上述真实气体偏离理想行为的情况是处于较窄的温度、压力范围内，若在更宽的温度、压力范围内测定真实气体的p、V、T之间的关系，则不难发现，除偏离理想状态外，还可观察到真实气体的液化和与液化过程密切相关的另一物理性质——临界状态。

1.4.1 液体的饱和蒸气压

理想气体分子间没有相互作用力，所以在任何温度、压力下都不可能使其液化。而真实气体则不同，降低温度和增加压力都可使气体的摩尔体积减小即分子间距离减小，这使得分子间引力增加，最终导致气体变成液体，即存在液化现象。在一定的温度下，将液体放在一个密闭的真空容器中，这时液体不断蒸发为蒸气。宏观上当气体的凝结速度与液体的蒸发速度相同时称为气-液平衡。处于气-液平衡时的气体称为饱和蒸气，液体称为饱和液体。在一定温度下，与液体呈平衡的饱和蒸气所具有的压力称为饱和蒸气压。

1.4.2 临界状态

液体的饱和蒸气压随温度的升高而增大，因而温度越高，使气体液化所需的压力也越大。实验证明，每种液体都存在一个特殊的温度，在该温度以上，无论加多大压力，都不可能使气体液化。我们把这个温度称为临界温度，以 T_c 或 t_c 表示。所以临界温度是使气体能够液化所允许的最高温度。很显然在临界温度以上，由于不再有液体存在，如以饱和蒸气压对温度作图，曲线将终止于临界温度。我们将临界温度时的饱和蒸气压称为临界压力，以 p_c 表示。所以临界压力是在临界温度下使气体液化所需要的最低压力。在临界温度和临界压力下，物质的摩尔体积称为临界摩尔体积，以 $V_{m,c}$ 表示。物质处于临界温度、临界压力下的状态称为临界状态。T_c、p_c、$V_{m,c}$ 统称为物质的临界参数，是物质的特性参数。

1.4.3 真实气体的 p-V_m 图及气体的液化

图 1-2 是实验测得某真实气体在指定的不同温度下，该气体的压力与体积的关系，即压力对体积的等温线。不同的物质因性质不同，p-V_m 图会有所差异，但图 1-2 所示的基本规律对各种气体都是相同的。p-V_m 等温线一般可以划分为 $T>T_c$，$T<T_c$ 及 $T=T_c$ 三种类型。

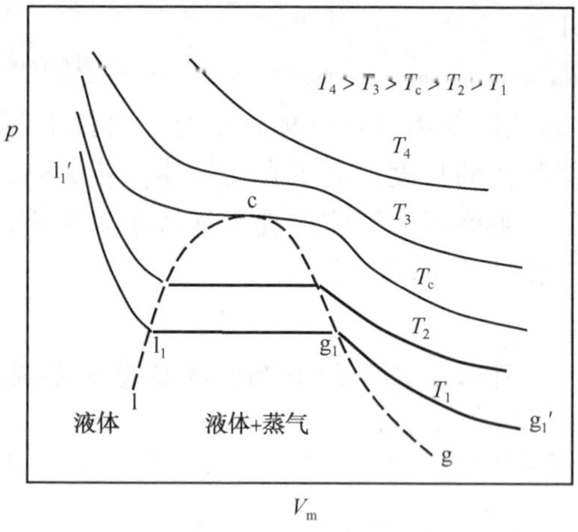

图 1-2 真实气体 p-V_m 等温线示意图

① $T>T_c$ 时，以 T_4 曲线为例，此时气体无论加多大压力也不能变为液体，等温线为一条光滑曲线，近似为双曲线，这说明其形状与理想气体的等温线相似。但当温度逐渐降低时，则真实气体的等温线与理想气体等温线偏离的越显著，如图 1-2 中高于 T_c 但又靠近 T_c 的等温线。

② $T<T_c$ 时，以 T_1 等温线为例，从低压开始压缩该气体时，体积随压力增大而减小，g'_1g_1 段表示气体的摩尔体积随压力的增加而减小的情形。但当压力增大到图 1-2 中 g_1 点的压力后，开始有液相出现，曲线变成一水平线。此时气体为饱和蒸气，压力为饱和蒸气压，体积为饱和蒸气的摩尔体积 $V_{m,g}$。l_1g_1 表示气-液两相平衡的情况，这时的摩尔体积是气-液两相共存时的摩尔体积，这表明其体积迅速减小，而压力不变，亦即此时气体不断液化。随着气体不断变为液体，摩尔体积不断减小，当达到状态点 l_1 时，气体全部液化，均变为饱和液体，摩尔体积为饱和液体的摩尔体积 $V_{m,l}$。再继续加压则为液体的恒温压缩，液体的压缩曲线 $l_1l'_1$ 很陡，曲线几乎呈直线上升，就是说，液体的体积

是非常难以压缩的。在 $T<T_c$ 时，等温线出现水平线段是由于气体达到饱和而液化的结果。

③ $T=T_c$ 时的情形。随温度升高水平线段越来越短，这是由于温度升高饱和蒸气压增大，饱和气体的摩尔体积减小而饱和液体的摩尔体积增大，造成气、液两相的摩尔体积之差减小。温度升高至 $T=T_c$ 时水平线段缩为一点，成为一个拐点 c。c 点即是临界点，它所对应的温度、压力、摩尔体积就是 T_c、p_c、$V_{m,c}$。在临界点 c，物质处于临界状态，此时气、液两相的摩尔体积(或说密度)相同，其他性质也完全相同。因而气-液界面消失，蒸气和液体两者合二为一，已经不能区分，是一种特殊的流体。$T=T_c$ 等温线在临界点处，数学上有

$$\left(\frac{\partial p}{\partial V_m}\right)_{T_c}=0,\ \left(\frac{\partial^2 p}{\partial V_m^2}\right)_{T_c}=0$$

在 T_c 以上的温度，所有等温线均无水平线段，亦即在临界温度以上，单纯增大压力是不可能使气体液化的，故 T_c 是气体能够液化的最高温度。

把图 1-2 中各条等温线上开始出现液相的点与气相消失的点依次相连得到一条曲线(图中 lcg 虚线)。在虚线左方是液态，右方为气态，虚线内包含的区域是气、液两相共存区。

实验证明：每种气体均有临界点。不同气体的分子种类、分子热运动以及分子间的相互作用力不同，因而临界参数不同。但是在临界点处，每种气体均表现出相同的情况，即气、液之间的区别消失了。这表明，不同气体处在各自临界状态时具有共同的内部规律。

思考题 6 什么是临界温度？其物理意义是什么？

课程思政

范德华与范德华方程

建立真实气体状态方程最主要的一种方式就是在理想气体状态方程的基础上做修正，目前已提出的真实状态方程不下数百个，但其中比较典型和最为成功的一个无疑要算是范德华方程。范德华方程是荷兰物理学家范德华(van der Waals)于 1873 年建立的一种真实气体状态方程。

Johannes Diderik van der Waals (1837—1923)

1837 年 11 月 23 日范德华出生于荷兰莱顿，其父是一位木匠。在 19 世纪，对于出生于普通的工人家庭的孩子来说，通常是没有能力读书升学的，所以范德华仅仅接受了小学教育，于 15 岁时完成学业，后来他成为一名小学老师的助教，并跟着老师学习，顺利考取教师执照，成为一名小学教师，并晋升为教务主任。1863 年荷兰政府成立了一所服务于高、中产阶级孩子的新的中学，范德华希望成为这所中学的教师，为此他花费了 2 年的工作之余时间为所需的考试做准备，最终他被聘请为这所中学的物理教师。在此期间，范德华同时是一名未经大学正式录取的大学生，后来由于新的法规取消了进入大学必须有古典语言学习的要求，范德华得以有机会通过资格考

试，得到了物理学和数学博士学位。1873 年，36 岁的范德华发表了题为《论气态和液态的连续性》的论文并获得了博士学位。在这篇论文中，范德华介绍了分子引力和分子所占体积的概念，建立了真实气体的状态方程，即著名的范德华方程。1910 年范德华因研究气态和液态方程获诺贝尔物理学奖。

我们学习范德华方程，不在于这个方程有多么的精确，而是因为范德华方程的建立与发展很有特色，这里面有着他对问题思考的科学思维方法。另外，范德华受社会等级和阶级地位所限，几次中断学业，但他凭着坚韧和执着，在 36 岁时终于取得博士学位，提出了著名的范德华方程，并由此在 73 岁时获得诺贝尔物理学奖。范德华这种面对困难不轻言放弃、对科学持续探索的执着精神值得我们学习。

小 结

一、重点和难点

重点：理想气体状态方程及微观模型。

难点：分压力、分体积的概念。

二、主要公式及使用条件

1. 理想气体状态方程式

$$pV=\left(\frac{m}{M}\right)RT=nRT$$

或

$$pV_{\mathrm{m}}=p\left(\frac{V}{n}\right)=RT$$

式中 $R=8.314510\mathrm{J\cdot mol^{-1}\cdot K^{-1}}$，称为摩尔气体常数。此式适用于理想气体，近似地适用于低压、高温的真实气体。

2. 气体混合物

（1）分压力及道尔顿分压定律

$$p_{\mathrm{B}}=y_{\mathrm{B}}p，\ p=\sum_{\mathrm{B}}p_{\mathrm{B}}$$

式中 p_{B} 称为 B 的分压力。上式适用于任意气体。对于理想气体

$$p_{\mathrm{B}}=n_{\mathrm{B}}\frac{RT}{V}$$

p_{B} 为气体 B 在混合气体的 T，V 条件下，单独存在时所产生的压力。

$$p=\sum_{\mathrm{B}}n_{\mathrm{B}}\frac{RT}{V}$$

道尔顿分压定律严格地说只适用于理想气体混合物，对真实气体混合物，工程上也常应用于低压下的真实气体混合物近似计算。

（2）分体积及阿玛格定律

$$V_{\mathrm{B}}=n_{\mathrm{B}}\frac{RT}{p}$$

V_B为 B 气体在混合气体的 T、p 下，单独存在时所占的体积，称为 B 的分体积。

$$V=\sum_B n_B \frac{RT}{p}$$

严格适用于理想气体混合物，亦可用于低压混合气体的近似计算。

(3) $y_B=\frac{n_B}{n}=\frac{p_B}{p}=\frac{V_B^*}{V}$

3. 范德华方程

$$\left(p+\frac{a}{V_m^2}\right)(V_m-b)=RT$$

$$\left(p+\frac{an^2}{V^2}\right)(V-nb)=nRT$$

a 和 b 皆为只与气体的种类有关的常数，称为范德华常数。此式适用于最高压力为几个 MPa 的中压范围内实际气体 p、V、T、n 的相互计算。

4. 压缩因子

$$Z \xlongequal{\text{def}} \frac{pV}{nRT}=\frac{pV_m}{RT}$$

习 题

1. 在室温下，某盛氧气钢筒内氧气压力为 1357.76kPa，若抽取 $160dm^3$(在 101.325kPa 下占的体积)的氧气后，筒内压力降为 131.72kPa，设温度不变，试用理想气体状态方程估计钢筒的体积。

[答案：$40dm^3$]

2. 两个容积均为 V 的玻璃球用细玻璃管连接，其中充满某种理想气体。已知在 T_1 下气体的压力为 p_1。今将一球的温度变为 T_2，另一球的温度仍维持 T_1 不变。试推导这时的压力 p_2 与 T_1、T_2、p_1 之间的关系式。假设忽略细玻璃管中气体的体积，玻璃球的体积 V 不随温度变化。

[答案：$p_2=2T_2/(T_1+T_2)p_1$]

3. 有一个 $10dm^3$ 的钢瓶，内储压力为 10130kPa 的氧气。该钢瓶专用于体积为 $0.4dm^3$ 的某一反应装置充氧，每次充氧直到该反应装置的压力为 2026kPa 为止，问该钢瓶内的氧可对该反应装置充氧多少次?

[答案：100 次]

4. 某气柜内储存氯乙烯 $CH_2=CHCl(g)$ $300m^3$，压力为 122kPa，温度为 300K。求气柜内氯乙烯气体的密度和质量。

[答案：$\rho=3.06g\cdot dm^{-3}$，$m=918kg$]

5. 在 15℃、$100dm^3$ 的容器中已有 $N_2(g)$，其压力为 40kPa。维持体积、温度不变，向容器中通入 $H_2(g)$ 直到总压力达到 120kPa。求通入 $H_2(g)$ 的质量是多少?

[答案：$m=6.731g$]

6. 在 0℃，将压力 90kPa、体积 $20dm^3$ 的气体 A 与压力 150kPa、体积 $15dm^3$ 的气体 B 混合，总体积不变。求混合后的总压力及两气体的分压力。

[答案：$p=115.714kPa$，$p_A=51.428kPa$，$p_B=64.286kPa$]

7. 在 $10dm^3$ 的容器中放入 0.13mol 的 PCl_5 气体，当温度为 250℃ 时有 80% 按下式分解：

$$PCl_5(g)^* \rightleftharpoons PCl_3(g)+Cl_2(g)$$

试计算气体混合物的总压力。

[答案：101.8kPa]

8. 30℃带有活塞的汽缸中有理想气体 A，其体积为 $20dm^3$，外压为 120kPa。今维持外压不变，通入另一种理想气体 B1.5mol。求总体积及两气体的分压。

[答案：$V=51.507m^3$，$p_A=46.596kPa$，$p_B=73.404kPa$]

9. 在一个容积一定的容器中有适量的水 $H_2O(l)$ 和被水蒸气饱和了的空气。在 80℃下总压力为 100kPa。今将此容器恒容加热到 100℃，容器的底部仍有少量水存在，空气中水蒸气仍达饱和，求这时的总压力。已知：80℃、100℃水蒸气的饱和蒸气压分别为 47.343kPa 和 101.325kPa。计算时忽略液体水所占的体积。

[答案：156.964kPa]

10. 20℃ 时，在 $0.20dm^3$ 的真空容器中放入乙烷及丁烷之混合气体。当压力为 99.992kPa 时容器中气体的质量为 0.3846g，计算混合气体中丁烷的摩尔分数及其分压力。

[答案：y(丁烷)= 0.5991，p(丁烷)= 59.90kPa]

11. 由氯乙烯、氯化氢及乙烯构成的混合气体中，各组分的摩尔分数分别为 0.89、0.09 及 0.02。于恒定压力 101.325kPa 下，用水吸收其中的氯化氢，所得混合气体中增加了分压力为 2.670kPa 的水蒸气。试求洗涤后混合气体中氯乙烯及乙烯的分压力。

[答案：$p_{氯乙烯}=96.487kPa$，$p_{乙烯}=2.168kPa$]

12. 25℃、$40dm^3$ 的钢瓶中装有 3kg 的 $N_2(g)$。分别用(1)理想气体状态方程，(2)范德华方程求气体的压力。

[答案：(1)6.637MPa；(2)6.404MPa]

13. 一个 $20dm^3$ 的氧气瓶中装有 1.6kg 氧，若钢瓶能经受的最大压力是 15199kPa，问此瓶可允许加热至多少 K？设 O_2 服从范德华气体状态方程。

[答案：711K]

第 2 章　热力学第一定律

热力学是以大量分子等微粒的集合体为研究对象，以生产经验和科学实验归纳出的热力学基本定律为基础，讨论平衡系统的宏观性质，研究能量相互转换过程中所应遵循的规律和物质变化的方向及限度。热力学第一定律是能量守恒定律在热力学领域的特殊应用，主要解决物质在不同条件下进行某一变化过程时，需要交换多少不同种形式的能量等问题。热力学第二定律则是从能量转换的角度，解决在不同条件下，过程能否自动进行以及进行到何等程度等问题。20 世纪初建立的热力学第三定律，总结了低温下物质性质的变化规律，阐明了熵的本质和数值，这对化学平衡的计算有着重要的意义。将热力学基本原理应用于化学过程或与化学有关的物理过程，就形成了一门化学热力学的学科。

热力学定律是人类生产经验和科学实验的总结，其正确性已被大量实验事实所证实。热力学定律研究的是大量微观粒子的集合体，其结论具有统计意义，不适用于单个微观粒子的行为。热力学研究方法是宏观方法，是通过物质在物理过程或化学过程前后某些宏观性质的变化量来计算、分析这些过程的能量关系和过程进行的方向和限度。只研究在某种条件下，变化能否发生以及进行到什么程度，而无法给出变化所需的时间、变化的根本原因以及变化所经历的具体过程；只关注变化前后的净结果，而不考虑变化过程的细节，也无须了解物质的微观结构，所以热力学是研究物质宏观性质的科学。它依据热力学基本定律，以物理学的原理和实验方法为基础，再用数学方法推论演绎导出许多有用的规律，推理严谨，结论可靠，具有极大的普遍性。

但是热力学方法也有其局限性，可以判断变化的方向，但无法说明如何才能使它发生，只讲可能性，不讲现实性。同时热力学中没有时间这个变量，不考虑变化的速率和进行的细节。因此，凡涉及与时间有关的反应速率、扩散速率等问题，都属于动力学范畴。热力学与动力学是研究问题的两个方面，是相辅相成的。通常研究一个反应，首先应进行热力学探讨，以确定反应能否进行，然后再考虑如何提高反应速率，因此，热力学方法是研究物理化学的一种重要方法。

本章我们主要讨论热力学第一定律及其应用，应用主要体现在三个过程：简单状态变化过程、相变过程和化学变化过程；同时阐明热力学的某些重要概念，研究物质的各种物理过程与化学过程中的能量转换(热和功)的数量计算。由热力学第一定律建立了两个重要的状态函数——热力学能 U 和焓 H，可确定一个过程发生后，系统与环境之间交换的能量，将其应用于化学反应从而解决了化学反应热效应的有关计算问题。

§ 2.1　热力学基本概念

2.1.1　系统与环境

热力学研究必须首先确定研究对象。客观世界是由不同种类物质构成的，热力学把作为研究对象的那部分物质称为系统，而将与系统密切相关的部分称为环境，环境必须是与系统有相互影响的有限部分。

需要说明的是，划分系统与环境是根据研究问题的需要而人为划分的，但一经确定，在研究过程中不能随意变更系统与环境的范围。系统与环境之间可以有实际界面存在，也可以没有实际界面，不能以有无界面来划分系统与环境。例如一钢瓶氧气，当研究其中气体时就将氧气定为系统，将钢瓶以及钢瓶以外的物质(如空气等)当作环境。如果上述钢瓶中的氧气喷射到空气中，我们需要研究某一瞬间钢瓶中残余氧气性质时，该残余氧气就是系统，离开钢瓶的氧气则为环境。它与残余氧气之间并没有实际界面隔开，只是假想的界面。

为了研究问题的方便，常常根据系统与环境之间物质和能量交换的不同情况，将系统分为三类。

(1) 敞开系统

与环境之间既有物质交换又有能量交换的系统，称为敞开系统。敞开系统也称为开放系统，这种系统物质的种类、数量及能量都会发生变化，因此比较复杂。

(2) 封闭系统

与环境之间无物质交换但有能量交换的系统，称为封闭系统。封闭系统较为简单，是热力学研究的主要系统，因此本书若不特别说明，研究对象均为封闭系统。

(3) 隔离系统

与环境之间既无物质交换又无能量交换的系统，称为隔离系统。隔离系统也称孤立系统。事实上自然界中一切事物总是相互关联和相互影响的，隔离系统是一种假想的系统，它只能在有限的时间和空间内应用，只能近似地把某些与环境联系相当微弱的系统作为隔离系统。因为系统是人们为了研究的需要自己划分的，所以有时也会把封闭系统及与其密切相关的环境合在一起，当作隔离系统处理。

例如，一杯未加盖的热水，如果选择杯子和水为系统，则周围空气为环境，系统与环境之间既有水分子逸出水面进入空气，又和空气交换热量，所以是敞开系统。若将杯子加一密封盖后，可视为封闭系统，因为它与环境之间只有能量的交换而无物质的交换。如果再将杯子用良好的绝热材料包起来，使得系统与环境完全隔绝，既无物质交换又无能量交换，则将其视为隔离系统。在热力学研究中，系统不同，描述其变量不同，所适用的热力学公式也有所不同。

2.1.2 系统的性质

热力学研究的是由大量微观粒子组成的宏观系统，描述系统的宏观物理量如温度、压力、体积、质量、密度等以及后面所学的热力学函数等都属于系统的性质，或称为热力学变量。根据其与系统中物质数量的关系，这些性质可分为两类：

(1) 广度性质

也称为容量性质，其数值与系统中物质的数量成正比。这类性质具有加和性，即整个系统的某一广度性质等于系统中各部分该性质之和。例如，一个钢瓶中气体的体积是瓶中各个部分气体体积的总和，所以体积是系统的广度性质。质量、热力学能(U)、熵(S)、吉布斯函数(G)也都属于广度性质。

(2) 强度性质

其数值与系统中物质的数量无关，不具有加和性。例如，一个钢瓶中的气体的压力与瓶中各个部分气体的压力相等，所以压力是系统的强度性质。其他如温度、密度等属于强度性质。

广度性质和强度性质虽有上述区别，但在一定条件下广度性质也可变为强度性质。例如，两个广度性质相除，或将某广度性质除以系统的物质的量，就得到强度性质，亦即指定了物质的量的广度性质就成为强度性质。例如：质量、体积是广度性质，质量除以体积得到的密度，以及摩尔质量、摩尔体积等都是强度性质。

2.1.3　状态与状态函数

当描述系统的宏观物理量如质量、温度、压力、体积等以及热力学性质都有确定的数值时，则称该系统处于一定的状态。因此，系统的状态是其所有宏观性质的综合表现。当状态确定后，系统的所有性质都有各自的确定值，即系统的各种性质均随状态的确定而确定，与达到此状态的经历无关。因此各种性质均为状态的函数，称为状态函数。

例如，100kPa、50℃的水无论是由0℃的冰融化得到，还是由100℃的沸水冷却得到，只要变化的始终状态相同，其温度、压力、黏度等宏观性质的改变值就是相同的，与具体的变化过程无关。因此当系统由一种状态变化到另一种状态时，系统中状态函数的改变量只取决于系统的起始状态和最终状态，与系统变化的具体过程无关。

又如，一定量的理想气体从温度300K、压力100kPa、体积$5dm^3$的始态变化至温度900K、压力300kPa、体积$5dm^3$的终态，这一变化过程可以通过图2-1所示的两个途径来实现。尽管变化过程不同，系统各状态性质的改变量分别为$\Delta T=600K$，$\Delta p=200kPa$，$\Delta V=0$，不因过程不同而改变。

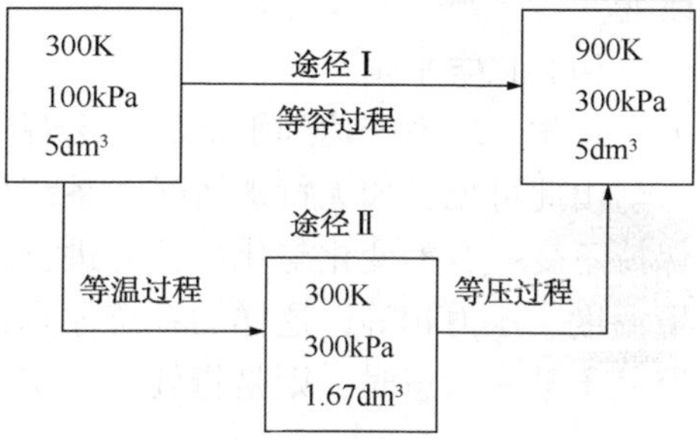

图2-1　过程可通过不同途径来实现

状态函数的这一性质在热力学解决实际问题时是非常重要的，不管实际过程如何，可以根据始态和终态选择理想的过程建立状态函数间的关系，而且还可以选择较简便的过程来计算状态函数的改变量等，这些处理方法在后面章节的讨论中将得到充分的应用。

综上所述，状态函数具有如下特点：

① 系统有确定的状态，状态函数就有定值，即状态函数是热力学状态的单值函数。

② 系统的始、终态确定后，状态函数的改变值为一定值。因此状态函数在数学上具有全微分的性质，可按全微分的关系来处理，积分与变化过程无关，其微量变化可用微分dX表示，如dV、dT。

③ 当系统经过一循环过程，恢复到始态时，状态函数也恢复到原来的数值，即状态函数的改变值为零。

描述同一系统状态的各性质之间都是相互联系和相互制约的。其中某几个性质确定后，其他的性质也随之确定。所以要描述一个系统的状态，没有必要把所有的性质都加以说明。例如，对于一定量的理想气体，描述状态性质的p、V、T可用函数关系式$pV=nRT$来表示。由于n是确定的，所以在p、V、T这三个状态性质间，只要知道两个，通过函数关系式就可以确定第三个状态性质，再将其与气体物性的有关公式结合起来，可将此时气体的密度、折射率、黏度、导热系数等其他性质全都确定。热力学不能说明描述一个系统状态究竟需要几个状态性质，这只有依靠经验。通常在描述系统状态时，由于强度性质与系统的数量无关，所以尽可能用易于测定的强度性质，再加上必要的广度性质来描述系统的状态。因此对于没有化学变化的单组分封闭系统，只要指定两个强度性质和系统的物质的量，系统的状态就确定了。例如对于单组分纯水来说，指定了压力和温度，则密度、黏度等强度性质就确定了。如果再指定物质的量，则所有的广度性质也就确定了。

2.1.4　热力学平衡态

如果外界条件不变，系统的宏观性质不随时间变化，则系统就处于热力学平衡态。只有当系统处于平衡态时，系统的各种性质才具有确定不变的值，才可以用系统的性质来描述系统所处的状态。一个系统要处于热力学平衡状态一般满足以下四个平衡条件：

（1）热平衡

当系统内部无绝热壁存在时，系统内的各部分温度相等。

（2）力学平衡

当系统内无刚性壁存在时，系统内各部分的压力相等。

（3）相平衡

一个多相系统达到平衡后，各相之间无物质的转移，各相的组成和相的数量不随时间而改变。

（4）化学平衡

化学反应系统达到平衡后，宏观上反应物和产物的数量都不随时间而改变。

由此可见，如无特殊情况，系统处于平衡态必须是系统内部各种性质(如温度、压力)保持不变，有相变化与化学反应进行时均应达到平衡，而且，系统的温度、压力应分别与环境温度、压力相等，这样的系统才真正处于平衡态。在本书的以后讨论中，若不特别指明系统处于某一状态时，则是指处于一定的热力学平衡状态。

2.1.5　过程与途径

在一定的条件下，系统发生了从始态到终态的变化称为过程。具体地说，系统由一平衡态变化至另一平衡态，这种变化称为过程。完成这一变化过程的具体步骤称为途径。根据变化过程的不同，可以将过程分成不同类别，常见的热力学过程有如下几种。

（1）等温过程

系统状态发生变化时，系统的始态温度等于终态温度，且等于环境的温度。即 $T_{(始)}=T_{(终)}=T_{(环)}=$ 定值，则此过程称为等温过程。

（2）等压过程

系统状态发生变化时，系统的始态压力等于终态压力，且等于环境的压力。即 $p_{(始)}=p_{(终)}=p_{(环)}=$ 定值，则此过程称为等压过程。

（3）等容过程

系统状态变化时，系统的始态与终态的体积相等。一般在刚性容器中发生的变化为等容过程。

（4）绝热过程

系统状态变化时，系统与环境之间无热交换的过程。完全的绝热过程很难实现，一般由于有绝热壁的存在，或者变化太快，与环境来不及发生热交换，或是热交换量太少均可近似看作绝热过程。但需注意，虽然绝热过程中系统与环境无热交换，但可以有功的交换。

(5) 循环过程

循环过程是当系统由某一状态出发，经历了一系列具体过程后又回到原来状态的过程。其特点是系统的所有状态函数变化量均为零，但在变化过程中，系统与环境交换的功与热却往往不为零。

思考题1 状态函数具有什么特征？系统的状态一定，状态函数是否一定？反之，系统的状态变了，状态函数能否不变？是否所有的状态函数都必须改变？

§2.2 热力学第一定律基础知识

2.2.1 热和功

当系统状态发生变化时，热和功是系统与环境能量传递的两种不同形式，而且只有系统在进行某一过程时才能以热和功的形式与环境进行能量交换。因此，热和功的数值与系统所处的终状态无关，只与状态变化时所经历的过程有关，故将热和功称作过程函数。热和功具有能量的单位，为焦耳(J)或千焦(kJ)。

(1) 热(Q)

热是系统与环境之间由于温度不同而传递的能量。从微观角度讲，热是大量微观粒子无序运动的一种表现，其运动强度越大，表征其运动强度的物理量——温度就越高，物质的温度高低反映了该物质内部粒子无序热运动平均强度的大小，故热实质上是由于系统与环境两者内部粒子无序热运动平均强度不同而传递的能量。

热以符号 Q 表示，热的数值以系统的实际得失来衡量，若系统吸热(环境放热)，则 Q 值规定为正；反之系统对外放热，则 Q 值规定为负。

热是系统进行某一过程时与环境能量交换的一种形式，总是与具体的变化过程相联系，它不是状态函数，因此不能说系统的某个状态有多少热。一定量的热用 Q 表示，不能用 ΔQ 表示。有微量的热交换用 δQ 表示，不能用 dQ 表示，因为它不具有全微分的性质。

根据系统状态变化条件不同，系统与环境间交换的热量可分为不同的类型，如蒸发热、溶解热、化学反应热等。

(2) 功(W)

在热力学中除热量以外，系统与环境之间的其他各种形式的能量传递统称为功。从微观上看，功可理解为系统与环境间因粒子有序运动而交换的能量。做功的本质是分子有规则运动的能量向分子无规则运动能量的转化和传递。

功以符号 W 表示，功的数值同样以系统的实际得失来衡量，规定环境对系统做功为正，系统对环境做功为负。

功和热一样也不是状态函数，是系统与环境之间传递的能量形式，与具体的变化过程有关，有微量的功传递时，用 δW 表示，而不能用 dW 表示，因为它也不具有全微分的性质。

除热之外，系统与环境交换能量的其他形式均属于功，所以功有多种多样的形式。热力学将功分成两种：一种是在一定的环境压力下，系统的体积发生变化时与环境交换的能量形式，称为体积功；除体积功之外的一切其他形式的功称为非体积功，或称其他功，如电功、表面功等均属非体积功，非体积功以符号 W' 表示。因此，系统与环境间总功的交换等于两者的加和。热力学研究中经常遇到的是体积功，本章重点讨论体积功的计算。今后如无特别注明，一般说功就是指体积功，至于涉及某些非体积功的内容将在以后的有关章节中介绍。

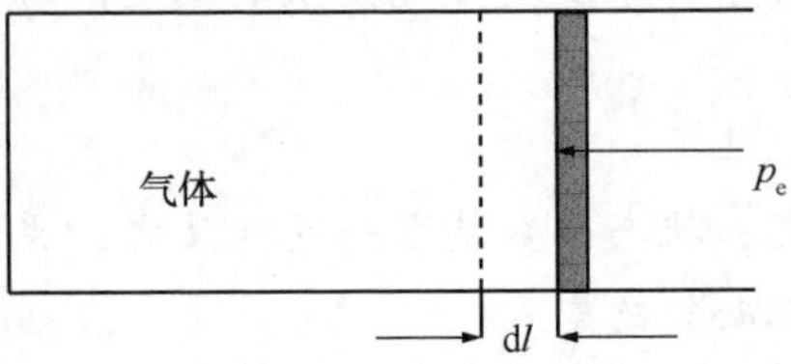

图 2-2　体积功示意图

图 2-2 为体积功示意图。由图 2-2 可知，体积功的本质是机械功，即体积功可用力与力作用方向下的位移的乘积来计算。设在带活塞汽缸内的（假定活塞既无质量，又无摩擦力）气体体积为 V，环境在活塞上的压力为 p_e，汽缸活塞面积为 A，将气体作为系统，当系统压力大于环境压力时，即 $p>p_e$，气体反抗外压 p_e，使活塞移动 dl 的距离，按照机械功定义，系统与环境交换的微功为

$$\delta W=-F\mathrm{d}l$$

式中 F 为外力。将 $F=p_eA$ 代入上式，其中 $\mathrm{d}(Al)=\mathrm{d}V$，为系统体积的变化量，得

$$\delta W=-p_eA\mathrm{d}l=-p_e\mathrm{d}(Al)=-p_e\mathrm{d}V$$

当系统压力大于环境压力时，气体膨胀，$\mathrm{d}V>0$，为系统反抗外压对环境做功，$\delta W<0$；当系统压力小于环境压力时，气体被压缩，$\mathrm{d}V<0$，为环境对系统做压缩功，$\delta W>0$。上述结果与功的符号规定相符。因此，无论膨胀还是压缩过程，体积功的定义式都是

$$\delta W=-p_e\mathrm{d}V \tag{2.1}$$

若非体积功 $W'=0$，系统由始态（p_1，V_1，T_1）经某过程变至终态（p_2，V_2，T_2），则该过程的体积功 W 应为过程中系统各微小体积变化与环境交换的功之和，即

$$W=\sum_{V_1}^{V_2}\delta W=-\sum_{V_1}^{V_2}p_e\mathrm{d}V \tag{2.2}$$

如果过程为连续变化过程，则功的表达式为

$$W=-\int_{V_1}^{V_2}p_e\mathrm{d}V$$

对于恒外压过程，即环境压力恒定的变化过程，功的表达式为

$$W=-p_e\Delta V（p_e\ 为定值）$$

综上所述，当系统的体积变化相同时，体积功数值的大小取决于环境的压力，如果环境的压力为零，例如气体向真空膨胀的过程，则系统与环境之间无体积功的交换。系统从同一始态变化至同一终态时，如果过程不同，环境的压力就不同，功的数值也不相同，因为功是过程函数。

2.2.2　热力学能

焦耳（Joule）从 1840 年起做了各种绝热过程的实验，证明在相同始态的一定量的水中，若升高温度达到同样的终态，则在绝热情况下所消耗的各种形式的功（机械功、电功）在数量上是完全相同的。这些实验表明，系统具有一个反映其内部能量的函数，该函数与具体的变化过程无关，只取决于系统的始、终状态，是系统的状态函数，这个函数就是热力学能，也称为内能，用符号 U 表示，单位为焦耳（J）或千焦（kJ）。

设系统始态的热力学能为 U_1，终态是 U_2，在绝热的条件下，热力学能的改变量就等于绝热过程中的功

$$\Delta U=U_2-U_1=W_{(Q=0)} \tag{2.3}$$

式(2.3)可作为热力学能的定义式。

热力学研究的系统是宏观静止的平衡系统，没有整体运动，不考虑电磁场、离心力场等外力场的影响。所以热力学能是指系统内部所有粒子全部能量的总和，包括系统内部分子运动的平动能、转动能、振动能、分子间相互作用的势能、分子中电子运动的能量、原子核能等。

热力学能是一状态函数，当构成系统的物质的种类、数量、温度、体积等宏观性质确定后，即系统状态确定后，热力学能就有确定的数值。当系统状态发生变化时，热力学能的增量只取决于系统变化过程的始、终态，与变化过程无关。由于系统内部粒子运动以及粒子间相互作用的复杂性，所以迄今无法确定系统处在某一状态下热力学能的绝对值。但是，实际计算各种过程的能量转换关系时，即系统与环境交换的功与热的数值时，涉及的仅是热力学能的变化量，并不需要知道某状态下系统的热力学能的具体数值。

根据焦耳实验，使水温升高1℃所需的绝热功与水量成正比，由热力学能的定义式(2.3)可知热力学能是广度性质，与物质的数量成正比，而摩尔热力学能是广度性质与物质的数量之比，即 $U_m=\dfrac{U}{n}$，因此摩尔热力学能是强度性质，其单位是 $J \cdot mol^{-1}$。

2.2.3 热力学第一定律的本质

热力学第一定律的本质是能量守恒定律，能量守恒定律是人类经过长期实践，总结出的一个极其重要的经验规律。该定律指出："能量有各种不同的形式，可以从一种形式转变为另一种形式，但在转变过程中能量的总值保持不变。"能量守恒定律的应用范围较广，热力学第一定律是其在热现象领域内所具有的特殊形式。例如一静止的封闭系统，在不考虑特殊的外力场(重力场，电磁场等)作用下，由始态1变化到终态2，这一变化可通过不同的过程来实现，各个过程所对应的 W 和 Q 都有不同的数值，根据能量守恒定律，系统从始态1变至终态2的热力学能变化只能通过系统与环境所交换的热和功来衡量，即热力学能的变化量是来源于系统与环境所交换的热和功。实验结果证明，不论何种变化过程，它们的 $Q+W$ 都有同一数值。这表明，系统的状态一定，其热力学能一定。热力学能在系统的状态发生变化后，其改变值仅取决于始、终态，与实际变化的过程无关，在数值上可由 $Q+W$ 表示。

$$\Delta U=U_2-U_1=Q+W \tag{2.4}$$

若系统的状态仅发生一无限小的变化，则

$$dU=\delta Q+\delta W \tag{2.5}$$

以上两式是热力学第一定律用于封闭系统中的数学表达式，当然它也适用于隔离系统，它表明热力学能、热和功之间相互转化时的定量关系。热力学第一定律中的功 W 应包括体积功和非体积功，由于热力学研究中一般不考虑非体积功，在以后的讨论中，除特别说明外，只考虑体积功。

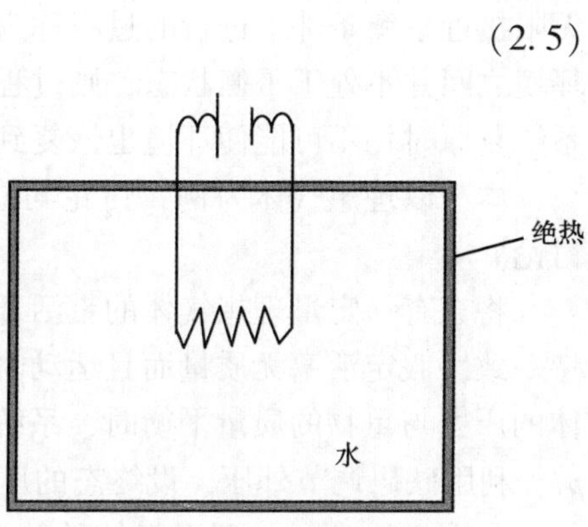

图2-3　系统的选择

【例2.1】 如图2-3所示，水中有一电炉丝，与外电源相接，水箱是绝热的。假设该装置各部分可近似看作封闭系统，如果按照以下几种情况选择系统，试判断 ΔU、W 和 Q 的符号。

(1) 以水为系统；

(2) 以水和电炉丝为系统；

(3) 以水、电炉丝和电源为系统。

解：(1) $Q>0$，$W=0$，$\Delta U>0$，因为水从电炉丝得到热，而无任何功的交换，水获得热量后使热力学能升高。

(2) $Q=0$，$W>0$，$\Delta U>0$，因为水和电炉丝均为系统，系统与环境之间无热交换。电池对系统做电功，系统的热力学能增加。

(3) $Q=0$，$W=0$，$\Delta U=0$，因为这是隔离系统，与环境之间无热、功交换。

热力学第一定律是人类经验的总结，无数事实证明了这个定律的正确性。历史上曾有人想制造一种机器，它既不靠外界供给能量，本身也不减少能量，却可以源源不断地对外做功，人们把这种机器称为第一类永动机。这种无中生有能连续产生能量的机器完全违背了能量守恒原理，所以热力学第一定律的另一种表述方法为“第一类永动机不可能造成”。由此可见，热力学第一定律就是在热现象领域内的能量守恒和转化定律。

思考题 2　某封闭系统由一指定的始态变化到另一指定的终态。Q、W、$Q+W$、ΔU 中哪些量确定，哪些量不能确定？为什么？

思考题 3　若在绝热条件下，使系统由一指定的始态变到另一指定的终态，那么上述各量是否完全确定？

§2.3　可逆过程与体积功计算

过程进行需要推动力，气体膨胀与压缩过程的推动力是环境与系统之间的压力差，溶液混合的推动力是溶液之间的浓度差。本节主要讨论一种推动力无限小的理想过程，即可逆过程。可逆过程是热力学中非常重要的过程。

2.3.1　可逆过程

若过程的推动力无限小，系统内部与环境之间无限接近于平衡状态，因而过程进行得无限缓慢，当系统沿相反的过程进行时，系统和环境可以同时复原。将系统与环境经历一系列无限接近平衡条件下进行的过程称为可逆过程。反之，若过程的推动力不是无限小，系统与环境之间并不处于平衡状态，则过程称为不可逆过程。对于不可逆过程无论采取什么措施，系统复原时均不可能使环境也恢复到原状态。

本节以理想气体为例，讨论可逆膨胀、可逆压缩过程，其他可逆过程将在相关章节讨论。

将充有一定量理想气体的带活塞的汽缸与恒温热源接触，汽缸在变化过程中温度始终保持一致，假定活塞无质量而且运动时与汽缸之间的摩擦力为零。活塞上放置四个砝码，当气体的压力与重物的质量平衡时，系统处于初始平衡态，系统始态的压力与环境的压力相等为 p_1，利用砝码调节外压，设终态的压力为 p_2。

如图 2-4 所示的理想气体的等温膨胀过程，若系统的膨胀过程分一步进行，如过程 1 所示将活塞上的砝码一次移去三个，使环境的压力 p_1 一次降低到 p_2，并在 p_2 外压下，气体

体积从 V_1膨胀到 V_2，此过程系统对环境做功：

$$W_1 = -\sum p_e \Delta V_i = -p_2(V_2 - V_1)$$

若系统的膨胀过程分两步进行，如过程 2 所示。即将活塞上的砝码分两次逐一取走，外压由 p_1分段经 p'降到 p_2，气体体积由 V_1分段膨胀到 V_2，此过程系统对环境做功

$$W_2 = -p'(V' - V_1) - p_2(V_2 - V')$$

若系统膨胀过程中，外压始终与内压相差无限小，为了形象描述该变化过程，假定膨胀过程中与始态平衡的重物不是砝码而是无限细小的砂粒，如过程 3 所示，每次膨胀时只移去一颗砂粒，使膨胀过程极其缓慢地进行。以至于在过程进行的任一时刻，系统的状态与平衡态的偏离总是无限小，系统的压力与外压相差一无限小数值(dp)，可以近似地看作平衡态，在计算体积功时可用系统压力代替环境压力，此过程系统对环境做功

$$W_3 = -\int_{V_1}^{V_2} p_e \mathrm{d}V = -\int_{V_1}^{V_2} (p - \mathrm{d}p)\mathrm{d}V = -\int_{V_1}^{V_2} p\mathrm{d}V = -\int_{V_1}^{V_2} \frac{nRT}{V}\mathrm{d}V = -nRT\ln\frac{V_2}{V_1}$$

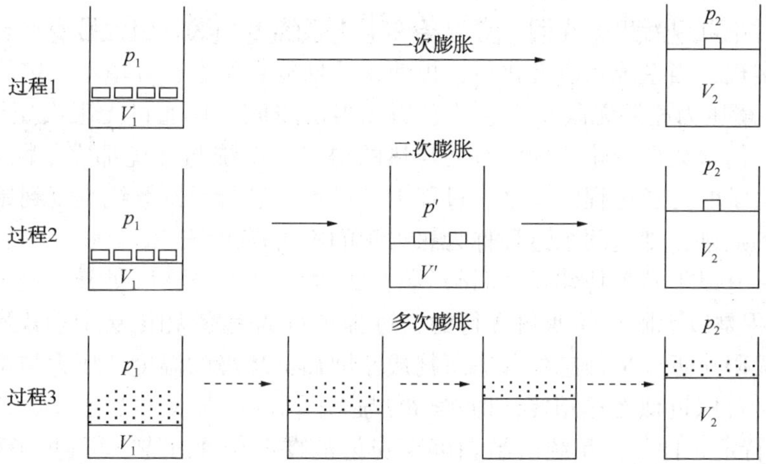

图 2-4　不同途径下气体等温膨胀示意图

为了便于比较，也可从各个变化过程的体积功示意图进一步说明，从图 2-5 中可以看出，虽然始终态相同，但过程不同，做的功也不同。一次膨胀系统对环境做功较少，多次膨胀做的功增多，与过程 1、2 相比较，在过程 3 中系统对环境所做的功最大，气体膨胀的推动力越小，系统恢复原态时给环境留下的影响越小。

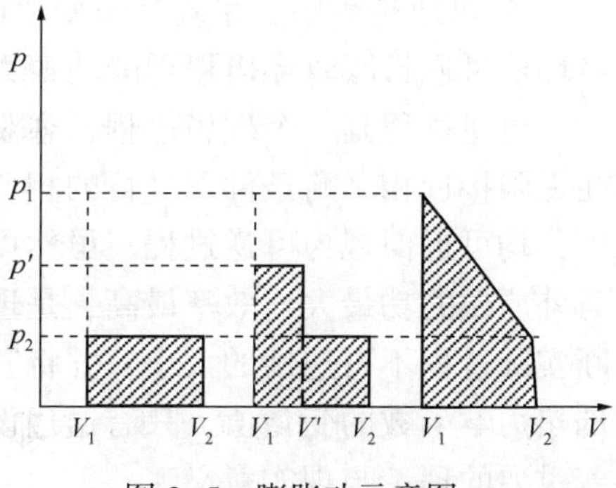

图 2-5　膨胀功示意图

当系统以上述三种过程达到终态后，再各自以相反的过程回到始态，这就构成了与原来过程方向相反的三种过程，现分别计算其正逆过程的体积功，并通过分析比较，引入可逆过程的概念。

对于过程 1 的逆过程，系统由终态将环境压力从 p_2一次增加到 p_1，使系统回到初始状态，则系统得到体积功为

$$W'_1 = -\sum p_e \Delta V_i = -p_1(V_1 - V_2)$$

由于 $p_1>p_2$，$|W'_1|>|W_1|$，系统恢复原态时，环境对系统多做功，即循环过程的总功 $W=W'_1+W_1>0$，因循环过程 $\Delta U=0$，循环过程的热 $Q<0$，说明系统放热，环境得到热量。因此正逆过程的总结果是：系统恢复了原状，但在环境中留下了功变为热的痕迹。

对于过程 2 的逆过程，体积功分两步计算：

$$W'_2=-p'(V'-V_2)-p_1(V_1-V')$$

由于 $p_2<p'<p_1$，$|W'_2|>|W_2|$，与过程 1 类似，系统恢复原态时，环境损失了功，得到了热量，且与过程 1 相比较，系统复原时，环境对系统做的体积功较少，环境得到的热量也较少。

对于过程 3 的逆过程，气体在压缩过程中，始终保持外压比内压大无限小的数值，

$$W'_3=-\int_{V_2}^{V_1}p_e\mathrm{d}V=-\int_{V_2}^{V_1}(p+\mathrm{d}p)\mathrm{d}V=-\int_{V_2}^{V_1}p\mathrm{d}V=-\int_{V_2}^{V_1}\frac{nRT}{V}\mathrm{d}V=-nRT\ln\frac{V_1}{V_2}$$

循环过程的总功 $W=W'_3+W_3=0$，循环过程的热 $Q=0$。即正逆过程的总的结果，系统恢复到原态，环境没有留下功变为热的痕迹。

从上面的讨论可以看出，在同一等温条件下，系统由一状态变为另一状态时，可以通过不同的过程来实现，当系统状态变化后，再使系统恢复到始态，环境不一定能复原。只有过程 3，系统与环境压力相差无限小，系统经历无限次膨胀，再通过无限次压缩回到始态时，环境没有发生任何永久性变化，即没有功与热的得失，系统与环境都完全恢复原来的状态，该过程即为热力学的可逆过程。反之，过程 1 和过程 2 进行后，系统恢复到始态，但环境中留下了功变热的痕迹，则这两个过程称为热力学的不可逆过程。

可逆过程具有以下几个特点：

① 可逆过程是以无限小的变化进行的，过程进行的速率无限慢，时间无限长。整个过程是由一连串无限接近于平衡态的状态所构成。因而，环境的温度、压力与系统的温度、压力差为无限小，可以近似看作相等，即 $T=T_e$，$p=p_e$。

② 在同一特定条件下，系统由始态可逆变化至终态，再由终态可逆恢复到始态，此时系统与环境均可恢复到原来状态，在环境中没有留下任何的变化(如功的损失)。

③ 可逆过程中，系统状态变化的推动力与阻力相差无限小，所以在等温条件下，系统对环境可逆膨胀时环境得到的功最大，而环境对系统可逆压缩时所消耗的功最小。

可逆过程是一个理想过程，客观世界中并不真正存在。实际过程只能无限接近于它。如在无限接近相平衡条件下进行的相变化，像液体在其沸点下的蒸发、固体在其熔点下的熔化等，均可近似视为可逆过程。虽然可逆过程实际并不存在，但在同一特定条件下，可逆过程对外所做的功最大，效率最高，是理想的极限值。将实际过程和可逆过程进行比较，可以判断实际过程不可逆性的大小，并将其作为改善、提高实际过程效率的目标。此外，一些重要的热力学函数的变化值，只有通过设计可逆过程才能具体计算。所以热力学中的可逆过程有着重要的理论与现实意义。

2.3.2 体积功计算

系统经历一个可逆过程时，系统与环境所交换的体积功可用系统压力代替环境压力，根据不同特定条件下系统的压力与体积在过程中的函数关系，结合功的定义式进行积分，就能得出相应的可逆体积功 W。但要注意，不可逆过程的体积功，只能用环境压力(不能用系统压力)，然后结合功定义式进行计算。

【例 2.2】 在 273K 时，有 10mol 的理想气体，从始态：$p_1=100\text{kPa}$，$V_1=0.227\text{m}^3$ 膨胀到终态：$p_2=50\text{kPa}$，$V_2=0.454\text{m}^3$，分别求经下列过程系统与环境所交换的体积功。

（1）真空膨胀至终态；

（2）反抗恒外压为 50kPa 的条件下，一次膨胀至终态；

（3）等温可逆膨胀至终态。

解：（1）向真空膨胀，外压 $p_e=0$，$\delta W=-p_e\text{d}V=0$，系统与环境之间无功的交换。

（2）一次恒外压膨胀，外压 $p_e=50\text{kPa}$

$$W=-p_e\Delta V=-50\text{kPa}\times(0.454-0.227)\text{m}^3=-11.35\text{kJ}$$

（3）等温可逆膨胀至终态，功的计算表达式为

$$W=-\int_{V_1}^{V_2}p\text{d}V=-\int_{V_1}^{V_2}\frac{nRT}{V}\text{d}V=-nRT\ln\frac{V_2}{V_1}$$

$$=-10\text{mol}\times8.314\text{J}\cdot\text{mol}^{-1}\cdot\text{K}^{-1}\times273\text{K}\times\ln\frac{0.454\text{m}^3}{0.227\text{m}^3}=-15.73\text{kJ}$$

从计算结果可以看出，虽然始终状态相同，但是过程不同，体积功也不同，其中可逆膨胀过程系统对环境所做的体积功最大。

【例 2.3】 求下列等压过程的体积功。

（1）10mol 理想气体由 27℃ 等压膨胀到 127℃；

（2）在 100℃、101.325kPa 下，5mol 水变成 5mol 水蒸气；

（3）在 100℃、100kPa 下，1mol CH_4 燃烧生成 CO_2 和 $H_2O(g)$；

（4）在 100℃、100kPa 下，1mol CH_4 燃烧生成 CO_2 和 $H_2O(l)$。

解：（1）这是一个物理变化的等压过程：

$$W=-p(V_2-V_1)=-\Delta(nRT)=-10\text{mol}\times8.314\text{J}\cdot\text{mol}^{-1}\cdot\text{K}^{-1}\times(400-300)\text{K}=-8314\text{J}$$

（2）这是一个等温等压条件下的相变过程：

$$W=-p(V_g-V_l)\approx-pV_g=-nRT=-5\text{mol}\times8.314\text{J}\cdot\text{mol}^{-1}\cdot\text{K}^{-1}\times373\text{K}=-15505.6\text{J}$$

（3）这是一个等压条件下的化学反应：

$$CH_4(g)+2O_2(g)=\!=\!=CO_2(g)+2H_2O(g)$$

反应前后气体物质的量不变，则等温等压条件下体积不变：$\Delta V=0$，$W=0$

（4）同样，这是一个等压等温条件下的化学反应：

$$CH_4(g)+2O_2(g)=\!=\!=CO_2(g)+2H_2O(l)$$

$$W=-p(V_2-V_1)=-\Delta(nRT)=-(1-3)\text{mol}\times8.314\text{J}\cdot\text{mol}^{-1}\cdot\text{K}^{-1}\times373\text{K}=6202.2\text{J}$$

【例 2.4】 1mol 理想气体，经等温膨胀、等容加热和等压冷却三步完成一个循环回到初始状态，若已知气体吸热 4.184kJ，求此过程的 W 及气体的 ΔU。

解：热力学能是状态函数，只与系统的状态有关，不论经过什么过程回到始态，其变量为零，$\Delta U=0$

根据热力学第一定律的数学表达式：$\Delta U=Q+W$，$Q+W=0$

$$W=-Q=-4.184\text{kJ}$$

思考题 4 不可逆过程的体积功计算，为什么只能用环境压力，不能用系统压力？而可逆过程的体积功计算，却可以用系统压力代替环境压力，为什么？

§2.4 等容热、等压热、焓

与化学反应相关联的工业生产或科学实验，通常是在等容(密闭反应器)条件下或是在等压(大气压力下的敞开容器)条件下进行的，应用热力学第一定律讨论这两类特定条件下的过程热，具有重要的实用意义。

2.4.1 等容热

系统在非体积功为零的等容变化过程中与环境交换的热量称为等容热，用符号 Q_V表示。

根据热力学第一定律

$$\mathrm{d}U=\delta Q+\delta W$$

因为是等容过程，$\mathrm{d}V=0$，即体积功 $\delta W=-p_e\mathrm{d}V=0$ 且非体积功为零，得等容热为

$$\mathrm{d}U=\delta Q_V\text{或 }\Delta U=Q_V \tag{2.6}$$

此式说明在不做非体积功的等容过程中系统所吸收的热在数值上等于系统热力学能的变化。

2.4.2 等压热、焓

系统在非体积功为零的等压变化过程中与环境交换的热量称为等压热，用符号 Q_p表示。许多物理过程与化学过程通常都是在敞开的、大气压力下进行，也就是在等压条件下进行的。

根据热力学第一定律

$$\mathrm{d}U=\delta Q+\delta W$$

因为是等压过程，$\mathrm{d}p=0$，即系统的始、末态压力等于环境的压力，且非体积功为零，可得

$$\mathrm{d}U=\delta Q_p-p\mathrm{d}V$$

化简得

$$\delta Q_p=\mathrm{d}U+p\mathrm{d}V=\mathrm{d}(U+pV) \tag{2.7}$$

由于 U、p、V 均为系统的状态函数，因此 $U+pV$ 也是状态函数，其变化值必然由系统的始终态决定，而与过程无关，热力学中将此复合函数 $U+pV$ 用符号 H 表示，称为焓。即

$$H\xlongequal{\text{def}}U+pV \tag{2.8}$$

所以等压热为

$$\mathrm{d}U=\delta Q_p\text{或 }\Delta H=Q_p \tag{2.9}$$

此式说明在不做非体积功的等压过程中系统所吸收的热量在数值上等于系统焓的变化。焓是根据需要定义出来的，焓不是能量。从焓的定义式(2.8)可以看出，焓(H)是状态函数，所以，当系统的状态发生变化时，作为状态函数的焓应该随之而改变，不管变化过程是否等压以及是否做非体积功。因为系统热力学能的绝对值无法确定，所以焓的绝对值也无法求得。组成焓的 U 和 pV 具有能量的量纲，所以 H 的单位也是焦耳(J)，与热力学能一样，是系统的广度性质。

根据焓的定义：$H=U+pV$，式中 pV 不是体积功。

在系统发生微小变化时

$$\mathrm{d}H=\mathrm{d}U+p\mathrm{d}V+V\mathrm{d}p$$

系统从状态 1 变化到状态 2 时

$$\Delta H=\Delta U+\Delta(pV) \tag{2.10}$$

$$\Delta(pV)=p_2V_2-p_1V_1$$

如果系统是理想气体，则 $\Delta H=\Delta U+\Delta(n_gRT)$

如果系统是固相或液相等凝聚态，$\Delta(pV)$值较小，可忽略不计，则

$$\Delta H\approx\Delta U$$

从上面的讨论可以看出，在等压不做非体积功的过程中，测定了 Q_p，就得到 ΔH，从而可计算热力学能的变化 ΔU，这就是定义焓这个函数最初的目的。

2.4.3 焦耳实验——理想气体的热力学能和焓

1843 年焦耳设计了一个实验，见图 2-6，将中间由活塞相连的两个容器浸在水浴中，容器的壁是导热的，其中一个容器抽真空，另一个容器中装有一定温度和压力的气体，打开活塞，气体向真空容器膨胀，达平衡后，测量水温，发现低压下气体在膨胀前后，水浴温度没有变化，表明作为系统的气体与作为环境的水浴之间没有热交换，所以 $Q=0$。气体向真空膨胀，$W=0$。根据热力学第一定律，得 $\Delta U=0$。这一实验事实说明，低压气体向真空膨胀，温度不变，热力学能亦不变，但气体的体积增大，压力降低，说明温度一定的低压气体的热力学能 U 是一定值。精确实验证明：真实气体向真空膨胀时气体的温度略有改变，起始压力愈低，温度变化愈小。由此推断，当气体的起始压力趋于零时，可视为理想气体，所以理想气体的热力学能才是温度的函数，与压力、体积无关。该结论的数学推导如下：

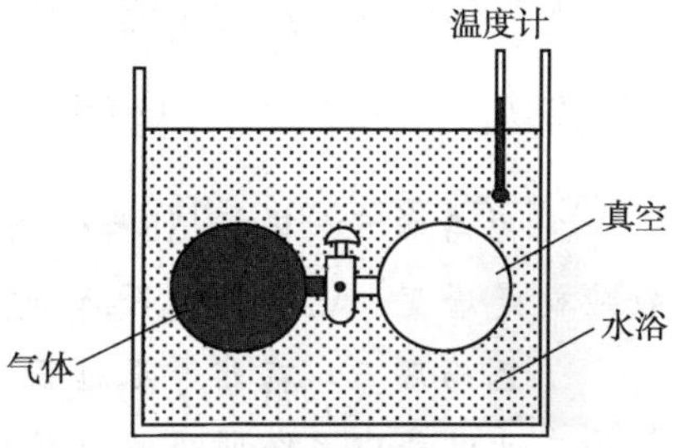

图 2-6 焦耳实验示意图

对于定量的理想气体，热力学能由 p、V、T 中任意两个独立变量所决定，可表示为 $U=f(T, V)$，由于状态函数具有全微分的性质，对封闭系统的微小变化，有

$$\mathrm{d}U=\left(\frac{\partial U}{\partial T}\right)_V\mathrm{d}T+\left(\frac{\partial U}{\partial V}\right)_T\mathrm{d}V \tag{2.11}$$

如果以 $U=f(T, p)$表示，则

$$\mathrm{d}U=\left(\frac{\partial U}{\partial T}\right)_p\mathrm{d}T+\left(\frac{\partial U}{\partial p}\right)_T\mathrm{d}p \tag{2.12}$$

将焦耳实验的结果 $\mathrm{d}T=0$ 和 $\mathrm{d}U=0$ 代入式(2.11)及式(2.12)，得

$$\left(\frac{\partial U}{\partial V}\right)_T\mathrm{d}V=0$$

在焦耳实验中，气体的体积是增加的，即 $\mathrm{d}V>0$

故

$$\left(\frac{\partial U}{\partial V}\right)_T=0 \tag{2.13}$$

同样还可证明

$$\left(\frac{\partial U}{\partial p}\right)_T=0 \tag{2.14}$$

这两式的意义是：在等温条件下，理想气体的热力学能不随气体体积、压力而变，即理想气体的热力学能仅是温度的函数，与体积、压力无关。即

$$U=f(T) \tag{2.15}$$

这个结论还可以利用理想气体的微观模型来解释，因为理想气体分子间没有引力，分子本身没有体积，分子间没有相互作用的势能，因此体积或压力的变化并不影响它的热力学能的数值。理想气体的热力学能只是指分子的动能，而动能只与温度有关，所以理想气体的热力学能只是温度的函数。

对于理想气体，在等温条件下，pV 的数值为常数，根据焓的定义式 $H=U+pV$，可得

$$\left(\frac{\partial H}{\partial V}\right)_T=\left(\frac{\partial U}{\partial V}\right)_T+\left[\frac{\partial(nRT)}{\partial V}\right]_T=0 \tag{2.16}$$

同样

$$\left(\frac{\partial H}{\partial p}\right)_T=\left(\frac{\partial U}{\partial p}\right)_T+\left[\frac{\partial(nRT)}{\partial p}\right]_T=0 \tag{2.17}$$

即理想气体的焓与热力学能一样，仅是温度的函数，不随体积压力而变，即

$$H=f(T) \tag{2.18}$$

思考题 5 根据 $\Delta U=Q_V$ 和 $\Delta H=Q_p$ 两个公式，等容热效应就是热力学能变，等压热效应就是焓变。这句话是否正确？

思考题 6 在非等压过程中有没有焓的变化？如有，怎样计算？其物理意义是否可理解为在此过程中系统所吸收或放出的热量？

思考题 7 因为 $\Delta U=Q_V$，$\Delta H=Q_p$，所以 Q_V、Q_p是特定条件下的状态函数，这种说法对否？

§2.5 热　容

2.5.1 热容的定义

每个物体升温都需要吸收热，但是相同数量的不同物质，在升高同样温度时所需要的热不同。这反映着物质的一种性质，热容描述了物质的这种性质。在不发生相变和化学变化且不做非体积功的条件下，加热一均相封闭系统，系统每升高单位热力学温度时所吸收的热称为系统的热容。热容的符号为 C，单位为 $\mathrm{J \cdot K^{-1}}$，定义式为

$$C=\frac{\delta Q}{\mathrm{d}T}$$

在上式中 Q 不是全微分，即热与过程有关，所以若不指定加热方式，热容就是一个不确定的物理量。按照加热是在等容还是等压情况下进行，将热容区分为等压热容和等容热容。它们可分别定义为

$$C_V=\frac{\delta Q_V}{\mathrm{d}T} \tag{2.19}$$

$$C_p=\frac{\delta Q_p}{\mathrm{d}T} \tag{2.20}$$

热容是一个广度性质的物理量，其值与系统的量有关。若物质为 1g，其热容称为比热容 c，单位为 $\mathrm{J \cdot K^{-1} \cdot g^{-1}}$。对于 1mol 物质，其热容称为摩尔热容，单位为 $\mathrm{J \cdot mol^{-1} \cdot K^{-1}}$。系统的等容热容、等压热容和其摩尔等容热容、摩尔等压热容之间存在如下关系：

$$C_p = nC_{p,\mathrm{m}} \quad C_V = nC_{V,\mathrm{m}} \tag{2.21}$$

在等容、非体积功为零的过程中，$\delta Q_V = \mathrm{d}U$，等容热容可表示为

$$C_V = \frac{\delta Q_V}{\mathrm{d}T} = \left(\frac{\partial U}{\partial T}\right)_V \tag{2.22}$$

同理，等压、非体积功为零的过程中，$\delta Q_p = \mathrm{d}H$，等压热容可表示为

$$C_p = \frac{\delta Q_p}{\mathrm{d}T} = \left(\frac{\partial H}{\partial T}\right)_p \tag{2.23}$$

上面两式分别表明在没有相变化和化学变化，且非体积功为零的过程中，C_V是等容下系统的热力学能随温度的变化率，C_p是等压下系统的焓随温度的变化率。

根据热容和 Q_V，Q_p及 ΔU，ΔH 之间的关系，可以计算等容、等压下物质的简单状态变温过程中，系统热力学能和焓的变化值

$$\mathrm{d}U = C_V \mathrm{d}T$$

$$\Delta U = \int_{T_1}^{T_2} C_V \mathrm{d}T = \int_{T_1}^{T_2} nC_{V,\mathrm{m}} \mathrm{d}T \tag{2.24}$$

$$\mathrm{d}H = C_p \mathrm{d}T$$

$$\Delta H = \int_{T_1}^{T_2} C_p \mathrm{d}T = \int_{T_1}^{T_2} nC_{p,\mathrm{m}} \mathrm{d}T \tag{2.25}$$

系统的热容是温度 T 的函数，而具体的函数关系式，则随物质的聚集状态、温度范围的不同而异，由于等压热容比等容热容更常用，在热力学数据手册中常列入摩尔等压热容与温度的函数关系式：

$$C_{p,\mathrm{m}} = a + bT + cT^2 + \cdots \tag{2.26}$$

式中，a、b、c…为经验常数，由物质的自身性质决定，其数值在热力学数据表(附录四)中可以查到，一些常见物质的摩尔等压热容列于附录五。

【例 2.5】 将 1000g 铜从 298K 加热到 1356K，求此过程的 Q、ΔH 和 ΔU。已知铜的熔点为 1356K，$C_{p,\mathrm{m}}(\mathrm{s}) = 24.48\mathrm{J \cdot mol^{-1} \cdot K^{-1}}$。

解：铜从 298K 加热到 1356K 的过程为等压升温过程

$$Q_p = nC_{p,\mathrm{m}}(T_2 - T_1) = \frac{1000}{63.54} \times 24.48 \times (1356 - 298)\mathrm{kJ} = 470.6\mathrm{kJ}$$

过程中的 $\Delta H = Q_p = 470.6\mathrm{kJ}$

因为系统为凝聚相，所以 $\Delta U \approx \Delta H = 470.6\mathrm{kJ}$。

2.5.2 C_p与C_V的关系

加热一组成不变的均匀封闭系统，若升高同样的温度，等压热容通常比等容热容大，对于气体尤为显著。这是因为对只做体积功的等压过程，吸收的热量除用于转化为系统的热力学能外，还要反抗外压做体积功，而等容过程吸收的热量仅转化为系统的热力学能。可从二者之间的关系推导来说明

$$C_p - C_V = \left(\frac{\partial H}{\partial T}\right)_p - \left(\frac{\partial U}{\partial T}\right)_V = \left[\frac{\partial(U+pV)}{\partial T}\right]_p - \left(\frac{\partial U}{\partial T}\right)_V = \left(\frac{\partial U}{\partial T}\right)_p + p\left(\frac{\partial V}{\partial T}\right)_p - \left(\frac{\partial U}{\partial T}\right)_V$$

由于两个状态变量可以确定系统的状态，则由 $U = f(T, V)$ 得

$$\mathrm{d}U = \left(\frac{\partial U}{\partial T}\right)_V \mathrm{d}T + \left(\frac{\partial U}{\partial V}\right)_T \mathrm{d}V$$

在压力保持恒定的情况下有

$$\left(\frac{\partial U}{\partial T}\right)_p=\left(\frac{\partial U}{\partial T}\right)_V+\left(\frac{\partial U}{\partial V}\right)_T\left(\frac{\partial V}{\partial T}\right)_p$$

$$C_p-C_V=\left[\left(\frac{\partial U}{\partial V}\right)_T+p\right]\left(\frac{\partial V}{\partial T}\right)_p \tag{2.27}$$

从上式可以看出，$C_p>C_V$本质是由于系统对环境做功 $p\left(\frac{\partial V}{\partial T}\right)_p$，以及由于体积的变化而引起分子间势能$\left(\frac{\partial U}{\partial V}\right)_T\left(\frac{\partial V}{\partial T}\right)_p$增加。因此系统在等压条件下升温 1K 比等容条件下升温 1K 要多吸收这两项能量。

对于理想气体$\left(\frac{\partial U}{\partial V}\right)_T=0$，$\left(\frac{\partial V}{\partial T}\right)_p=\frac{nR}{p}$，将此二式代入式(2.27)得

$$C_p-C_V=nR \tag{2.28}$$

$$C_{p,\mathrm{m}}-C_{V,\mathrm{m}}=R \tag{2.29}$$

即理想气体的摩尔等压热容与摩尔等容热容之差为摩尔气体常数 R。

根据气体动理学理论和能量均分原理，可以得到

单原子理想气体 $C_{V,\mathrm{m}}=\frac{3}{2}R$，$C_{p,\mathrm{m}}=\frac{5}{2}R$

双原子理想气体 $C_{V,\mathrm{m}}=\frac{5}{2}R$，$C_{p,\mathrm{m}}=\frac{7}{2}R$

低压下的真实气体通常可以按照理想气体处理。

§2.6　热力学第一定律在气体状态变化中的应用

2.6.1　热力学第一定律在理想气体状态变化过程中的应用

(1) 理想气体等温过程

$$\Delta U_T=0\quad \Delta H_T=0$$

$$W=-Q=-\sum_{V_1}^{V_2}p_{\mathrm{e}}\mathrm{d}V$$

若为等温可逆变化过程，$W=-Q=-\int_{V_1}^{V_2}p\mathrm{d}V=nRT\ln\frac{V_2}{V_1}$

【例 2.6】 理想气体 1mol 在 300K 下，1dm^{3}等温可逆地膨胀至 10dm^3，求此过程的 Q、W、ΔU 及 ΔH。

解：对理想气体的等温可逆膨胀过程，有

$$\Delta U=0\qquad \Delta H=0$$

$$W=-nRT\ln\frac{V_2}{V_1}=-1\mathrm{mol}\times 8.314\mathrm{J\cdot mol^{-1}\cdot K^{-1}}\times 300\mathrm{K}\times\ln\frac{10\mathrm{dm^3}}{1\mathrm{dm^3}}=-5743\mathrm{J}$$

$$Q=-W=5743\mathrm{J}$$

(2) 理想气体变温过程

由于理想气体的热力学能和焓仅是温度的函数，即：$U=f(T)$，$H=f(T)$。当系统发生

微小状态变化时，根据式(2.11)

得
$$dU=\left(\frac{\partial U}{\partial T}\right)_V dT=C_V dT \tag{2.30}$$

同理 $H=f(T, p)$，由于$\left(\frac{\partial H}{\partial p}\right)_T=0$

可得
$$dH=\left(\frac{\partial H}{\partial T}\right)_p dT=C_p dT \tag{2.31}$$

因此，对理想气体，系统发生无化学变化和相变化的单纯状态变化过程时，对上面二式分别积分，可得

$$\Delta U=\int_{T_1}^{T_2} C_V dT=\int_{T_1}^{T_2} nC_{V,m} dT \tag{2.32}$$

$$\Delta H=\int_{T_1}^{T_2} C_p dT=\int_{T_1}^{T_2} nC_{p,m} dT \tag{2.33}$$

由于理想气体 C_p、C_V与温度无关，则

$$\Delta U=nC_{V,m}(T_2-T_1) \quad \Delta H=nC_{p,m}(T_2-T_1) \tag{2.34}$$

因此上述公式对理想气体的任何一种单纯状态变化过程均适用。

【例 2.7】 双原子理想气体 3mol 分别经等容和等压从 25℃加热到 150℃，试计算此过程的 Q、W、ΔU 和 ΔH。

解：(1) 等容过程：$\Delta V=0$，$W=-p_e\Delta V=0$

$$\Delta U=nC_{V,m}(T_2-T_1)=3\text{mol}\times\frac{5}{2}\times 8.314\text{J}\cdot\text{mol}^{-1}\cdot\text{K}^{-1}\times(423.15-298.15)\text{K}=7.79\times10^3\text{J}$$

$$Q=\Delta U=7.79\times10^3\text{J}$$

$$\Delta H=nC_{p,m}(T_2-T_1)=3\text{mol}\times\frac{7}{2}\times 8.314\text{J}\cdot\text{mol}^{-1}\cdot\text{K}^{-1}\times(423.15-298.15)\text{K}=1.09\times10^4\text{J}$$

(2) 等压过程：理想气体热力学、焓与压力无关，ΔU 和 ΔH 数值和等容过程相同，即

$$\Delta U=7.79\times10^3\text{J} \quad \Delta H=1.09\times10^4\text{J} \quad Q=\Delta H=1.09\times10^4\text{J}$$

$$W=\Delta U-Q=7.79\times10^3\text{J}-1.09\times10^4\text{J}=-3.11\times10^3\text{J}$$

(3) 理想气体绝热过程

绝热过程中系统与环境间无热量交换，但有功的交换。绝热过程可以是可逆过程，也可以是不可逆过程。环境得到或损失的功只能来源于系统热力学能的减少或使系统热力学能增大，这必然使系统的温度降低或升高。

根据热力学第一定律，$Q=0$，则

$$dU=\delta Q+\delta W=\delta W=-p_e dV \tag{2.35}$$

如果系统做绝热膨胀，$dV>0$，则系统的热力学能下降，即温度下降。反之，对系统做绝热压缩，系统的温度升高。

对于理想气体的任何过程，$dU=nC_{V,m}dT$，如果是绝热可逆变化过程，则可用系统的压力代替环境压力，即：$p=\frac{nRT}{V}$，$dU=-p_e dV=-pdV$，则

$$nC_{V,m}dT=-\frac{nRT}{V}dV,\quad C_{V,m}dT=-\frac{RT}{V}dV$$

整理后得$\frac{dT}{T}+\frac{R}{C_{V,m}}\frac{dV}{V}=0$

又知 $C_{p,m}-C_{V,m}=R$，代入上式得

$$\frac{dT}{T}+\left(\frac{C_{p,m}}{C_{V,m}}-1\right)\frac{dV}{V}=0$$

令$\frac{C_{p,m}}{C_{V,m}}=\gamma$，则上式为

$$\frac{dT}{T}+(\gamma-1)\frac{dV}{V}=0$$

积分得 $\ln T+(\gamma-1)\ln V=C$（C 为常数）

将上式化简可得

$$TV^{\gamma-1}=C_1（C_1\text{ 为常数}） \tag{2.36}$$

或

$$pV^{\gamma}=C_2（C_2\text{ 为常数}） \tag{2.37}$$

$$p^{1-\gamma}T^{\gamma}=C_3（C_3\text{ 为常数}） \tag{2.38}$$

以上三式均为理想气体在绝热可逆过程中 p、V、T 的函数关系式，称为理想气体绝热可逆过程方程式，对不可逆过程是不适用的。

理想气体经绝热简单状态变化时，功的计算为

$$W=\Delta U=\int_{T_1}^{T_2}C_V dT=nC_{V,m}(T_2-T_1)$$

上式对可逆过程和不可逆过程均适用。

【例 2.8】 10.0dm^{3}氢气，已知其 $C_{V,m}=\frac{5}{2}R$，由 273K、1.00MPa 的始态经历下述不同过程使气体的最后压力为 0.1MPa。求以下两种情况下所做的功。

（1）绝热可逆膨胀；

（2）对抗恒外压 0.1MPa 做绝热不可逆膨胀。

解：（1）绝热可逆膨胀

$$\gamma=\frac{C_{p,m}}{C_{V,m}}=\frac{\frac{7}{2}R}{\frac{5}{2}R}=1.4$$

又因$\frac{T_2}{T_1}=\left(\frac{p_1}{p_2}\right)^{\frac{1-\gamma}{\gamma}}$，得 $T_2=273\text{K}\times10^{-0.286}=141\text{K}$

由始态得 $n=\frac{1.00\text{MPa}\times10.0\times10^{-3}\text{m}^3}{8.314\text{J}\cdot\text{mol}^{-1}\cdot\text{K}^{-1}\times273\text{K}}=4.41\text{mol}$

因绝热过程 $Q=0$

$$W=\Delta U=nC_{V,m}(T_2-T_1)=4.41\text{mol}\times\frac{5}{2}\times8.314\text{J}\cdot\text{mol}^{-1}\cdot\text{K}^{-1}\times(141-273)\text{K}=-12.1\text{kJ}$$

（2）绝热不可逆膨胀外压恒定为 0.1MPa

根据功的定义式 $W=-p_e\Delta V=-p_e(V_2'-V_1)$

由于气体为理想气体，则 $W=\Delta U=nC_{V,m}(T_2'-T_1)=-p_e(V_2'-V_1)$

$$nC_{V,\mathrm{m}}(T'_2-T_1)=-p_e(V'_2-V_1)=-p_e nR\left(\frac{T'_2}{p_2}-\frac{T_1}{p_1}\right)$$

代入数据，得

$$4.41\mathrm{mol}\times\frac{5}{2}\times8.314\mathrm{J\cdot mol^{-1}\cdot K^{-1}}\times(T'_2-273\mathrm{K})$$

$$=0.10\mathrm{MPa}\times4.41\mathrm{mol}\times8.314\mathrm{J\cdot mol^{-1}\cdot K^{-1}}\times\left(\frac{273\mathrm{K}}{1.00\mathrm{MPa}}-\frac{T'_2}{0.10\mathrm{MPa}}\right)$$

得

$$T'_2=203\mathrm{K}$$

$$W=\Delta U=4.41\mathrm{mol}\times\frac{5}{2}\times8.314\mathrm{J\cdot mol^{-1}\cdot K^{-1}}\times(203-273)\mathrm{K}=-6.416\mathrm{kJ}$$

从计算结果可以看出

① 计算绝热不可逆过程的终态温度时，不能用绝热可逆过程方程式。

② 绝热可逆与绝热不可逆过程从同一始态出发，不能到达同一终态 $T_2\neq T'_2$，因此两种变化过程的状态函数改变值不相等。

③ 当二者终态压力相同时，不可逆绝热膨胀功小一些，内能消耗少一些，故终态温度高一些。

*2.6.2 热力学第一定律在真实气体状态变化中的应用——节流膨胀

（1）焦耳-汤姆逊实验

前已提及，焦耳的自由膨胀实验是不够精准的，为能较好地观察真实气体在自由膨胀时发生的温度变化，1852 年，汤姆逊和焦耳设计了另一个更精确的实验。如图 2-7 所示，用一个多孔塞将绝热圆筒分成两部分，左面压力 p_1 大于右面压力 p_2，将左方活塞徐徐推进，维持压力为 p_1，把体积为 V_1 的气体经过多孔塞流入右方，同时右方活塞被徐徐推出，维持压力为 p_2，推出的气体体积为 V_2，徐徐推进使左、右两侧气体均容易达成平衡，多孔塞的作用是使气体流过后不至于引起强烈湍动，保持恒定压差，因而这种过程称为节流过程(throttling process)。实验结果发现，当气体通过一定的时间达到稳态后，两侧气体的温度改变了。这一现象叫焦耳-汤姆逊效应。

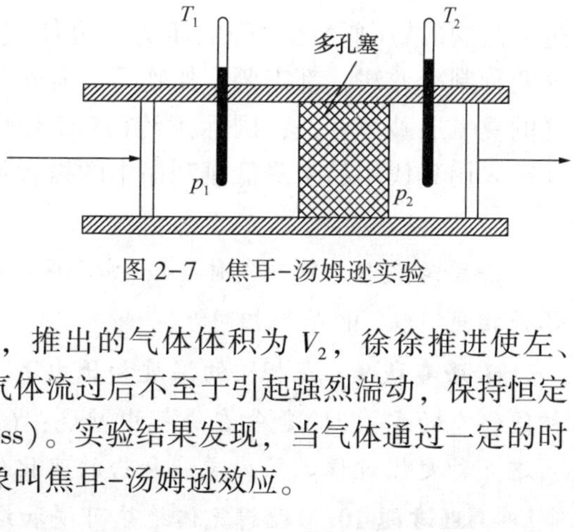

图 2-7 焦耳-汤姆逊实验

（2）节流膨胀过程的特点

上述过程，系统从环境得到的功为 p_1V_1，环境对系统做的功为 p_2V_2，系统得到的净功为

$$W=p_1V_1-p_2V_2$$

又因绝热
$$Q=0$$

所以
$$U_2-U_1=p_1V_1-p_2V_2$$

移项
$$U_2+p_2V_2=U_1+p_1V_1$$

$$H_2=H_1 \quad 或 \quad \Delta H=0 \tag{2.39}$$

该式表明，节流过程的特点是等焓过程，即节流膨胀实验前后，气体的焓不变。

这一特点表明，对理想气体，H 只是温度的函数，则不管 p 是否变化，T 变 H 就变，但对真实气体，T、p 都变而 H 不变，表明 H 随 T 的改变和随 p 的改变相互抵消，由此可见，

真实气体的 H 是 T、p 的函数，而不只是 T 的函数。

(3) 焦耳–汤姆逊系数

气体经膨胀后的压力变化与温度变化的比值为$\left(\frac{\Delta T}{\Delta p}\right)_H$，若用微分表示，可写成

$$\mu_{J-T}=\left(\frac{\partial T}{\partial p}\right)_H \tag{2.40}$$

式中，μ_{J-T}为焦耳–汤姆逊系数。$\left(\frac{\partial T}{\partial p}\right)_H$ 是在等焓的情况下，节流膨胀过程中温度随压力的变化率。

每种气体的μ_{J-T}并不是一成不变的，改变节流起始的温度(T)和压力(p)，经节流膨胀到不同终态(T'、p'，T''、p''，…)进行实验，在 T-p 图上可以得到一系列的点，将这些点连成光滑的曲线，为恒焓线，恒焓线上任意一点的切线斜率即为该状态下的焦耳–汤姆逊系数。μ_{J-T}与气体的本性和压力、温度有关，在同一条恒焓线上，有的线段$\mu_{J-T}>0$，有的线段$\mu_{J-T}<0$，中间一点$\mu_{J-T}=0$为转变点。若$\mu_{J-T}>0$，表示经节流后气体随压力的降低温度也降低(可以产生制冷效应)，若$\mu_{J-T}<0$，表示经节流后气体随压力的降低温度上升(可以制热)，$\mu_{J-T}=0$，则表示节流前后气体温度不变(理想气体的特征)。在常温下μ_{J-T}值一般都是正的，但氢、氦、氖例外，它们在常温下μ_{J-T}值是负的。

(4) 焦耳–汤姆逊效应的应用

焦耳–汤姆逊效应在工业上的主要应用是制冷。选择气体$\mu_{J-T}>0$的区域，将高温气体通过节流阀(减压阀)迅速降低压力，可使气体冷却，达到节流膨胀制冷或气体液化的目的。这两种制冷方法，都需要工作物质，常选用氟利昂(氟氯烷)系列，但已经确认氟利昂与大气的臭氧层破坏有关，国际条约(1987 年蒙特利尔协定)规定近期内完全禁止使用氟利昂，现在采用其代用品来降低氟利昂中的氯含量。

思考题 8 理想气体 1mol 由 298K 等容加热至 373K 和从 298K 等压加热至 373K，ΔU 是否相同？Q、W 是否相同？

思考题 9 在相同的温度和压力下，一定量氢气和氧气通过下列 4 种不同的过程生成相同终态的水：(1)氢气在氧气中燃烧；(2)爆鸣；(3)氢气热爆炸；(4)氢气燃料电池。请问这 4 种变化过程的热力学能和焓的变化值是否相同？

思考题 10 理想气体绝热可逆和绝热不可逆过程的功，都可用公式 $W=C_V\Delta T$ 计算，两种过程的功是否一样？为什么？

思考题 11 汽缸内有一定量理想气体，反抗一定外压做绝热膨胀，则 $\Delta H=Q_p=0$，这种说法对不对？

§2.7 热力学第一定律在相变过程中的应用

系统内部物理、化学性质完全相同的均匀部分称为相，相与相之间以界面分开。系统中的同一物质在不同相之间的转变称为相变。相变可以看作物质由一种聚集状态转变为另一种聚集状态的过程，如蒸发、升华、熔融及晶型转变等。由于不同相中分子之间的作用能不

同，所以相变过程一般伴随着能量效应。

纯物质的相变是在等温等压条件下进行，所谓熔点、沸点都是指在大气压力下，两相达成平衡时的温度。所以相变过程中吸收或放出的热就是该系统的焓变 ΔH。在相平衡的温度及压力下，纯物质的相变过程可认为是可逆过程。可逆过程的摩尔相变焓是基础热数据。通常物质呈气、液、固三种相态，常见的相变过程有熔化、蒸发、升华及晶型转变这四种过程，以符号 fus、vap、sub 及 trs 来表示。即摩尔熔化焓 $\Delta_{fus}H_m$、摩尔蒸发焓 $\Delta_{vap}H_m$、摩尔升华焓 $\Delta_{sub}H_m$、不同晶型之间的摩尔转变焓 $\Delta_{trs}H_m$。它们的相反相变过程的焓变值是这些焓变的负值。

对于可逆相变过程，则

$$Q_p=\Delta H \quad W=-p\Delta V$$

对凝聚态相变过程中，不包含气相(熔化及晶型转变等过程)，则

$$W\approx 0 \quad \Delta U\approx \Delta H$$

对蒸发和升华相变过程中，包含气相(假定气体为理想气体)，则

$$W=-p\Delta V\approx -pV_g=-n_gRT$$

$$\Delta U=Q+W=\Delta H-n_gRT$$

不在相平衡温度及压力下的相变为不可逆相变化过程，可以通过设计可逆过程来计算其状态函数的改变值 ΔU、ΔH 等。例如 100kPa 下、-5℃过冷水凝结成冰是个不可逆过程，可设计几步可逆过程计算其 ΔU、ΔH，如图 2-8 所示。

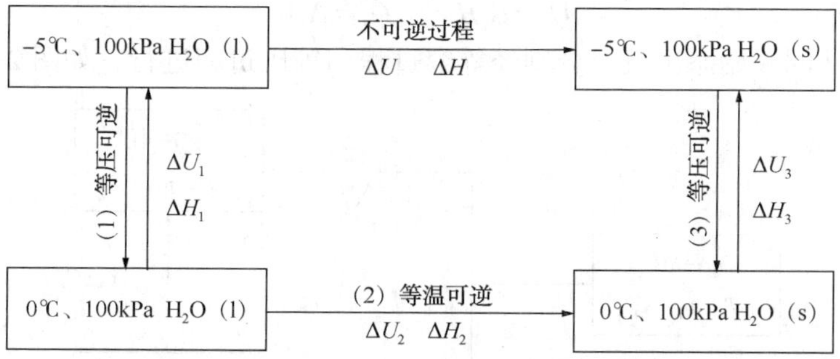

图 2-8 不可逆过程可设计成几个可逆过程分步计算

【例 2.9】 (1)1mol 水在 373K、101.325kPa 下全部蒸发为水蒸气，求该过程的 W、Q、ΔU、ΔH。已知水的蒸发焓为 40.7kJ · mol^{-1}；(2)若是 1mol、373K、$p^{\ominus}$的水向真空蒸发，变成同温同压的水蒸气，结果如何？(水蒸气可视为理想气体)

解：(1) 相变在等温、等压条件下进行，且只做体积功，即

$$\Delta H=Q_p=40.7\text{kJ}$$

$$W=-p^{\ominus}(V_g-V_l)\approx -p^{\ominus}V_g=-RT=-(8.314\times 373)\text{J}=-3.10\text{kJ}$$

$$\Delta U=Q+W=(40.7-3.10)\text{kJ}=37.6\text{kJ}$$

(2) 该相变向真空进行，为不可逆相变，$p_{外}=0$，$W=0$

由于(2)的始、终态与(1)相同，所以 ΔU 和 ΔH 的值必然同(1)。

$$\Delta U=37.6\text{kJ}, \ \Delta H=40.7\text{kJ}$$

$$Q=\Delta U-W=\Delta U=37.6\text{kJ}$$

所谓相变焓，是指在等温等压且只做体积功的条件下，相变过程的热效应。上题(2)中的反应条件是向真空蒸发而非等压，所以其相变过程的热效应并不等于相变焓。

思考题 12　一定量 373K、100kPa 的水变成同温、同压下的水汽，若视水汽为理想气体，因过程的温度不变，则该过程的 $\Delta U=0$，$\Delta H=0$，此结论对否？为什么？

§2.8　热力学第一定律在化学反应中的应用——热化学

2.8.1　化学反应热效应

化学反应常常伴有吸热或放热现象，对于不做非体积功的反应系统，在反应物与生成物所处温度相等的条件下，反应系统吸收或放出的热量，称为化学反应热效应，简称反应热。将热力学第一定律用于研究化学反应的能量关系的科学称为热化学。大量热化学数据的测定为化学热力学的建立奠定了基础，还为有关化学反应的研究及冶金、能源、化工生产过程的设计提供了必需的理论依据。

在等压过程中测定的热效应称为等压热，用 Q_p 表示。在等容过程中测定的热效应称为等容热，用 Q_V 表示。在弹式量热计中测定的是等容热，而大多数化学反应通常是在等压条件下进行的，而且热力学数据表中一般列出的都是等压热，所以有必要了解二者之间的关系。

Q_p、Q_V 与化学反应的焓变 $\Delta_r H$、反应的热力学能变 $\Delta_r U$（下角标“r”表示“反应”）之间符合下列关系：

$$Q_p=\Delta_r H \qquad Q_V=\Delta_r U$$

设某一反应从同一始态出发，分别经等容过程和等压过程进行，如图 2-9 所示。

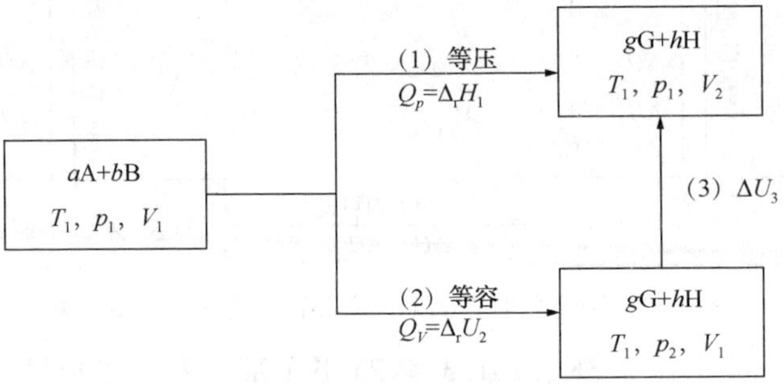

图 2-9　等压热与等容热的关系

根据状态函数的性质，$\Delta_r U_1=\Delta_r U_2+\Delta U_3$

因等温、等压和等温、等容两个过程所得的生成物相同，但因压力、体积不同，所处状态不同，若生成物为理想气体，其热力学能只取决于温度。若为液体、固体凝聚系统，则体积、压力的变化引起热力学能的变化甚微。

所以 $\Delta U_3=0$，则上式为：$\Delta_r U_1=\Delta_r U_2$

即
$$\Delta_r H_1-p\Delta V=\Delta_r U_2 \qquad Q_p-p\Delta V=Q_V$$

$$Q_p=Q_V+p\Delta V \tag{2.41}$$

或
$$\Delta_r H=\Delta_r U+p\Delta V \tag{2.42}$$

上式即为等压热效应与等容热效应亦即等压反应焓变与等容反应热力学能变的关系，二者可据此相互换算。

对于固体或液体的反应系统，在一般压力下，体积变化很小，$p\Delta V\approx 0$，所以

$$Q_p = Q_V$$

对于理想气体的反应，

$$Q_p = Q_V + RT\Delta n_g \tag{2.43}$$

式中，Δn_g 表示反应前后理想气体的物质的量变化。

若反应系统中既有理想气体又有固体或液体，式(2.43)仍适用。式中 Δn_g 是指反应中气体的物质的量的变化值。

【例 2.10】 计算 25℃时下列反应的等压反应热与等容反应热之差。

(1) $H_2(g)+Cl_2(g) = 2HCl(g)$；(2) $CO_2(g)+C(石墨) = 2CO(g)$

解：(1) 由于反应前后的气体物质的量相等，即

$$Q_p = Q_V,\quad Q_p - Q_V = 0$$

(2) $\Delta(nRT) = \Delta(n_g)RT = (2-1)RT = 2478\text{J}$

$$Q_p - Q_V = 2478\text{J}$$

2.8.2 盖斯(Hess)定律

早在 1840 年盖斯分析大量实验结果，发现：在相同的反应条件下，任何一个化学反应不论是一步完成，还是分几步完成，反应的热效应总是相同的。

盖斯定律的提出先于热力学第一定律，具有较大的理论意义，它从化学变化与热的关联角度得出了能量转化与守恒的结论。在热力学第一定律建立后，盖斯定律就成为必然的结果了，因为反应若在等压及非体积功为零的条件下或等容及非体积功为零的条件下进行，则分别有

$$Q_p = \Delta_r H \qquad Q_V = \Delta_r U$$

焓或热力学能是状态函数，其变化值只决定于反应系统的始态和终态，而与反应的具体步骤无关。

盖斯定律非常实用，利用它可将热化学方程式像代数方程式一样进行计算，从而可以根据实验已经测定的反应热数据计算实验难以测量甚至不能测量的反应热。

① $C(s)+O_2(g) = CO_2(g)$，$\Delta_r H_{m,1}$ 已知

② $CO(g)+\frac{1}{2}O_2(g) = CO_2(g)$，$\Delta_r H_{m,2}$ 已知

在相同条件下，反应①-②=③

③ $C(s)+\frac{1}{2}O_2(g) = CO(g)$，$\Delta_r H_{m,3}$ 难以测定

则

$$\Delta_r H_{m,3} = \Delta_r H_{m,1} - \Delta_r H_{m,2}$$

应用盖斯定律计算时注意两点：①反应条件相同、聚集状态相同的同一物质才能取消合并；②在将反应式乘或除以某系数时，$\Delta_r H_m$ 也必须同乘或除以该数。在后续内容中可以看到上述方法，适用于所有热力学状态函数变量的计算。

2.8.3 化学反应焓变

在讨论化学反应的热效应以及 ΔH、ΔU 等的计算时，必须准确掌握热力学中表达化学反应的方程式、反应进度、物质的标准态、反应的标准摩尔焓变等基本概念。

(1) 反应计量方程与反应进度

化学反应的热效应与系统中所发生反应的物质的量有关。为了确切地描述化学反应过程中热力学函数的变化，需要引入反应进度的概念。

对任一反应：
$$dD+eE \xlongequal{\quad} fF+gG$$

对于一个配平的化学方程式，应该遵守物量平衡，即

$$0=-dD-eE+fF+gG=\sum_{B}\nu_B B$$

$$0=\sum_{B}\nu_B B \tag{2.44}$$

将式(2.44)作为化学反应方程的一般式。式中 ν_B 称为 B 的化学计量数，为无量纲的量，对反应物取负值、生成物取正值。对应上面的化学式，假定 dn_B 为反应进行到任意程度时物质 B 的变化量。则定义反应进度为

$$d\xi \xlongequal{\text{def}} \frac{dn_B}{\nu_B} \tag{2.45}$$

ξ 称为反应进度，量纲为 mol。当 ξ=0mol 时，表示反应未进行；当 ξ=1mol 时，表示反应按反应计量系数的特定组合进行了一个基本单元的化学反应，反应进度为 1mol。

热化学中引入反应进度的优点表现在：反应进行到任意时刻，可用任一反应物或任一生成物来表示反应进行的程度，所得值均相等。应用反应进度的概念时，必须与指明的化学计量方程相对应。当反应进度为 1mol 时，其等容反应热和等压反应热分别以 $\Delta_r U_m$ 和 $\Delta_r H_m$ 表示，其单位应为 $J \cdot mol^{-1}$ 或 $kJ \cdot mol^{-1}$。

(2) 热化学方程式和物质的标准态

在等温、等压下进行一任意化学反应，并测定其等压热效应 Q_p，将化学计量方程和其热效应同时标出的方程，通常称为热化学方程式。在不做非体积功的情况下，$Q_p=\Delta_r H$，反应热效应主要取决于反应物和生成物的性质，同时与它们所处的始态、终态有关，还与变化过程有关。因而在用热力学方法讨论反应热效应时就必须正确书写热化学反应方程式。通常应注明反应条件如温度、压力及各物质的聚集状态及晶型。

如在 298K，100kPa 状态下，

$$H_2(g)+\frac{1}{2}O_2(g) \xlongequal{\quad} H_2O(g) \qquad Q_p=\Delta_r H=-241.8kJ \cdot mol^{-1}$$

焓的绝对值是不知道的，只能求出其变化值，因此要有一个相对标准来求出各物质焓的相对值。目前采用的标准压力是 $p^{\ominus}$=100kPa，各物质在温度为 T 时的标准态为：

① 气体的标准态

在标准压力 $p^{\ominus}$ 下表现出理想气体性质的纯气态物质。

② 液体、固体物质的标准态

在标准压力 $p^{\ominus}$ 下的纯液体或纯固体。多组分系统的标准态的选取将在第 4 章中介绍。

由上述定义可知，物质的标准态强调物质的压力必为标准压力，对温度并无限定。根据最新的国际标准与国家标准的规定，标准压力 $p^{\ominus}$ = 100kPa(精确值)，不是过去所规定的 101.325kPa。若某纯气体的温度为 T、压力为 100kPa 且具有理想气体性质时，则称该气体处于标准状态，1mol 该气体所具有的焓值称为标准摩尔焓，用符号 $H_m^{\ominus}(T)$ 表示，其他广度性质的摩尔值表示方法相同。

（3）反应的标准摩尔焓变

化学反应焓变和物质的聚集状态、物质的量、温度、压力等条件有关，反应进度为1mol时的焓变值，称为反应的摩尔焓变，用 $\Delta_r H_m(T)$ 表示。

在反应温度及标准压力下，参与反应的所有物质都处于各自的标准态，反应进度为1mol时的焓变值，称为反应的标准摩尔焓变，用 $\Delta_r H_m^{\ominus}(T)$ 表示。

对于任一反应，$dD+eE \xlongequal{} fF+gG$，反应的标准摩尔焓变为

$$\Delta_r H_m^{\ominus}(T)=[fH_m^{\ominus}(F, T)+gH_m^{\ominus}(G, T)]-[dH_m^{\ominus}(D, T)+eH_m^{\ominus}(E, T)]$$

即：$\Delta_r H_m^{\ominus}(T)=\sum_B \nu_B H_m^{\ominus}(B, T)$

$H_m^{\ominus}(B, T)$ 为温度 T 时 B 的标准摩尔焓，$\Delta_r H_m^{\ominus}(T)$ 称为反应的标准摩尔焓变，上标"⊖"是标准态的符号，表示反应系统中的各种物质都处于标准压力 100kPa 的条件下。下标"m"是指反应进度为 1mol。

例如 $N_2(g, p^{\ominus})+3H_2(g, p^{\ominus}) \xlongequal{} 2NH_3(g, p^{\ominus})$

$$\Delta_r H_m^{\ominus}(298K)=588.2kJ \cdot mol^{-1}$$

$\Delta_r H_m^{\ominus}(298K)$ 为该化学反应计量方程所对应的标准摩尔焓变。

而反应 $\frac{1}{2}N_2(g, p^{\ominus})+\frac{3}{2}H_2(g, p^{\ominus}) \xlongequal{} NH_3(g, p^{\ominus})$

$$\Delta_r H_m^{\ominus}(298K)=294.1kJ \cdot mol^{-1}$$

可以看出，化学计量方程式不同，当反应进度都是 1mol 时，其焓变值也不相同。在下面讨论反应系统热力学函数的变化值时，通常都是指反应进度为 1mol 时，某指定化学计量方程式状态函数的变化值。

（4）两种基础热数据

等温等压下化学反应的热效应即其焓变等于生成物焓的总和与反应物焓的总和之差。

$$\Delta_r H=\left(\sum_B H_B\right)_{产物}-\left(\sum_B H_B\right)_{生成物}$$

若能知道反应系统中各个化合物（或元素）焓的绝对值，则只要把焓的绝对值代入上式就可计算出反应的热效应。但是，物质的焓的绝对值无法测定，人们通常采用一种相对标准求出焓的相对值，可用于计算反应的焓变。这好像求物体离地面不同高度时势能的变化，可用物体在地面的势能为零作为一个相对标准来计算。下面分别介绍物质的两种相对焓值，标准摩尔生成焓与标准摩尔燃烧焓。

① 标准摩尔生成焓

物质 B 的标准摩尔生成焓是指在标准压力 $p^{\ominus}$ 和反应温度 T 时，由稳定相态的单质反应生成 1mol 物质 B 时的标准摩尔反应焓变，用符号 $\Delta_f H_m^{\ominus}(B, \phi, T)$ 表示。下标"f"表示"formation"，ϕ 表示物质所具有的相态，T 表示反应温度。通常 298K 时的数据可从各种热力学数据手册中查到，本书附录五摘录了部分物质的 $\Delta_f H_m^{\ominus}(B, \phi, 298K)$，但是 $\Delta_f H_m^{\ominus}(B, \phi, T)$ 中的 T 可以根据研究需要选取不同的值。

例如，在 298K 时，标准状态下

$$C(石墨)+2H_2(g)+\frac{1}{2}O_2(g) \xlongequal{} CH_3OH(l)$$

实验测得该反应的 $\Delta_r H_m^{\ominus}=-238.66kJ \cdot mol^{-1}$，则

$$\Delta_f H_m^{\ominus}(CH_3OH, l, 298K)=\Delta_r H_m^{\ominus}=-238.66kJ \cdot mol^{-1}$$

又如 $$C(石墨)+2H_2(g)+\frac{1}{2}O_2(g)=\!=\!=CH_3OH(g)$$

实验测得该反应的 $\Delta_r H_m^\ominus = -200.66\text{kJ}\cdot\text{mol}^{-1}$，则

$$\Delta_f H_m^\ominus(CH_3OH, g, 298K) = \Delta_r H_m^\ominus = -200.66\text{kJ}\cdot\text{mol}^{-1}$$

由上面的例子可以看出，$CH_3OH(l)$ 和 $CH_3OH(g)$ 的标准摩尔生成焓不同，因此在热化学方程式中标出物质的相态是非常必要的。

生成反应的单质必须是指定条件下最稳定的相态，如碳的稳定相态单质是石墨，溴的稳定相态单质是液态溴等。由标准摩尔生成焓的定义可知，所有稳定相态单质自身的标准摩尔生成焓在任何温度 T 时都等于零。

基于任一化学反应，无论是反应物还是生成物，均可由同样物质的量的相同种类的单质生成，利用标准摩尔生成焓的概念，就可以很方便地计算化学反应的标准摩尔焓变，如图 2-10 所示。

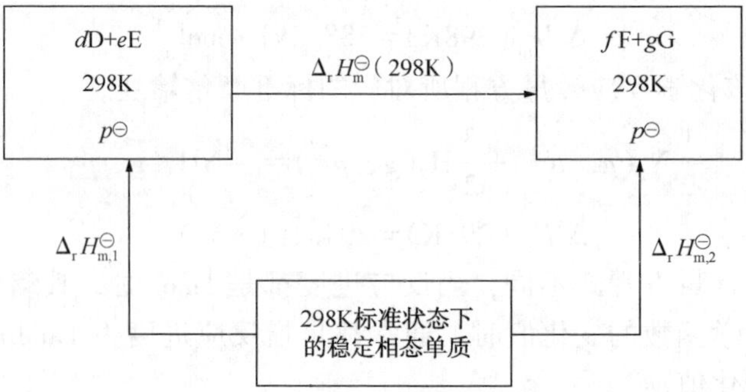

图 2-10 利用标准摩尔生成焓计算标准摩尔反应焓变

图 2-10 中 $\Delta_r H_m^\ominus(298K)$ 为反应在 298K 的标准摩尔反应焓变，$\Delta_r H_{m,1}^\ominus$ 为各反应物的标准摩尔生成焓之和，$\Delta_r H_{m,2}^\ominus$ 为各生成物的标准摩尔生成焓之和，即：

$$\Delta_r H_{m,1}^\ominus = d\Delta_f H_m^\ominus(D, 298K) + e\Delta_f H_m^\ominus(E, 298K)$$

$$\Delta_r H_{m,2}^\ominus = f\Delta_f H_m^\ominus(F, 298K) + g\Delta_f H_m^\ominus(G, 298K)$$

根据盖斯定律 $$\Delta_r H_{m,1}^\ominus + \Delta_r H_m^\ominus = \Delta_r H_{m,2}^\ominus$$

$$\Delta_r H_m^\ominus = \Delta_r H_{m,2}^\ominus - \Delta_r H_{m,1}^\ominus$$

$$\Delta_r H_m^\ominus = [f\Delta_f H_m^\ominus(F, 298K) + g\Delta_f H_m^\ominus(G, 298K)] - [d\Delta_f H_m^\ominus(D, 298K) + e\Delta_f H_m^\ominus(E, 298K)]$$

也可表示为 $$\Delta_r H_m^\ominus(T) = \sum_B \nu_B \Delta_f H_m^\ominus(B, T) \qquad (2.46)$$

ν_B 为反应方程中各物质的化学计量数，对反应物取负值、生成物取正值。该计算表明：化学反应的标准摩尔反应焓变等于生成物的标准摩尔生成焓之和减去反应物的标准摩尔生成焓之和。只要知道物质的标准摩尔生成焓，即可计算反应的标准摩尔反应焓变。

【例 2.11】 利用物质的标准摩尔生成焓，计算下列反应的标准摩尔反应焓变 $\Delta_r H_m^\ominus$ (298K)。

$$CH_4(g)+2O_2(g)=\!=\!=CO_2(g)+2H_2O(l)$$

解： $\Delta_r H_m^\ominus(298K) = [\Delta_f H_m^\ominus(CO_2, g, 298K) + 2\Delta_f H_m^\ominus(H_2O, l, 298K)] -$

$[\Delta_f H_m^\ominus(CH_4, g, 298K) + 2\Delta_f H_m^\ominus(O_2, g, 298K)]$

代入相应的各物质的标准摩尔生成焓数值得

$$\Delta_r H_m^{\ominus}(298K) = [(-393.85kJ \cdot mol^{-1}) + 2\times(-285.8kJ \cdot mol^{-1})] - [(-74.84kJ \cdot mol^{-1})] = -890.61kJ \cdot mol^{-1}$$

由于溶液中正负离子总是共存的，所以不能得到单个离子的标准摩尔生成焓，必须再引入一个相对标准。即规定在无限稀释的水溶液中，H^+的标准摩尔生成焓为零，在此基础上得出其他离子的标准摩尔生成焓。如 $\Delta_f H_m^{\ominus}(Cl^-, 298K) = -167.45kJ \cdot mol^{-1}$，附录七中列出了水溶液中某些离子的标准摩尔生成焓。

② 标准摩尔燃烧焓

物质 B 的标准摩尔燃烧焓是指在标准压力 $p^{\ominus}$和反应温度 T 时，1mol 的 B 物质完全氧化，生成相同温度、标准压力 $p^{\ominus}$下指定产物的标准摩尔反应焓变为物质 B 在该温度下的标准摩尔燃烧焓。用符号 $\Delta_c H_m^{\ominus}(B, \phi, T)$表示。下标“c”表示“combustion”，一些有机物质在 298K 时的标准摩尔燃烧焓数据见本书附录八。

例如，在 298K，100kPa 时

$$H_2(g) + \frac{1}{2}O_2(g) \xlongequal{\quad} H_2O(l)$$

则 $\Delta_c H_m^{\ominus}(H_2, g, 298K) = -285.8kJ \cdot mol^{-1}$

完全氧化指化合物中的元素变成稳定的单质或氧化物，通常指定的燃烧产物有：$C \to CO_2(g)$，$H \to H_2O(l)$，$S \to SO_2(g)$，$N \to N_2(g)$，金属变成游离态单质等，燃烧焓的相对标准是规定氧气及指定燃烧产物的标准摩尔燃烧焓值为零。

根据燃烧焓的定义及盖斯定律，利用物质的标准摩尔燃烧焓数据可以计算化学反应的标准摩尔反应焓变。对于任一化学反应有如图 2-11 所示的状况。

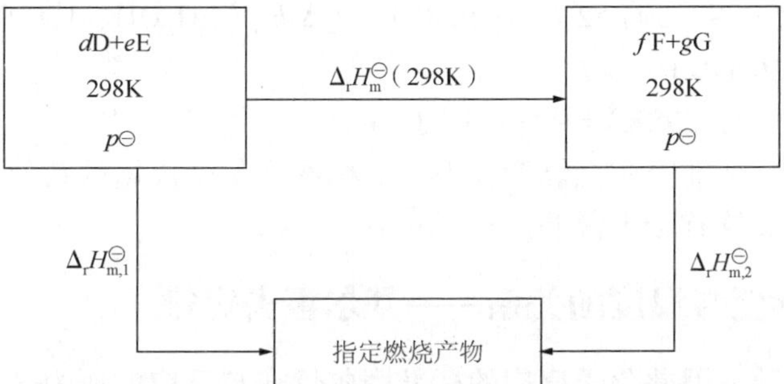

图 2-11　利用标准摩尔燃烧焓计算标准摩尔反应焓变

图 2-11 中 $\Delta_r H_m^{\ominus}(298K)$为反应在 298K 的标准摩尔反应焓变，$\Delta_r H_{m,1}^{\ominus}$为各反应物的标准摩尔燃烧焓之和，$\Delta_r H_{m,2}^{\ominus}$为各生成物的标准摩尔燃烧焓之和，与标准摩尔生成焓的推导类似，可得：

$$\Delta_r H_m^{\ominus}(T) = -\sum_B \nu_B \Delta_c H_m^{\ominus}(B, T) \tag{2.47}$$

即：化学反应的标准摩尔反应焓变等于反应物的标准摩尔燃烧焓之和减去生成物的标准摩尔燃烧焓之和。

【例 2.12】　在 298.15K 和标准压力下，计算下列反应的标准摩尔焓变。

$$(COOH)_2(s) + 2CH_3OH(l) \xlongequal{\quad} (COOCH_3)_2(s) + 2H_2O(l)$$

解：已知$\Delta_c H_m^{\ominus}[(COOH)_2, s, 298K] = -246.05kJ \cdot mol^{-1}$

$\Delta_c H_m^{\ominus}(CH_3OH, l, 298K) = -726.64 kJ \cdot mol^{-1}$

$\Delta_c H_m^{\ominus}[(COOHCH_3)_2, g, 298K] = -1677.78 kJ \cdot mol^{-1}$

根据 $\Delta_r H_m^{\ominus}(T) = -\sum_B \nu_B \Delta_c H_m^{\ominus}(B, T)$

$= -(-246.05 kJ \cdot mol^{-1}) + 2\times(-726.64 kJ \cdot mol^{-1}) - (-1677.78 kJ \cdot mol^{-1})$

$= -21.55 kJ \cdot mol^{-1}$

利用燃烧焓还可以计算有机物质的标准摩尔生成焓。绝大多数有机化合物不能由单质直接合成，且反应过程常伴随着副反应，因而其标准摩尔生成焓不能直接测定。但有机化合物的标准摩尔燃烧焓容易测量，利用标准摩尔燃烧焓数据可以计算出有机化合物的标准摩尔生成焓。

【例 2.13】 已知 $\Delta_c H_m^{\ominus}(CH_3OH, l, 298K) = -726.64 kJ \cdot mol^{-1}$，计算 $\Delta_f H_m^{\ominus}(CH_3OH, l, 298K)$。

解：甲醇燃烧反应的方程式如下：

$$CH_3OH(l) + O_2(g) \!=\!=\!= CO_2(g) + 2H_2O(l)$$

由方程式可以看出：甲醇的标准摩尔燃烧焓就是该反应的标准摩尔反应焓变。即 $\Delta_r H_m^{\ominus}(298K) = \Delta_c H_m^{\ominus}(CH_3OH, l, 298K) = -726.64 kJ \cdot mol^{-1}$

由附录五知，$\Delta_f H_m^{\ominus}(CO_2, g, 298K) = -393.50 kJ \cdot mol^{-1}$

$\Delta_f H_m^{\ominus}(H_2O, l, 298K) = -285.85 kJ \cdot mol^{-1}$

$\Delta_f H_m^{\ominus}(O_2, g, 298K) = 0$

$\Delta_r H_m^{\ominus}(T) = \sum_B \nu_B \Delta_f H_m^{\ominus}(B, T)$

$= \{[(-393.50) + 2\times(-285.85)] - [\Delta_f H_m^{\ominus}(CH_3OH, l, 298K) + 0]\} kJ \cdot mol^{-1}$

$= -726.64 kJ \cdot mol^{-1}$

得 $\Delta_f H_m^{\ominus}(CH_3OH, l, 298K) = -238.56 kJ \cdot mol^{-1}$

从上例可以看出，标准摩尔燃烧焓较大，而标准摩尔生成焓的数值一般较小，因此用燃烧焓来计算物质的生成焓有较大误差。

2.8.4 反应焓变与温度的关系——基尔霍夫定律

由于焓是状态函数，因此化学反应的标准摩尔焓变与反应的压力及温度有关，但是通常条件下，压力的影响很小，我们主要考虑温度对标准摩尔反应焓变的影响。热力学数据表上列出的一般都是在 298K 时的数据，只能计算出在 298K 下反应的标准摩尔反应焓变，对于在其他温度下进行的反应，则有必要知道反应焓变与温度的关系。

德国化学家基尔霍夫(Kirchhoff)导出了反应焓变与温度的关系，可以从一个温度下的反应焓变计算另一个温度下的反应焓变，现作简单推导：

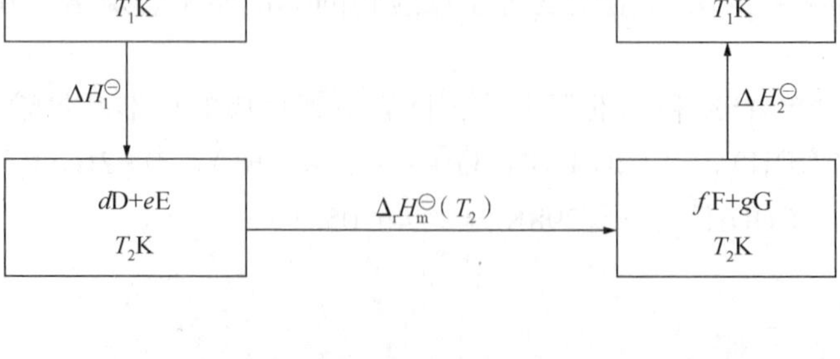

根据盖斯定律，标准摩尔反应焓只取决于系统的始终态，与过程无关，由此可得

$$\Delta_r H_m^{\ominus}(T_1)=\Delta H_1^{\ominus}+\Delta_r H_m^{\ominus}(T_2)+\Delta H_2^{\ominus}$$

$$\Delta H_1^{\ominus}=\int_{T_1}^{T_2}[dC_{p,m}(\mathrm{D})+eC_{p,m}(\mathrm{E})]dT$$

$$\Delta H_2^{\ominus}=\int_{T_2}^{T_1}[fC_{p,m}(\mathrm{F})+gC_{p,m}(\mathrm{G})]dT=-\int_{T_1}^{T_2}[fC_{p,m}(\mathrm{F})+gC_{p,m}(\mathrm{G})]dT$$

$$\Delta_r H_m^{\ominus}(T_2)=\Delta_r H_m^{\ominus}(T_1)-\Delta H_1^{\ominus}-\Delta H_2^{\ominus}$$

$$\Delta_r H_m^{\ominus}(T_2)=\Delta_r H_m^{\ominus}(T_1)+\int_{T_1}^{T_2}[gC_{p,m}(\mathrm{G})+fC_{p,m}(\mathrm{F})-dC_{p,m}(\mathrm{D})-eC_{p,m}(\mathrm{E})]dT$$

令 $\sum_{\mathrm{B}}\nu_{\mathrm{B}}C_{p,m}(\mathrm{B})=[gC_{p,m}(\mathrm{G})+fC_{p,m}(\mathrm{F})-dC_{p,m}(\mathrm{D})+eC_{p,m}(\mathrm{E})]$

得到基尔霍夫定律积分式

$$\Delta_r H_m^{\ominus}(T_2)=\Delta_r H_m^{\ominus}(T_1)+\int_{T_1}^{T_2}\sum_{\mathrm{B}}\nu_{\mathrm{B}}C_{p,m}(\mathrm{B})dT \tag{2.48}$$

已知 298K 时反应的标准摩尔焓变，代入上式，可计算出其他温度下反应的 $\Delta_r H_m^{\ominus}(T)$

$$\Delta_r H_m^{\ominus}(T)=\Delta_r H_m^{\ominus}(298\mathrm{K})+\int_{298\mathrm{K}}^{T}\sum_{\mathrm{B}}\nu_{\mathrm{B}}C_{p,m}(\mathrm{B})dT$$

由于压力对反应焓的影响较小，可将上标“$\ominus$”符号略去，式(2.48)可写为

$$\Delta_r H_m(T_2)=\Delta_r H_m(T_1)+\int_{T_1}^{T_2}\sum_{\mathrm{B}}\nu_{\mathrm{B}}C_{p,m}(\mathrm{B})dT$$

根据式(2.48)还可得到基尔霍夫定律微分式

$$\left[\frac{\partial(\Delta_r H_m)}{\partial T}\right]=\sum_{\mathrm{B}}\nu_{\mathrm{B}}C_{p,m}(\mathrm{B}) \tag{2.49}$$

该式表明：化学反应的反应焓随温度变化是由于生成物和反应物的等压热容不同所引起的，即：反应焓随温度的变化率等于生成物的热容之和减去反应物的热容之和。

一般来说，$\sum_{\mathrm{B}}\nu_{\mathrm{B}}C_{p,m}(\mathrm{B})$ 和温度有关，但如果温度变化范围较小，可近似地将 $\sum_{\mathrm{B}}\nu_{\mathrm{B}}C_{p,m}(\mathrm{B})$ 看作常数，则

$$\Delta_r H_m(T_2)=\Delta_r H_m(T_1)+\sum_{\mathrm{B}}\nu_{\mathrm{B}}C_{p,m}(\mathrm{B})(T_2-T_1) \tag{2.50}$$

当 $\sum_{\mathrm{B}}\nu_{\mathrm{B}}C_{p,m}(\mathrm{B})$ 随温度变化时，只要知道参加反应的各物质的 $C_{p,m}$ 和温度 T 的关系式，就可先求出 $\sum_{\mathrm{B}}\nu_{\mathrm{B}}C_{p,m}(\mathrm{B})$ 和 T 的关系，然后由基尔霍夫定律积分式，以已知某一温度下的反应焓变计算出另一个温度时的反应焓变。

【例 2.14】 计算下列反应，$Fe_2O_3(s)+3C(s)=\!=\!=2Fe(s)+3CO(g)$ 在 298K 及 1000K 时的摩尔反应焓变，已知各物质的标准摩尔生成焓及热容数据为

$$\Delta_f H_m^{\ominus}(Fe_2O_3,\ s,\ 298\mathrm{K})=-822.16\mathrm{kJ\cdot mol^{-1}}$$

$$\Delta_f H_m^{\ominus}(CO,\ g,\ 298\mathrm{K})=-110.54\mathrm{kJ\cdot mol^{-1}}$$

$$C_{p,m}(Fe_2O_2,\ s)=(91.55+201.67\times10^{-3}T/\mathrm{K})\mathrm{J\cdot mol^{-1}\cdot K^{-1}}$$

$$C_{p,m}(C,\ s)=[17.15+4.27\times10^{-3}T/\mathrm{K}-8.79\times10^{-5}(T/\mathrm{K})^{-2}]\mathrm{J\cdot mol^{-1}\cdot K^{-1}}$$

$$C_{p,m}(CO,\ g)=(27.61+5.02\times10^{-3}T/\mathrm{K})\mathrm{J\cdot mol^{-1}\cdot K^{-1}}$$

$$C_{p,m}(Fe,\ s)=[14.10+29.71\times10^{-3}T/\mathrm{K}+1.80\times10^{-5}(T/\mathrm{K})^{-2}]\mathrm{J\cdot mol^{-1}\cdot K^{-1}}$$

解：$\Delta_r H_m^{\ominus}(298\text{K}) = \sum_B \nu_B \Delta_f H_m^{\ominus}(B, 298\text{K})$

$$= 3\times(-110.54\text{kJ}\cdot\text{mol}^{-1}) - (-822.16\text{kJ}\cdot\text{mol}^{-1}) = 490.54\text{kJ}\cdot\text{mol}^{-1}$$

$$\Delta_r H_m^{\ominus}(1000\text{K}) = \Delta_r H_m^{\ominus}(298\text{K}) + \int_{298\text{K}}^{1000\text{K}} \sum_B \nu_B C_{p,m}(B)\,dT$$

$$\sum_B \nu_B C_{p,m}(B) = [-31.97 - 140.00\times10^{-3}T/\text{K} + 29.97\times10^{-5}(T/\text{K})^{-2}]\text{J}\cdot\text{mol}^{-1}\cdot\text{K}^{-1}$$

计算得：$\Delta_r H_m^{\ominus}(1000\text{K}) = 414.05\text{kJ}\cdot\text{mol}^{-1}$

运用基尔霍夫定律计算时，还应注意当反应从某一温度变化到另一温度时，如果反应物或生成物发生相变时，则式(2.48)积分不连续，必须考虑物质的相变焓或热容的突变，要分段计算，而不能直接套用基尔霍夫方程。

【例 2.15】 在 298K 将含有等物质的量 H_2 和 CO 的水煤气与两倍于可供完全燃烧的空气在一起燃烧，求可能达到的最高温度为多少？已知：$\Delta_f H_m^{\ominus}(\text{CO, g, 298K}) = -110.5\text{kJ}\cdot\text{mol}^{-1}$，$\Delta_f H_m^{\ominus}(H_2O\text{, g, 298K}) = -241.8\text{kJ}\cdot\text{mol}^{-1}$，$\Delta_f H_m^{\ominus}(CO_2\text{, g, 298K}) = -393.5\text{kJ}\cdot\text{mol}^{-1}$

$$C_{p,m}(CO_2, g) = (28.66 + 35.702\times10^{-3}T/\text{K})\text{J}\cdot\text{K}^{-1}\cdot\text{mol}^{-1}$$

$$C_{p,m}(H_2O, g) = (30.00 + 10.71\times10^{-3}T/\text{K})\text{J}\cdot\text{K}^{-1}\cdot\text{mol}^{-1}$$

$$C_{p,m}(O_2, g) = (36.162 + 0.845\times10^{-3}T/\text{K})\text{J}\cdot\text{K}^{-1}\cdot\text{mol}^{-1}$$

$$C_{p,m}(N_2, g) = (27.87 + 4.27\times10^{-3}T/\text{K})\text{J}\cdot\text{K}^{-1}\cdot\text{mol}^{-1}$$

解：选取 1mol H_2、1mol CO、2mol O_2和 8mol N_2(空气中含氧 20%)为系统，反应为

$$H_2(g) + CO(g) + O_2(g) \xlongequal{\quad} H_2O(g) + CO_2(g)$$

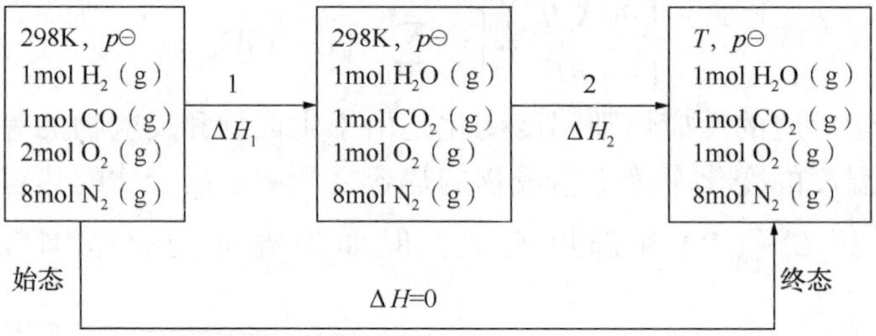

过程 1 是等温等压下的化学反应，有：

$$\Delta H_1 = \Delta_f H_m^{\ominus}(H_2O\text{, g, 298K}) + \Delta_f H_m^{\ominus}(CO_2\text{, g, 298K}) - \Delta_f H_m^{\ominus}(\text{CO, g, 298K})$$

$$= [-241.8 + (-393.5) - (-110.5)]\text{kJ}\cdot\text{mol}^{-1} = -524.8\text{kJ}\cdot\text{mol}^{-1}$$

过程 2 是等压下变温过程，系统总热容为：

$$\sum C_p = \sum a + bT$$

$$= [(30.00 + 28.66 + 36.162 + 8\times27.87) + (10.71 + 35.702 + 0.845 + 8\times4.27)\times10^{-3}T/\text{K}]\text{J}\cdot\text{K}^{-1}$$

$$= (317.8 + 81.42\times10^{-3}T/\text{K})\text{J}\cdot\text{K}^{-1}$$

$$\Delta H_2 = \left\{317.8\times(T/\text{K} - 298) + \frac{1}{2}\times81.42\times10^{-3}\times[(T/\text{K})^2 - 298^2]\right\}\text{J}\cdot\text{mol}^{-1}$$

全过程 $\Delta H = \Delta H_1 + \Delta H_2 = 0$

解得 $T = 1623\text{K}$

这是水煤气燃烧所能达到的最高温度，在实际燃烧时，由于燃烧不完全及火焰的热损失等原因，温度达不到这么高。

思考题 13　什么叫标准摩尔生成焓和标准摩尔燃烧焓？定义这两个量有什么用？利用标准摩尔生成焓和标准摩尔燃烧焓来计算反应的标准摩尔反应焓变时，二者有何不同？

思考题 14　“标准摩尔反应焓变 $\Delta_r H_m^{\ominus}(T)$ 是在温度 T、压力 $p^{\ominus}$ 下进行反应的标准摩尔焓变”，这种说法对吗？为什么？

课程思政

从 13 世纪法国人亨考尔的著名永动机“魔轮”开始，到 18 世纪热力学第一定律诞生的 500 年间，人们总是试图制造一种不需要外界提供能量，本身也不减少能量，却可以源源不断地对外做功的机器，即“第一类永动机”，均以失败告终。“第一类永动机”完全违背了热力学第一定律，即涉及热现象领域内的能量守恒和转化定律。它可表述为“自然界的一切物质都具有能量，能量有多种不同形式，能够从一种形式转化为另一种形式，但在转化过程中，能量的总值不变”。类比人类社会，热力学第一定律告诉我们“守株待兔”、不劳而获是不可能的，作为新时代的大学生，理应树立正确的世界观、人生观和价值观，努力学习，练好本领，自力更生，艰苦奋斗，创造美好幸福生活。同时，“第一类永动机”屡试屡败，从科学角度诠释了“实践是检验真理的唯一标准”，作为新时代的大学生，理应树立实事求是的科学精神，坚持实践出真知，不人云亦云。

小　结

一、重点和难点

重点：热力学基本概念，热容的概念及有关计算，系统简单状态变化、相变化及化学变化中 Q、W、ΔH、ΔU 的计算原理和方法。

难点：状态函数的概念及特点，可逆过程，焦耳–汤姆逊实验的含义。

二、主要公式及使用条件

1. 体积功

（1）定义式

$$\delta W = -p_e \mathrm{d}V$$

或

$$W = \sum_{V_1}^{V_2} \delta W = -\sum_{V_1}^{V_2} p_e \mathrm{d}V$$

（2）$W = -p_e(V_2 - V_1)$，适用于理想气体等压过程。

（3）$W = -\int_{V_1}^{V_2} p\mathrm{d}V = -nRT\ln\left(\dfrac{V_2}{V_1}\right) = nRT\ln\left(\dfrac{p_2}{p_1}\right)$，适用于理想气体等温可逆过程。

（4）$W = \Delta U = nC_{V,m}(T_2 - T_1)$，适用于 $C_{V,m}$ 为常数的理想气体绝热过程。

2. 热力学第一定律的数学表达式

$$\Delta U = Q + W$$

适用于封闭系统的一切过程。

3. 焓的定义式

$$H \xlongequal{\text{def}} U+pV$$

4. 热力学能变和焓变

$$\Delta U=\int_{T_1}^{T_2} C_V \mathrm{d}T=\int_{T_1}^{T_2} nC_{V,\mathrm{m}} \mathrm{d}T$$

$$\Delta H=\int_{T_1}^{T_2} C_p \mathrm{d}T=\int_{T_1}^{T_2} nC_{p,\mathrm{m}} \mathrm{d}T$$

适用于理想气体单纯 pVT 变化的一切过程。

5. 等容热和等压热

$$Q_V=\Delta U(\mathrm{d}V=0,\ W'=0)$$

$$Q_p=\Delta H(\mathrm{d}p=0,\ W'=0)$$

6. 热容的定义式

等容热容 $$C_V=\frac{\delta Q_V}{\mathrm{d}T}=\left(\frac{\partial U}{\partial T}\right)_V$$

等压热容 $$C_p=\frac{\delta Q_p}{\mathrm{d}T}=\left(\frac{\partial H}{\partial T}\right)_p$$

适用于无相变变化、无化学变化、非体积功为零的等压和等容过程。

7. 理想气体可逆绝热过程方程

$$TV^{\gamma-1}=C_1(C_1\ 为常数)$$

$$pV^{\gamma}=C_2(C_2\ 为常数)$$

$$p^{1-\gamma}T^{\gamma}=C_3(C_3\ 为常数)$$

$\gamma=\frac{C_{p,\mathrm{m}}}{C_{V,\mathrm{m}}}$称为热容比，适用于 $C_{V,\mathrm{m}}$为常数，理想气体可逆绝热过程的计算。

8. 反应进度

$$\xi=\frac{\Delta n_{\mathrm{B}}}{\nu_{\mathrm{B}}}$$

适用于反应开始时的反应进度为零的情况。

9. 标准摩尔反应焓变

$$\Delta_{\mathrm{r}}H_{\mathrm{m}}^{\ominus}(T)=\sum_{\mathrm{B}}\nu_{\mathrm{B}}\Delta_{\mathrm{f}}H_{\mathrm{m}}^{\ominus}(\mathrm{B},\ T)=-\sum_{\mathrm{B}}\nu_{\mathrm{B}}\Delta_{\mathrm{c}}H_{\mathrm{m}}^{\ominus}(\mathrm{B},\ T)$$

适用于 $\xi=1\mathrm{mol}$，在标准状态下的反应。

10. 基尔霍夫定律

$$\Delta_{\mathrm{r}}H_{\mathrm{m}}^{\ominus}(T_2)=\Delta_{\mathrm{r}}H_{\mathrm{m}}^{\ominus}(T_1)+\int_{T_1}^{T_2}\sum_{\mathrm{B}}\nu_{\mathrm{B}}C_{p,\mathrm{m}}(\mathrm{B})\mathrm{d}T$$

适用于等压反应。

习题

1. 有 10mol 的理想气体，压力为 1000kPa，温度为 300K，分别求出等温时下列过程的功。

(1) 在空气压力为 100kPa 时，体积胀大 $1\mathrm{dm}^3$；

（2）在空气压力为 100kPa 时，膨胀到气体压力也是 100kPa；

（3）等温可逆膨胀至气体的压力为 100kPa。

［答案：−100J，-2.25×10^4J，-5.74×10^4J］

2. 如果一个系统从环境吸收了 40J 的热，而系统的热力学能却增加了 200J，问系统从环境得到了多少功？如果系统在膨胀过程做了 10kJ 的功，同时吸收了 28kJ 的热，求系统的热力学能变化值。

［答案：160J，18kJ］

3. 在 298K 时，有 2mol N_2(g)，始态体积为 15dm^3，保持温度不变，经过下列三个过程膨胀到终态体积为 50dm^3，计算各过程的 ΔU、ΔH、W 和 Q 的值。设气体为理想气体。

（1）自由膨胀；

（2）反抗恒定外压 100kPa 膨胀；

（3）可逆膨胀。

［答案：0，0，0，0；0，0，−3500J，3500J；0，0，−5965.86J，5965.86J］

4. 单原子理想气体 1mol，起始温度为 269.4K，经可逆压缩到终态，温度为 T_2，经测定，$\Delta U=-1679.84$J，求系统终态所能达到的温度。

［答案：134.7K］

5. 单原子分子理想气体 1mol，初始状态为 298K、100kPa，经历 $\Delta U=0$ 的可逆变化后，体积为初始状态的两倍。计算 Q、W、ΔH。

［答案：1717J，−1717J，0］

6. 单原子分子理想气体 1.00mol，由 10.1kPa、300K 按下列两种不同过程压缩到 25.3kPa、300K，计算并比较两过程的 Q、W、ΔU、ΔH。

（1）等压冷却，然后经过等容加热。

（2）等容加热，然后经过等压冷却。

［答案：−1.49kJ，1.49kJ，0，0；−3.76kJ，3.76kJ，0，0］

7. 某理想气体 2mol，其热容为 $C_{V,\mathrm{m}}=\dfrac{5}{2}R$。由始态 100kPa、50$dm^3$，先等容加热使压力升高至 200kPa，再等压冷却使体积缩小至 25dm^3。求整个过程的 Q、W、ΔU、ΔH。

［答案：5.00kJ，−5.00kJ，0，0］

8. 在 244K 温度下，1.00mol 单原子气体（1）从 1.01MPa、244K 等温可逆膨胀到 505kPa；（2）从 1.01MPa、244K 绝热可逆膨胀到 505kPa，求（1）和（2）过程中的 Q、W、ΔU、ΔH，并做 p-V 图表示上述气体所进行的两个过程。

［答案：1.41kJ，−1.41kJ，0，0；0，−0.736kJ，−0.736kJ，−1.23kJ］

9. 氢气从 1.43dm^3、3.04×10^5Pa 和 298K，可逆绝热膨胀到 2.86dm^3，氢气的 $C_{p,\mathrm{m}}=28.8\mathrm{J\cdot mol^{-1}\cdot K^{-1}}$，按理想气体处理。（1）求终态的温度和压力；（2）求该过程的 Q、W、ΔU、ΔH。

［答案：225K，1.14×10^5Pa；0，−262J，−262J，−367.6J］

10. 在 298K、6×101.3kPa 压力下，1mol 单原子理想气体进行绝热膨胀，最终压力为 101.3kPa，若为（1）可逆膨胀；（2）对抗等外压膨胀，求上述两个绝热膨胀过程的气体的最终温度；气体对外界所做的功；气体的热力学能变化及焓变化。

［答案：145.6K，−1902J，−1902J，−3171J；198.8K，−1239J，−1239J，−2065J］

11. 质量1g的水在373K、$p^{\ominus}$下蒸发为理想气体，吸热$2259J \cdot g^{-1}$，问此过程的Q、W及水的ΔU、ΔH为多少？

［答案：2259J，−172.28J，2086.7J，2259J］

12. 已知下列反应在600℃时的反应焓为：

（1）$3Fe_2O_3+CO = 2Fe_3O_4+CO_2$；$\Delta_r H_{m,1}=-6.3kJ \cdot mol^{-1}$

（2）$Fe_3O_4+CO = 3FeO+CO_2$；$\Delta_r H_{m,2}=22.6kJ \cdot mol^{-1}$

（3）$FeO+CO = Fe+CO_2$；$\Delta_r H_{m,3}=-13.9kJ \cdot mol^{-1}$

计算在相同温度下，反应$Fe_2O_3+3CO = 2Fe+3CO_2$的焓变为多少？

［答案：$-14.8kJ \cdot mol^{-1}$］

13. 应用附录中有关物质在298K的标准摩尔生成焓的数据，计算下列反应在25℃时的$\Delta_r H_m^{\ominus}$及$\Delta_r U_m^{\ominus}$。

（1）$4NH_3(g)+5O_2(g) = 4NO(g)+6H_2O(g)$

（2）$Fe_2O_3(s)+3C$（石墨）$= 2Fe(s)+3CO(g)$

［答案：$-905.47kJ \cdot mol^{-1}$，$-907.95kJ \cdot mol^{-1}$；$492.63kJ \cdot mol^{-1}$，$485.19kJ \cdot mol^{-1}$］

14. 应用附录中有关物质的标准摩尔生成焓数据和标准摩尔燃烧焓数据，计算298K时反应$2CH_3OH(l)+O_2(g) = HCOOCH_3(l)+2H_2O(l)$的标准摩尔反应焓变$\Delta_r H_m^{\ominus}$。［已知298K$\Delta_f H_m^{\ominus}(HCOOCH_3, l)=-379.07kJ \cdot mol^{-1}$］

［答案：$-473.41kJ \cdot mol^{-1}$］

15. 标准压力和298K下，乙炔的摩尔燃烧焓$\Delta_c H_m^{\ominus}(C_2H_2, l, 298K)=-1300kJ \cdot mol^{-1}$，已知：$\Delta_f H_m^{\ominus}(H_2O, l, 298K)=-285.8kJ \cdot mol^{-1}$，求它的摩尔生成焓。

［答案：$-227.2kJ \cdot mol^{-1}$］

16. 若知甲烷的标准摩尔燃烧焓为$-8.90\times10^5 J \cdot mol^{-1}$，氢的标准摩尔燃烧焓为$-2.86\times10^5 J \cdot mol^{-1}$，碳的标准摩尔燃烧焓为$-3.93\times10^5 J \cdot mol^{-1}$，试求甲烷的标准摩尔生成焓为多少？

［答案：$-75kJ \cdot mol^{-1}$］

17. 对于反应$CaCO_3(s) = CaO(s)+CO_2(g)$

（1）计算标准摩尔反应焓$\Delta_r H_m^{\ominus}(298K)$；

（2）计算标准摩尔反应焓$\Delta_r H_m^{\ominus}(1200K)$。

若此反应在冲天炉中进行，分解100kg的$CaCO_3$相当于要消耗多少kg的焦炭？（设焦炭的发热值为$2.850\times10^4 kJ \cdot kg$）

［答案：$177.2kJ \cdot mol^{-1}$；$167.64kJ \cdot mol^{-1}$；消耗5.88kg的焦炭］

第 3 章　热力学第二定律

热力学第一定律解决了变化过程中系统的能量守恒与转化关系，但却不能指出过程究竟能否发生，过程朝哪个方向进行以及进行到什么程度。然而这一类问题对于实际化学、化工过程恰是极其重要的问题。因为，如能预测一定条件下一个化学反应的方向及反应到何种程度，对于开发新的化学反应、新的生产工艺及新材料的合成至关重要，可以减少大量实验的探索工作。要指出这些不违背热力学第一定律的过程在一定条件下自动进行的方向与限度，则需借助新的定律，这一新的定律就是本章所要讨论的热力学第二定律。

热力学第二定律和热力学第一定律一样，也是从经验总结出来的，是宏观世界的一个自然法则，它揭示了自发过程的共同特征——不可逆性。热力学第二定律在研究热机效率以及探讨热与功的转化关系中，导出一个重要的状态函数——熵，利用熵判据可判断隔离系统过程进行的方向和限度。为了分析问题的方便，把热力学能 U 和熵 S 两个基本的状态函数与 p、V、T 组合，又导出亥姆霍兹函数 A、吉布斯函数 G 两个新的状态函数，利用它们的改变量分别作为判断封闭系统等温、等容及等温、等压过程变化方向的判据。

热力学第二定律的实际应用主要解决了相变过程和化学反应的限度问题，并具体发展成为化学平衡和相平衡理论(具体见第 5、6 章)，本章还介绍了热力学第三定律，它能使我们知道各种纯物质的熵的相对值，化学反应的熵变亦可以计算，并据此计算了吉布斯函数的变化值。而吉布斯函数作为在相变化、化学变化中应用最多的判据，在多组分系统热力学、化学平衡、相平衡和电化学中得到广泛应用。至于一个过程要从可能变为现实，还需要知道过程进行时的速率大小，这是后续章节化学动力学研究的内容。

§ 3.1　热力学第二定律的内容

3.1.1　自发过程的共同特征

在自然界中，有着各种各样能够自动进行的过程，如理想气体向真空膨胀，重物能自动落到地面上；热量从高温物体自动传至低温物体；Zn 片放入 $CuSO_4$溶液中，Zn 会自动溶解，Cu^{2+}被还原；等等。上述这类变化过程，在一定条件下，不需外力推动，任其自然就能自动发生，称为自发过程。

自发过程有一个共同特征，即单向性，也就是不可逆性，自发过程的逆过程不可能自动发生。这里指的是热力学的不可逆性，并非过程不可逆转，而是必须借助外力做功才能实现。如理想气体向真空膨胀，此为自发过程，该过程之所以能自动进行，是由于存在压力差，压力差是推动该过程自动进行的推动力。要使膨胀了的气体恢复原状，这个压缩过程是不可能自动发生的，利用压缩机可将膨胀了的气体进行等温压缩，使气体恢复原状，环境对气体做功 W，而吸收气体放出的热 Q，虽然在数值上 W 与 Q 相等，但环境失去了功，得到了热量。要使环境也复原，也就是使理想气体的真空膨胀成为一个可逆过程，必须让这些热全部变为功而不留下其他影响，事实证明这是不可能的。热量从高温物体能自动传至低温物体，该过程之所以能自动进行，是由于存在温度差，温度差是推动该过程自动进行的推动力。而其逆过程，热由低温物体传至高温物体的过程绝不会自动发生。我们利用制冷机做功可以将热从低温物体传向高温物体，但其结果是环境失去了功，得到了热量，要将这些热全部变为功而不留下其他影响，事实证明是不可能的。同样锌与硫酸铜溶液的化学反应是一个自发化学反应，而其逆过程不可能自动发生。如果将置换反应中所放出的热量全部变为电功，利用电解的方法，将铜和硫酸铜溶液作为正极、锌与硫酸锌溶液作为负极，可以实现逆反应 $Cu+Zn^{2+} \longrightarrow Cu^{2+}+Zn$，但在此过程中环境同样失去了功，得到了热量，与上面的过程类似，环境同样不可能恢复原状。

上述例子均表明，要使自发过程逆向进行，环境必须对系统做功，而且消耗功的量都大于自发过程完成时系统对外所做的功，这样系统虽可复原，但环境却没有恢复到原来的状态，系统必定会向周围环境留下功转变为热的痕迹，这就是它的不可逆性。

从上面的例子还可以看出，自然界中一切自动进行的过程各不相同，但其变化都有一定的方向性，而且都有一定的变化限度，其根本原因就在于系统与环境之间存在着某些物理量的差别，这些差别成为变化过程的推动力，而且进行到差值消失时，即达到平衡。因此可分别利用高度差、温度差、压力差来判断重物下落、热传导、气体膨胀等自发过程的方向和限度。虽然这些判断过程方向和限度的物理量很直观，但缺乏普遍性。自发过程都是热力学的不可逆过程，而这种不可逆性最后都可归结为热、功转换的不可逆性，即功可以全部变成热，而热不可能全部变为功而不留下任何影响。因此热力学第二定律从不可逆过程的特征热、功转化的方向入手，找出一个具有普遍意义的物理量来判断过程的方向和限度，这个物理量就是熵函数。

3.1.2 热力学第二定律的文字表述

在生产实际中存在着各种类型的自发过程，都是热力学的不可逆过程。而这些不可逆过程之间又是相互关联的，可以从一个自发过程的不可逆性推断另一个自发过程的不可逆性。人们逐渐总结出反映这种自发过程的简便说法，即用某种不可逆过程来概括其他一切不可逆过程，这个普遍原理就是热力学第二定律。因此热力学第二定律有很多种表述，各种说法均是等效的，下面是两种经典的表述方法。

克劳修斯(Clausius)说法：“不可能把热从低温物体传到高温物体而不引起其他变化。”该说法并不是指热不能从低温物体传到高温物体，而是热不能自发地从低温物体传到高温物体，利用冷冻机可将热从低温物体传到高温物体，但环境要对系统做功，相当于这部分功的能量必然以热的形式传到环境。总的结果是环境做出了功而同时得到了热量。

开尔文(Kelvin)说法：“不可能从单一热源取出热并使之全部变为功而不引起其他变化。”该说法并不是指热不能全部转变为功，而是在不引起系统和环境任何改变的情况下，系统热不能全部转变为功，如理想气体等温膨胀，就是把所吸收的热量全部变成了功，但其后果是系统体积增大。如要使气体恢复到原来状态，必然要压缩，这时环境要对系统做功并得到系统放出的热。因此无法将单一热源的热转变为功，又不产生其他影响。

历史上人们曾幻想制造出一种能够从单一热源吸热，并将所吸的热全部转变为功而不留下任何影响的机器，并称之为第二类永动机。它并不违反能量守恒定律，但事实证明这种机器永远造不成。开尔文说法表明：“第二类永动机是不可能造成的。”

克劳修斯说法指出了热传导过程的不可逆性。开尔文说法指出了功转变为热的不可逆性。其说法虽略有不同，但本质是一样的，都是指某种自发过程的逆过程是不能自动进行的，一旦进行必会留下影响。

热力学第二定律的每一种说法都是等效的，从一种说法可推出另一种说法，违反一种必违反另一种。若克劳修斯说法不成立，即热能自动从低温物体传到高温物体，那么就可以从高温物体吸热，向低温物体放热而做功，同时低温物体所得到的热又能自动流回高温物体，于是低温物体复原，等于从单一的高温物体热源吸热做功而无其他变化。所以违反克劳修斯说法，则必违反开尔文说法。

热力学第二定律的这两种说法均指出了过程的方向，即热能自动从高温物体传到低温物体和功可以全部变成热，但其逆过程不能自动进行。虽然说法略有不同，但本质上是一样的。既然热不能无条件地全部变成功，那么，它的最高限度是多少，与什么因素有关。这个问题在人们解决热、功转换的效率问题时得以解决，这就是下面介绍的卡诺循环。

§3.2 熵与热力学第二定律的表达式

3.2.1 卡诺定理

(1) 卡诺循环

由于判断过程能否自动进行与热、功转化问题关系极其密切，故需要探求热功转换过程的方向及限度。蒸汽机的发明对热功转换的效率有着十分重要的意义。1824 年，法国工程师卡诺(Carnot)设计了一个循环，设想以 $n$mol 理想气体为工作物质，放在汽缸中，以两个等温可逆过程和两个绝热可逆过程构成一个循环，称为卡诺循环。从这个循环的热、功交换情况，得出可逆热机的效率，为人们提供了提高热机效率的方法。图 3-1 给出了由四个可逆过程所构成的卡诺循环。

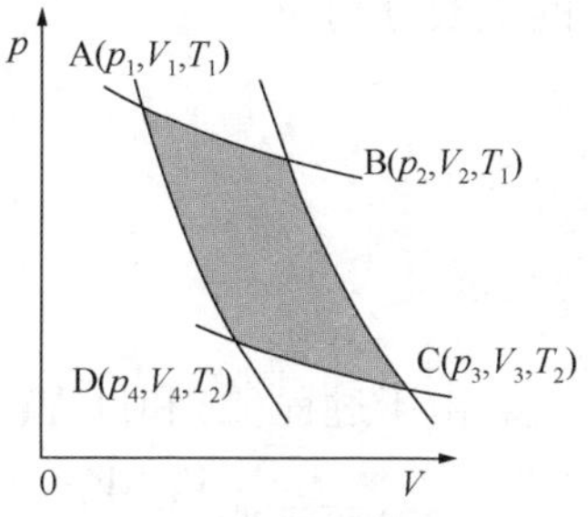

图 3-1　Carnot 循环

第一步等温可逆膨胀，将汽缸与温度为 T_1 的高温热源接触，理想气体由状态 A(p_1,V_1,T_1)等温可逆膨胀到状态 B(p_2,V_2,T_1)。由于是理想气体等温可逆变化过程，故

$$\Delta U_1=0$$

$$Q_1=-W_1$$

$$Q_1=-W_1=\int_{V_1}^{V_2}p\mathrm{d}V=nRT_1\ln\frac{V_2}{V_1}$$

从高温热源 T_1 吸收的热量 Q_1 全部转化为对环境所做的膨胀功，其绝对值如图 3-1 中 AB 曲线下的面积所示。

第二步绝热可逆膨胀，汽缸与热源隔绝，理想气体由状态 B(p_2,V_2,T_1)绝热可逆膨胀到状态 C(p_3,V_3,T_2)

$$Q'=0$$

$$W'=\Delta U'=\int_{T_1}^{T_2}nC_{V,\mathrm{m}}\mathrm{d}T=nC_{V,\mathrm{m}}(T_2-T_1)$$

气体消耗自身的热力学能对外做功，温度从 T_1 降到 T_2，其绝对值如图 3-1 中 BC 曲线下的面积所示。

第三步等温可逆压缩，将汽缸与温度为 T_2 的低温热源接触，理想气体由状态 $C(p_3,V_3,T_2)$ 等温可逆压缩到状态 $D(p_4,V_4,T_2)$。

$$\Delta U_2=0 \qquad Q_2=-W_2$$

$$Q_2=-W_2=\int_{V_3}^{V_4} p\mathrm{d}V=nRT_2\ln\frac{V_4}{V_3}$$

系统向低温热源放出热量，同时从环境得到功，其绝对值如图 3-1 中 CD 曲线下的面积所示。

第四步绝热可逆压缩，汽缸与热源隔绝，理想气体由状态 $D(p_4,V_4,T_2)$ 绝热可逆压缩到状态 $A(p_1,V_1,T_1)$，故

$$Q''=0$$

$$W''=\Delta U''=\int_{T_2}^{T_1} nC_{V,\mathrm{m}}\mathrm{d}T=nC_{V,\mathrm{m}}(T_1-T_2)$$

此过程系统从环境得到功，并使系统的热力学能增加，温度升高。其功的绝对值如图 3-1 中 DA 曲线下的面积所示。

对整个循环而言，因 U 是状态函数，$\Delta U=0$，$Q=-W$，系统对环境所做的净功的绝对值如图 3-1 中 ABCD 的环形面积所示。

由于其中过程(2)与过程(4)为绝热过程，且所做的功正好抵消，整个循环过程热与功的交换分别为

$$Q=Q_1+Q_2$$

$$W=W_1+W'+W_2+W''=W_1+W_2$$

$$-W=Q=Q_1+Q_2=nRT_1\ln\frac{V_2}{V_1}+nRT_2\ln\frac{V_4}{V_3} \tag{3.1}$$

由于过程(2)和过程(4)均为理想气体绝热可逆过程，根据理想气体绝热可逆过程方程式(2.37)可证明 $\frac{V_3}{V_4}=\frac{V_2}{V_1}$。

将此式代入式(3.1)得

$$-W=Q=Q_1+Q_2=nRT_1\ln\frac{V_2}{V_1}-nRT_2\ln\frac{V_2}{V_1} \tag{3.2}$$

将在一次循环过程中，热机对环境所做的功 $-W$ 与其从高温热源吸收的热量 Q_1 之比称为热机效率，其符号为 η。

$$\eta=\frac{-W}{Q_1}=\frac{Q_1+Q_2}{Q_1}=\frac{nR(T_1-T_2)\ln\left(\frac{V_2}{V_1}\right)}{nRT_1\ln\left(\frac{V_2}{V_1}\right)}$$

$$\eta=\frac{-W}{Q_1}=\frac{Q_1+Q_2}{Q_1}=\frac{T_1-T_2}{T_1} \tag{3.3}$$

可见卡诺循环的热机效率只取决于高、低温热源的温度，低温热源和高温热源温度之比越小，热机效率越高。

由式(3.3)还可以得

$$\frac{Q_1}{T_1}+\frac{Q_2}{T_2}=0 \tag{3.4}$$

对无限小的卡诺循环，则

$$\frac{\delta Q_1}{T_1}+\frac{\delta Q_2}{T_2}=0 \tag{3.5}$$

此式表明，在卡诺循环中，其热效应与温度的商之和等于零，即可逆循环过程的热温商之和等于零，这是卡诺循环的一项重要性质。式中的 Q 为可逆过程的系统与环境交换的热效应，T 为热源温度，当过程可逆时，也是系统的温度。

(2) 由卡诺定理得出的推论

在卡诺循环中，每一步都是可逆过程，根据功与过程的关系，两个绝热可逆过程中系统与环境之间交换的功正好抵消，可逆膨胀过程系统对环境做最大功，可逆压缩过程环境对系统做最小功，所以卡诺循环这种热机所做的净功最大。故卡诺认为："工作在相同高温热源与低温热源之间的任意热机，可逆热机的热机效率最大"，这就是卡诺定理。从卡诺定理得出重要推论：在相同温度的两热源间工作的所有可逆热机，其效率必相等；而在相同温度两热源间工作的不可逆热机，其效率一定小于可逆热机效率，即

$$\eta \leqslant \eta_R$$

$$\eta=\frac{Q_1+Q_2}{Q_1}\leqslant\frac{T_1-T_2}{T_1} \quad \begin{matrix} <\text{不可逆热机} \\ =\text{可逆热机} \end{matrix} \tag{3.6}$$

从上式可知，不论参与卡诺循环的工作物质是什么，可逆热机的效率只与高温热源、低温热源的温度有关，与工作物质的本性无关。因此我们可以将理想气体进行卡诺循环所得的结果用于其他工作物质。

式(3.6)可化简得

$$\frac{Q_1}{T_1}+\frac{Q_2}{T_2}\leqslant 0 \quad \begin{matrix} <\text{不可逆热机} \\ =\text{可逆热机} \end{matrix} \tag{3.7}$$

对进行无限小热量交换的热机，则

$$\frac{\delta Q_1}{T_1}+\frac{\delta Q_2}{T_2}\leqslant 0 \quad \begin{matrix} <\text{不可逆热机} \\ =\text{可逆热机} \end{matrix} \tag{3.8}$$

即工作物质在两个热源之间进行卡诺循环时，两个热源的热温商之和等于零；若工作物质在两热源间进行不可逆热量交换时，两个热源的热温商之和小于零。T_1、T_2均是指等温热源的温度，过程可逆时为系统的温度。

卡诺定理的重要意义在于表明了可逆过程与不可逆过程的关系，由可逆热机与不可逆热机的效率在公式中引入的不等号，对于其他过程同样适用。因为所有不可逆过程都是互相关联的，可以由一个过程的不可逆性推断另一个过程的不可逆性，因而可以对所有的不可逆过程找到一个共同判别准则。

3.2.2 可逆过程的热温商与熵函数

卡诺循环是涉及两个热源的可逆循环过程，工作物质经过卡诺循环后，两个热源的热温商之和等于零，即式(3.4)。能否将卡诺循环的结果推广到任意可逆循环，对于任意可逆循环过程可能涉及多个热源，各个热源的热温商之和是否为零？

设有一任意可逆循环，其在 $p-V$ 图上的环形曲线可以是任意形状，将此环形曲线分割

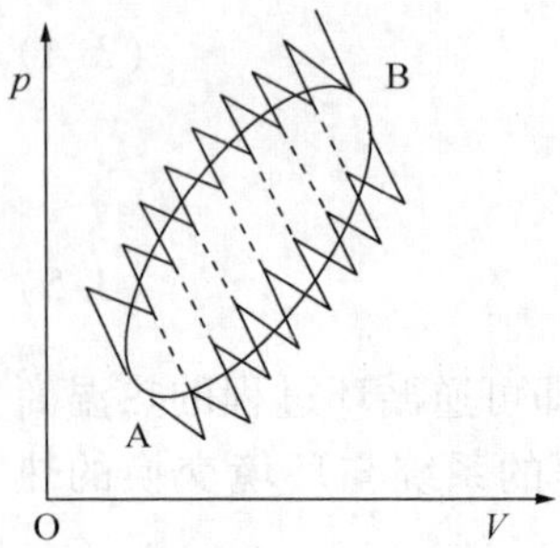

图 3-2　任意可逆循环及被分割的小卡诺循环

成许多由两条绝热线和两条等温线构成的小卡诺循环，见图 3-2，图中每两个小卡诺循环之间的绝热线既是前一个小卡诺循环的绝热可逆压缩线，又是相邻着的后一个小卡诺循环的绝热可逆膨胀线，由于方向相反，所以系统对环境做的绝热膨胀功与环境对系统做的绝热压缩功刚好抵消。因此，这些小卡诺循环的总和形成一个沿曲线圈 ABA 的封闭折线。当小卡诺循环无限多时，折线即与曲线重合，折线包围的面积与曲线包围的面积相等。即折线所经的过程与曲线所经的过程完全相同，因此，此可逆循环过程可看成是无限多个微小的卡诺循环之和。对于每个微小卡诺循环都有式(3.5)，用到任意的可逆循环上，则有

$$\frac{\delta Q_1}{T_1}+\frac{\delta Q_2}{T_2}=0$$

$$\frac{\delta Q_3}{T_3}+\frac{\delta Q_4}{T_4}=0$$

$$\cdots\cdots$$

式中，T_1、T_2、T_3…分别为每个微小卡诺循环中热源的温度。上面各式相加，可得

$$\sum_i\left(\frac{\delta Q_i}{T_i}\right)_R=0 \tag{3.9}$$

或

$$\oint\left(\frac{\delta Q}{T}\right)_R=0 \tag{3.10}$$

下标"R"表示可逆过程，T 表示热源(环境)的温度，因为循环中每一步均为可逆过程，T 也是系统的温度。由于曲线分割得极小，加和也可近似用环状积分表示。

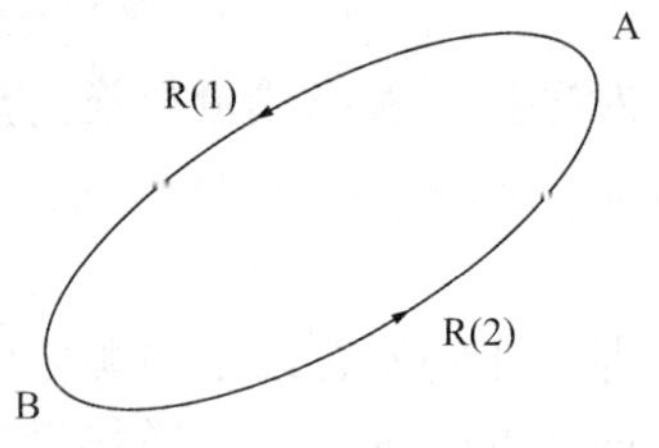

图 3-3　可逆环状过程

式(3.10)表明 $\left(\frac{\delta Q}{T}\right)_R$ 沿闭合曲线的环积分等于零，按积分定理，则被积变量 $\left(\frac{\delta Q}{T}\right)_R$ 为某一函数的全微分，为了进一步说明该函数的性质，我们将已得到的循环过程的规律应用到可逆过程中，如图 3-3 所示，系统由状态 A 出发，沿可逆途径 R(1) 变到状态 B，再由状态 B 沿可逆途径 R(2) 回到状态 A，构成一个可逆循环过程。

根据式(3.10)　$$\oint\left(\frac{\delta Q}{T}\right)_R=\int_A^B\left(\frac{\delta Q}{T}\right)_{R(1)}+\int_B^A\left(\frac{\delta Q}{T}\right)_{R(2)}=0$$

移项后得　$$\int_A^B\left(\frac{\delta Q}{T}\right)_{R(1)}=-\int_B^A\left(\frac{\delta Q}{T}\right)_{R(2)}$$

因为是可逆过程，按原途径 R(2) 逆向进行时，每步都有 $\delta Q_R(A\rightarrow B)=-\delta Q_R(B\rightarrow A)$，因此

$$\int_B^A\left(\frac{\delta Q}{T}\right)_{R(2)}=-\int_A^B\left(\frac{\delta Q}{T}\right)_{R(2)}$$

代入得

$$\int_A^B \left(\frac{\delta Q}{T}\right)_{R(1)} = \int_A^B \left(\frac{\delta Q}{T}\right)_{R(2)} \tag{3.11}$$

这表明，从状态 A 到状态 B，虽经历两个不同的可逆过程，但它们的热温商之和是相等的，该结论适用于任意可逆过程。即积分 $\int_A^B \left(\frac{\delta Q}{T}\right)_R$ 之值只与过程的始、终状态有关，而与变化的途径无关，该积分值必定反映了某个状态函数的变化。据此，克劳修斯定义了一个新的热力学状态函数，称为 entropy，用符号 S 表示，中文名称取其热温商之意用“熵”表示。可得

$$dS \xlongequal{\text{def}} \left(\frac{\delta Q}{T}\right)_R \tag{3.12}$$

或

$$\Delta S = \int_A^B dS = \int_A^B \left(\frac{\delta Q}{T}\right)_R \tag{3.13}$$

上面两式均可以看作熵的定义式或熵变的计算式。

熵是系统的状态函数，是广度性质，熵的量纲是 $J \cdot K^{-1}$。其变化只与系统的始、终态有关，而与途径无关。当系统发生变化时，可以用可逆过程的热温商来计算熵的变化值。如果系统发生了一个不可逆变化，需设计一个始、终态相同的可逆过程，才能计算熵变。

3.2.3 不可逆过程的热温商与克劳修斯不等式

对于任意不可逆循环，可用与处理可逆循环类似的方法将其分为无限个微小的循环代替，系统在循环过程中与许多热源接触，吸取或放出的热量分别为 δQ_1、$\delta Q_2\cdots$。根据式(3.8)，由于每个微小的不可逆循环的热温商之和小于零，故所有的微小不可逆循环的热温商之和同样小于零，也就是任一不可逆循环的热温商之和小于零，可得

$$\sum_i \left(\frac{\delta Q_i}{T_i}\right)_{iR} < 0 \tag{3.14}$$

上式适用于不可逆循环过程。应用这一公式可以得出从同一始态出发分别经过可逆过程和不可逆过程达到同一终态时，不可逆过程热温商与系统熵变之间的重要关系式。下面借助一个可逆过程与所研究的不可逆过程组成一个不可逆循环来研究。设系统由始态 A 经过一个不可逆过程变化到 B，再经过可逆过程由 B 到 A，过程中有一步是不可逆的，则整个循环过程就是不可逆的，如图 3-4 所示。

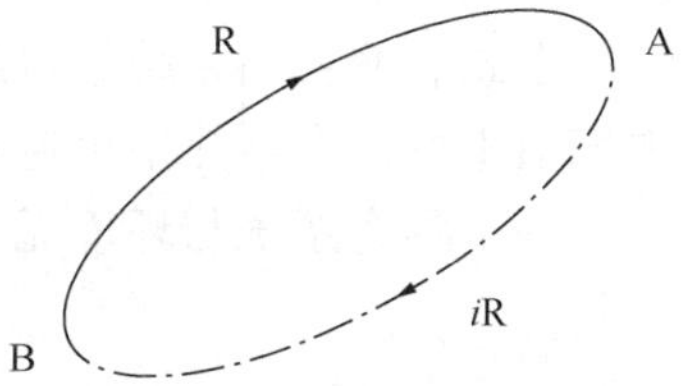

图 3-4　不可逆环状过程

根据式(3.14)，可得

$$\sum_A^B \left(\frac{\delta Q}{T}\right)_{iR} + \sum_B^A \left(\frac{\delta Q}{T}\right)_R < 0 \tag{3.15}$$

根据熵的定义式，得

$$S_A - S_B = \sum_B^A \left(\frac{\delta Q}{T}\right)_R$$

代入式(3.15)，移项得

$$\Delta S = S_B - S_A > \sum_A^B \left(\frac{\delta Q}{T}\right)_{iR} \tag{3.16}$$

由上式可知，系统从状态 A 到状态 B，熵变是定值，若过程的熵变大于该过程的热温商

之和，则该过程为不可逆过程。若过程的熵变等于该过程的热温商之和，则该过程为可逆过程。考虑到两种情况，写成更一般的形式则有

$$\Delta S = S_B - S_A \geqslant \sum_A^B \left(\frac{\delta Q}{T}\right) \quad \begin{matrix} >\text{不可逆过程} \\ =\text{可逆过程} \end{matrix} \tag{3.17}$$

式中，δQ 是实际过程的热效应，T 是环境的温度，在可逆过程中也是系统的温度。

对无限小的变化过程，则有

$$\mathrm{d}S \geqslant \frac{\delta Q}{T} \quad \begin{matrix} >\text{不可逆过程} \\ =\text{可逆过程} \end{matrix} \tag{3.18}$$

式(3.17)和式(3.18)称为克劳修斯不等式，也是热力学第二定律的数学表达式。由于各种热力学过程其不可逆性都可以归结为热功转换的不可逆性，所以克劳修斯不等式虽然是由研究热功转换得来的，但能适用作为其他各类热力学过程的方向及限度的判据。它表明：在相同始、终态下，系统的熵变总是大于不可逆过程的热温商，而系统的熵变小于过程的热温商则是一个不可能发生的过程。因此，要想计算不可逆过程的熵变，绝不能用该过程的实际热温商计算，而应设计一条始、终态相同的可逆途径，根据可逆途径的热温商，计算该过程的熵变。

3.2.4 熵增原理与熵判据

当系统状态变化为绝热过程时，因系统与环境间无热交换，即 $\delta Q=0$，则式(3.18)可写为

$$\mathrm{d}S_{\text{绝热}} \geqslant 0 \quad \begin{matrix} >\text{不可逆过程} \\ =\text{可逆过程} \end{matrix} \tag{3.19}$$

或

$$\Delta S_{\text{绝热}} \geqslant 0 \quad \begin{matrix} >\text{不可逆过程} \\ =\text{可逆过程} \end{matrix} \tag{3.20}$$

上式表明：当系统经过绝热过程由始态到达终态时，其熵值不会减少，在绝热可逆过程中熵值不变，在绝热不可逆过程中熵值增加，此为熵增加原理。

一个隔离系统与环境无热交换，当然也应是绝热的，所以上式可以表示为

$$\mathrm{d}S_{\text{隔}} \geqslant 0 \quad \begin{matrix} >\text{不可逆，自发} \\ =\text{可逆，平衡} \end{matrix} \tag{3.21}$$

或

$$\Delta S_{\text{隔}} \geqslant 0 \quad \begin{matrix} >\text{不可逆，自发} \\ =\text{可逆，平衡} \end{matrix} \tag{3.22}$$

即在隔离系统中不可能发生熵减小的过程，这也是熵增加原理的一种说法。一个隔离系统的熵值永不减少，在可逆过程中熵值不变，在不可逆过程中熵值增加。对于隔离系统，环境不可能对它做功，即系统处于一种"不去管它、任其自然"的状态，一旦发生不可逆过程，那一定是自发过程，因此也可以用上式来判断自发过程的方向。即在隔离系统中，任何变化总是向着熵增加的方向自发进行，直至达到具有最大熵值的平衡态，这就是熵判据。

熵判据只适用于隔离系统，而实际系统多为非隔离系统，由于系统与环境相互联系，通常将与系统密切相关的环境与系统包括在一起，当作隔离系统，根据总的熵变情况来判断过程是否自发过程，即

$$\mathrm{d}S_{\text{隔}} = \mathrm{d}S_{\text{系}} + \mathrm{d}S_{\text{环}} \geqslant 0 \quad \begin{matrix} >\text{不可逆，自发} \\ =\text{可逆，平衡} \end{matrix} \tag{3.23}$$

或 $$\Delta S_{隔}=\Delta S_{系}+\Delta S_{环}\geqslant 0 \quad \begin{matrix} >不可逆，自发 \\ =可逆，平衡 \end{matrix} \tag{3.24}$$

因此对非隔离系统，当系统的熵变与环境的熵变的总和大于零时，则为自发过程。

综上所述，在研究热功转化关系的卡诺定理的基础上，引入了熵函数和热力学第二定律，使判断自发过程的方向和限度找到了共同的判据——熵判据。

3.2.5 熵的物理意义

热力学是研究大量微观粒子(原子和分子)所组成的宏观系统，熵是系统的宏观性质，与系统的其他宏观物理量一样，都是大量微观粒子行为的统计平均，服从统计性规律。那么，状态函数熵反映了系统内大量微观粒子的什么行为呢？熵又具有什么物理意义呢？

气体分子集中在容器一端的状态与气体在容器中均匀分布的状态相比较，两种不同的纯气体分别单独存在的状态与混合均匀的状态相比较，两个温度不同的物体相接触的状态与热传导平衡后两物同温的状态相比较，物质的相态从固态到液态再到气态的变化等，都是前一状态有序性较高，而后一状态混乱度较高。可以意识到，有序性高的状态所对应的微观状态数少；混乱度高的状态所对应的微观状态数多。实际上，某热力学状态所对应的微观状态数即热力学概率 Ω，就是系统处于该状态时混乱度的度量。

在热力学过程中，系统热力学概率 Ω 的增减与系统熵 S 的增减是同步的，即热力学概率 Ω 越大，熵越大，反之亦然。统计热力学可证明，二者的函数关系为

$$S=k\ln\Omega \tag{3.25}$$

热力学第二定律指出，一切自发过程的不可逆性均可归结为热功转化的不可逆性，即功可以完全变为热，而热不能完全变为功而不留下任何影响。从微观角度看，热是分子混乱运动的一种表现，而功是分子有方向性、有秩序的一种规则运动。功变为热的过程是规则运动转化为无规则运动，是向混乱度增加的方向进行。因此可认为，有序的运动会自发地变为无序的运动，而无序的运动却不会自动变为有序的运动。

由上面的例子可以看出，熵函数是与系统混乱度相联系的一个热力学性质，熵值小的状态对应比较有序的状态，熵值大的状态对应比较无序的状态。因此熵是系统微观粒子混乱程度的量度，一切自发的不可逆过程都是从有序向无序的变化过程，向混乱度增加的方向进行，平衡状态是混乱度最大也是熵值最大的过程。式(3.25)将系统的宏观热力学性质 S 与系统的微观状态联系起来，是热力学与统计热力学联系的桥梁。

思考题1 封闭系统中，相同的始态和终态之间，可逆过程 $\Delta S=0$，不可逆过程 $\Delta S>0$。该说法是否正确？

思考题2 试证明两块质量相同、温度不同的同种铁片相接触时，热的传递是不可逆过程。

思考题3 制冷机和冰箱都是可以把热从低温热源吸出，然后放给高温热源的机器，这是否违反热力学第二定律？

思考题4 卡诺循环是可逆循环，当系统经一个卡诺循环后，不仅系统复原了，环境也会复原。该说法是否正确？

§3.3 熵变的计算

熵是状态函数，只要系统的始、终态确定，熵变就有定值，熵的变化值可以用来确定隔离系统过程自发变化的方向和限度。系统的熵变可利用可逆过程的热温商进行计算，如果实际途径为不可逆过程，则应设计始、终态相同的可逆过程，再进行计算。今将环境和系统的各种过程的熵变计算分述如下。

3.3.1 环境的熵变

用熵函数判断过程在指定条件下能否自发进行，必须用隔离系统的熵变。由于 $\Delta S_{隔} = \Delta S_{系} + \Delta S_{环}$，所以掌握环境熵变的计算同样是必要的。

很多实际过程是在常温、常压的大气环境中进行的，大气环境是一个极大的热源，当其与系统进行有限的热量交换时，只发生单纯状态变化，其温度基本不变。即使环境不是大气，但不少实际过程的环境仍为很大热源，有巨大的热容量，可视为等温热源。由于环境熵变是系统发生变化时与环境交换热量所致，若系统放出或吸收的热量为 Q，Q 为实际进行的过程中系统与环境交换的热量，不管其实际过程可逆与否，则环境吸收或放出的热量是 $-Q$，环境的温度为 $T_{环}$，故

$$\Delta S_{环} = \frac{-Q}{T_{环}} \tag{3.26}$$

3.3.2 系统的熵变

（1）简单状态变化的熵变

简单状态变化是指系统没有相变化和化学变化，同时非体积功为零的过程。

① 等温过程

无论过程是否可逆，都可按等温可逆途径计算。若为理想气体的等温过程，则

$$\Delta U = 0 \qquad Q = -W$$

$$\Delta S = \frac{Q_R}{T} = \frac{-W_R}{T} = \frac{\int_{V_1}^{V_2} p\mathrm{d}V}{T} = nR\ln\frac{V_2}{V_1} = nR\ln\frac{p_1}{p_2} \tag{3.27}$$

【例 3.1】 10mol 理想气体在等温下通过：(1)可逆膨胀，(2)真空膨胀，体积膨胀为原来的 2 倍，分别求系统与环境的熵变，并判断这两种过程的自发性。

解：（1）可逆膨胀，系统的熵变

$$\Delta S_{系} = nR\ln\frac{V_2}{V_1} = 10\text{mol}\times 8.314\text{J}\cdot\text{mol}^{-1}\cdot\text{K}^{-1}\times\ln 2 = 57.6\text{J}\cdot\text{K}^{-1}$$

此时不能根据系统熵变大于零就判断过程能否自发进行，因为这不是隔离系统，也不是绝热过程，不符合熵判据的条件，还应计算环境的熵变。

由于系统吸收的热与环境放出的热相等，系统的温度与环境的温度相等，则环境的熵变与系统的熵变相等，符号相反。

$$\Delta S_{环} = \frac{-Q_R}{T_{环}} = -57.6\text{J}\cdot\text{K}^{-1}$$

$$\Delta S_{隔}=\Delta S_{系}+\Delta S_{环}=0$$

所以该过程为处于平衡态的可逆过程。

（2）向真空膨胀，此为不可逆过程，系统的熵变不能用过程的热温商计算，但这两个过程的始终态相同，将过程(2)设计成可逆过程就是过程(1)，则

$$\Delta S_2=\Delta S_1=57.6\text{J}\cdot\text{K}^{-1}$$

因为是真空膨胀，系统与环境无热交换，环境的熵变

$$\Delta S_{环}=0$$

$$\Delta S_{隔}=\Delta S_{系}+\Delta S_{环}=57.6\text{J}\cdot\text{K}^{-1}>0$$

该过程为自发的不可逆过程。

理想气体在等温条件下混合，由于系统内微观粒子运动的混乱度增大，会引起系统熵的变化。理想气体分子间无相互作用，每一种气体的状态不会因有其他组分的气体存在而受影响，故混合气体中每一种气体的熵变按该气体单独存在时状态变化的熵变计算，总的熵变是每种气体的熵变之和。假定每种气体单独存在时的压力相等，并且等于混合后气体的总压力，此时气体的摩尔分数与体积分数相等，即 $x_B=\frac{V_B}{V}$，则系统的混合熵变可用下式计算

$$\Delta S_{mix}=\sum_B n_B R\ln\frac{V}{V_B}=-R\sum_B n_B\ln x_B \tag{3.28}$$

【例 3.2】 在 273K 的等温条件下，将 0.5mol 的氢气与 0.5mol 的氮气混合，计算混合过程的熵变。设混合前后压力均为 100kPa，氢气和氮气可视为理想气体。

解：因为是理想气体分子混合且混合后温度、压力均不变，两种气体的体积均扩大一倍

$$\Delta S_{H_2}=n_{H_2}R\ln\frac{V}{V_1}=0.5\text{mol}\times 8.314\text{J}\cdot\text{mol}^{-1}\cdot\text{K}^{-1}\times\ln 2=2.9\text{J}\cdot\text{K}^{-1}$$

$$\Delta S_{N_2}=n_{N_2}R\ln\frac{V}{V_1}=0.5\text{mol}\times 8.314\text{J}\cdot\text{mol}^{-1}\cdot\text{K}^{-1}\times\ln 2=2.9\text{J}\cdot\text{K}^{-1}$$

$$\Delta S_{mix}=5.8\text{J}\cdot\text{K}^{-1}$$

或利用式(3.28)

$$\Delta S_{mix}=-R\sum_B n_B\ln x_B=-n_{H_2}R\ln\frac{1}{2}-n_{N_2}R\ln\frac{1}{2}$$

$$=-2\times 0.5\text{mol}\times 8.314\text{J}\cdot\text{mol}^{-1}\cdot\text{K}^{-1}\times\ln\frac{1}{2}=5.8\text{J}\cdot\text{K}^{-1}$$

② 等容或等压变温过程

对于系统等容或等压变温过程，由于等压热效应和等容热效应分别等于系统的热力学能变和焓变，故这两种过程的热只取决于始、终态，无论过程可逆与否，都可以按等压或等容可逆途径计算。

对于等容过程有

$$\delta Q_V=nC_{V,m}\text{d}T$$

$$\Delta S=\int_{T_1}^{T_2}\frac{nC_{V,m}\text{d}T}{T} \tag{3.29}$$

若在一定温度范围内，$C_{V,m}$ 可视为与温度无关的常数，则

$$\Delta S=nC_{V,\mathrm{m}}\ln\frac{T_2}{T_1} \tag{3.30}$$

同理，对于等压过程

$$\delta Q_p=nC_{p,\mathrm{m}}\mathrm{d}T$$

$$\Delta S=\int_{T_1}^{T_2}\frac{nC_{p,\mathrm{m}}\mathrm{d}T}{T} \tag{3.31}$$

$$\Delta S=nC_{p,\mathrm{m}}\ln\frac{T_2}{T_1} \tag{3.32}$$

【例 3.3】 1mol Pb(s)在等压下，由 298K 加热到 348K，求这一过程的熵变。(已知在该温度区间内，Pb(s)的 $C_{p,\mathrm{m}}$ 为 26.82J · mol^{-1} · K^{-1}，可视为与温度无关的常数。)

解： 利用式(3.31)

$$\Delta S=\int_{T_1}^{T_2}\frac{nC_{p,\mathrm{m}}\mathrm{d}T}{T}=nC_{p,\mathrm{m}}\ln\frac{T_2}{T_1}=1\mathrm{mol}\times 26.82\mathrm{J\cdot mol^{-1}\cdot K^{-1}}\times\ln\frac{348\mathrm{K}}{298\mathrm{K}}=4.16\mathrm{J\cdot K^{-1}}$$

③ p、V、T 均变的过程

设始态为 p_1、V_1、T_1，终态为 p_2、V_2、T_2，在此情况下，几个变量均发生变化，如理想气体的绝热过程。要计算熵变可在相同的始、终态之间设计一条易于计算的可逆途径。设系统为理想气体，可假设一等温可逆过程与一等容可逆过程来完成此变化

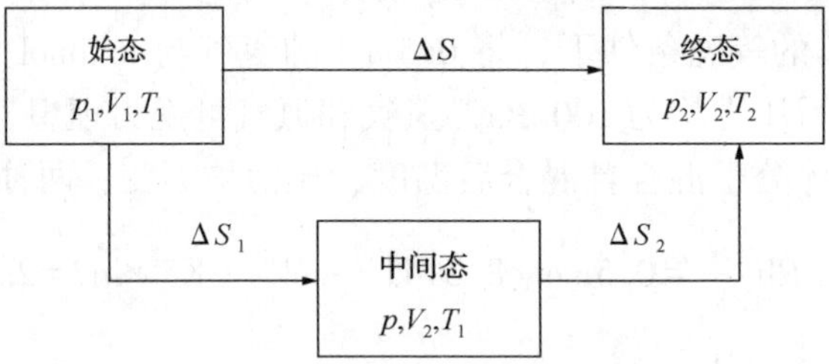

可得 $$\Delta S=\Delta S_1+\Delta S_2=nR\ln\frac{V_2}{V_1}+\int_{T_1}^{T_2}\frac{nC_{V,\mathrm{m}}}{T}\mathrm{d}T$$

化简得 $$\Delta S=nR\ln\frac{V_2}{V_1}+nC_{V,\mathrm{m}}\ln\frac{T_2}{T_1} \tag{3.33}$$

用类似的方法处理，还可以有若干种可逆途径，如先经等温可逆过程再经等压可逆过程，则

$$\Delta S=nR\ln\frac{p_2}{p_1}+nC_{p,\mathrm{m}}\ln\frac{T_2}{T_1} \tag{3.34}$$

还可先经等容可逆过程再经等压可逆过程，则

$$\Delta S=nC_{V,\mathrm{m}}\ln\frac{p_1}{p_2}+nC_{p,\mathrm{m}}\ln\frac{V_2}{V_1} \tag{3.35}$$

显然，由式(3.33)~式(3.35)所得计算结果是相同的，这也说明了熵变只与始终态有关。

【例 3.4】 1mol 单原子理想气体，在恒外压 100kPa 下绝热压缩，体积由 100dm^{3}压缩到 50dm^3，气体的温度从 400K 上升到 600K，计算该过程的熵变。

解： 该过程为绝热不可逆压缩，根据前面的讨论可知(例题 2.8)，由同一始态出发，绝热可逆过程和绝热不可逆过程不可能达到相同的终态，因此该过程的 $\Delta S\neq 0$，这是一个 p、V、T 均变的过程，可采用先等温可逆压缩至 V_2，再等容升温至 T_2 的途径。利用式(3.33)，得

$$\Delta S=nR\ln\frac{V_2}{V_1}+nC_{V,\mathrm{m}}\ln\frac{T_2}{T_1}$$

$$=1\mathrm{mol}\times 8.314\mathrm{J}\cdot\mathrm{mol}^{-1}\cdot\mathrm{K}^{-1}\times\ln\frac{50\mathrm{dm}^3}{100\mathrm{dm}^3}+$$

$$1\mathrm{mol}\times\frac{3}{2}\times 8.314\mathrm{J}\cdot\mathrm{mol}^{-1}\cdot\mathrm{K}^{-1}\times\ln\frac{600\mathrm{K}}{400\mathrm{K}}$$

$$=-0.706\mathrm{J}\cdot\mathrm{K}^{-1}$$

（2）相变过程的熵变

相变化一般是在等温等压条件下进行的，在相平衡温度和压力下进行的蒸发、熔化、升华及晶形转变等相变过程均为可逆过程。常见的可逆相变有：在凝固点(或熔点)时的液-固两相平衡，在沸点时的气-液两相平衡。在某温度下，气体压力为饱和蒸气压时的气-液两相平衡或气-固两相平衡。

对于可逆相变过程，其热效应就是相变热(焓)，相变熵为

$$\Delta S=\frac{Q_{\mathrm{R}}}{T}=\frac{\Delta H}{T} \tag{3.36}$$

不在相平衡温度和压力下进行的相变过程为不可逆相变过程，在常压、低于凝固点(或熔点)的温度下过冷液体凝固成固体的过程，在一定压力、高于沸点的温度下过热液体的蒸发过程，在低于液体饱和蒸气压力下液体蒸发成蒸气的过程等均属于不可逆相变过程。

不能用不可逆相变过程中系统与环境交换的热 Q 除以过程温度 T 来计算不可逆相变过程的熵变，只能设计一条包括有可逆相变步骤在内的可逆途径，计算相变熵值。

【例 3.5】 求 10mol 水在 373K 及 101.325kPa 蒸发过程的熵变，以及隔离系统的熵变。若保持压力不变，在 300K 时将水全部蒸发为同温同压的蒸气，计算该过程的熵变及隔离系统的熵变，并判断该过程能否自发进行。已知水的沸点是 373K，蒸发焓是 $40.68\mathrm{kJ}\cdot\mathrm{mol}^{-1}$，水和水蒸气的等压摩尔热容分别为 $75.3\mathrm{J}\cdot\mathrm{mol}^{-1}\cdot\mathrm{K}^{-1}$ 和 $33.6\mathrm{J}\cdot\mathrm{mol}^{-1}\cdot\mathrm{K}^{-1}$。

解：（1）在沸点时的气-液两相相变是可逆过程，系统的熵变为

$$\Delta S=\frac{\Delta_{\mathrm{vap}}H}{T}=\frac{10\mathrm{mol}\times 40.68\mathrm{kJ}\cdot\mathrm{mol}^{-1}}{373\mathrm{K}}=1.09\mathrm{kJ}\cdot\mathrm{K}^{-1}$$

水在蒸发过程中需从环境吸热，因而环境的熵变为

$$\Delta S_{环}=\frac{-Q_{\mathrm{R}}}{T}=-\frac{10\mathrm{mol}\times 40.68\mathrm{kJ}\cdot\mathrm{mol}^{-1}}{373\mathrm{K}}=-1.09\mathrm{kJ}\cdot\mathrm{K}^{-1}$$

隔离系统的熵变 $\Delta S=0$，系统处于两相平衡状态。

（2）300K、101.325kPa 时，水蒸发为水蒸气为不可逆相变过程，可根据沸点时的可逆相变过程，设计下列三个可逆步骤完成上述相变。

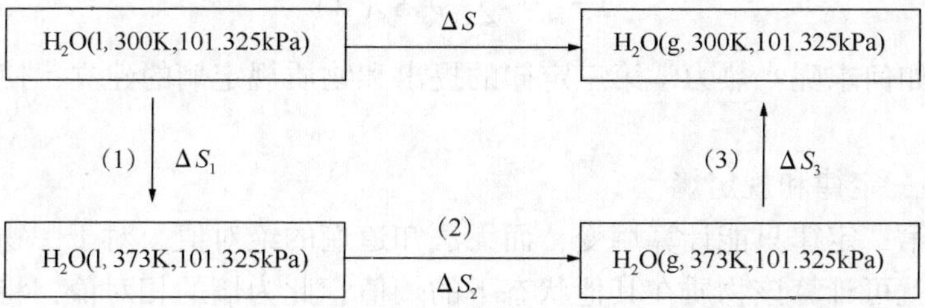

上述过程(1)、过程(3)分别是水和水蒸气的等压变温过程，过程(2)是可逆相变过程，

则系统的熵变

$$\Delta S = \Delta S_1 + \Delta S_2 + \Delta S_3$$

$$\Delta S_1 = nC_{p,\mathrm{m}(H_2O,l)}\ln\frac{T_2}{T_1} = 10\mathrm{mol}\times 75.3\mathrm{J}\cdot\mathrm{mol}^{-1}\cdot\mathrm{K}^{-1}\times\ln\frac{373\mathrm{K}}{300\mathrm{K}} = 164\mathrm{J}\cdot\mathrm{K}^{-1}$$

$$\Delta S_3 = nC_{p,\mathrm{m}(H_2O,g)}\ln\frac{T_2}{T_1} = 10\mathrm{mol}\times 33.6\mathrm{J}\cdot\mathrm{mol}^{-1}\cdot\mathrm{K}^{-1}\times\ln\frac{300\mathrm{K}}{373\mathrm{K}} = -73.18\mathrm{J}\cdot\mathrm{K}^{-1}$$

$$\Delta S_2 = \frac{\Delta_{\mathrm{vap}}H}{T} = \frac{10\mathrm{mol}\times 40.68\mathrm{kJ}\cdot\mathrm{mol}^{-1}}{373\mathrm{K}} = 1.09\mathrm{kJ}\cdot\mathrm{K}^{-1}$$

$$\Delta S = 1.18\mathrm{kJ}\cdot\mathrm{K}^{-1}$$

要计算隔离系统的熵变需知道系统在实际过程中与环境交换的热效应，上述虚拟各过程均在等压下进行的，所以 $Q_p = \Delta H$，系统与环境交换的热效应 $\Delta H = \Delta H_1 + \Delta H_2 + H_3$。

过程(1)系统吸热：

$$\Delta H_1 = \int_{T_1}^{T_2} nC_{p,\mathrm{m}(H_2O,l)}\,\mathrm{d}T = 10\mathrm{mol}\times 75.3\mathrm{J}\cdot\mathrm{mol}^{-1}\cdot\mathrm{K}^{-1}\times(373\mathrm{K}-300\mathrm{K}) = 54.97\mathrm{kJ}$$

过程(2)系统吸热：

$$\Delta H_2 = n\Delta_{\mathrm{vap}}H = 10\mathrm{mol}\times 40.68\mathrm{kJ}\cdot\mathrm{mol}^{-1} = 406.8\mathrm{kJ}$$

过程(3)系统放热：

$$\Delta H_3 = \int_{T_1}^{T_2} nC_{p,\mathrm{m}(H_2O,g)}\,\mathrm{d}T = 10\mathrm{mol}\times 33.6\mathrm{J}\cdot\mathrm{mol}^{-1}\cdot\mathrm{K}^{-1}\times(300\mathrm{K}-373\mathrm{K}) = -24.53\mathrm{kJ}$$

$$\Delta H = \Delta H_1 + \Delta H_2 + H_3 = Q_p = 437.24\mathrm{kJ}$$

$$\Delta S_{环} = -\frac{\Delta H}{T} = -\frac{437.24\mathrm{kJ}\cdot\mathrm{mol}^{-1}}{300\mathrm{K}} = -1.46\mathrm{kJ}\cdot\mathrm{K}^{-1}$$

要判断过程的自发性，还应计算隔离系统的熵变，即

$$\Delta S_{隔离} = -0.28\mathrm{kJ}\cdot\mathrm{K}^{-1}$$

因隔离系统的熵变 $\Delta S<0$，因此该过程不能自发进行。

(3) 化学反应的熵变

化学反应通常是在等温、等压条件下进行，要计算反应的熵变，反应必须在可逆条件下进行。但是一般化学反应并不是以可逆的方式进行，实际测得的是反应焓 $\Delta_r H$，而不是 Q_R，因此无法直接利用反应焓的数据进行计算。要使化学反应以可逆方式进行，则需将该反应设计为可逆原电池。原电池在可逆工作过程中与环境交换的热，才能用来计算反应系统的熵变，但不是任何一个化学反应都能设计为原电池的，所以，必须找出一个普遍性的计算方法。假如我们能设法获得物质的熵值，那么利用产物的熵值减去反应物的熵值就可得到反应的熵变了，即

$$\Delta_r S_m = \sum_B \nu_B S_m(B) \tag{3.37}$$

物质的熵值如何求呢？热力学第三定律的提出和物质规定熵的建立，使化学反应熵变的计算变得简单。

① 热力学第三定律和规定熵

根据热力学第二定律只能计算熵变，而无法知道熵的绝对值。对于一物质如果规定了某一状态的熵值，就可计算该物质在其他状态下的熵值，此为熵的相对值，将其称为规定熵。

前已指出，系统的熵函数与系统内部大量微观粒子的无序化程度有直接关系。同一物质

处在气态时的熵值要大于处在液态时的熵值，而处于固态时熵值又较液态时低，若将固态的温度再降低，则系统的熵值随之而降低。这种变化规律对任何一种纯物质均相同。人们在充分考虑到上述规律性并系统研究了低温下凝聚系统反应的大量实验结果后，总结出了热力学第三定律，该定律表述如下："当温度趋近于绝对零度时，纯物质完美晶体的熵值为零。"用数学式表示，则为

$$\lim_{T\to 0\mathrm{K}} S=0 \quad 或 \quad S_{0\mathrm{K}}=0$$

所谓完美晶体是指晶体内部无任何缺陷，质点形成完全有规律的点阵结构，即晶体中原子或分子只有一种排列方式。如 CO 分子，在趋近绝对零度时，分子在晶体中的取向有可能出现下列方式：如 CO CO CO…与 CO CO OC…，如为前一种整齐排列，则为完整晶体，其熵值为零。后者是不规则排列的晶体，则不是完美晶体，其熵值不为零。

将热力学第三定律所认为的完美晶体的熵作为熵的零点，由此计算纯物质在任一状态下的熵值，称为规定熵。因此，如果将 1mol 某物质的完整晶体从 0K 等压升温到 T，其熵变就是此物质在 T 温度下的摩尔规定熵值。用公式表示为

$$\Delta S=S_{\mathrm{T}}-S_{0\mathrm{K}}=\int_{0\mathrm{K}}^{T}\frac{C_{p,\mathrm{m}}}{T}\mathrm{d}T$$

$$S_{\mathrm{T}}=S_{0\mathrm{K}}+\int_{0\mathrm{K}}^{T}\frac{C_{p,\mathrm{m}}}{T}\mathrm{d}T \tag{3.38}$$

利用物质的等压摩尔热容与温度的关系，如果物质有相态变化还需知道其相变熵，就可求得物质的摩尔规定熵值。

例如，将 0K 下的 O_2 的完美晶体，在 100kPa 下加热到温度 T，计算该状态下的规定熵值，需要分五步计算，O_2 的熔点和沸点的温度分别为 T_{f} 和 T_{b}。

$$O_2(\mathrm{s},\ 0\mathrm{K})\longrightarrow O_2(\mathrm{s},\ T_{\mathrm{f}})\longrightarrow O_2(\mathrm{l},\ T_{\mathrm{f}})\longrightarrow O_2(\mathrm{l},\ T_{\mathrm{b}})\longrightarrow O_2(\mathrm{g},\ T_{\mathrm{b}})\longrightarrow O_2(\mathrm{g},\ T)$$

$$\Delta S=\Delta S_1+\Delta S_2+\Delta S_3+\Delta S_4+\Delta S_5$$

$$S_{O_2,T}=S_{0\mathrm{K}}+\int_{0\mathrm{K}}^{T_{\mathrm{f}}}\frac{C_{p,\mathrm{m}(O_2,\mathrm{s})}}{T}\mathrm{d}T+\frac{\Delta_{\mathrm{fus}}H}{T_{\mathrm{f}}}+\int_{T_{\mathrm{f}}}^{T_{\mathrm{b}}}\frac{C_{p,\mathrm{m}(O_2,\mathrm{l})}}{T}\mathrm{d}T+\frac{\Delta_{\mathrm{vap}}H}{T_{\mathrm{b}}}+\int_{T_{\mathrm{b}}}^{T}\frac{C_{p,\mathrm{m}(O_2,\mathrm{g})}}{T}\mathrm{d}T$$

为了便于计算，类似于标准摩尔生成焓，我们将 298K、100kPa、1mol 物质的规定熵称为该物质在 298K 的标准摩尔熵，以符号 $S_{\mathrm{m}}^{\ominus}(298\mathrm{K})$ 表示。标准摩尔熵的单位是 $\mathrm{J\cdot mol^{-1}\cdot K^{-1}}$。一些常见物质的标准摩尔熵值列于附录五中。

对于水处理专业，经常遇到水溶液中的离子反应，因此需要有无限稀水溶液的离子标准摩尔熵值。将无限稀水溶液中 H^+ 标准摩尔熵规定为零，以此求得其他离子的标准摩尔熵（见附录七）。有了物质的标准摩尔熵值，便可以计算物质在任意状态的熵值和化学反应的标准摩尔熵变。

② 化学反应的标准摩尔熵变

化学反应在标准压力和 298K 下进行时，设化学反应的通式为

$$0=\sum_{\mathrm{B}}\nu_{\mathrm{B}}B$$

则该反应的标准摩尔熵变为

$$\Delta_{\mathrm{r}}S_{\mathrm{m}}^{\ominus}(298\mathrm{K})=\sum_{\mathrm{B}}\nu_{\mathrm{B}}S_{\mathrm{m}}^{\ominus}(\mathrm{B},\ 298\mathrm{K}) \tag{3.39}$$

如果反应在标准压力下，反应温度不是 298K，而是 T 时，则计算反应的标准摩尔熵变

要分为两项，即先计算 298K 时反应进度为 1mol 时的熵变，再对参加反应的各物质在 298K 与 T 温度区间内熵变值进行加和，即

$$\Delta_r S_m^{\ominus}(T) = \Delta_r S_m^{\ominus}(298\text{K}) + \int_{298}^{T} \frac{\sum_B \nu_B C_{p,m,B}}{T} dT \tag{3.40}$$

思考题 5 在 25℃及标准压力下，氢原子能自发地形成 H_2：$2H \longrightarrow H_2$，此系统的 $\Delta S=-90.4\text{J}\cdot\text{K}^{-1}\cdot\text{mol}^{-1}$。尽管 ΔS 为负值，但此变化仍然能自发发生。这个反应违反了热力学第二定律吗？如何解释？

思考题 6 在封闭系统中，相同的始态和终态之间，可逆过程 $\Delta S=0$，不可逆过程 $\Delta S>0$，该说法是否正确？

思考题 7 下面的说法对否？为什么？

(1) 自发过程的系统的熵变 $\Delta S>0$。

(2) 冰在 0℃，101.325kPa 下转变为液态水，熵变 $\Delta S=\Delta H/T>0$，所以该过程为自发过程。

§3.4 亥姆霍兹函数及吉布斯函数

用熵函数判断过程能否自动进行以及进行到什么程度时，必须是隔离系统，但实际系统大多不是隔离系统，这时若用熵变来判断过程的方向除要计算系统的熵变外，还必须计算环境的熵变，除等温及大热源外，变温热源的环境熵变计算很麻烦，有时甚至不可能计算。在化工、冶金、食品、水处理等实际生产过程中，大多数化学反应或相变化的过程是在等温、等容或等温、等压条件下进行的，若能利用这种条件下，系统本身状态函数值的变化，来判断反应的方向和限度，则要较熵函数判断方便得多。类似于热力学第一定律为了处理热化学问题的方便定义了状态函数焓那样，亥姆霍兹(Helmholtz)和吉布斯(Gibbs)在熵函数的基础上引出了另外两个状态函数——亥姆霍兹函数及吉布斯函数，得出了两个新的判据，从而避免了计算环境熵变的麻烦。

3.4.1 亥姆霍兹函数

根据热力学第一定律

$$dU=\delta Q+\delta W \qquad \delta Q=dU-\delta W$$

根据热力学第二定律有

$$dS \geqslant \frac{\delta Q}{T} \quad \begin{matrix} >\text{不可逆过程} \\ =\text{可逆过程} \end{matrix}$$

两式合并，整理得

$$dS \geqslant \frac{dU-\delta W}{T}$$

$$-(dU-TdS) \geqslant -\delta W$$

如果过程在等温条件下进行，环境的温度与始、终态温度相同，即 $T=T_1=T_2$，则有

$$-\mathrm{d}(U-TS) \geqslant -\delta W \quad \begin{matrix} >\text{不可逆过程} \\ =\text{可逆过程} \end{matrix} \tag{3.41}$$

U、T、S 均为状态函数，可将 $U-TS$ 组合为一个新的状态函数，以符号 A 表示，称之为亥姆霍兹函数，是系统的广度性质，其单位为 J 或 kJ，其定义式为

$$A \xlongequal{\text{def}} U-TS \tag{3.42}$$

式(3.41)可写为

$$-\mathrm{d}A \geqslant -\delta W \quad \begin{matrix} >\text{不可逆过程} \\ =\text{可逆过程} \end{matrix} \tag{3.43}$$

或

$$-\Delta A \geqslant -W \quad \begin{matrix} >\text{不可逆过程} \\ =\text{可逆过程} \end{matrix} \tag{3.44}$$

上式表明，在封闭系统的等温可逆过程中，系统所做的功数值上等于亥姆霍兹函数的减少。在等温不可逆过程中，系统所做的功数值上小于亥姆霍兹函数的减少，即为亥姆霍兹函数的物理意义。显然，功既包括体积功也包括非体积功，亥姆霍兹函数的变化大小，可用等温可逆过程中系统对环境所做的最大功衡量，故以前称之为功函。

如果过程不仅在等温，而且在等容，及不做体积功条件下进行，再引入非体积功为零的条件($\delta W'=0$)，则式(3.43)变为

$$-(\mathrm{d}A)_{T,V,W'=0} \geqslant 0$$

或

$$(\mathrm{d}A)_{T,V,W'=0} \leqslant 0 \quad \begin{matrix} <\text{不可逆，自发} \\ =\text{可逆，平衡} \end{matrix} \tag{3.45}$$

上式称为亥姆霍兹函数判据，可判断封闭系统等温、等容，不做非体积功的过程自发与否。因为在等温、等容且不做非体积功的条件下，系统处于一种“不去管它、任其自然”的状态，一旦发生不可逆过程，那一定是自发过程，因此自发变化的过程总是朝着亥姆霍兹函数减少的方向进行，一直到该条件下所允许的最小值为止，系统达到平衡态。

3.4.2 吉布斯函数

功分为体积功和非体积功，体积功为$-p_e\mathrm{d}V$。若过程在等温、等压下进行，由于是等压过程，$p=p_e$，体积功可表示为$-p\mathrm{d}V$，而非体积功为 $\delta W'$，根据式(3.41)有

$$-\mathrm{d}(U-TS) \geqslant -\delta W$$

$$-\mathrm{d}(U-TS) \geqslant p\mathrm{d}V-\delta W'$$

即

$$-\mathrm{d}(U+pV-TS) \geqslant -\delta W' \quad \begin{matrix} >\text{不可逆过程} \\ =\text{可逆过程} \end{matrix}$$

或

$$-\mathrm{d}(H-TS) \geqslant -\delta W' \quad \begin{matrix} >\text{不可逆过程} \\ =\text{可逆过程} \end{matrix} \tag{3.46}$$

H、T、S 均为状态函数，可将 $H-TS$ 组合为一个新的状态函数，以符号 G 表示，称之为吉布斯函数，是系统的广度性质，其单位为 J 或 kJ，其定义式为

$$G \xlongequal{\text{def}} H-TS \tag{3.47}$$

于是式(3.46)可写为

$$-\mathrm{d}G \geqslant -\delta W' \quad \begin{matrix} >\text{不可逆过程} \\ =\text{可逆过程} \end{matrix} \tag{3.48}$$

或 $$-\Delta G \geqslant -W' \quad \begin{matrix} > \text{不可逆过程} \\ = \text{可逆过程} \end{matrix} \tag{3.49}$$

上式表明，在封闭系统的等温、等压可逆过程中，系统所做的非体积功数值上等于吉布斯函数的减少。在等温、等压不可逆过程中，系统所做的非体积功数值上小于吉布斯函数的减少，即为吉布斯函数的物理意义。因此，吉布斯函数的变化大小，可用等温、等压可逆过程中系统对环境所做的最大非体积功衡量。

如果过程在等温、等压，且不做非体积功的条件($\delta W'=0$)下进行，则式(3.48)变为

$$-(\mathrm{d}G)_{T,p,W'=0} \geqslant 0$$

或 $$(\mathrm{d}G)_{T,p,W'=0} \leqslant 0 \quad \begin{matrix} < \text{不可逆，自发} \\ = \text{可逆，平衡} \end{matrix} \tag{3.50}$$

上式称为吉布斯函数判据，可判断封闭系统等温、等压，不做非体积功的过程自发与否。因为在等温、等压，不做非体积功的条件下，系统处于一种"不去管它、任其自然"的状态，一旦发生不可逆过程，那一定是自发过程，因此自发变化的过程总是朝着吉布斯函数减少的方向进行，一直到该条件下所允许的最小值为止，系统达到平衡态。与熵判据相比，此判据不需要考虑环境的变化，仅由系统状态函数的增量 ΔG 即可对等温、等压且非体积功为零的过程进行方向和限度的判断，应用起来十分方便。由于绝大多数化学反应和相变化都是在等温、等压条件下进行的，吉布斯函数判据尤为重要。

3.4.3 ΔG 的计算

ΔG 可作为等温等压过程的判据，并可用来求最大非体积功。一个过程发生过后，在指定的始、终态之间，ΔG 有定值。ΔG 的计算最基本的方法是根据其定义式计算，即

$$G=H-TS=U+pV-TS=A+pV$$

系统状态发生变化时 $$\Delta G=\Delta H-\Delta(TS) \tag{3.51}$$

对于微小变化 $$\mathrm{d}G=\mathrm{d}H-T\mathrm{d}S-S\mathrm{d}T \tag{3.52}$$

$$\mathrm{d}G=\mathrm{d}A+p\mathrm{d}V+V\mathrm{d}p \tag{3.53}$$

上述公式根据定义式得到，未引入任何条件，所以适用于任何过程。

在等温过程中，

$$\Delta G=\Delta H-T\Delta S \tag{3.54}$$

化学反应和相变化通常都是在等温条件下进行，所以式(3.54)可从已知热力学函数的变化值求未知函数的变化值，非常有用。

(1) 等温简单状态变化过程

由于 A、G 为状态函数，只要始终状态一定，在等温过程中，不做非体积功时，无论过程是否可逆，均可按等温可逆途径的体积功计算亥姆霍兹函数的改变值。

$$-\mathrm{d}A=-\delta W_{\max}=p\mathrm{d}V \tag{3.55}$$

$$\mathrm{d}G=\mathrm{d}A+p\mathrm{d}V+V\mathrm{d}p=-p\mathrm{d}V+p\mathrm{d}V+V\mathrm{d}p=V\mathrm{d}p$$

则 $$\Delta G=\int_{p_1}^{p_2} V\mathrm{d}p \tag{3.56}$$

上式适用于物质的等温简单状态变化，对于理想气体，根据其状态方程，代入得

$$\Delta G=\int_{p_1}^{p_2} V\mathrm{d}p=\int_{p_1}^{p_2} \frac{nRT}{p}\mathrm{d}p=nRT\ln\frac{p_2}{p_1}=nRT\ln\frac{V_1}{V_2} \tag{3.57}$$

对于液体、固体，体积随压力的变化可以忽略不计，则

$$\Delta G = V(p_2 - p_1) \tag{3.58}$$

【例 3.6】 1mol 理想气体在 300K 时，从 1000kPa 通过如下两个过程膨胀至 100kPa：(1)等温可逆膨胀，(2)向真空膨胀。分别求两个过程的 Q、W、ΔU、ΔH、ΔS、ΔG、ΔA。

解：(1) 此为理想气体的等温可逆过程，所以 $\Delta U=0$，$\Delta H=0$

$$Q = -W = nRT\ln\frac{V_2}{V_1} = nRT\ln\frac{p_1}{p_2}$$

$$= 1\text{mol}\times 8.314\text{J}\cdot\text{mol}^{-1}\cdot\text{K}^{-1}\times 300\text{K}\times\ln\frac{1000\text{kPa}}{100\text{kPa}} = 5.74\text{kJ}$$

$$\Delta S = \frac{Q_R}{T} = nR\ln\frac{p_1}{p_2} = 1\text{mol}\times 8.314\text{J}\cdot\text{mol}^{-1}\cdot\text{K}^{-1}\times\ln\frac{1000\text{kPa}}{100\text{kPa}} = 19.1\text{J}\cdot\text{K}^{-1}$$

$$\Delta G = \Delta A = W = nRT\ln\frac{p_2}{p_1} = -5.74\text{kJ}$$

(2) 因为系统的始、终状态与(1)相同，所以所有状态函数的变量与(1)相同，但 Q、W 不同。

向真空膨胀，$W=0$　　$Q=-W=0$

此时为等温不可逆过程，$\Delta A \neq W$

(2) 等温、等压相变化过程

等温、等压的可逆相变过程，不做非体积功，则

$$\Delta A = W_{max} = -p\Delta V$$

根据定义式

$$\Delta G = \Delta A + \Delta(pV) = \Delta A + p\Delta V$$

得

$$\Delta G = 0$$

即等温、等压的可逆相变过程，系统处于两相平衡，系统吉布斯函数的改变值为零。根据吉布斯函数判据可得到同样的结论。

若为不可逆相变过程，与计算不可逆相变过程的焓变、熵变类似，可以设计另一个和不可逆过程始、终态相同的可逆过程进行计算。

【例 3.7】 计算 1mol H_2O(l，298K，10.325kPa)变为 H_2O(g，298K，101.325kPa)过程的 ΔG，并判断此过程能否自发进行，已知 H_2O(l)在 298K 时的饱和蒸气压为 3168Pa。

解：此为等温、等压的不可逆相变过程，可设计下列可逆过程完成。

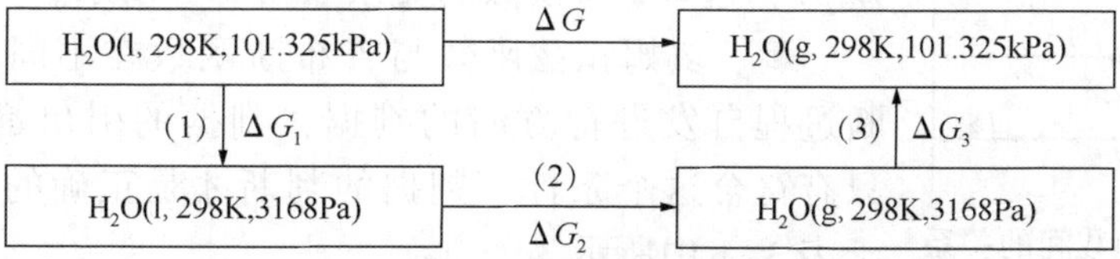

$$\Delta G = \Delta G_1 + \Delta G_2 + \Delta G_3$$

过程(2)为可逆相变，所以 $\Delta G_2=0$，过程(1)和过程(3)分别为 H_2O(l)、H_2O(g)等温简单状态变化，利用式(3.56)计算，由于液体改变压力与气体改变压力相比，ΔG_1 很小，可忽略不计，则

$$\Delta G = \Delta G_3 = \int_{p_1}^{p_2} V\mathrm{d}p = nRT\ln\frac{p_2}{p_1}$$

$$= 1\text{mol}\times 8.314\text{J}\cdot\text{mol}^{-1}\cdot\text{K}^{-1}\times 298\text{K}\times\ln\frac{101325\text{Pa}}{3168\text{Pa}} = 8.585\text{kJ}$$

因在等温、等压过程中，$\Delta G>0$，故此过程不能自发进行。该结论与例 3.5 利用隔离系统熵判据所得结论完全一致，但显然在等温、等压且非体积功为零的变化过程中，利用吉布斯函数作为判据计算要简单得多。

(3) 化学反应过程

由于化学反应通常在等温、等压条件下进行，可根据 $\Delta G=\Delta H-T\Delta S$ 计算，即 $\Delta_r G_m^{\ominus}(298\text{K})=\Delta_r H_m^{\ominus}(298\text{K})-T\Delta_r S_m^{\ominus}(298\text{K})$。

上述公式结合之前提到的热力学函数的计算方法，采用物质的标准摩尔生成吉布斯函数计算反应的标准摩尔反应吉布斯函数。更详细的计算方法在第五章化学平衡中介绍。

思考题 8 试指出在下述过程中，系统的 ΔU、ΔH、ΔS、ΔA、ΔG 何者为零？

(1) 非理想气体卡诺循环；

(2) H_2和 O_2在绝热的弹式容器中反应生成 H_2O；

(3) 实际气体的节流膨胀；

(4) 液态水在 100℃及标准压力下蒸发成水蒸气。

思考题 9 100℃及标准压力的 1mol 水与 100℃的恒温热源相接触，使它向真空容器皿蒸发，完全变作 100℃及标准压力的水蒸气，该过程的 ΔG 为多少？该过程是不是定温定压过程？能否用 ΔG 之值判断其自发与否及是否平衡？

§ 3.5 热力学函数的基本关系式

3.5.1 热力学函数间的关系及热力学判据

我们已经介绍了五个热力学状态函数 U、H、S、G、A，它们对于过程中能量的计算，以及判断过程的方向和限度都是不可缺少的。其中 U、S 是基本的状态函数，具有明确的物理意义，其余三个是状态函数的组合，是衍生的状态函数，都是为了解决实际问题的方便人为定义的。这些状态函数中除 S 外，其余 U、H、G、A 具有能量单位，热力学能与焓相差 pV，亥姆霍兹函数与吉布斯函数相差 pV，这些状态函数的关系如图 3-5 所示。

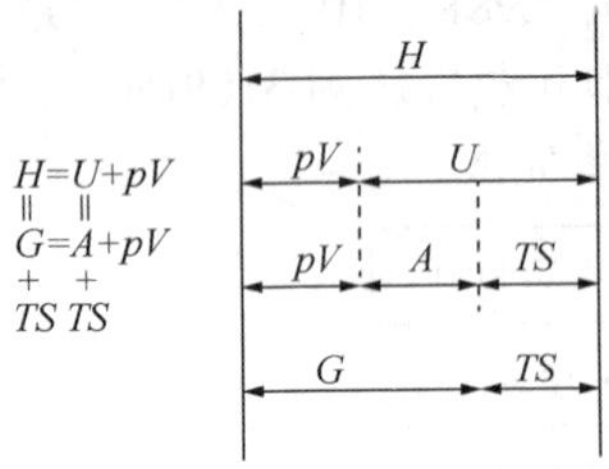

图 3-5 热力学函数间的关系

熵、亥姆霍兹函数与吉布斯函数在不同条件下可作为判断过程自发进行方向的判据，判据的引出都有一定的条件，只有符合这个条件，判据的判断才是正确的。这三个判据列于表 3-1 中所示。

表 3-1 热力学判据比较

判据	熵判据	亥姆霍兹函数判据	吉布斯函数判据
系统	隔离系统	封闭系统	封闭系统
过程	任何过程	等温、等容、$W'=0$	等温、等压、$W'=0$
自发方向	$dS>0$	$dA<0$	$dG<0$
平衡态	$dS=0$	$dA=0$	$dG=0$

3.5.2 热力学函数四个基本方程

在组成不变的封闭系统，进行一个只做体积功的可逆过程时，根据热力学第一定律

$$dU=\delta Q+\delta W=\delta Q-pdV$$

又根据热力学第二定律 $\delta Q_R=TdS$，代入上式，得

$$dU=TdS-pdV \tag{3.59}$$

由焓的定义式 $H=U+pV$，对其微分得到

$$dH=dU+pdV+Vdp$$

将式(3.59)代入上式得

$$dH=TdS+Vdp \tag{3.60}$$

由 A 和 G 的定义及式(3.60)得到

$$dA=-SdT-pdV \tag{3.61}$$

$$dG=-SdT+Vdp \tag{3.62}$$

此四式称为热力学函数基本方程，适用于不做非体积功的、组成不变的均相封闭系统。尽管在推导过程中用 TdS 代替 δQ，用 $-pdV$ 代替 δW 等可逆条件，但是 U、H、A、G 均为状态函数，只要始、终状态确定，其变化值也就确定了，与具体的变化途径无关。因此上面四个热力学基本方程不受过程是否可逆的限制。当然，对于不可逆过程的热，则不能用 TdS 计算，不可逆过程的体积功，则不能用 $-pdV$ 计算。对于一般的热力学系统，如果系统的组成发生变化，U、H、A、G 也会发生相应的变化，这在第 4 章中会做详细介绍。

从上述热力学关系式出发，还可得出许多重要的关系式

$$T=\left(\frac{\partial U}{\partial S}\right)_V=\left(\frac{\partial H}{\partial S}\right)_p \tag{3.63}$$

$$p=-\left(\frac{\partial U}{\partial V}\right)_S=-\left(\frac{\partial A}{\partial V}\right)_T \tag{3.64}$$

$$V=\left(\frac{\partial H}{\partial p}\right)_S=\left(\frac{\partial G}{\partial p}\right)_T \tag{3.65}$$

$$S=-\left(\frac{\partial A}{\partial T}\right)_V=-\left(\frac{\partial G}{\partial T}\right)_p \tag{3.66}$$

上述关系式称为对应系数关系式，适用于不做非体积功的、组成不变的均相封闭系统。利用这些 T、p、V、S 表达式，可以从已知的热力学函数计算未知的热力学函数。其中最重要的有如下的表达式。

利用 $\left(\frac{\partial G}{\partial T}\right)_p=-S$ 可得

$$\left(\frac{\partial \Delta G}{\partial T}\right)_p=-\Delta S \tag{3.67}$$

式(3.67)表示在等压条件下，吉布斯函数改变值随温度的变化关系式，在化学平衡和电化学中将用到该公式。

利用 $\left(\frac{\partial G}{\partial p}\right)_T=V$，可得

$$\left(\frac{\partial \Delta G}{\partial p}\right)_T=\Delta V \tag{3.68}$$

式(3.68)表示在等温条件下，吉布斯函数改变值随压力的变化关系式。

【例 3.8】 已知在 298K 和 100kPa 的条件下，如下列反应的 $\Delta_r G_m^{\ominus}$ 为 2.862kJ·mol^{-1}，C(s，石墨)⟶C(s，金刚石)，求在 298K 的条件下，需加多大压力才能将石墨转化为金刚石？已知石墨的密度为 2260kg·m^{-3}，金刚石的密度为 3513kg·m^{-3}。

解： 在 298K 和标准压力下，从石墨转化为金刚石的反应的吉布斯函数改变值大于零，此转变不能自发进行。要使反应进行，反应的 $\Delta_r G_m \leqslant 0$，要利用等温下，吉布斯函数改变值随压力变化的关系式，即

$$\left(\frac{\partial \Delta G}{\partial p}\right)_T = \Delta V$$

$$\int_{\Delta G_1}^{\Delta G_2} d\Delta G = \int_{p^{\ominus}}^{p} \Delta V dp$$

已知，标准压力下，$\Delta_r G_m^{\ominus} = 2.862\text{kJ}\cdot\text{mol}^{-1}$，则

$$\Delta G_2 - \Delta_r G_m^{\ominus} = \Delta V(p - 100\text{kPa})$$

当 $\Delta G_2 = 0$ 时的压力 p 是开始能实现石墨变成金刚石的转变压力，因此

$$-\Delta_r G_m^{\ominus} = \Delta V(p - 100\text{kPa})$$

$\Delta V = \dfrac{0.012\text{kg}\cdot\text{mol}^{-1}}{3513\text{kg}\cdot\text{m}^{-3}} - \dfrac{0.012\text{kg}\cdot\text{mol}^{-1}}{2260\text{kg}\cdot\text{m}^{-3}} = -1.89\times10^{-6}\text{m}^3\cdot\text{mol}^{-1}$ 代入数据，解得 $p = 1.5\times10^9$Pa。

即在室温下要将石墨变为金刚石，压力必须大于 1.5×10^9 Pa，即约 15000atm 才有可能。

*3.5.3 麦克斯威(Maxwell)关系式

由于 U、H、A、G 全是状态函数，利用状态函数具有全微分的特点还可得到另外一组重要关系式。设 z 代表任一状态函数，其变量为 x 和 y，函数关系为 $z=f(x, y)$。因状态函数与过程无关，其变化值只取决于始终态，在数学上具有全微分的性质。根据高等数学概念，全微分的二阶微商与其求导的次序无关，即对 $z=f(x, y)$ 进行微分，得

$$dz = \left(\frac{\partial z}{\partial x}\right)_y dx + \left(\frac{\partial z}{\partial y}\right)_x dy = M dx + N dy$$

可得

$$\left[\frac{\partial}{\partial y}\left(\frac{\partial z}{\partial x}\right)_y\right]_x = \left[\frac{\partial}{\partial x}\left(\frac{\partial z}{\partial y}\right)_x\right]_y$$

或

$$\left(\frac{\partial M}{\partial y}\right)_x = \left(\frac{\partial N}{\partial x}\right)_y$$

将其应用于式(3.59)~式(3.62)，可得如下关系式

$$\left(\frac{\partial T}{\partial V}\right)_S = -\left(\frac{\partial p}{\partial S}\right)_V \quad (3.69)$$

$$\left(\frac{\partial T}{\partial p}\right)_S = \left(\frac{\partial V}{\partial S}\right)_p \quad (3.70)$$

$$\left(\frac{\partial S}{\partial V}\right)_T = \left(\frac{\partial p}{\partial T}\right)_V \quad (3.71)$$

$$\left(\frac{\partial S}{\partial p}\right)_T = -\left(\frac{\partial V}{\partial T}\right)_p \quad (3.72)$$

式(3.69)~式(3.72)四个关系式称为麦克斯威(Maxwell)关系式，表明系统在平衡时热力学函数之间的关系。根据这些关系，经常用可测的物理量或偏导数代替不可测定的物理量或偏导数。如熵是较难测定的物理量，$\left(\frac{\partial S}{\partial p}\right)_T$ 是不易测定的，可由实验易测的 $\left(\frac{\partial V}{\partial T}\right)_p$ 来代替。

课程思政

1824年，法国陆军工程师卡诺从提高热机效率的目标出发，根据可逆过程系统做功最大、环境做功最小的特点，以极简的卡诺循环，构思了理想化的热机——卡诺热机，提出了作为热力学重要理论基础的卡诺定理，从理论上解决了提高热机效率的根本途径。随后，开尔文从热功转换的角度提出了热力学第二定律的开尔文说法，克劳修斯从热量总是从高温物体传给低温物体这一事实，得出了热力学第二定律的克劳修斯表述。热力学第二定律的建立是在大量实验的基础上，经历了卡诺循环—可逆循环—可逆过程—不可逆过程—克劳修斯不等式—熵增原理—熵判据等逻辑推理过程，同时将复杂问题经过适当简化、假设后建立了卡诺热机、可逆过程等理想化的物理模型，并利用数学方法导出简便的结果。

在热力学二定律的建立过程中蕴含了科学思维的内在逻辑和对处理实际问题的科学方法，使同学们在热力学原理的学习过程中得以领略科学方法的严谨和科学发现的美妙，授人以鱼不如授人以渔，以此培养学生利用物理化学原理解决实际问题的能力。

小　结

一、重点和难点

重点：自发变化的共同特征，热力学第二定律、热力学第三定律的表述，克劳修斯不等式，熵增加原理和平衡判据，熵、吉布斯函数的定义，单纯 pVT 变化、相变化及化学变化中计算 ΔS、ΔG 的原理和方法。

难点：克劳修斯不等式及熵函数的导出，熵判据及基本热力学关系的应用。

二、主要公式及使用条件

1. 热机效率

$$\eta=\frac{-W}{Q_1}=\frac{Q_1+Q_2}{Q_1}=\frac{T_1-T_2}{T_1}$$

适用于在任意两个不同温度的热源之间一切可逆循环过程。

2. 卡诺定理的重要结论

$$\frac{Q_1}{T_1}+\frac{Q_2}{T_2}\leqslant 0 \quad \begin{matrix} <\text{不可逆循环} \\ =\text{可逆循环} \end{matrix}$$

任意可逆循环的热温商之和为零，不可逆循环的热温商之和必小于零。

3. 熵的定义

$$dS \xlongequal{\text{def}} \left(\frac{\delta Q}{T}\right)_R$$

4. 克劳修斯不等式

$$\Delta S = S_B - S_A \geqslant \sum_A^B \left(\frac{\delta Q}{T}\right) \begin{matrix} > \text{不可逆过程} \\ = \text{可逆过程} \end{matrix}$$

5. 熵判据

$$\Delta S_{隔} = \Delta S_{系} + \Delta S_{环} \geqslant 0 \begin{matrix} > \text{不可逆，自发} \\ = \text{可逆，平衡} \end{matrix}$$

在隔离系统中，一切自发进行的过程，都是向熵增大的方向进行。

6. 熵变计算的主要公式

（1）$\Delta S_T = nR\ln\dfrac{V_2}{V_1} = nR\ln\dfrac{p_1}{p_2}$

适用于 n 一定、理想气体、等温过程。

（2）$\Delta S = nC_{V,m}\ln\dfrac{T_2}{T_1}$

适用于 n 一定、$C_{V,m}$ 为常数、任意物质的等容过程。

$\Delta S = nC_{p,m}\ln\dfrac{T_2}{T_1}$

适用于 n 一定、$C_{p,m}$ 为常数、任意物质的等压过程。

（3）$\Delta S = nR\ln\dfrac{V_2}{V_1} + nC_{V,m}\ln\dfrac{T_2}{T_1}$

$\Delta S = nR\ln\dfrac{p_1}{p_2} + nC_{p,m}\ln\dfrac{T_2}{T_1}$

$\Delta S = nC_{V,m}\ln\dfrac{p_2}{p_1} + nC_{p,m}\ln\dfrac{V_2}{V_1}$

只适用于封闭系统理想气体，$C_{p,m}$、$C_{V,m}$ 为常数，pVT 变化的一切过程。

7. 相变过程的熵变

$$\Delta S = \frac{Q_R}{T} = \frac{\Delta H}{T}$$

ΔH 为可逆相变热，该式适用于物质的量 n 一定，恒 T，p 下的可逆相变化。

8. 热力学第三定律

$$\lim_{T\to 0} S_m^*(\text{完美晶体}) = 0$$

或

$$S_m^*(\text{完美晶体，0K}) = 0$$

上式中符号 * 代表纯物质。上述两式只适用于完美晶体。

9. 标准摩尔反应熵变

$$\Delta_r S_m^\ominus = \sum_B \nu_B S_m^\ominus(B)$$

$$\Delta_r S_m^\ominus(T_2) = \Delta_r S_m^\ominus(T_1) + \int_{T_1}^{T_2} \frac{\Delta_r C_{p,m}}{T} dT$$

适用于在标准状态下，反应进度为1mol时，任一化学反应在任一温度下，标准摩尔反应熵变的计算。

10. 亥姆霍兹函数判据

$$(\mathrm{d}A)_{T,V,W'=0} \leqslant 0 \quad \begin{matrix} < \text{不可逆，自发} \\ = \text{可逆，平衡} \end{matrix}$$

只有在封闭系统，恒温恒容，不做非体积功的条件下，才可用ΔA作为过程的判据。

11. 吉布斯函数的定义

$$G=H-TS$$

12. 吉布斯函数判据

$$(\mathrm{d}G)_{T,p,W'=0} \leqslant 0 \quad \begin{matrix} < \text{不可逆，自发} \\ = \text{可逆，平衡} \end{matrix}$$

只有在封闭系统，恒温恒压，不做非体积功的条件下，才可用ΔG作为过程的判据。

13. 热力学基本方程式

$$\mathrm{d}U=T\mathrm{d}S-p\mathrm{d}V$$
$$\mathrm{d}H=T\mathrm{d}S+V\mathrm{d}p$$
$$\mathrm{d}A=-S\mathrm{d}T-p\mathrm{d}V$$
$$\mathrm{d}G=-S\mathrm{d}T+V\mathrm{d}p$$

热力学基本方程适用于不做非体积功的组成不变的均相封闭系统。

习　题

1. 设卡诺热机的高温热源用的是过热蒸汽，$T_1=750\text{K}$，低温热源用的是空气，$T_2=300\text{K}$，求：

(1) 热机效率；

(2) 当从高温热源吸热$Q_1=250\text{kJ}$时，系统对环境做的功W及向低温热源放出的热Q_2。

[答案：(1)60%；(2)$W=-150\text{kJ}$，$Q_2=-100\text{kJ}$]

2. 冬季利用热泵从室外0℃的环境吸热，向室内18℃的房间供热。若每分钟用100kJ的功开动热泵，试估算热泵每分钟最多能向室内供热多少？

[答案：-1617.5kJ]

3. 1mol、298K理想气体经由：(1)定温可逆膨胀；(2)向真空自由膨胀两种过程，压力由100kPa变到10kPa，计算两种过程中系统的熵变，并判断过程的自发性。

[答案：(1)$19.14\text{J}\cdot\text{K}^{-1}$，可逆过程；(2)$19.14\text{J}\cdot\text{K}^{-1}$，自发不可逆]

4. 已知氮(N_2，g)的摩尔定压热容与温度的函数关系为：$C_{p,\mathrm{m}}=[27.32+6.226\times10^{-3}(T/\text{K})-0.9502\times10^{-6}(T/\text{K})^2]\text{J}\cdot\text{mol}^{-1}\cdot\text{K}^{-1}$。将始态为300K、100kPa下的1mol N_2(g)置于1000K的热源中，求系统分别经(1)恒压过程；(2)恒容过程达到平衡态的Q，ΔS及ΔS_{iso}。

[答案：(1)$Q=21.65\text{kJ}$，$\Delta S=36.82\text{J}\cdot\text{K}^{-1}$，$\Delta S_{\text{iso}}=15.17\text{J}\cdot\text{K}^{-1}$；
(2)$Q=15.83\text{kJ}$，$\Delta S=26.81\text{J}\cdot\text{K}^{-1}$，$\Delta S_{\text{iso}}=10.98\text{J}\cdot\text{K}^{-1}$]

5. 始态为300K、200kPa的某双原子理想气体1mol，经下列不同途径变化到300K、100kPa的末态。求各过程的Q、ΔS。

(1) 恒温可逆膨胀；

(2) 先恒容冷却使压力降至100kPa，再恒压加热至300K；

(3) 先绝热可逆膨胀到使压力降至100kPa，再恒压加热至300K。

[答案：(1) $Q=1.729\text{kJ}$，$\Delta S=5.76\text{J}\cdot\text{K}^{-1}$；(2) $Q=1.247\text{kJ}$，$\Delta S=5.76\text{J}\cdot\text{K}^{-1}$；(3) $Q=0.224\text{kJ}$，$\Delta S=5.76\text{J}\cdot\text{K}^{-1}$]

6. 使10A电流通过10Ω电阻器时间为10s，同时在电阻周围有温度为10℃的恒温水流过，若水是大量的，试分析计算电阻器和水的ΔS。

[答案：0，$35.3\text{J}\cdot\text{K}^{-1}$]

7. 工业上将钢件锻造以后常常需要淬火，有一次将一块质量为3.8kg、温度为427℃的铸钢放在13.6kg、温度为21℃的油中淬火，已知油的热容为$2.51\text{J}\cdot\text{g}^{-1}\cdot\text{K}^{-1}$，钢的热容为$0.502\text{J}\cdot\text{g}^{-1}\cdot\text{K}^{-1}$，试计算：(1) 钢的$\Delta S$；(2) 油的$\Delta S$；(3) 总的$\Delta S$。(提示：假设在淬火时，钢和油来不及与周围环境发生热交换，先求出油和钢的终态温度。)

[答案：-1.52×10^3；2.41×10^3；$8.90\times10^2\text{J}\cdot\text{K}^{-1}$]

8. 已知Hg(s)的熔点为−39℃，熔化焓为$2343\text{J}\cdot\text{g}^{-1}$，$C_{p,\text{m}}(\text{Hg, l})=[29.7-0.0067(T/\text{K})]\text{J}\cdot\text{mol}^{-1}\cdot\text{K}^{-1}$，$C_{p,\text{m}}(\text{Hg, s})=26.78\text{J}\cdot\text{mol}^{-1}\cdot\text{K}^{-1}$，试求50℃的Hg(l)和−50℃的Hg(s)的摩尔熵之差值。

[答案：$2.02\times10^3\text{J}\cdot\text{K}^{-1}\cdot\text{mol}^{-1}$]

9. 4mol单原子理想气体从始态750K、150kPa先恒容冷却使压力降至50kPa再恒温可逆压缩至100kPa。求整个过程的Q、W、ΔU、ΔH和ΔS。

[答案：$Q=-30.71\text{kJ}$，$W=5.763\text{kJ}$，$\Delta U=-24.94\text{kJ}$，$\Delta H=-41.57\text{kJ}$，$\Delta S=-77.86\text{J}\cdot\text{K}^{-1}$]

10. 25℃下1mol理想气体由1.0MPa定温膨胀到0.1MPa，设过程为：(1) 等温可逆膨胀；(2) 自由膨胀。计算两种膨胀过程的ΔG。

[答案：(1) −5705J，(2) −5705J]

11. 1.00mol的H_2(假定为理想气体)由100℃、404kPa膨胀到25℃、100kPa，求ΔU、ΔH、ΔG和ΔA。

[答案：$\Delta U=-1.56\text{kJ}$，$\Delta H=-2.18\text{kJ}$，$\Delta G=5.76\text{kJ}$，$\Delta A=6.38\text{kJ}$]

12. 300K时1mol理想气体，从100kPa经等温可逆压缩到1000kPa，求：Q、W、ΔU、ΔH、ΔS、ΔG和ΔA。

[答案：$Q=-5.743\text{kJ}$，$W=5.743\text{kJ}$，$\Delta U=0$，$\Delta H=0$，$\Delta S=-19.14\text{J}\cdot\text{K}^{-1}$，$\Delta G=5.743\text{kJ}$，$\Delta A=5.743\text{kJ}$]

13. 求1.00mol水在100℃、202kPa下变为同温、同压的水蒸气之过程的ΔS、ΔU、ΔH及ΔG。已知水在100℃、101325Pa下的$\Delta_{\text{vap}}H_{\text{m}}=40.64\text{kJ}\cdot\text{mol}^{-1}$。

[答案：$\Delta S=103\text{J}\cdot\text{K}^{-1}$，$\Delta U=37.57\text{kJ}$，$\Delta H=40.67\text{kJ}$，$\Delta G=2.14\text{kJ}$]

14. 计算1mol苯的过冷液体在−5℃、$p^{\ominus}$的凝固过程的ΔS、ΔG。(已知：−5℃时，固态苯和液态苯的饱和蒸气压分别为2.25kPa和2.64kPa；−5℃、$p^{\ominus}$时苯的摩尔熔化焓为$9.860\text{kJ}\cdot\text{mol}^{-1}$。)

[答案：$\Delta S=-35.46\text{J}\cdot\text{K}^{-1}$，$\Delta G=-26.32\text{kJ}$]

15. 10g理想气体氦在127℃时压力为5×10^5Pa，今在定温下外压恒定为10^6Pa进行压缩。计算此过程的Q、W、ΔU、ΔH、ΔS、ΔA及ΔG。

[答案：$Q=-8.31\times10^3\text{J}$，$W=8.31\times10^3\text{J}$，$\Delta U=\Delta H=0$，$\Delta S=-14.4\text{J}\cdot\text{K}^{-1}$，$\Delta A=\Delta G=5.76\times10^3\text{J}$]

16. 试计算-5℃及标准压力下的1mol水变成同温同压的冰的ΔG，并判断此过程能否自发进行。已知-5℃时水和冰的饱和蒸汽压分别为422Pa和402Pa。

［答案：-108J］

17. 在298K及标准压力下有下列相变化：

$$CaCO_3(\text{文石}) \longrightarrow CaCO_3(\text{方解石})$$

已知此过程的$\Delta_{trs}G_m^{\ominus}=-800J\cdot mol^{-1}$，$\Delta_{trs}V_m^{\ominus}=2.75cm^3\cdot mol^{-1}$。试问在298K时最少需要加多大压力方能使文石成为稳定相？

［答案：2.91×10^8Pa］

18. 合成氨反应：

$$N_2(g)+3H_2(g)=\!=\!=2NH_3(g)$$

已知在25℃及标准压力下，$\Delta_rG_m^{\ominus}(298K)=-33.26kJ\cdot mol^{-1}$，$\Delta_rH_m^{\ominus}(298K)=-92.38kJ\cdot mol^{-1}$，假设此反应的$\Delta_rH_m^{\ominus}$不随$T$而变化，试求在500K时此反应的$\Delta_rG_m^{\ominus}$。并说明温度升高对此反应是否有利。

［答案：$6.82kJ\cdot mol^{-1}$］

第4章 多组分系统热力学

前面讨论的都是封闭系统，而且着重讨论了固定物质数量的纯物质及组成不变的多种物质的可逆过程热力学。这些系统的特点是系统的物质数目与种类不发生改变，只需两个状态变量，通常用温度 T 和压力 p，就能确定系统的状态，即系统的一切性质都可表示为 T 和 p 的函数。然而在实际过程中遇到的常常是物质数可变的系统，其数量或组成会随着相变化或化学变化而发生改变，这时必须将物质的量 n 作为状态变量，即 $z=f(T, p, n_1, n_2, \cdots)$。物质数可变的系统可分为两类：其一是物质数可变的封闭系统，虽系统与环境无物质交换，但系统内可发生化学反应等；其二是敞开系统，系统与环境有物质交换，当然系统内也发生化学反应，例如浓度改变的溶液和相变中某一相作为系统都是敞开系统。因此多组分系统热力学，实际上是热力学第一、第二定律在敞开系统中的一个推广。这里不涉及非平衡态和不可逆过程热力学，仅限于平衡态及可逆过程方面的讨论。

多组分系统可以是单相的，也可以是多相的。我们把两种或两种以上的物质以分子、原子或离子的大小，相互均匀混合而成的单相系统，称为多组分单相系统。为了热力学讨论的方便，按处理方法的不同，又把它区分为混合物和溶液。当对均匀(单相)系统中各组分(B、C、D…)均选用同样的标准态(如100kPa下纯液体的状态)和同样的方法(如按拉乌尔定律)加以研究时，则称之为混合物；当将均匀系统中的组分区分为溶剂(A)和溶质(B)，而对二者选用不同的标准态和不同的方法(溶剂按拉乌尔定律、溶质按亨利定律)加以研究时，则称之为溶液。按聚集状态的不同，混合物可分为气态混合物、液态混合物和固态混合物。溶液则可分为液态溶液和固态溶液。溶液是最常见，也是应用十分广泛的多组分系统，在本章中，除非特别指明，混合物即指液态混合物，溶液即指液态溶液。

本章内容是介绍热力学第一、第二定律在组成可变的多组分系统中的一些具体应用。引入了两个新的热力学量——偏摩尔量和化学势，以处理有关溶液问题，并介绍了理想液态混合物、活度、逸度、标准态等概念，给出了各种类型液态混合物中各组分化学势的具体表达式。这些表达式在处理平衡问题(相平衡和化学平衡)时非常有用。本章涉及的溶液，限于非电解质溶液，电解质溶液的性质将在后面专章讨论。

§4.1 混合物组成表示法

溶液的性质与溶液的组成有关。溶液的组成发生变化时，溶液的性质也随之改变。因此，溶液的组成是溶液的重要特征。现将国家标准中有关混合物及溶液组成表示方法的规定介绍如下。

4.1.1 物质的量分数 x_B(或 y_B)

物质B的物质的量 n_B 与溶液总物质的量 $\sum n_B$ 之比。用公式表示为

$$x_B = \frac{n_B}{\sum\limits_B n_B} \tag{4.1}$$

很显然 $\sum x_B = 1$

4.1.2 质量分数 w_B

物质 B 的质量与溶液总质量之比，用公式表示为

$$w_B = \frac{m_B}{\sum\limits_B m_B} \tag{4.2}$$

w_B是量纲为 1 的量。显然 $\sum w_B = 1$

4.1.3 质量摩尔浓度 b_B

溶液中溶质 B 的物质的量除以溶剂 A 的质量。用公式表示为

$$b_B = \frac{n_B}{m_A} \tag{4.3}$$

b_B的单位是 $mol \cdot kg^{-1}$。在二组分溶液中，溶质 B 的物质的量分数 x_B与质量摩尔浓度 b_B的关系为

$$x_B = \frac{b_B}{b_A + b_B} = \frac{b_B}{1/M_A + b_B} \tag{4.4}$$

4.1.4 物质的量浓度 c_B

溶液中溶质 B 的物质的量除以溶液的体积 V，用公式表示为

$$c_B = \frac{n_B}{V} \tag{4.5}$$

c_B的单位是 $mol \cdot m^{-3}$或 $mol \cdot dm^{-3}$。

由于溶液的体积随温度而变，故物质的量浓度 c_B也随温度而变，而 b_B与 x_B则与温度无关，因此，在物理化学中常使用后两种浓度表示法。

【例 4.1】 试计算一质量分数为 0.100 的 NaCl 水溶液中溶质的物质的量分数、质量摩尔浓度各为多少。

解： 浓度是一个强度量，和溶液的量无关。为计算方便，取 1.00kg 溶液为基准。查表知 H_2O 的摩尔质量为 $18.02 \times 10^{-3} kg \cdot mol^{-1}$，NaCl 的摩尔质量为 $58.5 \times 10^{-3} kg \cdot mol^{-1}$，该溶液中含 H_2O(A)和 NaCl(B)的物质的量分别为

$$n_B = \frac{0.100 \times 1.00 kg}{58.5 \times 10^{-3} kg \cdot mol^{-1}} = 1.71 mol$$

$$n_A = \frac{(1 - 0.100) \times 1.00 kg}{18.02 \times 10^{-3} kg \cdot mol^{-1}} = 49.94 mol$$

$$x_B = \frac{n_B}{n_B + n_A} = \frac{1.71 mol}{1.71 mol + 49.94 mol} = 0.0331$$

$$b_B = \frac{1.71 mol}{(1 - 0.100) \times 1.00 kg} = 1.90 mol \cdot kg^{-1}$$

§4.2 偏摩尔量

我们知道，单组分系统的广度性质(如体积)具有加和性，例如甲醇的摩尔体积 V_m = 40.5cm^3，把 1mol 甲醇即 40.5cm^{3}加入另一份甲醇中，则不管后者的体积多大，其总体积必因 1mol 甲醇的加入而增加 40.5cm^3。然而，如果讨论的是多组分系统，则情况会有所不同，例如把 1mol 甲醇加入一定体积的水中，实验测出其所增加的体积不是 40.5cm^3，而是与溶液中甲醇的浓度有关，当溶液中甲醇的物质的量分数分别为 0.2、0.4 和 0.6 时，溶液体积增大分别为 37.8cm^3、39.0cm^{3}和 39.8cm^3。其原因是水和甲醇分子间存在着相互作用，每一甲醇分子都被水分子包围着，因而 1mol 甲醇所显现的体积效应就和加入纯甲醇中去的情形不同，并且溶液组成的改变引起的体积的改变与溶液的浓度有关。这说明溶液的体积并不等于各组分在纯态时的体积之和，一定温度、压力下溶液的摩尔体积随溶液组成而变化。在这里，为与纯物质的摩尔体积相区别，我们把 1mol 该组分在溶液中所占的体积称为该组分在某浓度溶液中的偏摩尔体积。由此说明，多组分均相系统与单组分均相系统不同，其摩尔体积不仅是温度、压力的函数，而且还取决于系统的组成。即多组分均相系统的体积是温度、压力以及各组分物质的量(n_1, n_2, …, n_k)的函数。对其他广度性质，也存在同样的性质。为了表述上述性质，提出偏摩尔量的概念。

4.2.1 偏摩尔量的定义

以 X 代表 V、U、H、S、A、G 这些广度性质，对由组分 1，2，…，k 形成的多组分系统有

$$X=f(T,\ p,\ n_1,\ n_2,\ \cdots,\ n_k)$$

若系统的温度、压力或任一组分的物质的量产生微小的变化，所引起系统广度性质 X 的改变，用全微分式可表示为

$$\mathrm{d}X=\left(\frac{\partial X}{\partial T}\right)_{p,n_1,n_2,\cdots,n_k}\mathrm{d}T+\left(\frac{\partial X}{\partial p}\right)_{T,n_1,n_2,\cdots,n_k}\mathrm{d}p+\left(\frac{\partial X}{\partial n_1}\right)_{T,p,n_2,\cdots,n_k}\mathrm{d}n_1+$$
$$\left(\frac{\partial X}{\partial n_2}\right)_{T,p,n_1,n_3,\cdots,n_k}\mathrm{d}n_2+\cdots+\left(\frac{\partial X}{\partial n_k}\right)_{T,p,n_1,n_2,\cdots,n_{k-1}}\mathrm{d}n_k \tag{4.6}$$

在等温、等压下，式(4.6)可写为

$$\mathrm{d}X=\sum_{\mathrm{B}=1}^{k}\left(\frac{\partial X}{\partial n_{\mathrm{B}}}\right)_{T,p,n_{\mathrm{C}(\mathrm{C}\neq\mathrm{B})}}\mathrm{d}n_{\mathrm{B}}$$

定义

$$X_{\mathrm{B}}\overset{\mathrm{def}}{=\!=}\left(\frac{\partial X}{\partial n_{\mathrm{B}}}\right)_{T,p,n_{\mathrm{C}(\mathrm{C}\neq\mathrm{B})}} \tag{4.7}$$

式中 X 代表任一广度性质，n_c代表除组分 B 外的其他组分的物质的量。X_B称为系统中第 B 种物质某种广度性质的偏摩尔量。例如 X 为体积 V 时，V_B是物质 B 的偏摩尔体积 $V_B=\left(\frac{\partial V}{\partial n_{\mathrm{B}}}\right)_{T,p,n_{\mathrm{C}(\mathrm{C}\neq\mathrm{B})}}$，$X$ 为吉布斯函数 G 时，G_B 是物质 B 的偏摩尔吉布斯函数 G_B =

$\left(\frac{\partial G}{\partial n_B}\right)_{T,p,n_{C(C\neq B)}}$，余类推。它的意义是指：在一定温度、压力、组成不变的大量系统中，当加入 1mol B 组分引起系统广度性质的改变；或在有限量系统中加入 dn_B mol 的 B 组分后所引起系统广度性质的改变，二者定义的核心都是系统组分的浓度不变。

应当注意：只有系统的广度性质(质量除外)才有偏摩尔量，而系统的强度性质不存在偏摩尔量，因为只有广度性质才具有加和性。偏摩尔量必须是等温、等压条件下，系统总的广度性质对某一组分的 n_B 偏微商，如果不在等温、等压这个特定条件，则不能称为偏摩尔量。偏摩尔量是两个广度性质 X 与 n_B 之比，因此它是个强度性质，所以对 T、p 及组成一定的系统，各物质的偏摩尔量都具有确定值。对纯物质，

$$X_B=\left(\frac{\partial X}{\partial n_B}\right)_{T,p}=X_m \tag{4.8}$$

即：纯物质的偏摩尔量就是其摩尔量。

4.2.2　偏摩尔量的集合公式

对多组分单相系统，在等温、等压下，引入偏摩尔量的定义后，则式(4.6)变为

$$dX=\sum_B X_B dn_B$$

若 X_B 视为常数时，积分上式，得偏摩尔量的集合公式

$$X=\sum_B n_B X_B \tag{4.9}$$

此式指出，多组分可变系统中热力学性质与偏摩尔量有简单的加和性，系统的某广度性质等于系统中各组分的偏摩尔量与其物质的量乘积之和。例如某系统只含两个组分，则偏摩尔体积的集合公式为

$$V=n_1V_1+n_2V_2$$

上式说明系统的总体积等于各组分偏摩尔体积与该物质的物质的量的乘积之和。式(4.9)适用于多组分系统任一平衡状态。X 代表系统的任何广度性质，如 V、U、H、S、G、A 等。例如

$$V=\sum_B n_BV_B \qquad U=\sum_B n_BU_B$$

$$H=\sum_B n_BH_B \qquad S=\sum_B n_BS_B$$

$$G=\sum_B n_BG_B \qquad A=\sum_B n_BA_B$$

【例 4.2】　有一水和乙醇形成的溶液，水的物质的量分数为 0.4，乙醇的偏摩尔体积为 0.0575dm^3，溶液的密度为 0.8494$kg\cdot dm^{-3}$，试计算此溶液中水的偏摩尔体积。

解：据体积偏摩尔集合公式 $V=n_1V_1+n_2V_2$，得

$$V=n_1V_1+n_2V_2=(0.4V_1+0.6\times57.5)\times10^{-3}dm^3$$

由题中条件可求得

$$V=\frac{(0.4\times18+0.6\times46)\times10^{-3}kg}{0.8494kg\cdot dm^{-3}}$$

两式联立解得 $V_1=0.01618dm^3$

*4.2.3 吉布斯-杜亥姆方程(Gibbs-Duhem)

由于偏摩尔量的值是随系统中各组分的浓度不同而变化，因此，当系统中某一个或某几个组分的浓度发生变化时，各组分的偏摩尔量一般都要发生变化，但是各组分的偏摩尔量的变化值间存在着一定的关系。

等温、等压下对式(4.9)微分有

$$dX=\sum_B n_B dX_B+\sum_B X_B dn_B$$

而前面已知道，在等温、等压条件下多组分的任一广度性质的微小变化量可表示为

$$dX=\sum_B X_B dn_B$$

将此两式相比较，得

$$\sum_B n_B dX_B=0 \tag{4.10}$$

上式两边除以溶液的总摩尔数，得到

$$\sum_B x_B dX_B=0 \tag{4.11}$$

上两式称为吉布斯-杜亥姆方程，是溶液热力学的基本公式，它指出等温等压下各物质偏摩尔量不是独立的，而是彼此间存在着相互消长、相互制约的关系。

思考题 1 某溶液中物质 B 的偏摩尔体积是否是 1mol 物质 B 在溶液中所占的体积？为什么？

思考题 2 偏摩尔量是强度性质，应该与系统的数量无关，但浓度不同时其值不同，如何理解？

§4.3 化 学 势

化学势是化学热力学中较重要的热力学函数之一，用它能判断敞开系统中物质转移过程的方向和限度。

4.3.1 化学势的定义

在各种偏摩尔量中，以偏摩尔吉布斯函数最重要。多组分系统中物质 B 的偏摩尔吉布斯函数称为 B 的化学势，用符号 μ_B 表示。故化学势的定义为

$$\mu_B=\left(\frac{\partial G}{\partial n_B}\right)_{T,p,n_C} \tag{4.12}$$

这是化学势的狭义定义。物理意义是指等温、等压和在一定浓度的溶液中，加入微量 B 组分 dn_B，而引起系统吉布斯函数对 B 组分物质的量的变化率。它的引入深化了对多组分系统热力学性质的研究，使经典热力学更趋完善。化学势是对某物质而言的，没有系统化学势的概念。比如我们可以说物质 A 的化学势、物质 B 的化学势等，但不能笼统地谈系统的化学势；另外化学势只是一个相的性质，所以对于任意多相系统，只能说某相中某物质的化学势，而不能笼统地谈系统中某物质的化学势。μ_B为强度性质，与系统总量无关，只决定于浓

度，是化学反应和相变化的推动力。由集合公式 $G=\sum_{B} n_B G_B=\sum_{B} n_B\mu_B$ 知，一定温度和压力下，系统中各种物质的化学势 μ_B 越高，则系统的 G 值也越大，因而该系统做非体积功的能力也越强。

4.3.2 多组分系统热力学基本关系式

化学势除了等于偏摩尔吉布斯函数外，还可以等于其他形式的偏微商。例如：

$U=U(S, V, n_A, n_B, \cdots)$，则

$$dU=\left(\frac{\partial U}{\partial S}\right)_{V,n_B}dS+\left(\frac{\partial U}{\partial V}\right)_{S,n_B}dV+\sum_{B}\left(\frac{\partial U}{\partial n_B}\right)_{S,V,n_{C(C\neq B)}}dn_B$$

$$dU=TdS-pdV+\sum_{B}\left(\frac{\partial U}{\partial n_B}\right)_{S,V,n_{C(C\neq B)}}dn_B \tag{4.13}$$

当多组分均相系统的广度量 X 为吉布斯函数 G 时，将化学势定义式代入式(4.6)，得

$$dG=\left(\frac{\partial G}{\partial T}\right)_{p,n_C}dT+\left(\frac{\partial G}{\partial p}\right)_{T,n_C}dp+\sum_{B}\mu_B dn_B \tag{4.14}$$

若系统中各组分的物质的量都保持不变即组成恒定时，由于 $dn_B=0$，上式变为

$$dG=\left(\frac{\partial G}{\partial T}\right)_{p,n_C}dT+\left(\frac{\partial G}{\partial p}\right)_{T,n_C}dp$$

对于组成不变的系统，按热力学基本方程式(3.62)

$$dG=-SdT+Vdp$$

上述两式是从不同角度描述同一变化引起系统吉布斯函数 G 的改变，应该一样，它们的对应系数应相等，即

$$\left(\frac{\partial G}{\partial T}\right)_{p,n_B}=-S,\quad \left(\frac{\partial G}{\partial p}\right)_{T,n_B}=V$$

把它们代入式(4.14)，得

$$dG=-SdT+Vdp+\sum_{B}\mu_B dn_B$$

将上式代入 $dU=d(G-pV+TS)$，可得

$$dU=TdS-pdV+\sum_{B}\mu_B dn_B$$

将上式与式(4.13)对比，可得

$$\mu_B=\left(\frac{\partial U}{\partial n_B}\right)_{S,V,n_{C(C\neq B)}}$$

同样可得

$$\mu_B=\left(\frac{\partial U}{\partial n_B}\right)_{S,V,n_C}=\left(\frac{\partial H}{\partial n_B}\right)_{S,p,n_C}=\left(\frac{\partial A}{\partial n_B}\right)_{T,V,n_C}=\left(\frac{\partial G}{\partial n_B}\right)_{T,p,n_C}$$

上式中四个偏微商都叫作化学势，这是化学势的广义说法。显然，四个偏微商中除了一个是偏摩尔函数以外，其他三个都不是偏摩尔量。以上四个偏微商中的任何一个都可表示处于一定状态下的多组分系统中组分 B 的化学势，但实际进行的各类物理或化学过程，通常在等温、等压下进行，所以用偏摩尔吉布斯函数定义的化学势最为常用，若无特别说明，化学势都指偏摩尔吉布斯函数。

根据上面的推导，在引入化学势的定义后，得多组分系统热力学的基本方程为

$$\left.\begin{aligned}dG &= -SdT + Vdp + \sum_{B}\mu_{B}dn_{B}\\ dU &= TdS - pdV + \sum_{B}\mu_{B}dn_{B}\\ dH &= TdS + Vdp + \sum_{B}\mu_{B}dn_{B}\\ dA &= -SdT - pdV + \sum_{B}\mu_{B}dn_{B}\end{aligned}\right\} \tag{4.15}$$

这些方程又称为吉布斯方程，它仅适用于只做体积功的组成可变的多组分均相系统。若系统是封闭系统，只要组成不变，就有 $\sum_{B}\mu_{B}dn_{B}=0$，就又变为前面的结果，所以是适用于均相系统的更为普遍的热力学基本方程。由于式中表达了各组分的物质的量变化的影响，故它们既适用于变组成的均相封闭系统，也适用于均相敞开系统。此外，式中 TdS 就不再为系统所吸收的热，它还包括由于物质交换而带入或带出系统的熵变。

4.3.3 化学势判据及应用

在等温、等压条件下，$dG=\sum_{B}\mu_{B}dn_{B}$。根据吉布斯函数判据，等温、等压下，在不做非体积功($W'=0$)时，判别系统自发变化过程方向和限度的判据为 $dG_{T,p}\leqslant 0$，因此有

$$\sum_{B}\mu_{B}dn_{B}\leqslant 0\quad \begin{matrix}<\text{自发}\\=\text{平衡}\end{matrix} \tag{4.16}$$

此式即化学势判据。可作为自发物质转移过程的方向和限度的判据，因此，化学势是一个可用来判断物质转移方向和限度的强度性质。无论是相变化过程还是化学变化过程均涉及物质的转移，所以利用化学势可判断相变和化学变化的方向。

(1) 化学势与相变过程

设某一多组分系统存在 α、β 两相，在等温、等压下，有 dn_{B}的 B 物质由 α 相转移到 β 相，该物质在 α 相和 β 相中的化学势分别为 μ_{B}^{α} 和 μ_{B}^{β}。由于 α 相中失去物质的量为 $-dn_{B}$，β 相中增加物质的量为 dn_{B}，则该物质在相间的转移所引起的吉布斯函数变化为

$$dG_{B}=dG^{\alpha}+dG^{\beta}=\mu_{B}^{\alpha}(-dn_{B})+\mu_{B}^{\beta}dn_{B}=(\mu_{B}^{\beta}-\mu_{B}^{\alpha})dn_{B}$$

若物质由 α 相向 β 相的迁移是自发进行的，即 $dG<0$，则

$$(\mu_{B}^{\beta}-\mu_{B}^{\alpha})dn_{B}<0$$

因为 $dn_{B}>0$，所以

$$\mu_{B}^{\beta}-\mu_{B}^{\alpha}<0 \text{ 或 } \mu_{B}^{\beta}<\mu_{B}^{\alpha}$$

可见，相变化自发转移的方向是从化学势高的一相到化学势低的一相。

若处于相平衡状态，必然是 $dG=0$，则

$$\mu_{B}^{\beta}=\mu_{B}^{\alpha}$$

因此，物质在两相中的化学势相等是物质转移过程达到平衡的必要条件。

对于多组分多相系统，上述结论可写作

$$\sum_{\phi}\sum_{B}\mu_{B}^{\phi}dn_{B}^{\phi}\leqslant 0\quad \begin{matrix}<\text{自发}\\=\text{平衡}\end{matrix} \tag{4.17}$$

即多组分系统互相平衡时，除温度 T、压力 p 相同外，组分 B 在各相中化学势也必须相等。

（2）化学势与化学反应

对化学反应

$$aA+bB \Longrightarrow gG+hH$$

在等温、等压及 $W'=0$ 的条件下发生一微小变化，系统中各组分的量的变化很小，各组分化学势的变化可以忽略不计。由 $dG=\sum_B \mu_B dn_B$ 及 $d\xi=\frac{dn_B}{\nu_B}$ 得到

$$dG=\sum_B \nu_B\mu_B d\xi$$

因 $d\xi>0$，所以 dG 的符号与 $\sum_B \nu_B\mu_B$ 一致，根据吉布斯函数判据式(3.50)，可以得到

$$\sum_B \nu_B\mu_B \leqslant 0 \quad \begin{matrix} <\text{自发} \\ =\text{平衡} \end{matrix}$$

即 $\sum_B \nu_B\mu_B$ 可用于判断化学反应的方向与限度。它表明，在等温等压和非体积功为零的条件下，化学反应一定向着化学势总和降低的方向进行，直至系统中生成物的化学势总和与反应物的化学势总和相等时，系统才处于平衡状态。

*4.3.4 化学势与温度、压力的关系

根据偏微商的规则可导出化学势与温度、压力的关系，下面分别讨论其关系。

（1）化学势与温度的关系

已知

$$\mu_B=\left(\frac{\partial G}{\partial n_B}\right)_{T,p,n_C}, \quad \left(\frac{\partial G}{\partial T}\right)_{p,n_B}=-S$$

则

$$\left(\frac{\partial \mu_B}{\partial T}\right)_{p,n_B}=\left[\frac{\partial}{\partial T}\left(\frac{\partial G}{\partial n_B}\right)_{T,p,n_C}\right]_{p,n_B}$$

$$=\left[\frac{\partial}{\partial n_B}\left(\frac{\partial G}{\partial T}\right)_{p,n_B}\right]_{T,p,n_C}=\left[\frac{\partial(-S)}{\partial n_B}\right]_{T,p,n_C}=-S_B \tag{4.18}$$

S_B是物质 B 的偏摩尔熵。

（2）化学势与压力的关系

已知

$$\mu_B=\left(\frac{\partial G}{\partial n_B}\right)_{T,p,n_C}, \quad \left(\frac{\partial G}{\partial p}\right)_{T,n_B}=V$$

则

$$\left(\frac{\partial \mu_B}{\partial p}\right)_{T,n_B}=\left[\frac{\partial}{\partial p}\left(\frac{\partial G}{\partial n_B}\right)_{T,p,n_C}\right]_{T,n_B}$$

$$=\left[\frac{\partial}{\partial n_B}\left(\frac{\partial G}{\partial p}\right)_{T,n_B}\right]_{T,p,n_C}=\left[\frac{\partial V}{\partial n_B}\right]_{T,p,n_C}=V_B \tag{4.19}$$

V_B是物质 B 的偏摩尔体积。

由上述结果可知，与恒定组成的封闭系统热力学关系式相比，敞开系统的热力学关系式与其具有相同的形式，只是将恒定组成的封闭系统中，热力学关系式的容量性质用偏摩尔量代替即可。

思考题 3 溶液的化学势等于溶液中各组分化学势之和。这个说法对吗，为什么？

§ 4.4 气体的化学势

4.4.1 理想气体各组分化学势的表达式

(1) 纯理想气体的化学势

根据化学势与压力的关系，对 1mol 纯理想气体，定温下发生变化，压力由 $p^{\ominus} \to p$，偏摩尔体积 V_B 用摩尔体积 V_m 代替，得

$$\left(\frac{\partial \mu}{\partial p}\right)_T = V_m$$

移项，压力从标准压力 $p^{\ominus}$ 积分到实际压力 p，即

$$\int_{\mu^{\ominus}}^{\mu} d\mu = \int_{p^{\ominus}}^{p} RT dp/p$$

得

$$\mu(T, p) = \mu^{\ominus}(T) + RT\ln(p/p^{\ominus}) \tag{4.20}$$

此即理想气体化学势的表达式。其中：$\mu(T, p)$ 是该理想气体在温度为 T、压力为 p 状态下的化学势，它是 T、p 的函数。$\mu^{\ominus}(T)$ 为指定温度 T、100kPa 的标准压力下纯理想气体的化学势，这个状态就是气体的标准态。规定标准态时并未对温度作出限制，所以标准态化学势 $\mu^{\ominus}(T)$ 仅是温度的函数。

(2) 混合理想气体各组分的化学势

根据道尔顿分压定律，混合气体中组分 B 与它单独存在时且具有混合气体相同体积时的行为相同，所以，气体混合物中各个气体的化学势表达式与气体在纯态时的化学势表达式相同，即

$$\mu_B(T, p) = \mu_B^{\ominus}(T) + RT\ln(p_B/p^{\ominus}) \tag{4.21}$$

其中 p_B 是气体混合物中组分 B 的分压，$\mu_B^{\ominus}(T)$ 是 p_B 为标准压力 $p^{\ominus}$、温度为 T 时，B 气体的化学势。这个状态称为理想气体混合物中 B 气体的标准态。由于理想气体混合物中分子间没有相互作用，所以，这一标准态实质上就是温度为 T、压力为 $p^{\ominus}$ 的纯理想气体对应的标准态。根据道尔顿分压定律 $p_B = px_B$，代入上式，得

$$\mu_B(T, p) = \mu_B^{\ominus}(T) + RT\ln(p/p^{\ominus}) + RT\ln x_B = \mu_B^{*}(T, p) + RT\ln x_B \tag{4.22}$$

x_B 是混合理想气体中 B 气体的物质的量分数，$\mu_B^{*}(T, p)$ 是纯气体 B 在指定温度 T、压力 p 时的化学势。这个状态不是标准态，它与标准态化学势的关系为

$$\mu_B^{*}(T, p) = \mu_B^{\ominus}(T) + RT\ln(p/p^{\ominus})$$

上述理想气体的化学势表达式也称为理想气体的热力学定义式。

4.4.2 真实气体各组分化学势的表达式

(1) 纯真实气体的化学势

在压力较高时，真实气体对理想气体存在一定的偏差，因而温度为 T、压力为 p 的纯真实气体的化学势 $\mu^{*}(g)$ 不能用理想气体化学势表达式(4.20)来描述。但我们希望使纯真实气体的化学势表达式仍具有式(4.20)的简单形式，为此路易斯(G. N. Lewis)把压力 p 乘上一个系数 γ 进行校正后，得到了纯真实气体化学势的表达式，即

$$\mu(T,\ p)=\mu^{\ominus}(T)+RT\ln(\gamma p/p^{\ominus}) \tag{4.23}$$

定义

$$f=\gamma p$$

则

$$\mu(T,\ p)=\mu^{\ominus}(T)+RT\ln(f/p^{\ominus}) \tag{4.24}$$

其中 f 是校正后的压力，称为逸度或有效压力，具有压力之量纲。γ 是压力的校正因子，称为逸度因子，它反映了真实气体对理想气体的偏差程度。显然逸度和逸度因子都是强度性质，它们与气体的本性以及温度、压力有关。当 $p\to0$ 时，$\gamma=1$，$f=p$，表现为理想气体行为，即理想气体的逸度就是它的压力。对于非理想气体，即真实气体来讲，逸度则表示了它的压力与理想气体压力的差别，即：$f/p\neq1$。$\mu^{\ominus}(T)$ 为标准态化学势。标准态选取：在指定 T、$p^{\ominus}$ 下，$\gamma\to1$ 时真实气体满足理想气体性质的状态，在这一状态，真实气体并不具有理想气体行为，所以这是一个假想态。

(2) 混合真实气体各组分的化学势

混合真实气体中组分 B 的化学势表达式与式(4.21)相类似，只是要用 f_B 代替 p_B，即

$$\mu_B(T,\ p)=\mu_B^{\ominus}(T)+RT\ln(f_B/p^{\ominus}) \tag{4.25}$$

f_B 为混合气体中组分 B 的逸度。

或

$$\mu_B(T,\ p)=\mu_B^{\ominus}(T)+RT\ln(\gamma_B p_B/p^{\ominus}) \tag{4.26}$$

式中 γ_B 是逸度因子，它是分压力校正因子，$f_B=\gamma_B p_B$，且有

$$\lim_{p\to0}\gamma_B=1$$

思考题 4 既然逸度可以理解为是"校正压力"，那么可不可以用逸度代替压力，使真实气体的状态方程变为 $fV=nRT$？

§4.5 稀溶液中两个经验定律

4.5.1 拉乌尔定律

在一定温度下，当纯溶剂 A 的气液两相达到平衡时，对应的蒸气压力 p_A^* 称为 A 的饱和蒸气压。若在纯溶剂 A 中加入溶质 B，不论 B 是否挥发，溶剂的蒸气压必然降低。

1886 年拉乌尔(Raoult)通过大量的实验事实总结出稀溶液的一条重要性质：定温下，在稀溶液中，溶剂的蒸气压等于纯溶剂的蒸气压乘以溶液中溶剂的物质的量分数，即

$$p_A=p_A^*x_A \tag{4.27}$$

此即拉乌尔定律。其中 p_A^* 为纯溶剂的饱和蒸气压，p_A 为与溶液呈平衡时的气相中溶剂 A 的分压，x_A 为溶剂 A 在溶液中的物质的量分数。溶剂 A 处于溶液中与其纯态相比，蒸气压降低了，这是由于在稀溶液中，溶质分子数目很少，一个溶剂分子周围几乎全部被溶剂分子所包围，与纯溶剂时的环境相同。因此，溶剂的饱和蒸气压就仅与单位体积的溶液中溶剂的分子数有关，与溶质的性质无关。但是由于溶质分子的存在，使在单位时间内溶剂分子从单位表面积上逸出的分子数减少，以致溶液中溶剂的蒸气压较纯溶剂的蒸气压为低。

如果稀溶液中只有一种溶质，则 $x_A+x_B=1$，式(4.27)又可表示为

$$p_A=p_A^*(1-x_B)\text{或}x_B=\frac{p_A^*-p_A}{p_A^*} \tag{4.28}$$

即溶剂的蒸气压的降低值与纯溶剂蒸气压之比等于溶质的物质的量分数。式(4.28)为拉乌尔定律的另一数学表达式。

需要说明的是：在使用拉乌尔定律的过程中，计算溶剂的物质的量时，若溶剂分子有缔合现象，其摩尔质量仍用气态时的摩尔质量，例如水溶液中，溶剂水分子常会发生缔合，但摩尔质量仍以 $18.01g\cdot mol^{-1}$计算。拉乌尔定律最初是从不挥发性溶质的非电解质稀溶液中总结出来的，后推广到挥发性的双液系中。但应指出，若溶质不挥发，p_A即为溶液的蒸气压；若溶质挥发，p_A则为溶剂 A 在气相中的分压。

4.5.2 亨利定律

1803 年，亨利(Henry)在一定温度下，研究气体溶解度时曾发现其溶解度与溶液上方该气体的平衡分压呈正比，后来又发现此规律对其他挥发性的溶质也适用。因此亨利定律可以表述为：在一定温度和平衡状态下，气体(或挥发性溶质)在液体里的溶解度(物质的量分数)和该气体的平衡分压成正比。其数学表达形式为

$$p_B = k_{x,B} x_B \tag{4.29}$$

式中，p_B 为平衡时气体 B 在溶液液面上的分压，x_B为气体 B 在溶液中的物质的量分数。$k_{x,B}$为亨利常数，其单位为 Pa。

由于溶液的浓度可有不同的表示方法，因此，亨利定律的数学表达式还可有

$$p_B = k_{b,B} b_B \tag{4.30}$$

$$p_B = k_{c,B} c_B \tag{4.31}$$

$k_{b,B}$、$k_{c,B}$也称为亨利常数，但 $k_{x,B} \neq k_{b,B} \neq k_{c,B}$，且单位也不相同。$k_{b,B}$的单位是 $Pa\cdot mol^{-1}\cdot kg$，$k_{c,B}$的单位是 $Pa\cdot mol^{-1}\cdot m^3$。

实验证明，溶液愈稀，上述拉乌尔定律及亨利定律愈准确。于是亦把它们称为稀溶液的经验定律。

应用条件：

① 溶质在气相中和在液相中的分子形态必须相同。例如 HCl 溶于苯或 $CHCl_3$，在气相和液相里都是 HCl 的分子状态，所以服从亨利定律。但是氯化氢溶在水里，在气相中是 HCl 分子，在液相中则为 H^+和 Cl^-，这时亨利定律就不适用。

当溶质能部分地与溶剂作用或解离时，亨利定律公式中所采用的浓度应该是溶解态分子在溶液中的浓度。例如，NH_3溶于水中时，溶液中除了 NH_3分子以外，还有 NH_4^+和 OH^-，计算浓度时只考虑水中的 NH_3浓度，NH_4^+不应包括在内。

② p_B为气体 B 在液面上的平衡分压，对混合气体总压不大时，亨利定律分别适用于每一种气体，近似地认为与其他气体的分压无关。

③ 对于大多数气体溶于水时，溶解度随温度的升高而降低，因此升高温度或降低气体的分压都能使溶液更稀，更能服从于亨利定律。但在有机溶剂中，也有一些气体的溶解度随温度的升高而增大。

亨利定律可用于对废气的处理，利用溶剂对混合气体中各种气体溶解度的差异进行吸收分离，把溶解度大的气体吸收下来，达到从混合气体中回收或者除去某种气体的目的。溶解在水中的氧是水中生物生存所必需的，水被有机物污染后，水中溶解氧会减少，故可用水中溶解氧的多少来表示水被有机物污染的程度。

【例 4.3】 乙醇的质量分数为 3%的乙醇水溶液，其正常沸点为 97.11℃。在该温度下纯水的蒸气压为 91.3kPa。试计算 97.11℃时，乙醇的物质的量分数为 0.015 的水溶液的蒸气压及蒸气中乙醇的物质的量分数。

解：两种浓度的乙醇水溶液皆按稀溶液处理，即溶剂水(A)服从拉乌尔定律，溶质(B)服从亨利定律；蒸气看作理想气体混合物，用道尔顿分压定律处理，即蒸气总压 p 等于水蒸气分压 p_A 与乙醇蒸气分压 p_B 之和

$$p = p_A + p_B = p_A^* x_A + k_{x,B} x_B$$

乙醇的物质的量分数 x_B 由质量分数算出。设溶液为 100kg，则

$$\begin{aligned} x_B &= \frac{m_B/M_B}{(m_A/M_A)+(m_B/M_B)} \\ &= \frac{3\text{kg}/(46.069\times10^{-3}\text{kg}\cdot\text{mol}^{-1})}{[97\text{kg}/(18.015\times10^{-3}\text{kg}\cdot\text{mol}^{-1})]+[3\text{kg}/(46.069\times10^{-3}\text{kg}\cdot\text{mol}^{-1})]} = 0.012 \end{aligned}$$

由于 3%溶液的正常沸点为 97.11℃，所以其蒸气总压 $p = 101.325\text{kPa}$：

$$k_{x,B} = \frac{p - p_A^* x_A}{x_B} = \frac{101.325\text{kPa} - 91.3\text{kPa}(1-0.012)}{0.012} = 926.7\text{kPa}$$

同理：$x_B = 0.015$ 时，水溶液的蒸气总压为

$$p = p_A^* x_A + k_{x,B} x_B = 91.3\text{kPa}(1-0.015) + 926.7\text{kPa}\times0.015 = 103.8\text{kPa}$$

由亨利定律和道尔顿分压定律得

$$y_B = \frac{k_{x,B} x_B}{p} = \frac{926.7\text{kPa}\times0.015}{103.8\text{kPa}} = 0.134$$

§4.6 理想液态混合物

4.6.1 理想液态混合物的定义及微观模型

在定温定压下，若在全部浓度范围内，液态混合物中各组分均服从拉乌尔定律，则此种混合物称为理想液态混合物。当然，这种定义不是十分严格的。其数学表达式为

$$p_B = p_B^* x_B$$

其中物质 B 可以是溶剂，亦可以是溶质。p_B 为组分 B 在气相中的平衡蒸气压，x_B 为组分 B 在溶液中的物质的量分数，p_B^* 为纯组分 B 在同温度下的饱和蒸气压。

根据其定义，理想液态混合物的微观模型显然是指混合物中各种组分的分子的大小和分子间的作用力均应当相同。当一种组分的分子被另一种组分的分子取代后，在空间结构和相互作用能方面没有发生变化，仅仅是由于其他分子的存在，使 B 组分在单位液态表面上所占的分数有所下降，因而蒸气压也随之下降。例如，某种溶液中有 A、B、C 三种分子，则 A-A、A-B、A-C、B-B、B-C 及 C-C 间的作用力，其性质和大小均应相同。

根据其微观模型不难理解，在等温、等压下混合形成理想液态混合物的过程，则 $\Delta V=0$，$\Delta H=0$。因体积和焓均体现了分子间相互作用力这一因素，即理想液态混合物混合前后，其分子间相互作用力的性质及其大小皆未变，所以理想液态混合物混合过程其体积不变，亦无热效应。理想液态混合物是真实液态混合物的极限情况，在客观上是不存在的。但是某些混合物，如光学异构体：l-樟脑与 d-樟脑的混合物；结构异构体：o-二甲苯与 p-二甲苯、

o-二甲苯与 m-二甲苯等的混合物；紧邻同系物的混合物：苯和甲苯、甲醇和乙醇，这些混合物都可近似地视为理想液态混合物。

4.6.2　理想液态混合物任一组分的化学势

在一定的温度和压力下，假如某个由 B、C、D…多种物质组成的理想液态混合物，与其上方的气相呈平衡。根据相平衡的条件可知，混合物中任一组分 B 在气-液两相中的化学势相等。即

$$\mu_B(l, T, p, x_B)=\mu_B(g, T, p_B)$$

一般溶液上方的蒸气压不会很高，可将蒸气视为理想气体，若组分 B 在气相中的分压为 p_B，气相中组分 B 的化学势可表示为

$$\mu_B(g, T, p)=\mu_B^{\ominus}(g, T)+RT\ln(p_B/p^{\ominus})$$

将拉乌尔定律 $p_B=p_B^* x_B$ 代入上式，可得

$$\mu_B(g, T, p)=\mu_B^{\ominus}(g, T)+RT\ln(p_B^*/p^{\ominus})+RT\ln x_B \tag{4.32}$$

上式中 $\mu_B^{\ominus}(g, T)$ 为纯理想气体 B 在温度 T 时的标准态化学势，则 $\mu_B^{\ominus}(g, T)+RT\ln(p_B^*/p^{\ominus})$ 为纯液体 B 在 T、p 条件下的化学势 $\mu_B^*(l, T, p)$，故理想液态混合物中任一组分 B 的化学势为

$$\mu_B(l, T, p, x_B)=\mu_B^*(l, T, p)+RT\ln x_B$$

或简写为

$$\mu_B=\mu_B^*+RT\ln x_B \tag{4.33}$$

通常，压力对凝聚相性质的影响较小，在一般压力下，p 与 $p^{\ominus}$ 相差不大，对纯液体 B 的化学势的影响可忽略不计。故在 T、p 条件下，理想液态混合物中 B 的化学势可近似写成

$$\mu_B(l, T, p, x_B)=\mu_B^{\ominus}(l, T)+RT\ln x_B$$

或简写为

$$\mu_B=\mu_B^{\ominus}+RT\ln x_B \tag{4.34}$$

因液态混合物中组分 B 的标准态规定为温度为 T、压力为标准压力 $p^{\ominus}$ 下的纯液体，故 $\mu_B^{\ominus}(l, T)$ 即为组分 B 的标准态的化学势。

4.6.3　理想液态混合物的混合性质

由于理想液态混合物中任一组分的化学势的表达式与混合理想气体中任一组分的化学势的表达式形式上完全一致，由此得到的理想液态混合物各种热力学性质的表达式应与混合理想气体完全相同。如果在等温、等压下，由各组分混合形成的理想液态混合物过程，各热力学函数的变化量应为：

① 混合过程的 $\Delta_{mix}V=0$。即形成理想液态混合物时的体积，等于各纯组分的体积之和，而没有额外地增加或减少。所以理想液态混合物中组分 B 的偏摩尔体积等于纯液体 B 的摩尔体积。

② 混合过程的 $\Delta_{mix}H=0$。即由几种纯液体形成液态混合物时，没有热效应，混合前后总焓值不变。

③ 混合过程的 $\Delta_{mix}S=-nR(x_B\ln x_B+x_C\ln x_C+\cdots)>0$。

④ 混合过程的 $\Delta_{mix}G=RT(n_B\ln x_B+n_C\ln x_C+\cdots)<0$。由于混合过程是在温度 T、压力 p 一

定，$W'=0$ 的条件下进行的，$\Delta_{mix}G<0$，说明液体的混合过程为自发过程。

【例 4.4】 在 298K 和标准压力下，将 2mol 苯与 3mol 甲苯混合，形成理想的液态混合物，求该过程的 $\Delta_{mix}G$。

解：$\Delta_{mix}G = RT(n_A \ln x_A + n_B \ln x_B)$

$= 8.314\text{J}\cdot\text{mol}^{-1}\cdot\text{K}^{-1}\times 298\text{K}\times(2\ln 0.4+3\ln 0.6)$

$= -8.34\text{kJ}\cdot\text{mol}^{-1}$

思考题 5 理想气体与理想液态(或固态)混合物的微观粒子间的相互作用有何区别？

§4.7 稀溶液中各组分的化学势及稀溶液的性质

在一定的温度、压力和一定的浓度范围内，溶剂遵守拉乌尔定律、溶质遵守亨利定律的溶液叫理想稀溶液，简称稀溶液。对于实际溶液，应属于非理想溶液，只不过当它们的浓度足够稀时，有其自身的特点，一般都当作稀溶液来处理。对于理想稀溶液，将采用不同的标准态来表示溶剂和溶质的化学势。

4.7.1 稀溶液中溶剂的化学势

由于溶剂服从拉乌尔定律，根据理想液态混合物任一组分的化学势表达式，即可得到稀溶液溶剂的化学势表达式

$$\mu_A(1, T, p, x_A)=\mu_A^*(1, T, p)+RT\ln x_A$$

同样，p 与 $p^{\ominus}$ 相差不大时，可近似写成

$$\mu_A(1, T, p, x_A)=\mu_A^{\ominus}(1, T)+RT\ln x_A \qquad (4.35)$$

式中，$\mu_A^{\ominus}(1, T)$ 为标准态的化学势，选用在任意温度 T、标准压力 $p^{\ominus}$ 下，纯溶剂 A 的状态为 A 的标准态。稀溶液与理想液态混合物，两者的差异在于理想液态混合物是在全部的浓度范围内，不论溶剂或溶质均服从拉乌尔定律，而稀溶液仅仅限于溶剂，且是在有限的浓度范围内服从拉乌尔定律。

4.7.2 稀溶液中溶质的化学势

稀溶液中溶质服从亨利定律，其化学势表达式可根据复相平衡的条件得到。如果溶液与其上方的气相呈平衡，溶质 B 在气液两相中的化学势相等，即

$$\mu_B(\text{溶质}, T, p, b_B)=\mu_B(g, T, p_B)$$

将亨利定律 $p_B=k_{b,B}b_B$ 代入上式，可得

$$\mu_B(g, T, p)=\mu_B^{\ominus}(g, T)+RT\ln(k_{b,B}p_B/p^{\ominus})$$

$$=\mu_B^{\ominus}(g, T)+RT\ln(k_{b,B}b^{\ominus}/p^{\ominus})+RT\ln(b_B/b^{\ominus})$$

故理想稀溶液中溶质 B 的化学势为

$$\mu_B(\text{溶质}, T, p, b_B)=\mu_B(\text{溶质}, T, p, b^{\ominus})+RT\ln(b_B/b^{\ominus}) \qquad (4.36)$$

式中 $b^{\ominus}=1\text{mol}\cdot\text{kg}^{-1}$，称为溶质的标准质量摩尔浓度。但 $\mu_B(\text{溶质}, T, p, b^{\ominus})$ 不是溶质 B 的标准态化学势，因为式中 p 为溶液的实际压力。如果式(4.36)中的 p 接近大气压力，p 与 $p^{\ominus}$ 相差不大，对化学势的影响可忽略不计，上式可近似表示成

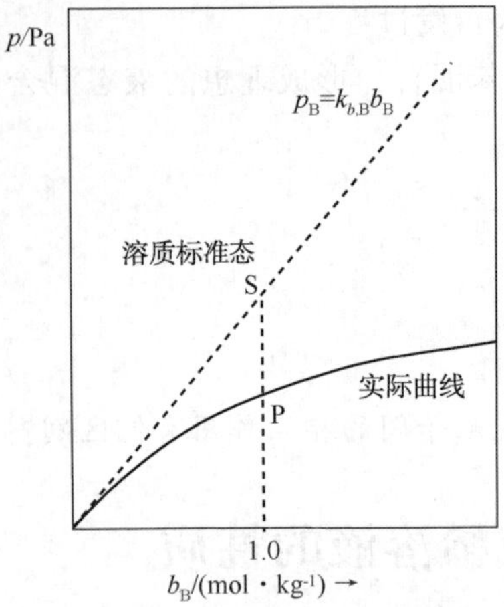

图 4-1 溶质的标准态（浓度用 b_B 表示）

$$\mu_B(\text{溶质}, T, p, b_B)=\mu^{\ominus}_{b,B}(\text{溶质}, T)+RT\ln(b_B/b^{\ominus})$$

或简写为

$$\mu_B=\mu^{\ominus}_{b,B}+RT\ln(b_B/b^{\ominus}) \qquad (4.37)$$

在上述化学势的表达式中，$\mu^{\ominus}_{b,B}$是溶质的标准态化学势。溶质的标准态为温度 T、压力为标准压力$p^{\ominus}$，溶质的质量摩尔浓度 $b_B=b^{\ominus}=1\text{mol}\cdot\text{kg}^{-1}$且符合亨利定律的理想状态，如图 4-1 所示。因为在 $b_B=1\text{mol}\cdot\text{kg}^{-1}$时，溶质 B 已不符合亨利定律，纯 B 的实际状态由图中 P 点表示，所以此标准态 S 点是一假想的状态。引入这样一个实际并不存在的假想状态作为溶质浓度用 b_B表示时的标准态，并不影响以后的 ΔG 或 $\Delta\mu$ 的计算，因为在求这些值时，有关标准态的项都消去了。

同理，当溶液的组成标度选择 c_B表示时，其化学势表达式为

$$\mu_B(\text{溶质}, T, p, c_B)=\mu^{\ominus}_{c,B}(\text{溶质}, T)+RT\ln(c_B/c^{\ominus})$$

或简写为

$$\mu_B=\mu^{\ominus}_{c,B}+RT\ln(c_B/c^{\ominus}) \qquad (4.38)$$

这种化学势的表达式中，溶质的标准态为温度 T、标准压力 $p^{\ominus}=100\text{kPa}$、$c_B=c^{\ominus}=1\text{mol}\cdot\text{dm}^{-3}$且符合亨利定律的假想态，如图 4-2 所示。纯 B 的实际状态由图中 R 点表示，所以此标准态 T 点是一假想的状态。

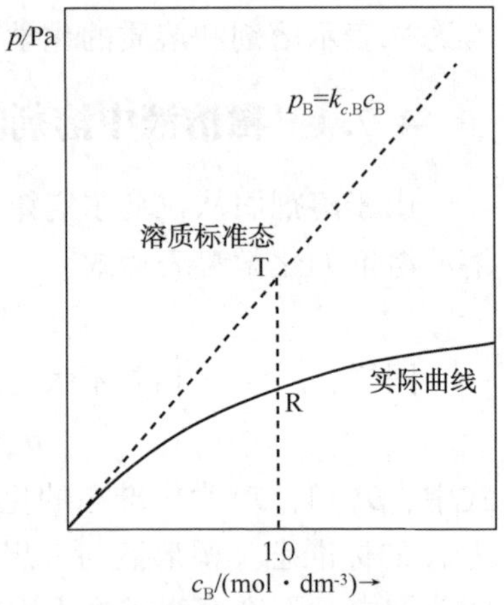

图 4-2 溶质的标准态（浓度用 c_B 表示）

当溶液的组成标度选择 x_B表示时，溶质的化学势表示为

$$\mu_B=\mu^{\ominus}_{x,B}+RT\ln x_B \qquad (4.39)$$

这时溶质的标准状态为温度 T、标准压力 $p^{\ominus}=100\text{kPa}$、$x_B=1$ 且符合亨利定律的状态，$x_B=1$ 的系统为纯液体 B，但又要求它具有稀溶液的性质，这在客观上是不可能存在的，故此标准态也是一种假想的状态，是将亨利定律的线性关系外推而得到的，如图 4-3 所示。纯 B 的实际状态由图中 W 点表示，所以此标准态 C 点是一假想的状态。

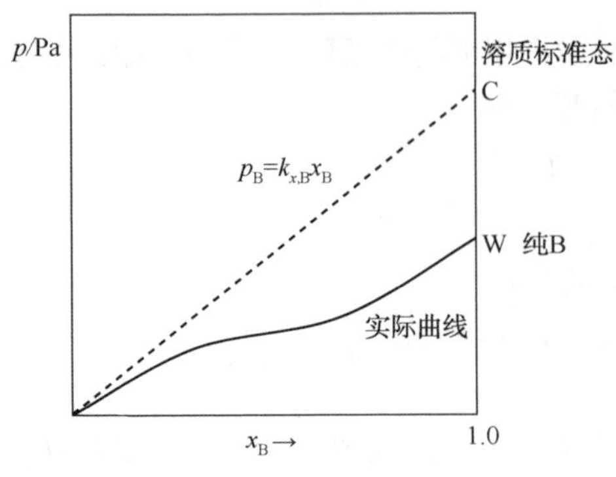

图 4-3 溶质的标准态（浓度用 x_B 表示）

应当指出，溶质的上述三种化学势的表达式，不论溶质挥发与否皆可应用。严格来说，它只适用于理想稀溶液的溶质，但对一般稀溶液也可近似地应用。对于给定条件下同一稀溶液中的任一溶质 B 来说，由于浓度的表示方法不同，化学势的表达式不同，其假想的标准态化学势不同，但其化学势μ_B一定是相同的。

【例 4.5】 在 298K 和标准压力下，将少量乙醇加入纯水中形成的物质的量分数 $x(H_2O)$为 0.98 的稀溶液，试计算纯水的化学势与溶液中水的化学势的差值。

解： 在稀溶液中，溶剂水的化学势为

$$\mu_{H_2O}=\mu^{\ominus}_{H_2O}+RT\ln x_{H_2O}$$

在定温和标准压力下，纯水的化学势为$\mu_{H_2O}^{\ominus}$，故

$$\begin{aligned}\mu_{H_2O}^{\ominus}-\mu_{H_2O} &= -RT\ln x_{H_2O} \\ &= -8.314\mathrm{J\cdot mol^{-1}\cdot K^{-1}}\times 298\mathrm{K}\times\ln 0.98 \\ &= 50.1\mathrm{J\cdot mol^{-1}}\end{aligned}$$

4.7.3 分配定律

实验证明：在一定的温度、压力下，当溶质在两个共存的、互不相溶的液体之间成平衡时，若所形成溶液的浓度不大，则溶质在两液相中的浓度之比为一常数。这就是能斯特(Nernst)分配定律。

例如，在25℃时，水和四氯化碳可视为互不相溶，用$b(I_2, \alpha)$及$b(I_2, \beta)$分别表示I_2在水中和在CCl_4的两个共存相的平衡浓度。$K=b(I_2, \alpha)/b(I_2, \beta)$，$K$称为分配系数。

这一经验定律也可由热力学导出。设溶质B在α相及β相两个互不相溶的液相中的平衡浓度分别力$b_B(\alpha)$和$b_B(\beta)$；化学势及标准态化学势分别为$\mu_B(\alpha)$、$\mu_B(\beta)$，$\mu_B^{\ominus}(\alpha)$、$\mu_B^{\ominus}(\beta)$。由式(4.37)可知

$$\mu_B(\alpha)=\mu_{b,B}^{\ominus}(\alpha)+RT\ln[b_B(\alpha)/b^{\ominus}]$$

$$\mu_B(\beta)=\mu_{b,B}^{\ominus}(\beta)+RT\ln[b_B(\beta)/b^{\ominus}]$$

两相平衡时$\mu_B(\alpha)=\mu_B(\beta)$，故存在

$$\mu_{b,B}^{\ominus}(\alpha)+RT\ln[b_B(\alpha)/b^{\ominus}]=\mu_{b,B}^{\ominus}(\beta)+RT\ln[b_B(\beta)/b^{\ominus}]$$

上式整理可得

$$\ln[b_B(\alpha)/b_B(\beta)]=[\mu_{b,B}^{\ominus}(\alpha)-\mu_{b,B}^{\ominus}(\beta)]/RT$$

在一定温度下，对于指定系统上式右方为常数，故存在

$$K=\frac{b_B(\alpha)}{b_B(\beta)} \tag{4.40}$$

此式适用于在常压下的稀溶液，并要求溶质在两相中具有相同形式的分子。

分配定律是工业萃取的理论基础，通过萃取可除去溶液中的杂质或分离出有用的组分。稀有元素的分离常采用这种方法。

4.7.4 稀溶液的依数性

稀溶液的依数性质包括溶剂的蒸气压下降、凝固点降低、沸点升高(溶质不挥发)和渗透压。这些性质仅与溶液中溶质的质点数目有关，而与溶质的本性无关，故称这些性质为稀溶液的依数性。

(1) 蒸气压下降

由拉乌尔定律知道，往纯溶剂A中加入物质B，则A的蒸气压要下降。其下降规律可由式(4.28)得出

$$x_B=\frac{p_A^*-p_A}{p_A^*}$$

$$\Delta p=p_A^*-p_A=p_A^*x_B$$

表示稀溶液中溶剂的蒸气压下降值与溶质的物质的量分数x_B成正比，而与溶质的本性无关。

利用此性质可用于计算不挥发性溶质的摩尔质量，即在稀溶液中，有

$$x_B=\frac{n_B}{n_A}=\frac{m_B/M_B}{m_A/M_A}=\frac{p_A^*-p_A}{p_A^*}$$

则

$$M_B=\frac{p_A^*-p_A}{p_A^*}\cdot\frac{m_BM_A}{m_A}$$

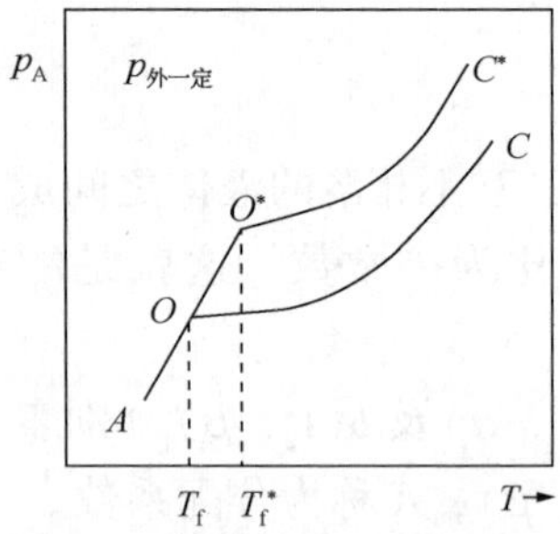

图 4-4 溶剂凝固点降低示意图

(2) 凝固点降低

在一定外压下，纯物质液、固两相呈平衡时的温度，称为该物质的凝固点，用 T_f^* 表示。当加入另一物质形成溶液后，则其凝固点下降，即低于原来纯物质的凝固点。所谓溶液的凝固点是，在一定的压力下，某浓度的溶液与其固相成平衡时的温度，用 T_f表示。这就是凝固点降低现象。如图 4-4 所示，O^*A 是固态纯溶剂的蒸气压曲线，O^*C^*线是纯溶剂的蒸气压曲线，OC 是稀溶液中溶剂的蒸气压曲线，由于溶液中溶剂的蒸气压低于同温度下纯溶剂的蒸气压，所以显然使 $T_f<T_f^*$，$\Delta T_f=T_f^*-T_f$为凝固点降低值。与溶液能平衡共存的固相有两种：一种是纯溶剂的固相；另一种是溶剂与溶质形成的固溶体。只有当溶液与纯溶剂的固相平衡共存时，溶液的凝固点才会降低，固相中出现固溶体时，溶液的凝固点不一定会降低，也可能升高。

溶液的凝固点降低值与溶液中溶质质点数目呈正比关系，即

$$\Delta T_f=K_fb_B \tag{4.41}$$

式(4.41)为稀溶液凝固点降低公式的常用形式，其中 K_f 称凝固点降低常数，单位是 $K\cdot mol^{-1}\cdot kg$。

这里需要说明三点：

① 式(4.41)凝固点降低公式，只适用于稀溶液，即便是理想的浓溶液也不适用。溶液愈稀，利用式(4.41)得到的结果愈准确。该公式对于挥发性的溶质和不挥发性的溶质都适用。

② 可以推得(推导过程可参阅其他书籍)

$$K_f=R(T_f^*)^2M_A/\Delta_{fus}H_{m,A}^{\ominus} \tag{4.42}$$

由此式可知，K_f只与溶剂的性质有关，而与溶质性质无关。K_f可通过式(4.41)计算而得到，式(4.41)中 ΔT_f可由实验测得，b_B为溶液的质量摩尔浓度，于是不难得到 $K_f=\Delta T_f/b_B$。一般常见溶剂的 K_f有表可查，见表 4-1。

③ 式(4.41)的重要意义之一，在于利用它可计算溶质或未知化合物的相对分子质量。因为 $\Delta T_f=K_fb_B$，因此，只要查得溶剂凝固点降低常数 K_f，记录配制溶液时所用溶剂和溶质的质量 m_A和 m_B，并通过实验测得溶液的凝固点降低值 ΔT_f，代入式(4.38)，即可算出溶质的相对分子质量。

表 4-1 常见几种溶剂的 K_f和 K_b值

溶　剂	水	二硫化碳	乙酸	苯	萘	苯酚	四氯化碳
$K_b/(K\cdot mol^{-1}\cdot kg)$	0.51	2.37	3.07	2.53	5.8	3.04	4.95
$K_f/(K\cdot mol^{-1}\cdot kg)$	1.86	3.8	3.9	5.12	6.94	7.27	30

【例 4.6】 在 25g 苯中溶入 0.245g 苯甲酸(C_6H_5COOH)，测得凝固点降低值 $\Delta T_f=$ 0.2048K。试求苯甲酸在苯中的分子式。

解：由表 4-1 查得苯的 $k_f=5.12K \cdot mol^{-1} \cdot kg$，根据式(4.41)

$$\Delta T_f=K_f b_B$$

有

$$\Delta T_f=\frac{K_f m_B}{M_B m_A}$$

$$M_B=\frac{K_f m_B}{\Delta T_f m_A}=\frac{5.12K \cdot mol^{-1} \cdot kg \times 0.245g}{0.2048K \times 25.00g}=0.245kg \cdot mol^{-1}$$

即溶液中苯甲酸的摩尔质量为 $245g \cdot mol^{-1}$。已知苯甲酸的相对分子质量为 122，故苯甲酸在苯中的分子式为$(C_6H_5COOH)_2$，即以双分子缔合形式存在。

(3) 沸点升高

沸点是指纯液体的饱和蒸气压等于外压时的温度。101325Pa 下的沸点为正常沸点，或简称沸点。含有非挥发性溶质的稀溶液，其沸点要比纯溶剂的沸点稍高点。这是拉乌尔定律和沸点定义的必然结果。

根据拉乌尔定律，在一定温度下，溶液的蒸气压小于纯溶剂的蒸气压，当纯溶剂的蒸气压等于外压时，溶液的蒸气压是小于外压的。欲使溶液的蒸气压等于外压，则温度必然要升高，见图 4-5。设纯溶剂的沸点为 T_b^*，溶液的沸点为 T_b，则 $T_b-T_b^*=\Delta T_b^*$ 称为沸点升高。

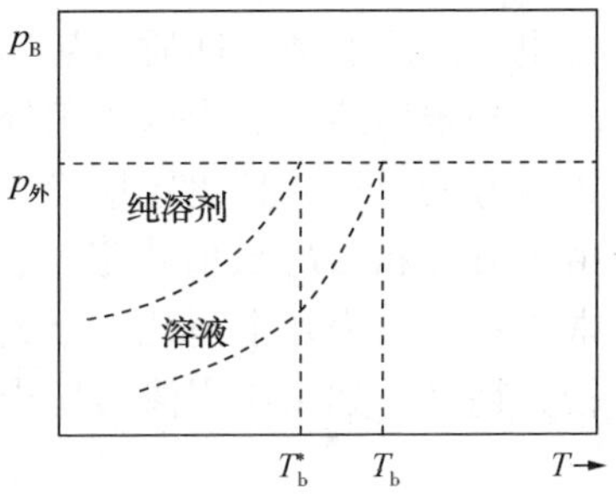

图 4-5　溶液沸点升高示意图

沸点上升值 ΔT_b 与溶液组成的关系，可用热力学原理进行推导(推导过程略)而得到

$$\Delta T_b=K_b b_B \tag{4.43}$$

其中 K_b 为沸点升高常数。一般常见溶剂的 K_b 有表可查，见表 4-1。

$$K_b=R(T_b^*)^2 M_A/\Delta_{vap}H_{m,A}^{\ominus} \tag{4.44}$$

由式(4.44)可看出 K_b 只与溶剂的种类有关，而与溶液的性质无关，其中 $\Delta_{vap}H_{m,A}^{\ominus}$ 为纯溶剂 A 的摩尔蒸发热。

式(4.43)同样可应用于求溶质的相对分子质量，但不如应用凝固点降低公式求算的精确，因 ΔT_b 不易测准。并且需要强调一点：式(4.41) $\Delta T_f=K_f b_B$ 对挥发性溶质及非挥发性溶质所形成的稀溶液均可适用。式(4.43)只适用于由非挥发性溶质所形成的稀溶液，对挥发性溶质所形成的稀溶液是不适用的。

(4) 渗透压

有许多人造的或天然的膜对物质的透过有选择性。例如亚铁氰化铜的膜只允许水而不允许水中的糖透过，还有些动物的膜和膀胱等，是天然的半透膜，水能透过这些膜，而高相对分子质量的溶质或胶体溶质却不能。在一定温度下，用一个半透膜把纯溶剂与溶液隔开，如图 4-6(a)所示，我们会发现，溶剂就会通过半透膜流入溶液，使溶液液柱上升，直至溶液液柱升到一定高度，达到平衡状态，溶剂才不再通过半透膜流入溶液。这种对于溶剂的膜平衡，称作渗透平衡。如果溶剂液面和同一水平的溶液截面上所承受的压力分别为 p(通常为大气压力)和 $p+\rho gh$(ρ 为溶液的密度，g 为重力加速度，h 为液面的高度差)，则二者压力的差值称作溶液的渗透压，用 π 表示。任何溶液均有渗透压，但若没有半透膜，则渗透压就无法体现出来。为使两液面不发生高度差，需要在溶液一侧的液面上施加一额外压力使其恰好达到渗透平衡，此额外压力即是渗透压 π，如图 4-6(b)所示。

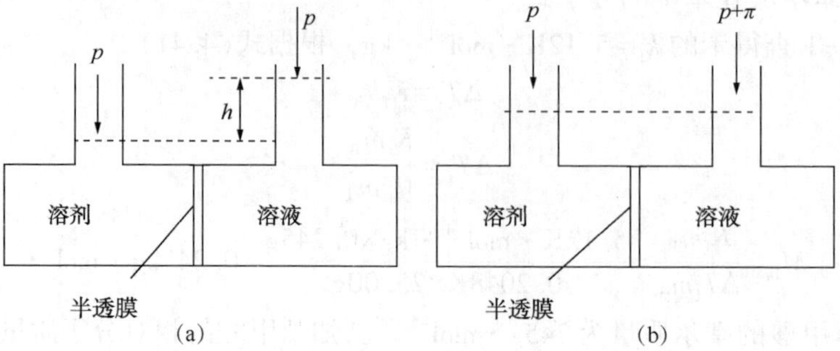

图 4-6　渗透压示意图

根据热力学推导并作适当的近似，可得到溶液的渗透压与其浓度间的函数关系，即

$$\pi = c_B RT \tag{4.45}$$

此式即是适用于稀溶液的范特霍夫渗透压公式。其中 c_B 为溶液的物质的量浓度。由此式可看出，溶液渗透压的大小只由溶液中溶质的分子数决定，而与溶液的本性无关。因此，渗透压也是溶液的依数性质。从形式看，渗透压公式与理想气体状态方程完全相似。

测定稀溶液的渗透压用处很多。其中较为重要的是用于求大分子化合物(如蛋白质)的相对分子质量，且比较精确。尽管如上所述的可用 ΔT_f、ΔT_b 计算物质的相对分子质量，但由于 ΔT_f 和 ΔT_b 数值均很小，不易测准，由之计算的相对分子质量会有较大的误差。而通常渗透压均为几个至几十个大气压力，数值较大，容易测准，由之计算得到的相对分子质量较为精确。如果应用渗透压求相对分子质量，式(4.45)需要改写为

$$\pi = \frac{n_B}{V}RT = \frac{m_B RT}{VM_B}$$

$$M_B = \frac{m_B RT}{V\pi} \tag{4.46}$$

式中 V 为溶液的体积。

根据以上讨论可知，在图 4-6(b)所示的装置中，当施加在溶液与溶剂上的压力之差 Δp 小于 π 时，溶剂通过半透膜流入溶液，这一现象称为渗透。渗透现象对生物体很重要，如果把树皮看作半透膜，树根内液体为水溶液，树根外面为纯水，由于渗透压作用，树根就可以从周围环境吸收水分。渗透现象在药学上也有重要意义，静脉注射用的生理盐水与血液必须具有相等渗透压，若生理盐水比血液的渗透压高，则血球细胞中的水分向血液渗透，而引起血球的萎缩；反之，则水分向血球细胞内渗透，严重时可使细胞破裂，这种现象叫溶血现象。Δp 大于 π 时，溶液中的溶剂通过半透膜流入溶剂，这一现象称反渗透。反渗透是 20 世纪 60 年代发展起来的一项新技术，最初用于海水的淡化，后来又广泛用于工业废水的处理。在人体中，肾就具有反渗透的作用，血液中的糖分远高于尿中的糖分，肾的反渗透功能可以阻止血液中的糖分进入尿液。如果肾功能有缺陷，血液中的糖分易进入尿液而形成糖尿病。

【例 4.7】　测得 300K 时蔗糖水溶液的渗透压为 252kPa。求该蔗糖溶液的凝固点降低值 ΔT_f。

解：根据式(4.45)，可知

$$c_B = \frac{\pi}{RT} = \frac{252\text{kPa}}{8.314\text{J}\cdot\text{mol}^{-1}\cdot\text{K}^{-1}\times 300\text{K}} = 101.0\text{mol}\cdot\text{m}^{-3}$$

将 c_B 换算成 b_B

$$c_B=\frac{n_B}{V},\ \ b_B=\frac{n_B}{m_A}=\frac{c_B V}{m_A}\approx\frac{c_B}{\rho_A}$$

近似认为溶液体积等于溶剂体积，故 $\rho_A\approx\frac{m_A}{V_A}$，所以

$$b_B=\frac{101.0\text{mol}\cdot\text{m}^{-3}}{1000\text{kg}\cdot\text{m}^{-3}}=0.10\text{mol}\cdot\text{kg}^{-1}$$

$$\Delta T_f=K_f b_B=1.86\text{K}\cdot\text{mol}^{-1}\cdot\text{kg}\times0.10\text{mol}\cdot\text{kg}^{-1}=0.186\text{K}$$

思考题 6 将少量挥发性液体加入溶剂中形成稀溶液，则溶液的沸点是否一定高于相同压力下纯溶剂的沸点？

§4.8 真实液态混合物和真实溶液的化学势

4.8.1 真实液态混合物

我们经常遇到的液态混合物大多数是真实液态混合物。组成真实液态混合物的各组分的分子因大小与结构不会完全相同，故不同组分分子之间的作用力与同种分子之间的作用力不相同，而且在形成真实液态混合物时常伴随着物理化学效应，因此与理想液态混合物不同，真实液态混合物的任意组分均不遵守拉乌尔定律，它们对理想液态混合物遵守的规律产生偏差。这种偏差可以是正的，也可以是负的，当真实液态混合物组分的蒸气分压大于按拉乌尔定律的计算值时，发生正偏差；小于按拉乌尔定律的计算值时，发生负偏差。

真实液态混合物的化学势也希望有理想系统的简单形式，为此路易斯(Lewis)提出了活度的概念。将理想液态混合物的化学势的表达式(4.33)进行校正，校正为

$$\mu_B(\text{l},\ T,\ p,\ x_B)=\mu_B^*(\text{l},\ T,\ p)+RT\ln\gamma_B x_B$$

其中 $\gamma_B x_B$ 定义为真实液态混合物中任意组分 B 的活度，用 a_B 表示，而将 γ_B 称为活度因子。即

$$a_B=\gamma_B x_B \tag{4.47}$$

因此真实液态混合物中任意组分的化学势表示为

$$\mu_B(\text{l},\ T,\ p,\ x_B)=\mu_B^*(\text{l},\ T,\ p)+RT\ln a_B \tag{4.48}$$

由于 $\mu_B^*(\text{l})$ 为一定温度、压力下纯液体 B 的化学势，当 $x_B\to1$ 时，必然 $a_B\to1$，因此有

$$\lim_{x_B\to1}\gamma_B=\lim_{x_B\to1}(a_B/x_B)=1 \tag{4.49}$$

在常压下，近似有

$$\mu_B(\text{l},\ T,\ p,\ x_B)=\mu_B^\ominus(\text{l},\ T)+RT\ln a_B$$

或简写为

$$\mu_B=\mu_B^\ominus+RT\ln a_B \tag{4.50}$$

$\mu_B^\ominus(\text{l},\ T)$ 为标准态的化学势，与式(4.34)的标准态相同，即混合物中组分 B 的标准状态为 T、$p^\ominus$ 下纯液体 B 的状态。活度 a_B 相当于“有效浓度”，活度因子 γ_B 相当于真实混合物中组分 B 偏离同 T、p 下理想液态混合物的程度。

若用活度 a_B 或 $\gamma_B x_B$ 代替拉乌尔定律中的 x_B，则

$$p_B = p_B^* a_B$$

$$a_B = \frac{p_B}{p_B^*} \tag{4.51}$$

于是

$$\gamma_B = \frac{p_B}{x_B p_B^*} \tag{4.52}$$

对活度需要作出三点说明：

① 活度不仅适用于液态溶液，也适用于固态溶液或气态溶液。气态溶液实际是混合气体，气体的活度即是逸度。

因气体的标准态是在任何指定温度时压力等于 100kPa 的纯理想气体，而理想气体的逸度等于压力，即 $\gamma = p = 100\text{kPa}$，故

$$a = \frac{f}{f^*}$$

因此，根据这一情况，气体的活度就是气体的相对逸度。

② 对不同形态的物质，活度 a 的含义有所不同。

理想气体的活度代表其压力；真实气体的活度代表其相对逸度；理想溶液中任一组分及稀溶液中溶剂的活度代表其物质的量分数 x_B；稀溶液中溶质的活度代表其浓度 x_B、b_B 或 c_B；非理想溶液中物质的活度代表校正后的浓度。

对不同形态的物质活度的含义之所以不同，是因为各类形态的物质，参考态的不同所致的，因此不同形态物质的标准态选定了，其活度的含义才能明确。于是，前面尽管介绍了不同形态物质化学势的表达式，但均可以式(4.50)的形式作为各类形态物质化学势的统一表达式，只不过其中 a_B 具有不同的含义。

③ 通常纯固体、纯液体的活度为 1。

4.8.2 真实溶液

(1) 真实溶液中溶剂的化学势表达式

为了使真实溶液中溶剂的化学势表达式与理想稀溶液中的形式相同，也是以溶剂的活度 a_A 代替 x_A。对于溶剂 A，在温度 T、压力 p 下，有

$$\mu_A(\text{l}, T, p) = \mu_A^{\ominus}(\text{l}, T) + RT\ln a_A \tag{4.53}$$

过去对溶剂 A 也与液态混合物中任一组分一样，规定 A 的活度因子 γ_A 为

$$\gamma_A = \frac{a_A}{x_A}$$

但是，因为在稀溶液中溶剂的活度接近于 1，用活度因子不能准确地表示出溶液(特别是电解质溶液)的非理想性。为了准确地表示溶液中溶剂对于理想稀溶液的偏差，引入了渗透因子的概念。定义溶剂 A 的渗透因子 g 为

$$g = \frac{\ln a_A}{\ln x_A} \tag{4.54}$$

即

$$a_A = x_A^g$$

g 是量纲为 1 的量。

当溶液的组成用溶质的质量摩尔浓度表示时，溶剂 A 的渗透因子 φ 定义为

$$\varphi = -\ln a_A / M_A \sum b_B \tag{4.55}$$

即

$$\ln a_A = -\varphi M_A \sum_B b_B$$

所以当 p 与 $p^{\ominus}$ 相差不大时，用质量摩尔浓度作为溶液组成变量表示的稀溶液中溶剂的化学势为

$$\mu_A(1, T, p) = \mu_A^{\ominus}(1, T) - RT\varphi M_A \sum b_B \tag{4.56}$$

（2）真实溶液中溶质的化学势表达式

在一定 T、p 下，溶质的化学势取决于溶液的组成。当组成一定，选用不同的方式表示组成时，溶质的标准态化学势不同，因此溶质的活度及活度因子也不相同。

用质量摩尔浓度 b_B 表示时，溶质 B 的活度 $a_{b,B}$ 定义为

$$a_{b,B} = \gamma_{b,B} b_B / b^{\ominus} \tag{4.57}$$

$\gamma_{b,B}$ 称为活度因子，并要求

$$\lim_{\sum b_B \to 0} \gamma_{b,B} = \lim_{\sum b_B \to 0} [a_{b,B}/(b_B/b^{\ominus})] = 1$$

于是，真实溶液中溶质的化学势表示为

$$\mu_B(\text{溶质}, T, p, b_B) = \mu_B(\text{溶质}, T, p, b^{\ominus}) + RT\ln a_{b,B}$$

$$\mu_B(\text{溶质}, T, p, b_B) = \mu_B(\text{溶质}, T, p, b^{\ominus}) + RT\ln(\gamma_{b,B} b_B / b^{\ominus})$$

在常压下溶质的化学势可近似地表示为

$$\mu_B = \mu_{b,B}^{\ominus} + RT\ln a_{b,B} \tag{4.58}$$

溶质的标准态为与式(4.37)中溶质标准态的规定相同。根据上述规定，可采用下式计算溶质的活度及活度因子。

$$a_{b,B} = p_B / (k_{b,B} \cdot b^{\ominus}) \tag{4.59}$$

$$\gamma_{b,B} = a_{b,B} / (b_B / b^{\ominus}) = p_B / (k_{b,B} \cdot b_B) \tag{4.60}$$

用物质的量浓度 c_B 表示时，在常压下溶质的化学势可近似地表示为

$$\mu_B = \mu_{c,B}^{\ominus} + RT\ln a_{c,B} \tag{4.61}$$

$$a_{c,B} = \gamma_{c,B} c_B / c^{\ominus} \tag{4.62}$$

在溶质的标准态为 T、$p^{\ominus}$ 下，有 $a_{c,B} = c_B/c^{\ominus} = 1$、$\gamma_B = 1$ 的假想态。根据上述规定，可采用下式计算溶质的活度及活度因子。

$$a_{c,B} = p_B / (k_{c,B} \cdot c^{\ominus}) \tag{4.63}$$

$$\gamma_{c,B} = p_B / (k_{c,B} \cdot c_B) \tag{4.64}$$

用物质的量分数 x_B 表示时，在常压下溶质的化学势可近似地表示为

$$\mu_B = \mu_{x,B}^{\ominus} + RT\ln a_{x,B} \tag{4.65}$$

$$a_{x,B} = \gamma_{x,B} x_B \tag{4.66}$$

在溶质的标准态为 T、$p^{\ominus}$ 下，有 $a_{x,B} = x_B = 1$、$\gamma_B = 1$ 的假想态。根据上述规定，可采用下式计算溶质的活度及活度因子。

$$a_{x,B} = p_B / k_{x,B} \tag{4.67}$$

$$\gamma_{x,B} = p_B / (k_{x,B} \cdot x_B) \tag{4.68}$$

在上述三种溶质的活度及活度因子的计算式中，$k_{b,B}$、$k_{c,B}$、$k_{x,B}$ 分别为溶质 B 的组成用质量摩尔浓度 b_B、物质的量浓度 c_B、物质的量分数 x_B 表示的亨利常数。当选用不同的标准

态时，溶质的活度不同，对应的活度因子虽然皆用 γ_B 表示，但其值却不相等。不论采取何种标准态，活度及活度因子皆是量纲为 1 的数值。

【例 4.8】 在 25℃时，溴(2)在 CCl_4(1)中的浓度为 $x_2=0.00599$ 时，测得溴的蒸气压 $p_2=0.319\text{kPa}$，已知同温下纯溴的蒸气压为 28.40kPa，求：

（1）以纯溴为标准态，溶液中溴的活度与活度因子是多少？

（2）以无限稀 CCl_4 溶液中 $x_2\to 1$ 符合亨利定律的状态为标准态，求溶液中溴的活度与活度因子，已知亨利常数为 $k_x=53.86\text{kPa}$。

解：（1）以纯溴为标准态，用拉乌尔定律，有

$$a_2=\frac{p_2}{p^*}=\frac{0.319}{28.40}=0.0112,\ \gamma=\frac{a_2}{x_2}=\frac{0.0112}{0.00599}=1.87$$

（2）以假想态为标准态，用亨利定律：$p_2=k_x a_2$，有

$$a_2=\frac{p_2}{k_x}=\frac{0.319}{53.86}=0.00592,\ \gamma=\frac{a_2}{x_2}=\frac{0.00592}{0.00599}=0.988$$

思考题 7 当溶液中溶质浓度采用不同浓标时，溶质的活度、溶质的活度因子、溶质的标准态化学势、溶质的化学势是否相同？

课程思政

稀溶液依数性的应用

稀溶液的四个依数性质在生产、生活中有很多重要的应用，可以解释我们生活中很多现象。例如冬天北方的街道由于积雪很滑，为了防止交通事故，经常会在路上撒一些食盐。这就是根据依数性的凝固点降低原理，冰雪可以认为是固态纯水，在冰雪中撒一些食盐，食盐溶解在水中后形成稀溶液，由于溶液的凝固点要低一些，依据固相与液相平衡条件，随白天温度稍稍回升，就可以使平衡向溶液方向移动，冰雪就会加速溶解变成液体，从而达到除冰融雪的目的。渗透压是溶液的四个依数性之一，渗透压和渗透现象存在于整个生命活动过程中。例如，农田中施肥太浓时植物会被烧死，这是由于水分在庄稼体内和土壤中化学势不等，发生渗透造成的。当土壤中肥料或盐类的浓度大于在植物中的浓度时，水在植物中的化学势比在土壤中的要高，水就要通过细胞壁向土壤中渗透，所以植物就会枯萎，甚至烧死。

在渗透现象的基础上，还可以进一步引出反渗透的原理，根据已学过的渗透压原理知识讨论反渗水是否安全？是否健康？一方面可以做到理论联系实际，学以致用，另外也培养我们辩证思维能力。

类似的应用还有很多。比如，为什么肉汤烫伤比开水烫伤更严重(沸点升高)？冬天吃冻梨前，将冻梨放入凉水中浸泡，为什么过一段时间后冻梨内部解冻了，但表面结了一层薄冰(凝固点降低)？自然界中，有的大树可以长到100m以上，它从地表汲取树冠养料和水分的主要动力是什么(渗透压)？通过这些依数性在人们生活与生产实践中的应用实例，可以使我们感知化学在社会发展中的作用，学会从科学的角度来理解事物变化的本质，能够用科学的知识及思维来解决生活中的问题，有利于提高我们应用理论知识解决实际问题的能力。

小 结

一、重点和难点

重点：化学势判据，拉乌尔定律与亨利定律的正确理解与应用，溶液中各组分的化学势及各个标准态的物理意义，稀溶液依数性，活度与活度因子概念的理解与应用。

难点：偏摩尔量及化学势的物理意义，溶液中各组分的化学势及各个标准态的物理意义，活度与活度因子。

二、主要公式及使用条件

1. 偏摩尔量

定义：
$$X_B \overset{\text{def}}{=\!=\!=} \left(\frac{\partial X}{\partial n_B}\right)_{T,p,n_{C(C\neq B)}}$$

集合公式：
$$X = \sum_B n_B X_B$$

2. 吉布斯-杜亥姆方程

在 T、p 一定条件下，$\sum_B n_B \mathrm{d}X_B = 0$，或 $\sum_B x_B \mathrm{d}X_B = 0$。

3. 化学势

定义
$$\mu_B = \left(\frac{\partial U}{\partial n_B}\right)_{S,V,n_C} = \left(\frac{\partial H}{\partial n_B}\right)_{S,p,n_C} = \left(\frac{\partial A}{\partial n_B}\right)_{T,V,n_C} = \left(\frac{\partial G}{\partial n_B}\right)_{T,p,n_C}$$

4. 单相多组分系统的热力学公式

$$\left.\begin{aligned}
\mathrm{d}G &= -S\mathrm{d}T + V\mathrm{d}p + \sum_B \mu_B \mathrm{d}n_B \\
\mathrm{d}U &= T\mathrm{d}S - p\mathrm{d}V + \sum_B \mu_B \mathrm{d}n_B \\
\mathrm{d}H &= T\mathrm{d}S + V\mathrm{d}p + \sum_B \mu_B \mathrm{d}n_B \\
\mathrm{d}A &= -S\mathrm{d}T - p\mathrm{d}V + \sum_B \mu_B \mathrm{d}n_B
\end{aligned}\right\}$$

适用于只做体积功的组成可变的多组分均相系统。

5. 化学势判据

在 $dT=0$，$dp=0$，$\delta W'=0$ 的条件下，

$$\sum_{\phi}\sum_{B}\mu_B^{\phi}dn_B^{\phi}\leqslant 0 \quad \begin{matrix}<\text{自发}\\=\text{平衡}\end{matrix}$$

其中，$\sum_{\phi}$ 指有多相共存，μ_B^{ϕ}指 Φ 相内的 B 物质。

6. 纯理想气体 B 在温度 T、压力 p 时的化学势

$$\mu(T,\ p)=\mu^{\ominus}(T)+RT\ln(p/p^{\ominus})$$

7. 理想气体混合物中任一组分 B 的化学势

$$\mu_B(T,\ p)=\mu_B^{\ominus}(T)+RT\ln(p_B/p^{\ominus})$$

其中，$p_B=px_B$为 B 的分压。

8. 纯真实气体 B 在压力为 p 时的化学势

$$\mu(T,\ p)=\mu^{\ominus}(T)+RT\ln(f/p^{\ominus})$$

其中，f 称为逸度。

$$f=\gamma p$$

9. 真实气体混合物中任一组分 B 的化学势

$$\mu_B(T,\ p)=\mu_B^{\ominus}(T)+RT\ln(f_B/p^{\ominus})$$

f_B为混合气体中组分 B 的逸度，$f_B=\gamma_B p_B$

10. 拉乌尔定律与亨利定律(对非电解质溶液)

拉乌尔定律： $p_A=p_A^*x_A$

亨利定律： $p_B=k_{x,B}x_B$，$p_B=k_{b,B}b_B$，$p_B=k_{c,B}c_B$

拉乌尔定律适用于稀溶液中的溶剂，亨利定律适用于稀溶液中的溶质。

11. 理想液态混合物中任一组分 B 的化学势

$$\mu_B(l)=\mu_B^*(l)+RT\ln x_B$$

当 p 与相 $p^{\ominus}$差不大，理想液态混合物中 B 的化学势可近似写成

$$\mu_B=\mu_B^{\ominus}+RT\ln x_B$$

12. 理想液态混合物的混合性质

① $\Delta_{mix}V=0$；

② $\Delta_{mix}H=0$；

③ $\Delta_{mix}S=-nR(x_B\ln x_B+x_C\ln x_C+\cdots)>0$；

④ $\Delta_{mix}G=RT(n_B\ln x_B+n_C\ln x_C+\cdots)<0$。

13. 理想稀溶液

① 溶剂的化学势：

$$\mu_A(l,\ T,\ p,\ x_A)=\mu_A^*(l,\ T,\ p)+RT\ln x_A$$

当 p 与 $p^{\ominus}$相差不大时，可近似写成

$$\mu_A(l,\ T,\ p,\ x_A)=\mu_A^{\ominus}(l,\ T,\ p)+RT\ln x_A$$

② 溶质 B 的化学势：当 p 与相 $p^{\ominus}$差不大时：

$$\mu_B=\mu_{b,B}^{\ominus}+RT\ln\left(\frac{b_B}{b^{\ominus}}\right)$$

$$\mu_B=\mu_{c,B}^{\ominus}+RT\ln\left(\frac{c_B}{c^{\ominus}}\right)$$

$$\mu_B=\mu_{x,B}^{\ominus}+RT\ln x_B$$

14. 分配定律

$$K=\frac{b_B(\alpha)}{b_B(\beta)}$$

15. 稀溶液的依数性

① 溶剂蒸气压下降：$\Delta p=p_A^*-p_A=p_A^*x_B$

② 凝固点降低：（条件：溶质不与溶剂形成固态溶液，仅溶剂以纯固体析出。）

$$\Delta T_f=K_f b_B,\ K_f=\frac{R(T_f^*)^2M_A}{\Delta_{fus}H_{m,A}^{\ominus}}$$

③ 沸点升高：（条件：溶质不挥发。）

$$\Delta T_b=K_b b_B,\ K_b=\frac{R(T_b^*)^2M_A}{\Delta_{vap}H_{m,A}^{\ominus}}$$

④ 渗透压：$\pi=c_BRT$

16. 活度与活度因子

对真实液态混合物中任一组分，有 $\mu_B=\mu_B^{\ominus}+RT\ln a_B$，$a_B=\gamma_B x_B$，且有

$$\lim_{x_B\to 1}\gamma_B=1$$

活度及活度因子的计算：$a_B=\frac{p_B}{p_B^*}$，$\gamma_B=\frac{p_B}{x_Bp_B^*}$

对温度 T、压力 p 下，真实溶液中溶剂 A 的化学势

$$\mu_A(1,\ T,\ p)=\mu_A^{\ominus}(1,\ T)+RT\ln a_A$$

$$\mu_A(1,\ T,\ p)=\mu_A^{\ominus}(1,\ T)-RTM_A\varphi\sum b_B$$

其中 $a_A=x_A^g$，$\varphi=-\frac{\ln a_A}{M_A\sum b_B}$

对温度 T、压力 p 下，真实溶液中溶质 B 的化学势，当 p 与 $p^{\ominus}$ 相差不大时，有

$$\mu_B=\mu_{b,B}^{\ominus}+RT\ln a_{b,B},\ \mu_B=\mu_{c,B}^{\ominus}+RT\ln a_{c,B},\ \mu_B=\mu_{x,B}^{\ominus}+RT\ln a_{x,B}$$

其中，$a_{b,B}=\frac{\gamma_{b,B}b_B}{b^{\ominus}}$，$a_{c,B}=\frac{\gamma_{c,B}c_B}{c^{\ominus}}$，$a_{x,B}=\gamma_{x,B}x_B$

活度及活度因子的计算为：

$$a_{b,B}=\frac{p_B}{k_{b,B}\cdot b^{\ominus}},\ \gamma_{b,B}=\frac{p_B}{k_{b,B}\cdot b_B}$$

$$a_{c,B}=\frac{p_B}{k_{c,B}\cdot c^{\ominus}},\ \gamma_{c,B}=\frac{p_B}{k_{c,B}\cdot c_B}$$

$$a_{x,B}=\frac{p_B}{k_{x,B}},\ \gamma_{x,B}=\frac{p_B}{k_{x,B}\cdot x_B}$$

习题

1. 10g CH_3COOH 溶于 100g H_2O，在 20℃时密度为 1.2103g/mL，求该溶液的：(1) 质量分数；(2) 物质的量分数；(3) 质量摩尔浓度；(4) 物质的量浓度。

［答案：(1) 0.09；(2) 0.029；(3) 1.67mol · kg^{-1}；(4) 1.5mol · dm^{-3}］

2. 在常温常压下，在 1.0 kg H_2O(A) 中加入 NaBr(B)，水溶液的体积（以 cm^{3}表示）与溶质 B 的质量摩尔浓度 b_B 的关系可用下式表示为：

$$V=1002.93+23.189b_B+2.197b_B^{3/2}-0.178b_B^2$$

求当 $b_B=0.25$mol · kg^{-1}和 $b_B=0.50$mol · kg^{-1}时，溶液中 NaBr(B) 和 H_2O(A) 的偏摩尔体积。

［答案：$V_{A,1}=18.067$cm^3 · mol^{-1}，$V_{A,2}=18.045$cm^3 · mol^{-1}；
$V_{B,1}=24.75$cm^3 · mol^{-1}，$V_{B,2}=25.34$cm^3 · mol^{-1}］

3. 有一 H_2O 和乙醇形成的均相溶液，已知 H_2O 的物质的量分数为 0.4，乙醇的偏摩尔体积为 57.5cm^3 · mol^{-1}，溶液的密度为 0.8494g · cm^{-3}。试计算该溶液中 H_2O 的偏摩尔体积。

［答案：16.18cm^3 · mol^{-1}］

4. 在 20℃下，HCl 溶于苯中达平衡，气相中 HCl 的分压为 101.325kPa 时，溶液中 HCl 的摩尔分数为 0.0425。已知 20℃时，苯的蒸气压为 10.01kPa。若 20℃时 HCl 和苯的蒸气总压为 101.325kPa。求：(1) HCl 在苯中的亨利系数；(2) 1kg 苯中溶解多少 kg HCl?

［答案：(1) $k_{x,B}=2384$kPa；(2) $m_B=0.0186$kg］

5. H_2、N_2 与 100g 水在 40℃时处于平衡，平衡总压为 105.4kPa。平衡气体经干燥后的组成为体积分数 $\varphi(H_2)=40\%$。假设可以认为溶液的水蒸气压等于纯水的蒸气压，即 40℃时的 7.33kPa。已知 40℃时，H_2、N_2在水中的亨利系数分别为 7.61GPa 及 10.5GPa，求 40℃时水中溶解 H_2、N_2的质量。

［答案：$m(H_2)=5.768\times10^{-5}$g，$m(N_2)=8.714\times10^{-4}$g］

6. 已知 136.7℃时，氯苯的蒸气压为 115.06kPa，溴苯的蒸气压为 60.39kPa。将氯苯和溴苯各 1kg 混合成理想液态混合物，试计算在 136.7℃时与该液相成平衡的蒸气中氯苯和溴苯的分压及摩尔分数。

［答案：$p(C_6H_5Cl)=67.01$kPa，$p(C_6H_5Br)=25.22$kPa，
$y(C_6H_5Cl)=0.7266$，$y(C_6H_5Br)=0.273$］

7. 苯和甲苯两种液体形成的理想液态混合物，当蒸气总压为 47.42kPa 时，苯在液相中的组成为 0.1423，而在气相中的组成为 0.3000，试计算苯和甲苯单独存在时的蒸气压。

［答案：p^*(苯)=99.97kPa，p^*(甲苯)=38.70kPa］

8. 320K 由 3mol 纯液体 A 与 1mol 纯液体 B 混合成理想液态混合物，求过程的 $\Delta_{mix}G$。

［答案：$\Delta_{mix}G=-5.984$kJ］

9. 293K 时，NH_3 与 H_2O 按 1 : 8.5 组成的溶液 A 上方的蒸气压为 10.64kPa，而按 1 : 21 组成的溶液 B 上方的蒸气压为 3.597kPa。

(1) 293K 时，从大量的溶液 A 中转移 1mol NH_3 到大量的溶液 B 中的 ΔG_m 为多少？

(2) 293K 时，若将 101.325kPa 的 1mol NH_3 溶解于大量的溶液 B 中，求 ΔG_m 为多少？

［答案：(1) −2642J · mol^{-1}；(2) −8312J · mol^{-1}］

10. 在20℃时，乙醚的蒸气压为59.00kPa。今有100.00g乙醚中溶入10.00g某非挥发性有机物质，蒸气压下降到56.80kPa，试求该有机物的摩尔质量。

[答案：191.3g · mol^{-1}]

11. 在100g苯中加入13.76g联苯($C_6H_5C_6H_5$)，所形成溶液的沸点为82.4℃。已知纯苯的沸点为80.1℃。

求：(1)苯的沸点升高系数；(2)苯的摩尔蒸发焓。

[答案：(1)2.58K · mol^{-1} · kg；(2)31.4kJ · mol^{-1}]

12. 纯铜的凝固点是1083℃，而含3.45%(质量)氧化亚铜Cu_2O的铜在1063℃时开始凝固。如果含硫化亚铜Cu_2S的铜也产生凝固点降低，试求含3.00%(质量)Cu_2S的铜开始凝固的温度。

[答案：1067.44℃]

13. 人的血液可视为水溶液，在101.325kPa下于−0.56℃凝固。已知水的凝固点降低常数为1.86K · mol^{-1} · kg。

(1) 求血液在37℃时的渗透压。

(2) 在同温度下，1dm^3葡萄糖$C_6H_{12}O_6$水溶液中需含有多少克葡萄糖时才能与血液有相同的渗透压。(提示：稀溶液$c_B \approx b_B$)

[答案：(1)π=776.4kPa；(2)m_B=54.2g]

14. 三氯甲烷(A)和丙酮(B)所成的液体混合物，若液相的组成为x_B=0.713，则在301.35K时的总蒸气压为29.39kPa。在蒸气中y_B=0.818。已知在该温度时，纯三氯甲烷的蒸气压为29.57kPa，试求：

(1)混合液中A的活度；(2)A的活度因子。

[答案：(1)a_A=0.181；(2)γ_A=0.631]

15. 已知20℃时水(A)的蒸气压p_A^*=2.34kPa，乙醇(B)的蒸气压p_B^*=5.81kPa，而质量摩尔分数w_B=0.40的乙醇和水形成的液态混合物中，水的蒸气分压p_A=1.96kPa，乙醇的蒸气分压p_B=2.76kPa。求20℃时该液态混合物中各组分的活度系数和活度。

[答案：γ_A=1.056，a_A=0.8376，γ_B=2.297，a_B=1.4750]

16. 有一丙醇-水溶液，25℃下，当x(丙醇)=0.6时，p(丙醇)=2.0665kPa，p(水)=2.6531kPa，已知25℃时，丙醇和水的饱和蒸气压分别为2.9011kPa和3.1677kPa，设蒸气可视为理想气体，若以纯液体为标准态，求x(丙醇)=0.6时，丙醇和水的活度系数各为多少？

[答案：γ(水)=2.09，γ(丙醇)=1.19]

第5章 化学平衡

所有化学反应既可以正向进行也可以逆向进行，但是有些反应正向反应进行程度很大，而逆向反应进行的程度很小，所以逆向反应可以忽略不计，这就是通常所说的“单向”或“反应能够进行到底”的反应。但是，有些反应正向和逆向进行的程度相当，在进行到一定时间后均会达到平衡，此时反应进度达到极限值，系统的组成不随时间变化，这就是化学反应的限度。达到平衡时，从宏观角度看，参与反应的各物质的量不再随时间而改变，反应似乎停止了，但从微观角度看，正、逆反应都在不断进行，只是两者的速率相等而已，因此是一种动态的平衡。当外界条件改变，化学平衡就会被打破，反应会发生移动并在新的条件下建立新的平衡。

科学实验和工业生产关注的核心是一个化学反应在一定的条件下能否进行，理论上可获得的最大产率是多少、极限产率怎样随条件变化等重要的问题。1874 年，美国化学家吉布斯提出了化学势的概念，并用化学势处理多组分多相系统的化学平衡和相平衡的问题，实现了从理论上判断化学反应的方向和计算平衡转化率。

本章主要涉及在一定的条件下化学反应究竟向哪个方向进行，什么时候达到平衡，怎样通过控制温度、压力等反应条件，使反应按人们所需的方向进行等问题的介绍。

§5.1 化学反应的方向及平衡条件

设在等温、等压以及 $W'=0$ 的条件下，系统内发生化学反应，其反应方程式都符合如下关系式：

$$0=\sum_{B}\nu_{B}B \tag{5.1}$$

根据多组分系统的热力学基本方程

$$dG=-SdT+Vdp+\sum_{B}\mu_{B}dn_{B}$$

在等温、等压条件下

$$(dG)_{T,p}=\sum_{B}\mu_{B}dn_{B} \tag{5.2}$$

根据反应进度的定义 $d\xi=\frac{dn_{B}}{\nu_{B}}$，则 $dn_{B}=\nu_{B}d\xi$，代入式(5.2)得

$$(dG)_{T,p}=\sum_{B}\nu_{B}\mu_{B}d\xi$$

移项得

$$\left(\frac{\partial G}{\partial \xi}\right)_{T,p}=\sum_{B}\nu_{B}\mu_{B} \tag{5.3}$$

那么，在等温、等压条件下，在无限大反应系统中，进行了 $\xi=1$mol 的化学反应引起系统吉

布斯函数的改变简称为摩尔反应吉布斯函数，通常以 $\Delta_r G_m$ 表示。则式(5.3)可写作

$$(\Delta_r G_m)_{T,\ p} = \sum_B \nu_B \mu_B \tag{5.4}$$

其中，μ_B 是参与反应的各物质的化学势。在反应过程中只要是在有限的系统中发生了一个微小的变化，或者是在大量的系统中发生了反应进度为 1mol 的变化，各物质的化学势 μ_B 保持不变。

等温、等压以及 $W'=0$ 的条件下，可以利用式(3.50)吉布斯判据来判断反应的方向和限度，则根据式(5.4)可得

$$\sum_B \nu_B \mu_B \leqslant 0 \quad \begin{matrix} < \text{自发} \\ = \text{平衡} \end{matrix} \tag{5.5}$$

因此，在等温、等压以及 $W'=0$ 的条件下，$\sum_B \nu_B \mu_B$ 也可作为判断反应方向与平衡的判据。根据德唐德(De Donder)提出的定义，化学反应的亲和势 A 定义为

$$A \stackrel{\text{def}}{=\!=} -\left(\frac{\partial G}{\partial \xi}\right)_{T,p} \tag{5.6}$$

根据式(5.3)和式(5.4)，有

$$A = -(\Delta_r G_m)_{T,\ p} = -\sum_B \nu_B \mu_B$$

化学反应亲和势就是在等温、等压、非体积功等于零时化学反应进行的推动力。对于给定的系统，亲和势有定值，它决定于系统的始、终态，而与反应的过程无关，与系统的大小数量无关，仅与系统中各物质的强度性质 μ_B 相关。

根据化学反应亲和势的定义式，在等温、等压以及 $W'=0$ 的条件下，化学反应亲和势可以作为化学反应方向和限度的判据

$$A \geqslant 0 \quad \begin{matrix} > \text{自发} \\ = \text{平衡} \end{matrix}$$

以后为了方便，常把等温等压下标略去。

由以上所述可以看出，$\left(\frac{\partial G}{\partial \xi}\right)_{T,p}$、$\Delta_r G_m$ 和 A 都可以作为化学反应的方向和限度的判据。

§5.2 标准平衡常数

§5.2.1 标准平衡常数的定义

首先借助理想气体反应体系讨论标准平衡常数的定义。对任意一个理想气体反应可以表示如下：

$$y\text{Y} + z\text{Z} =\!=\!= g\text{G} + h\text{H}$$

在温度 T 达到平衡状态时各气体的分压分别为 p_Y、p_Z、p_G、p_H。根据式(5.4)可知等温等压的化学反应有 $(\Delta_r G_m)_{T,\ p} = \sum_B \nu_B \mu_B$，已经知道理想气体的化学势与压力的关系式为 $\mu_B(T, P) = \mu_B^{\ominus}(T) + RT\ln \frac{p_B}{p^{\ominus}}$，将其代入式(5.4)得

$$\Delta_r G_m = g\mu_G + h\mu_H - y\mu_Y - z\mu_Z$$
$$= g\left[\mu_G^\ominus(T) + RT\ln\left(\frac{p_G}{p^\ominus}\right)\right] + h\left[\mu_H^\ominus(T) + RT\ln\left(\frac{p_H}{p^\ominus}\right)\right]$$
$$- y\left[\mu_Y^\ominus(T) + RT\ln\left(\frac{p_Y}{p^\ominus}\right)\right] - z\left[\mu_Z^\ominus(T) + RT\ln\left(\frac{p_Z}{p^\ominus}\right)\right]$$

整理后得

$$\Delta_r G_m = [g\mu_G^\ominus(T) + h\mu_H^\ominus(T) - y\mu_Y^\ominus(T) - z\mu_Z^\ominus(T)] + RT\ln\frac{\left(\frac{p_G}{p^\ominus}\right)^g\left(\frac{p_H}{p^\ominus}\right)^h}{\left(\frac{p_Y}{p^\ominus}\right)^y\left(\frac{p_Z}{p^\ominus}\right)^z}$$
$$= \sum_B \nu_B\mu_B^\ominus + RT\ln\prod_B\left(\frac{p_B}{p^\ominus}\right)^{\nu_B} \tag{5.7}$$

当反应达到平衡时，$\Delta_r G_m = 0$，则由上式可得

$$0 = \sum_B \nu_B\mu_B^\ominus + RT\ln\prod_B\left(\frac{p_B}{p^\ominus}\right)_e^{\nu_B}$$
$$\sum_B \nu_B\mu_B^\ominus = -RT\ln\prod_B\left(\frac{p_B}{p^\ominus}\right)_e^{\nu_B}$$

其中 $\prod_B\left(\frac{p_B}{p^\ominus}\right)_e^{\nu_B}$ 是反应物和产物$\left(\frac{p_B}{p^\ominus}\right)^{\nu_B}$的连乘积，“e”表示此时各物质的分压力为平衡分压。

令
$$\Delta_r G_m^\ominus = g\mu_G^\ominus(T) + h\mu_H^\ominus(T) - y\mu_Y^\ominus(T) - z\mu_Z^\ominus(T) = \sum_B \nu_B\mu_B^\ominus \tag{5.8}$$
$$K^\ominus = \prod_B\left(\frac{p_B}{p^\ominus}\right)_e^{\nu_B} \tag{5.9}$$

得

$$\Delta_r G_m^\ominus = \sum_B \nu_B\mu_B^\ominus = -RT\ln K^\ominus \tag{5.10}$$

由于$\mu_B^\ominus(T)$是理想气体 B 组分在温度 T、$p=100\text{kPa}$ 时的标准态化学势，其值只是温度的函数，与分压 p_B、系统的总压无关，即在一定温度下为一常量。如式(5.8)所示，对确定的反应系统，反应计量系数也已确定，$\Delta_r G_m^\ominus$ 为一常量。因此，式(5.9)右端的平衡分压比也是一常量，这是气体反应以分压力表示的平衡常数，称为标准平衡常数，简写为 $K^\ominus(T)$。根据式(5.10)，标准平衡常数定义为

$$K^\ominus \overset{\text{def}}{=\!=\!=} \exp\left(\frac{-\sum_B \nu_B\mu_B^\ominus}{RT}\right) \tag{5.11}$$

由定义式可知，$K^\ominus$与参与反应各物质的标准态化学势密切联系，是量纲为 1 的物理量，而且仅仅是温度的函数。

因为 $\Delta_r G_m^\ominus = \sum_B \nu_B\mu_B^\ominus$，所以标准平衡常数的定义式也可写作

$$K^\ominus \overset{\text{def}}{=\!=\!=} \exp\left(\frac{-\Delta_r G_m^\ominus}{RT}\right) \tag{5.12}$$

式(5.11)和式(5.12)虽然是借助理想气体系统推导得到的标准平衡常数的定义式，但是对其他的系统同样适用。

§5.2.2 各类反应的标准平衡常数的表达式

(1) 气相反应的标准平衡常数

理想气体反应，在等温、等压，$W'=0$ 的条件下，达到平衡时，$\Delta_r G_m=0$，根据式(5.9)可得

$$K_p^{\ominus} = \prod_B \left(\frac{p_B}{p^{\ominus}}\right)_e^{\nu_B} \tag{5.13}$$

$K_p^{\ominus}$ 是理想气体反应系统的标准平衡常数，下标“p”表示用压力表示的。

理想气体反应系统除了标准平衡常数以外，常用的还有三类经验平衡常数。分别定义为

$$K_p = \prod_B (p_B)_e^{\nu_B} \tag{5.14}$$

$$K_c = \prod_B (c_B)_e^{\nu_B} \tag{5.15}$$

$$K_y = \prod_B (y_B)_e^{\nu_B} \tag{5.16}$$

对应达到平衡时反应物和产物分压力、浓度、物质的量分数的连乘积形式，其中下标“p”“c”“y”表示压力商、浓度商、物质的量分数商，“e”表示系统处于平衡状态。

理想气体的标准平衡常数和经验平衡常数之间存在如下的关系：

$$K_p^{\ominus} = \prod_B \left(\frac{p_B}{p^{\ominus}}\right)_e^{\nu_B} = (p^{\ominus})^{-\sum\nu_B} \prod_B (p_B)_e^{\nu_B} = K_p (p^{\ominus})^{-\sum\nu_B} \tag{5.17}$$

K_p 只是温度的函数，一般有量纲。

因为

$$p_B = \frac{n_B}{V}RT = c_B RT$$

所以

$$K_p^{\ominus} = \prod_B \left(\frac{p_B}{p^{\ominus}}\right)_e^{\nu_B} = \prod_B \left(\frac{c_B RT}{p^{\ominus}}\right)_e^{\nu_B} = \left(\frac{RT}{p^{\ominus}}\right)^{\sum\nu_B} \prod_B (c_B)_e^{\nu_B} = \left(\frac{RT}{p^{\ominus}}\right)^{\sum\nu_B} K_c \tag{5.18}$$

K_c 属于经验平衡常数，对理想气体仅是温度的函数。

因为

$$p_B = p y_B$$

所以

$$K_p^{\ominus} = \prod_B \left(\frac{p_B}{p^{\ominus}}\right)_e^{\nu_B} = \prod_B \left(\frac{p y_B}{p^{\ominus}}\right)_e^{\nu_B} = \left(\frac{p}{p^{\ominus}}\right)^{\sum\nu_B} \prod_B (y_B)_e^{\nu_B} = \left(\frac{p}{p^{\ominus}}\right)^{\sum\nu_B} K_y \tag{5.19}$$

K_y 是温度和压力的函数，且量纲为1。

如果理想气体反应计量系数的代数和 $\sum_B \nu_B = 0$，则标准平衡常数和经验平衡常数之间存在如下关系：

$$K_p^{\ominus} = K_p = K_c = K_y$$

以上讨论了理想气体反应系统的平衡常数的表达式，对于实际气体参加反应的系统，平衡常数的表达式可表示如下：

$$K_f^{\ominus} = \prod_B \left(\frac{f_B}{p^{\ominus}}\right)_e^{\nu_B} \tag{5.20}$$

式中，“f”是逸度，代表实际气体的压力，“f_B”是不同组分的逸度。

（2）液相反应的标准平衡常数

当反应系统是理想液态混合物，将各组分的化学势代入式(5.4)，经过调整可得

$$-\Delta_r G_m^\ominus = RT\ln\prod_B (x_B)_e^{\nu_B} \tag{5.21}$$

根据标准平衡常数的定义式(5.12)，可得

$$K_x^\ominus = \prod_B (x_B)_e^{\nu_B} \tag{5.22}$$

$K_x^\ominus$ 是理想液态混合物反应系统的标准平衡常数，混合物的组成是用物质的量分数表示的。

如果是真实的液态混合物，用活度 a_B 代替物质的量分数即可得到该系统的标准平衡常数的表达式

$$K_a^\ominus = \prod_B (a_B)_e^{\nu_B} \tag{5.23}$$

如果是理想的稀溶液系统，并假定溶剂不参与反应，同时忽略压力的影响，则当溶质的浓度用质量摩尔浓度 b_B 或用物质的量浓度 c_B 表示时，相应的平衡常数的表达式为

$$K_b^\ominus = \prod_B \left(\frac{b_B}{b^\ominus}\right)_e^{\nu_B} \tag{5.24}$$

$$K_c^\ominus = \prod_B \left(\frac{c_B}{c^\ominus}\right)_e^{\nu_B} \tag{5.25}$$

式中，$b^\ominus = 1\text{mol}\cdot\text{kg}^{-1}$，$c^\ominus = 1\text{mol}\cdot\text{dm}^{-3}$，都是标准浓度的表示形式。

（3）复相反应的标准平衡常数

当参与反应的物质为纯的凝聚相(不形成溶液或固溶体的纯液相或固相)和气态物质，则该类反应可以称为复相反应。在常压下，压力对凝聚相的影响可以忽略不计，所以纯液体或纯固体的化学势就等于其标准态化学势，即 $\mu_B(T) \approx \mu_B^\ominus(T)$。那么复相反应的标准平衡常数的表达式只与气相物质的压力有关，而与纯的液相和固相没有关系。

例如，对如下反应

$$C(s) + H_2O(g) = CO(g) + H_2(g)$$

将各物质化学势的表达式代入式(5.4)

$$\Delta_r G_m = \mu^\ominus(CO, g) + RT\ln\frac{p_{CO}}{p^\ominus} + \mu^\ominus(H_2, g) + RT\ln\frac{p_{H_2}}{p^\ominus} - \mu^\ominus(H_2O, g) - RT\ln\frac{p_{H_2O}}{p^\ominus} - \mu^\ominus(C, s)$$

$$= \sum_B \nu_B\mu_B^\ominus + RT\ln\frac{\dfrac{p_{CO}}{p^\ominus}\cdot\dfrac{p_{H_2}}{p^\ominus}}{\dfrac{p_{H_2O}}{p^\ominus}}$$

当达到平衡时，根据式(5.11)标准平衡常数的定义式得

$$K^\ominus = \exp\left(\frac{-\sum_B \nu_B\mu_B^\ominus}{RT}\right) = \frac{\dfrac{p_{CO}}{p^\ominus}\cdot\dfrac{p_{H_2}}{p^\ominus}}{\dfrac{p_{H_2O}}{p^\ominus}}$$

由此可知，复相反应的标准平衡常数表达式只与气体的平衡分压力有关，所以复相反应标准平衡常数的表达式为

$$K_p^{\ominus} = \prod_{\mathrm{B}} \left(\frac{p_{\mathrm{B}}}{p^{\ominus}}\right)_{\mathrm{e}}^{\nu_{\mathrm{B}}} \tag{5.26}$$

从此推导过程可知，复相反应平衡常数的表达式中只出现气相物质的分压，与纯的凝聚相物质无关。

对于复相反应，如果某化合物纯的凝聚相分解，其产物不只一种气体，则平衡时气体的总压力称为解离压力。如果在一定温度下某化合物纯凝聚相分解只生成一种气体，达到平衡时，此气体的分压称为该化合物的分解压，把分解压等于外压的温度称为分解温度。分解压常常被用于衡量物质热稳定性的高低，或判断不同单质与氧的相对亲和力，在应用中往往是描述物质性质的一个重要指标。同一物质，温度一定，分解压有定值，与物质数量无关。一般来说，随着反应温度升高，分解压力增大。某温度下，不同的物质有不同的分解压，分解压越小，表明物质热稳定性越高，不易分解；分解压越大，则某物质越不稳定，易分解。

例如，1600℃时，三种氧化铁的分解压如下：

Fe_2O_3	$p_{O_2}=2.533\times10^6\mathrm{Pa}$
Fe_3O_4	$p_{O_2}=4.053\mathrm{Pa}$
FeO	$p_{O_2}=1.419\times10^{-3}\mathrm{Pa}$

则在 1600℃时的热稳定性顺序为

$$FeO>Fe_3O_4>Fe_2O_3$$

由此可以推定，高温下铁矿石是按以下顺序逐级分解的：

$$6Fe_2O_3 = 4Fe_3O_4+O_2$$
$$2Fe_3O_4 = 6FeO+O_2$$
$$2FeO = 2Fe+O_2$$

氧化物的稳定性大小，表明元素与氧的亲和力的大小。显然，分解压越小，氧化物越稳定，元素与氧的亲和力越大。与氧亲和力越大的元素，能够夺取稳定性较差的氧化物中的氧，从而把化合物中的元素还原出来，这是冶炼某些金属的原理。

【例 5.1】 $CaCO_3$ 的分解反应为 $CaCO_3(s) = CaO(s)+CO_2(g)$，$CO_2$ 的平衡分压与温度的关系为

$t/℃$	600	700	805	890	903	1000
$p_{CO_2}/p^{\ominus}$	3.7×10^{-3}	3.9×10^{-2}	0.26	1.00	1.29	4.90

求：$CaCO_3$ 在空气中的分解温度(空气的压力近似取为 100kPa)及 903℃时 $CaCO_3$ 的分解压。

解：根据反应可知 p_{CO_2} 就是反应的分解压，根据分解温度定义可知，$CaCO_3$ 在空气中的分解温度为 890℃，此时 $p_{CO_2}=p^{\ominus}=100\mathrm{kPa}$。在 903℃时 $CaCO_3$ 的分解压为 $p_{CO_2}=129\mathrm{kPa}$。

思考题 1　什么是复相化学反应？其平衡常数有何特征？

思考题 2　解离压和分解压的区别是什么？

§5.3 化学反应等温方程式

根据 $\Delta_r G_m = \sum_B \nu_B \mu_B$，将反应达到平衡时的数据代入，推导可得标准平衡常数的定义式。那么将任意时刻参与反应的各物质 B 的化学势表达式代入，就可以得到与之相对应的化学反应等温方程式。通过化学等温方程式能够判断在该条件下反应进行的方向和限度。

§5.3.1 理想气体混合物系统

将理想气体任一组分的化学势表达式代入式(5.4)中，得

$$\Delta_r G_m = \sum_B \nu_B \mu_B^{\ominus} + RT\ln \prod_B \left(\frac{p_B}{p^{\ominus}}\right)^{\nu_B} \tag{5.27}$$

令
$$J_p = \prod_B \left(\frac{p_B}{p^{\ominus}}\right)^{\nu_B}$$

J_p 称为压力商，表示任意时刻反应物和产物 $\left(\frac{p_B}{p^{\ominus}}\right)^{\nu_B}$ 的连乘积，根据式(5.8)，式(5.27)写作

$$\Delta_r G_m = \Delta_r G_m^{\ominus} + RT\ln J_p \tag{5.28}$$

此式即为理想气体混合物系统的化学等温方程式，同时适用于复相反应系统。

只要求得 $\Delta_r G_m^{\ominus}(T)$ 值，并将任意 t 时刻时反应系统中各物的压力代入式(5.27)，即可得到 $\Delta_r G_m$ 值，从而判断该 t 时刻时化学反应的方向和限度。

若反应系统是真实气体的混合物，则只要把物质的分压用逸度代替就可得到相应的化学等温方程式

$$\Delta_r G_m = \Delta_r G_m^{\ominus} + RT\ln J_f \tag{5.29}$$

§5.3.2 理想液态混合物系统

首先近似表示出理想液态混合物中任意组分的化学势

$$\mu_B(l,\ T) = \mu_B^{\ominus}(l,\ T) + RT\ln x_B$$

代入式(5.4)中，得

$$\Delta_r G_m = \Delta_r G_m^{\ominus} + RT\ln \prod_B x_B^{\nu_B} \tag{5.30}$$

此式即为理想液态混合物系统的化学等温方程式。

若为真实液态混合物系统或溶剂不参与反应的稀溶液系统，则只需用相对活度代替浓度即可

$$\Delta_r G_m = \Delta_r G_m^{\ominus}(T) + RT\ln \prod_B a_B^{\nu_B} \tag{5.31}$$

§5.3.3 常压下真实溶液溶剂参与反应的系统

溶剂 A 和溶质 B 的化学势表达式分别为

$$\mu_A = \mu_A^{\ominus} + RT\ln a_A$$
$$\mu_B = \mu_B^{\ominus} + RT\ln a_B$$

此时 $\Delta_r G_m = \nu_A \mu_A + \sum_B \nu_B \mu_B$，将上式代入，得

$$\Delta_r G_m = \Delta_r G_m^{\ominus}(T) + RT\ln(a_A^{\nu_A} \times \prod_B a_B^{\nu_B}) \tag{5.32}$$

此式即为溶液中的化学等温方程式，其中 $\Delta_r G_m^{\ominus} = \nu_A \mu_A^{\ominus} + \sum_B \nu_B \mu_B^{\ominus}$，而溶剂 A 和溶质 B 的标准态不同。

总结以上三种反应系统，化学等温方程式一般可写作

$$\Delta_r G_m = \Delta_r G_m^{\ominus}(T) + RT\ln J \tag{5.33}$$

J 称为反应商，对不同系统是不同的连乘积形式。J 的形式虽然和标准平衡常数的一致，但意义不同。标准平衡常数中是反应物、产物平衡时候的量，而 J 中则是任意时刻时反应物、产物的量，是允许人为调节、人为控制，并且随反应进行而发生变化的量。

§5.3.4 化学等温方程式的应用

根据式(5.33)，只要求得 $\Delta_r G_m^{\ominus}(T)$ 值，并将反应系统中各物质的反应商 J 确定下来，就得到 $\Delta_r G_m$ 的值，根据其大小可以判断反应的方向和限度。

或者，根据式(5.10)化学等温方程式可写作

$$\begin{aligned}\Delta_r G_m &= \Delta_r G_m^{\ominus}(T) + RT\ln J \\ &= -RT\ln K^{\ominus} + RT\ln J\end{aligned} \tag{5.34}$$

或

$$\Delta_r G_m = RT\ln \frac{J}{K^{\ominus}} \tag{5.35}$$

只要比较 $K^{\ominus}$ 和 J 的大小就可以判断化学反应的方向和限度。那么可得

若 $K^{\ominus} > J$，则 $\Delta_r G_m < 0$　　反应正向自发进行

若 $K^{\ominus} = J$，则 $\Delta_r G_m = 0$　　反应处于平衡状态

若 $K^{\ominus} < J$，则 $\Delta_r G_m > 0$　　反应逆向自发进行

比值 $J/K^{\ominus}$ 的大小，表征了给定系统中发生等温反应的不可逆程度。$J/K^{\ominus}$ 偏离 1 愈远，该系统离开平衡愈远，自发反应的不可逆程度愈大。$K^{\ominus}$ 是反应的内因和依据，而 J 则是外因和条件。通过调节 J 的大小，可以使反应向人们所希望的方向进行，达到控制反应的目的。如碳化工中甲烷转化制氢的反应为

$$CH_4(g) + H_2O(g) = CO(g) + 3H_2(g)$$

为了节约原料气甲烷，可通过加入过量廉价水蒸气的方法，减小 J，使反应向右移动，以提高甲烷的转化率。

需要注意的是在使用式(5.34)或式(5.35)时，$K^{\ominus}$ 和 J 的表示形式要完全一致，化学等温方程式才可以用于各种系统来判断反应的方向。

【例 5.2】 反应 $CO(g) + H_2O(g) = CO_2(g) + H_2(g)$，在 1173K 时 $\Delta_r G_m^{\ominus} = 1647\text{J} \cdot \text{mol}^{-1}$。(1)若各种物质均服从理想气体行为，且处于标准状态下，反应将向何处进行，最终反应体系组成是什么？(2)若在总压 101325Pa 下，反应体系为反应气体的混合物，其中各物质体积比为 $CO(g) : H_2O(g) : CO_2(g) : H_2(g) = 30 : 40 : 10 : 20$，则反应向何处进行，最终反应体系组成是什么？

解：(1)根据等温方程式　　$\Delta_r G_m = \Delta_r G_m^{\ominus}(T) + RT\ln J$

可知，因为体系各物质都处于标准状态，所以

$$\Delta_r G_m = \Delta_r G_m^{\ominus}(T) = 1674\text{J}\cdot\text{mol}^{-1} > 0$$

则反应将逆向进行，CO 和 H_2O 的含量大于 CO_2 和 H_2。

（2）按题意写出反应的化学等温方程式

$$\Delta_r G_m = \Delta_r G_m^{\ominus}(T) + RT\ln J = \Delta_r G_m^{\ominus}(T) + RT\ln \frac{\dfrac{p_{CO_2}}{p^{\ominus}} \times \dfrac{p_{H_2}}{p^{\ominus}}}{\dfrac{p_{CO}}{p^{\ominus}} \times \dfrac{p_{H_2O}}{p^{\ominus}}}$$

$$= 1674\text{J}\cdot\text{mol}^{-1} + 8.314\text{J}\cdot\text{mol}^{-1}\cdot\text{K}^{-1} \times 1173\text{K} \times \ln\frac{0.10\times0.20}{0.30\times0.40} = -1.58\times10^{4}\text{J}\cdot\text{mol}^{-1} < 0$$

因此，反应正向进行。

根据标准平衡常数的定义

$$K^{\ominus} = \exp\left(\frac{-1674\text{J}\cdot\text{mol}^{-1}}{8.314\text{J}\cdot\text{mol}^{-1}\cdot\text{K}^{-1}\times1173\text{K}}\right) = 0.8423$$

因为该题目中 $K_p^{\ominus} = K_y\left(\dfrac{p}{p^{\ominus}}\right)^{\sum\nu_B} = K_y$，设达平衡后 CO_2 增加 x 体积，则有

$$\frac{(0.10+x)(0.20+x)}{(0.30-x)(0.40-x)} = 0.8423$$

$$x = 0.0897 \approx 0.09$$

则反应体系的最终组成为

$$x_{CO_2} = 0.19,\ x_{H_2} = 0.29,\ x_{H_2O} = 0.31,\ x_{CO} = 0.21$$

【例 5.3】 设 SO_2 按下式溶于熔融铜中，形成实际溶液

$$SO_2(g) = S(l) + 2[O]$$

设某温度下反应的标准平衡常数为 1.17×10^{-5}。如铜中氧和硫的物质的量分数分别为 0.008 和 0.0002，氧和硫的活度系数分别为 0.96 和 0.94。试问 SO_2 的分压力达到何值时才可防止 SO_2 溶于铜中？

解：要使 SO_2 不能熔融于铜液中，即反应逆向进行，根据等温方程式

$$J > K^{\ominus}$$

代入已知数据，得

$$\frac{\alpha_S \cdot \alpha_O^2}{\alpha_{SO_2}} > K^{\ominus}$$

$$\frac{(0.0002\times0.94)\cdot(0.008\times0.96)^2}{p_{SO_2}/p^{\ominus}} > 1.17\times10^{-5}$$

解得

$$p_{SO_2} < 9.48\times10^{-4}\times p^{\ominus}$$

$$p_{SO_2} < 94.8\text{Pa}$$

计算表明只要炉气中 SO_2 的分压力小于 94.8Pa，SO_2 就不能熔融于铜液中。

利用 $\Delta_r G_m^{\ominus}$ 也可以判断反应的可能性。根据 $\Delta_r G_m = \Delta_r G_m^{\ominus}(T) + RT\ln J$，如果 $\Delta_r G_m^{\ominus}$ 的绝对值很大，则其正负号基本上就决定了 $\Delta_r G_m$ 的符号。例如，若 $\Delta_r G_m^{\ominus}$ 是很大的负值，则在一般情况下，$\Delta_r G_m$ 也是负值，要使 $\Delta_r G_m$ 改变正负号，就必须使 J 变得很大才行，这在实际中往往难以办到。

【例 5.4】 判断反应 $Zn(s)+1/2O_2(g)$ ══ $ZnO(s)$ 在 298K 时是否可以自发进行，已知 $\Delta_r G_m^\ominus=-318.2kJ\cdot mol^{-1}$。

解：设反应不是自发进行，则有

$$\Delta_r G_m=\Delta_r G_m^\ominus(T)+RT\ln J>0$$

$$\Delta_r G_m^\ominus>-RT\ln\left(\frac{p_{O_2}}{p^\ominus}\right)^{-1/2}$$

$$-318.2\times1000J\cdot mol^{-1}>\frac{1}{2}\times8.314J\cdot mol^{-1}\cdot K^{-1}\times298K\times\ln\left(\frac{p_{O_2}}{p^\ominus}\right)$$

得

$$p_{O_2}<2.79\times10^{-107}Pa$$

只有氧气的分压力满足上述条件，才能使 $\Delta_r G_m>0$，这显然办不到，因此反应是可以自发进行的。

同理，若 $\Delta_r G_m^\ominus$ 为很大的正值，则一般情况下，大致 $\Delta_r G_m$ 也是正值，即一般反应条件下，反应不能正向自发进行。

利用 $\Delta_r G_m^\ominus$ 判断反应能否进行一般遵循以下原则：

① $\Delta_r G_m^\ominus>40kJ\cdot mol^{-1}$时，可以认为反应不能正向进行；

② $-40kJ\cdot mol^{-1}<\Delta_r G_m^\ominus<40kJ\cdot mol^{-1}$时，存在着改变外界条件使平衡更有利于向产物的方向转化的可能性，具体情况具体分析；

③ $\Delta_r G_m^\ominus<-40kJ\cdot mol^{-1}$时，反应可以正向进行。

思考题 3 某反应系统在一定温度、压力下，只要 $\Delta_r G_m<0$，反应物就能彻底转变成生成物，对吗？为什么？

思考题 4 等温方程式中的 $K^\ominus$ 和 J 的异同点是什么？

思考题 5 若选择不同的标准态，则 $\mu_B^\ominus$ 的值就不同，所以反应的 $\Delta_r G_m^\ominus$ 也会改变，由等温方程 $\Delta_r G_m=\Delta_r G_m^\ominus(T)+RT\ln J$，则 $\Delta_r G_m$ 也会变，对吗？为什么？

§5.4 标准平衡常数的计算

§5.4.1 标准平衡常数的测定

标准平衡常数的值可由实验直接测定已达平衡的反应系统中各物质的平衡压力或浓度来计算。测定前，首先要根据平衡反应系统的特点来判断反应是否已经达平衡。其特点如下：

① 只要条件不变，平衡组成应不随时间变化。

② 一定温度下，反应无论从正向还是从逆向趋近平衡，所得平衡组成都相同，由正向或逆向反应的平衡组成算得的 $K^\ominus$ 应一致。

③ 在同样的反应条件下，改变原料的配比，计算得到的 $K^\ominus$ 相同。

测定平衡组成时可以采用物理或化学的方法，具体如下：

① 物理方法：直接测定与平衡组成呈线性关系的物理量，如折光率、电导率、颜色、吸光度、定量的色谱图谱及磁共振谱等，求出平衡组成。物理方法可以不影响系统的平衡状态。

② 化学方法：利用骤冷、抽出催化剂或冲稀等方法使反应能停留在原来的平衡状态，然后选用合适的化学分析方法，分析平衡系统的组成。

§5.4.2 标准平衡常数的计算

根据式(5.12)

$$K^{\ominus} \xlongequal{\text{def}} \exp\left(\frac{-\Delta_r G_m^{\ominus}}{RT}\right)$$

只要用热力学的方法求出 $\Delta_r G_m^{\ominus}$ 就可以得到 $K^{\ominus}$ 的值。$\Delta_r G_m^{\ominus}$ 的计算方法有以下几种。

(1) 利用热力学数据计算

根据方程 $\Delta_r G_m^{\ominus}(T) = \Delta_r H_m^{\ominus}(T) - T\Delta_r S_m^{\ominus}(T)$，只要知道 $\Delta_r H_m^{\ominus}(T)$ 和 $\Delta_r S_m^{\ominus}(T)$ 就可以求出任意温度下的 $\Delta_r G_m^{\ominus}(T)$，从而得到 $K^{\ominus}$。

【例 5.5】 已知 $CH_4(g)$ 的 $\Delta_f H_m^{\ominus}(298K) = -74.85kJ \cdot mol^{-1}$，C(石墨)、$H_2(g)$ 及 $CH_4(g)$ 的 $S_m^{\ominus}(298K)$ 分别为 $5.69J \cdot K^{-1} \cdot mol^{-1}$、$130.58J \cdot K^{-1} \cdot mol^{-1}$、$186.19J \cdot K^{-1} \cdot mol^{-1}$，计算 298K 反应 C(石墨)$+2H_2(g) \xlongequal{} CH_4(g)$ 的 $K^{\ominus}$。

解：

$$\begin{aligned}
\Delta_r H_m^{\ominus}(298K) &= \sum_B \nu_B \Delta_f H_m^{\ominus}(298K) \\
&= (-74.85-0-0)kJ \cdot mol^{-1} \\
&= -74.85kJ \cdot mol^{-1}
\end{aligned}$$

$$\begin{aligned}
\Delta_r S_m^{\ominus}(298K) &= \sum_B \nu_B S_m^{\ominus}(298K) \\
&= (186.19-2\times130.58-5.69)J \cdot mol^{-1} \cdot K^{-1} \\
&= -80.66J \cdot mol^{-1} \cdot K^{-1}
\end{aligned}$$

$$\begin{aligned}
\Delta_r G_m^{\ominus}(298K) &= \Delta_r H_m^{\ominus}(298K) - T\Delta_r S_m^{\ominus}(298K) \\
&= -74.85kJ \cdot mol^{-1} - 298K\times(-80.66\times10^{-3})kJ \cdot mol^{-1} \\
&= -50.8kJ \cdot mol^{-1}
\end{aligned}$$

所以 $$K^{\ominus} = \exp\left(\frac{-\Delta_r G_m^{\ominus}}{RT}\right) = \exp\left(\frac{50800J \cdot mol^{-1}}{8.314J \cdot mol^{-1} \cdot K^{-1}\times298K}\right) = 8\times10^{8}$$

(2) 利用标准摩尔生成吉布斯函数 $\Delta_f G_m^{\ominus}$ 计算

$\Delta_f G_m^{\ominus}$ 的定义是：在温度 T 和标准压力下，由稳定常见的单质生成 1mol 物质 B 时反应的标准吉布斯函数的变化值，称为该物质 B 的标准摩尔生成吉布斯函数，用符号 $\Delta_f G_m^{\ominus}$(B，相态，T)表示。这里的温度为反应温度，通常 298K 时的数据可以从热力学数据表中查到。此定义所选择的相对标准是稳定常见单质的 $\Delta_f G_m^{\ominus} = 0$。

例如，在 298K 时，下列反应

$$\frac{1}{2}N_2(g, p^{\ominus}) + \frac{3}{2}H_2(g, p^{\ominus}) \xlongequal{} NH_3(g, p^{\ominus})$$

反应的 $\Delta_r G_m^{\ominus} = -16.635kJ \cdot mol^{-1}$，将稳定常见单质氮气和氢气的 $\Delta_f G_m^{\ominus}$ 看作为零，则

$$\Delta_f G_m^{\ominus}(NH_3, g, 298K) = -16.635kJ \cdot mol^{-1}$$

对于有离子参加的反应，规定 $\Delta_f G_m^{\ominus}(H^+, aq, b = 1mol \cdot kg^{-1}) = 0$，由此可以求出其他离子的标准摩尔生成吉布斯函数。298K 和标准压力下的相关数据可以从热力学数据表中查到。

那么，对于化学反应，只要在热力学数据表上查得参与反应各物质的 $\Delta_f G_m^{\ominus}$，就可以计算 $\Delta_r G_m^{\ominus}$，具体方法如下：

$$\Delta_r G_m^{\ominus}(298\text{K}) = \sum_B \nu_B \Delta_f G_m^{\ominus}(\text{B}, 298\text{K})$$

$$= \sum_B \nu_B \Delta_f G_m^{\ominus}(\text{产物}, 298\text{K}) - \sum_B \nu_B \Delta_f G_m^{\ominus}(\text{反应物}, 298\text{K})$$

但是由于热力学数据表上只可查到 298K 的 $\Delta_f G_m^{\ominus}$，所以通过此法只可求得 298K 的 $\Delta_r G_m^{\ominus}$，因而也只能得到 298K 的 $K^{\ominus}$，有一定的局限性。

【例 5.6】 计算 298K 时乙苯直接脱氢时的标准平衡常数。已知该温度下，$\Delta_f G_m^{\ominus}(C_6H_5C_2H_5, g) = 130.6\text{kJ} \cdot \text{mol}^{-1}$，$\Delta_f G_m^{\ominus}(C_6H_5C_2H_3, g) = 213.8\text{kJ} \cdot \text{mol}^{-1}$。

解： $C_6H_5C_2H_5(g) \xlongequal{\quad} C_6H_5C_2H_3(g) + H_2(g)$

$$\Delta_r G_m^{\ominus} = \Delta_f G_m^{\ominus}(H_2, g) + \Delta_f G_m^{\ominus}(C_6H_5C_2H_3, g) - \Delta_f G_m^{\ominus}(C_6H_5C_2H_5, g)$$

$$= (0+213.8-130.6)\text{kJ} \cdot \text{mol}^{-1}$$

$$= 83.2\text{kJ} \cdot \text{mol}^{-1}$$

则
$$K^{\ominus} = \exp\left(\frac{-\Delta_r G_m^{\ominus}}{RT}\right) = \exp\left(\frac{-83.2\times10^3\text{J} \cdot \text{mol}^{-1}}{8.314\text{J} \cdot \text{mol}^{-1} \cdot \text{K}^{-1}\times298\text{K}}\right) = 2.6\times10^{-15}$$

很显然，根据平衡常数的大小，乙苯脱氢反应在 298K 下几乎不可能进行。

(3) 利用相关化学反应的 $\Delta_r G_m^{\ominus}$ 计算

这个方法的核心是利用多个已知反应的 $\Delta_r G_m^{\ominus}$ 求出待测反应的 $\Delta_r G_m^{\ominus}$，然后借助式(5.12)求出相应的 $K^{\ominus}$。

例如，在 298K 和标准压力下，求如下反应的 $K^{\ominus}$

$$C(s) + 1/2O_2(g) \xlongequal{\quad} CO(g) \tag{1}$$

由于该反应的 $\Delta_r G_m^{\ominus}(1)$ 难以用实验测定，而如下两个反应的 $\Delta_r G_m^{\ominus}$ 较易测定

$$C(s) + O_2(g) \xlongequal{\quad} CO_2(g) \tag{2}$$

$$CO(g) + 1/2O_2(g) \xlongequal{\quad} CO_2(g) \tag{3}$$

反应方程式之间存在这样的关系式(1)=(2)-(3)，根据热力学中的盖斯定律，所以有

$$\Delta_r G_m^{\ominus}(1) = \Delta_r G_m^{\ominus}(2) - \Delta_r G_m^{\ominus}(3)$$

将公式(5.10) $\Delta_r G_m^{\ominus} = -RT\ln K^{\ominus}$ 代入上式，计算 $K_1^{\ominus}$ 可得

$$K_1^{\ominus} = \frac{K_2^{\ominus}}{K_3^{\ominus}}$$

(4) 利用可逆电池的标准电动势 $E^{\ominus}$ 计算

这个方法会在第 7 章电化学基础中学习，因为 $\Delta_r G_m^{\ominus}$ 和可逆电池的标准电 $E^{\ominus}$ 动势之间存在一个关系，可通过 $E^{\ominus}$ 计算 $\Delta_r G_m^{\ominus}$，从而求得电池反应的 $K^{\ominus}$。

除了以上计算方法以外，还可以直接利用反应达到平衡时各个物质平衡时的量来计算标准平衡常数。

【例 5.7】 在 288K 将适量 CO_2 引入某容器，测得 CO_2 压力为 $0.0259\times p^{\ominus}$，若加入过量 NH_2COONH_4，平衡后测得系统总压为 $0.0639\times p^{\ominus}$。求 288K 反应 $NH_2COONH_4(s) \xlongequal{\quad} 2NH_3(g) + CO_2(g)$ 的 $K^{\ominus}$。

解：$NH_2COONH_4(s) \rightleftharpoons 2NH_3(g) + CO_2(g)$

开始　　　　　　　　$0.0259 \times p^{\ominus}$

平衡　　　　$2p$　　　$0.0259 \times p^{\ominus} + p$

$$p_{总} = 0.0259 \times p^{\ominus} + 3p = 0.0639 \times p^{\ominus}$$

得

$$p = 0.01267 \times p^{\ominus}$$

所以

$$K^{\ominus} = \frac{p_{CO_2}}{p^{\ominus}} \cdot \left(\frac{p_{NH_3}}{p^{\ominus}}\right)^2 = \frac{(0.0259p^{\ominus} + 0.01267p^{\ominus}) \times (2 \times 0.01267p^{\ominus})^2}{(p^{\ominus})^3}$$

$$= (0.0259 + 0.01267) \times (2 \times 0.01267)^2 = 2.48 \times 10^{-5}$$

在反应系统中，有一种或几种物质同时参加两个以上的化学反应达到的化学平衡，称为同时平衡。其特点为：(1)平衡系统中几个反应共同的反应物或生成物只能有一个浓度或分压值；(2)由于几个反应同处于一个系统中，它们的化学平衡之间必然存在相互影响，平衡常数间也具有一定的联系。

【例 5.8】 反应(1)$2NaHCO_3(s) \rightleftharpoons Na_2CO_3(s) + H_2O(g) + CO_2(g)$，反应(2)$CuSO_4 \cdot 5H_2O(s) \rightleftharpoons CuSO_4 \cdot 3H_2O(s) + 2H_2O(g)$。已知在 323K 平衡时，反应(1)的解离压力为 3999.3Pa，反应(2)的水蒸气压力为 6052.7Pa。试计算当反应(1)和反应(2)同时发生，系统达到平衡时二氧化碳的分压。

解：根据解离压力的定义，反应(1)平衡时有

$$p_{H_2O} = p_{CO_2} = \frac{p_{解离}}{2}$$

所以

$$K_1^{\ominus} = \left(\frac{p_{H_2O}}{p^{\ominus}}\right)\left(\frac{p_{CO_2}}{p^{\ominus}}\right) = \left(\frac{p_{解离}}{2p^{\ominus}}\right)^2 = \left(\frac{3999.3\text{Pa}}{2 \times 101325\text{Pa}}\right)^2 = 3.89 \times 10^{-4}$$

又因为

$$K_2^{\ominus} = \left(\frac{p_{H_2O}}{p^{\ominus}}\right)^2 = \left(\frac{6052.7\text{Pa}}{101325\text{Pa}}\right)^2 = 3.57 \times 10^{-3}$$

混合系统达成平衡时，必须同时满足两个方程，即

$$p_{H_2O} = 6052.7\text{Pa}$$

根据反应(1)得 $K_1^{\ominus} = \left(\frac{p_{H_2O}}{p^{\ominus}}\right)\left(\frac{p_{CO_2}}{p^{\ominus}}\right)$，则

$$\frac{p_{CO_2}}{p^{\ominus}} = \frac{K_1^{\ominus}}{\left(\frac{p_{H_2O}}{p^{\ominus}}\right)} = \frac{3.89 \times 10^{-4}}{\frac{6052.7\text{Pa}}{101325\text{Pa}}} = 6.51 \times 10^{-3}$$

所以

$$p_{CO_2} = 660\text{Pa}$$

§5.4.3　平衡组成的计算

由于 $K^{\ominus}$ 是某温度 T 下反应可到达的理论允许的极大值，实际产量是不可能超越平衡常

数许可的范围的。因此，已知温度 T 下某化学反应的 $K^{\ominus}$ 或 $\Delta_r G_m^{\ominus}$，就可由系统的起始组成计算出此温度下的平衡组成，从而可求出该条件下的最高产量。

在计算平衡组成时常用到转化率、产率等术语，转化率指的是某反应物转化掉的量占该反应物起始量的分数，如果反应物不止一种，一般选择较贵的原料转化率来代表整个反应的；产率为某反应物转化为指定产物的量占该反应物起始量的分数。例如，有如下反应：

$$\begin{array}{cccc} & A + & B = & P \\ t=0 & n_{A,0} & n_{B,0} & 0 \\ t=t_e & n_{A,e} & n_{B,e} & n_{P,e} \end{array}$$

则 A 的转化率

$$\alpha_A = \frac{\text{A 反应物的消耗数量}}{\text{A 反应物的起始数量}} = \frac{n_{A,0}-n_{A,e}}{n_{A,0}}$$

α_A 是 A 的平衡转化率，是理论最高转化率。延长时间或加入催化剂都不能超越这一最大值。对于由一种反应物分解生成两种以上产物的反应，有时也将 A 的转化率称为 A 的解离度。

产率的表达式为

$$\text{产率} = \frac{\text{转化为指定产物的 A 反应物的消耗数量}}{\text{A 反应物的起始数量}} \leqslant \frac{n_{A,0}-n_{A,e}}{n_{A,0}}$$

若无副反应，产率等于转化率，如有副反应，产率将小于转化率。

由于反应在接近平衡时，速率会越来越慢，工业上为了提高单位时间内的产量，通常在反应没有达到平衡时，就让系统离开反应室，再加入新的原料。因此，工业上用的转化率仅指离开反应室的系统中，已转化的反应物占起始反应物的分数，因为此时反应尚未达到平衡，所以这种实际的转化率要比平衡转化率小。

【例 5.9】 甲醇的催化合成反应可表示为

$$CO(g)+2H_2(g) = CH_3OH(g)$$

已知，在 523K 时该反应的 $\Delta_r G_m^{\ominus}=26.263\text{kJ}\cdot\text{mol}^{-1}$。若原料气中，$CO(g)$ 与 $H_2(g)$ 的物质的量之比为 1∶2，在 523K 和 10^5Pa 压力下，反应达成平衡。试求：(1) 该反应的平衡常数；(2) 反应的平衡转化率；(3) 平衡时各物的物质的量分数。

解： (1) 因为 $K^{\ominus}=\exp\left(\frac{-\Delta_r G_m^{\ominus}}{RT}\right)$，所以

$$K^{\ominus}=\exp\left(\frac{-26263\text{J}\cdot\text{mol}^{-1}}{523\text{K}\times 8.314\text{J}\cdot\text{mol}^{-1}\cdot\text{K}^{-1}}\right)=2.38\times 10^{-3}$$

(2) 设 $CO(g)$ 的平衡转化率为 α

$$\begin{array}{cccc} & CO(g) + & 2H_2(g) = & CH_3OH(g) \\ t=0 & 1 & 2 & 0 \\ t=t_e & 1-\alpha & 2-2\alpha & \alpha \end{array}$$

则系统总的物质的量为　　$(1-\alpha)+(2-2\alpha)+\alpha=3-2\alpha$

各组分的分压力可表示为　　$p_{CH_3OH}=\frac{\alpha}{3-2\alpha}\cdot p$　　$p_{CO}=\frac{1-\alpha}{3-2\alpha}\cdot p$　　$p_{H_2}=\frac{2-2\alpha}{3-2\alpha}\cdot p$

因为 $p=p^{\ominus}$，所以有

$$K^{\ominus}=\frac{\dfrac{p_{CH_3OH}}{p^{\ominus}}}{\left(\dfrac{p_{H_2}}{p^{\ominus}}\right)^2\left(\dfrac{p_{CO}}{p^{\ominus}}\right)}=\frac{\dfrac{\alpha}{3-2\alpha}}{\left(\dfrac{1-\alpha}{3-2\alpha}\right)\left(\dfrac{2-2\alpha}{3-2\alpha}\right)^2}=\frac{\alpha\ (3-2\alpha)^2}{4\ (1-\alpha)^3}=2.38\times10^{-3}$$

解得平衡转化率 $\alpha=1.04\times10^{-3}$，转化率太小。

（3）平衡时的组成为

$$y(\mathrm{CO},\ \mathrm{g})=\frac{1-\alpha}{3-2\alpha}=0.3332$$

$$y(\mathrm{H_2},\ \mathrm{g})=\frac{2-2\alpha}{3-2\alpha}=0.6664$$

$$y(\mathrm{CH_3OH},\ \mathrm{g})=\frac{\alpha}{3-2\alpha}=0.0004$$

§5.5　各种因素对化学平衡的影响

根据化学等温方程式 $\Delta_r G_m^{\ominus}=-RT\ln K^{\ominus}+RT\ln J$，若要调控反应进行的方向，只需改变 $K^{\ominus}$ 和 J 即可。因为 $K^{\ominus}$ 是温度的函数，可通过改变温度来调控其值；也可以通过改变压强、加入惰性气体等手段改变 J 值进而影响化学平衡。

§5.5.1　温度对化学平衡的影响

由前面讨论的式(5.11)可知，标准平衡常数仅仅是温度的函数，当温度变化时，$K^{\ominus}$ 也相应变化，$K^{\ominus}$ 的变化必然引起平衡组成的变化，使平衡发生移动。这里，可以利用 $\Delta_r G_m^{\ominus}$ 与 T 的关系，推导得到 $K^{\ominus}$ 与温度的关系。推导过程如下：

根据热力学基本方程推导所得式(3.67)可知

$$\left(\frac{\partial \Delta G}{\partial T}\right)_p=-\Delta S$$

又因为

$$\Delta G=\Delta H-T\Delta S$$

所以

$$\left(\frac{\partial \Delta G}{\partial T}\right)_p=\frac{\Delta G-\Delta H}{T}$$

在等式两边都除以 T，整理得到

$$\frac{1}{T}\left(\frac{\partial \Delta G}{\partial T}\right)_p-\frac{\Delta G}{T^2}=-\frac{\Delta H}{T^2}$$

化简为

$$\left(\frac{\partial(\Delta G/T)}{\partial T}\right)_p=-\frac{\Delta H}{T^2}$$

对于 $0=\sum \nu_B B$，且每种物质都处于标准状态下的化学反应，得到

$$\left[\frac{d(\Delta_r G_m^{\ominus}/T)}{\mathrm{d}T}\right]_p=-\frac{\Delta_r H_m^{\ominus}}{T^2}$$

将 $\Delta_r G_m^{\ominus}=-RT\ln K^{\ominus}$ 代入上式，得

$$\frac{\mathrm{d}\ln K^\ominus}{\mathrm{d}T}=\frac{\Delta_r H_m^\ominus}{RT^2} \tag{5.36}$$

式(5.36)称为范特霍夫方程。该式阐明了标准平衡常数随温度的变化与该反应的标准摩尔焓变的定量关系。

由式(5.36)可知:

① 吸热反应:$\Delta_r H_m^\ominus>0$,$\frac{\mathrm{d}\ln K^\ominus}{\mathrm{d}T}>0$,温度升高,$K^\ominus$值增大;

② 放热反应:$\Delta_r H_m^\ominus<0$,$\frac{\mathrm{d}\ln K^\ominus}{\mathrm{d}T}<0$,温度升高,$K^\ominus$值减小。

所以,温度对平衡的影响是:当温度增加,平衡都向吸热方向移动。

假设在一定的温度区间,$\Delta_r H_m^\ominus$ 近似看作不随温度变化,对式(5.36)进行积分,可以定量表示出 $K^\ominus$与温度的函数关系。

作不定积分,得

$$\ln K^\ominus=-\frac{\Delta_r H_m^\ominus}{RT}+C \tag{5.37}$$

由此式可看出 $K^\ominus$与 $1/T$ 呈线性关系。以 $\ln K^\ominus$为纵坐标,$1/T$ 为横坐标作图,可以得到一条直线,通过所得直线的斜率可以求得一段温度范围内的反应的平均焓变 $\Delta_r H_m^\ominus$。

作定积分,得:

$$\ln\frac{K^\ominus(T_2)}{K^\ominus(T_1)}=\frac{\Delta_r H_m^\ominus}{R}\left(\frac{1}{T_1}-\frac{1}{T_2}\right) \tag{5.38}$$

通过此式,如果已知不同温度下的平衡常数的值,可以计算 $\Delta_r H_m^\ominus$。或者,如果已知 $\Delta_r H_m^\ominus$ 值和某一温度下的平衡常数,则可计算出另一温度下的平衡常数值。

【例 5.10】 在高温下,制备水煤气的反应为

$$C(s)+H_2O(g)=\!=\!=H_2(g)+CO(g)$$

已知反应在 1000K 和 1200K 时的标准平衡常数为 2.472 和 37.58。试求:

(1) 该反应在这温度区间内的 $\Delta_r H_m^\ominus$。(设 $\Delta_r H_m^\ominus$ 在该温度区间内为常数。)

(2) 在 1100K 时的标准平衡常数。

解:(1)设 $T_1=1000\mathrm{K}$,$T_2=1200\mathrm{K}$,代入范特霍夫积分式

$$\ln\frac{K^\ominus(T_2)}{K^\ominus(T_1)}=\frac{\Delta_r H_m^\ominus}{R}\left(\frac{1}{T_1}-\frac{1}{T_2}\right)$$

$$\ln\frac{37.58}{2.472}=\frac{\Delta_r H_m^\ominus}{8.314\mathrm{J\cdot mol^{-1}\cdot K^{-1}}}\left(\frac{1}{1000\mathrm{K}}-\frac{1}{1200\mathrm{K}}\right)$$

解得 $$\Delta_r H_m^\ominus=135.8\mathrm{kJ\cdot mol^{-1}}$$

(2) 设 $T_1=1000\mathrm{K}$,$T_2=1100\mathrm{K}$,则

$$\ln\frac{K^\ominus(T_2)}{2.472}=\frac{135.8\times1000\mathrm{J\cdot mol^{-1}}}{8.314\mathrm{J\cdot mol^{-1}\cdot K^{-1}}}\left(\frac{1}{1000\mathrm{K}}-\frac{1}{1100\mathrm{K}}\right)$$

解得 $$K^\ominus(1100\mathrm{K})=10.91$$

§5.5.2 压力对化学平衡的影响

标准平衡常数仅仅是温度的函数,所以改变压力对其数值没有影响,但可能改变平衡的

组成。由于凝聚相体积受压力影响极小，通常忽略压力对固相或液相反应平衡的影响。只讨论压力对有理想气体参与反应的平衡组成的影响。

设气体总压为 p，则任意组分的分压为 $p_B = y_B p$，由 $K^{\ominus}$ 的表达式得

$$K^{\ominus} = \prod_B \left(\frac{p_B}{p^{\ominus}}\right)_e^{\nu_B} = \prod_B \left(\frac{y_B \cdot p}{p^{\ominus}}\right)_e^{\nu_B} = \left(\frac{p}{p^{\ominus}}\right)^{\sum \nu_B} \times \prod_B (y_B)^{\nu_B} \tag{5.39}$$

下面根据式(5.39)就压力变化对化学平衡的影响进行讨论：

① $\sum \nu_B > 0$，反应气体分子数增加，由于温度不变，$K^{\ominus}$ 值不变，增加总压，$\left(\frac{p}{p^{\ominus}}\right)^{\sum \nu_B}$ 增大，$\prod_B (y_B)^{\nu_B}$ 变小，产物在反应混合物中占的比例下降，即反应向左移动，不利于正反应。

② $\sum \nu_B < 0$，反应气体分子数减小，总压增加，$\left(\frac{p}{p^{\ominus}}\right)^{\sum \nu_B}$ 减小，$\prod_B (y_B)^{\nu_B}$ 增大，产物所占比例上升，即平衡向右移动，有利于正反应。

③ $\sum \nu_B = 0$，反应前后气体分子数不变，压力对平衡组成没有影响，不会引起平衡的移动。

总之，增加压力反应向气体分子数减小的方向移动。

【例 5.11】 合成氨厂用的氢气一般利用天然气 $CH_4(g)$ 与 $H_2O(g)$ 反应而得，其反应为

$$CH_4(g) + H_2O(g) \xlongequal{\quad} CO(g) + 3H_2(g)$$

已知在 1000K 时，该反应的标准平衡常数为 26.56。如果反应原料中 CH_4 与 H_2O 的物质的量之比为 1∶2，试计算 CH_4 的转换率为 0.78，应使反应的总压为多少？

解：设 CH_4 的转化率为 α，总压为 p，$p^{\ominus} = 100\text{kPa}$

$$CH_4(g) + H_2O(g) \xlongequal{\quad} CO(g) + 3H_2(g)$$

	$CH_4(g)$	$H_2O(g)$	$CO(g)$	$3H_2(g)$	
$t=0$	1	2	0	0	
$t=t_e$	$1-\alpha$	$2-\alpha$	α	3α	总量为 $3+2\alpha$

则

$$y_{CH_4} = \frac{1-\alpha}{3+2\alpha}$$

$$y_{H_2O} = \frac{2-\alpha}{3+2\alpha}$$

$$y_{CO} = \frac{\alpha}{3+2\alpha}$$

$$y_{H_2} = \frac{3\alpha}{3+2\alpha}$$

$$K_p^{\ominus} = \prod_B \left(\frac{p_B}{p^{\ominus}}\right)_e^{\nu_B}$$

因为 $p_B = p \cdot y_B$，所以

$$K^{\ominus} = \prod_B \left(\frac{p_B}{p^{\ominus}}\right)_e^{\nu_B} = \left(\frac{p}{p^{\ominus}}\right)^{\sum \nu_B} \times \prod_B (y_B)^{\nu_B}$$

$$=\frac{\left(\frac{\alpha}{3+2\alpha}\right)\times\left(\frac{3\alpha}{3+2\alpha}\right)^3}{\left(\frac{1-\alpha}{3+2\alpha}\right)\times\left(\frac{2-\alpha}{3+2\alpha}\right)}\times\left(\frac{p}{p^{\ominus}}\right)^2=26.56$$

当 $\alpha=0.78$ 时，解得总压为 $p=3.78\times10^5\mathrm{Pa}$。

§5.5.3 惰性气体对化学平衡的影响

惰性气体是指不参加化学反应的气体组分，该组分的加入同样只能影响平衡的组成，不会改变平衡常数的值。

设惰性气体的物质的量为 n_0，平衡时参加反应的组分 B 的物质的量为 n_B，总压为 p，则组分 B 的分压写作 $\frac{n_B}{n_0+\sum_B n_B}\times p$，那么反应的标准平衡常数为

$$K^{\ominus}=\prod_B\left(\frac{n_B}{n_0+\sum_B n_B}\times\frac{p}{p^{\ominus}}\right)^{\nu_B}=\left(\frac{p/p^{\ominus}}{n_0+\sum_B n_B}\right)^{\sum\nu_B}\times\prod_B n_B^{\nu_B} \tag{5.40}$$

① $\sum\nu_B>0$，加入惰性气体，由于温度和总压不变，标准平衡常数 $K^{\ominus}$ 的值一定，因 $n_0+\sum_B n_B$ 增大，故 $\prod_B n_B^{\nu_B}$ 增大，平衡向生成产物的方向移动。

② $\sum\nu_B<0$，加入惰性气体，$n_0+\sum_B n_B$ 增大，故 $\prod_B n_B^{\nu_B}$ 减小，平衡向生成反应物的方向移动。

③ $\sum\nu_B=0$，加入惰性气体，不影响平衡组成。

显然，温度、压力一定时，惰性气体的存在实际上起了稀释作用，它和减少反应系统总压的效应是一致的。

【例 5.12】 在 873K、10^5Pa 压力下，乙苯脱氢制苯乙烯的反应。若原料气中乙苯和水蒸气的比例为 1:9，求乙苯的最大转换率。若不添加水蒸气，则乙苯的转化率为多少？该温度下 $K^{\ominus}=0.178$。

解：在 873K、10^5Pa 压力下，通入 1mol 乙苯和 9mol 水蒸气，并设乙苯转化率为 α。

	$C_6H_5{-}C_2H_5(g) \rightleftharpoons$	$C_6H_5CH{=\!=}CH_2(g)$ +	$H_2(g)$	$H_2O(g)$
反应前：	1	0	0	9
反应后：	$1-\alpha$	α	α	9

平衡后的总物质的量：$\sum_B n_B=1-\alpha+\alpha+\alpha+9=1+\alpha+9(\mathrm{mol})$

$$K^{\ominus}=K_y\cdot\left(\frac{p}{p^{\ominus}}\right)^{\sum\nu_B}=\frac{\left(\frac{\alpha}{1+\alpha+9}\right)\cdot\left(\frac{\alpha}{1+\alpha+9}\right)}{\left(\frac{1-\alpha}{1+\alpha+9}\right)}\cdot\left(\frac{p}{p^{\ominus}}\right)^{\sum\nu_B}$$

$$=\left(\frac{\alpha^2}{1-\alpha}\right)\cdot\left(\frac{p/p^{\ominus}}{1+\alpha+9}\right)^{\sum\nu_B}$$

因为 $\sum_B\nu_B=1$，$p=p^{\ominus}$，所以

$$K^{\ominus}=\left(\frac{\alpha^{2}}{1-\alpha}\right)\cdot\left(\frac{1}{1+\alpha+9}\right)=0.178$$

解得

$$\alpha=0.728$$

如果不加水蒸气，则平衡后 $\sum_{B} n_B = 1 - \alpha + \alpha + \alpha = 1 + \alpha(\text{mol})$

则

$$K^{\ominus}=K_y\cdot\left(\frac{p}{p^{\ominus}}\right)^{\sum\nu_B}=\frac{\left(\frac{\alpha}{1+\alpha}\right)\cdot\left(\frac{\alpha}{1+\alpha}\right)}{\left(\frac{1-\alpha}{1+\alpha}\right)}\cdot\left(\frac{p}{p^{\ominus}}\right)^{\sum\nu_B}$$

$$=\frac{\alpha^{2}}{1-\alpha^{2}}=0.178$$

解得

$$\alpha=0.389$$

显而易见，加入水蒸气后，使苯乙烯的最大转化率从 0.389 增加到 0.728。

思考题 6　不同因素对化学平衡的影响与勒夏特列定律之间是什么关系？

思考题 7　在恒温恒容的条件下增加反应物的量平衡会向哪个方向移动？

课程思政

物理化学知识体系渗透着哲学的思想和深刻的内涵，有意识地思考课程内容与哲学思想的关联，有助于哲学思维的树立，并加快学生对基本原理和知识的掌握。

大理石主要成分为 $CaCO_3$，常温下是稳定的，温度为 298K 时，反应 $CaCO_3(s)$══$CaO(s)+CO_2(g)$不能自发进行，但是当温度升高到 1200K 时，反应能够自发进行，说明温度量变达到一定的程度，反应方向发生了质的变化。比如在例 5.3 中，通过调控 SO_2 分压力的大小(量)，可以变换反应的方向，可以控制 SO_2 溶于或不溶于熔融铜。这些问题的分析中都蕴含着“当量变达到一定程度的时候就会引起质变”的哲学思维。

同理，当讨论反应条件的选择时，可以从影响化学平衡的因素(温度、压力、惰性气体)等角度进行分析，在实际问题中要弄清楚到底是哪种因素起主导作用才能更好地应用到生产过程中，也就是说“主要矛盾和次要矛盾二者依存，两者在一定条件下互相转化”的哲学思想在这里得到了充分的体现。

通过在科学知识和哲学思想之间建立桥梁，能够使学生在学习课堂知识的同时，提升学习的趣味性，了解各种知识体系是相互交叉融合的，而不是完全独立的。

小　结

一、重点和难点

重点：化学反应等温方程式的意义及应用；标准平衡常数的定义及相应的计算；温度对

标准平衡常数的影响及相应计算；标准摩尔反应吉布斯函数变的求算和应用。

难点：各种类型反应的平衡常数表达式；平衡组成及平衡转化率的计算；温度、压力与惰性气体对平衡的定量影响及定性分析。

二、主要公式及使用条件

1. 摩尔反应吉布斯函数与反应进度的关系

$$\left(\frac{\partial G}{\partial \xi}\right)_{T,\ p} = \sum_{\mathrm{B}} \nu_{\mathrm{B}}\mu_{\mathrm{B}} = \Delta_{\mathrm{r}} G_{\mathrm{m}}$$

式中的$\left(\frac{\partial G}{\partial \xi}\right)_{T,p}$表示在 T、p 及组成一定的条件下，反应系统的吉布斯函数随反应进度的变化率，称为摩尔反应吉布斯函数变。

2. 标准平衡常数的定义式

$$K^{\ominus} \overset{\mathrm{def}}{=\!=} \exp\left(\frac{-\sum_{\mathrm{B}} \nu_{\mathrm{B}}\mu_{\mathrm{B}}^{\ominus}}{RT}\right)$$

3. 气相、复相反应标准平衡常数的表达式

$$K_p^{\ominus} = \prod_{\mathrm{B}} \left(\frac{p_{\mathrm{B}}}{p^{\ominus}}\right)_{\mathrm{e}}^{\nu_{\mathrm{B}}}$$

4. 化学反应的等温方程

$$\Delta_{\mathrm{r}} G_{\mathrm{m}} = \Delta_{\mathrm{r}} G_{\mathrm{m}}^{\ominus}(T) + RT\ln J = RT\ln\frac{J}{K^{\ominus}}$$

在气相反应中 $J_p = \prod_{\mathrm{B}} \left(\frac{p_{\mathrm{B}}}{p^{\ominus}}\right)^{\nu_{\mathrm{B}}}$，利用该式可以判断任意时刻时反应进行的方向。

5. 化学反应的等压方程——范特霍夫方程

微分式
$$\frac{\mathrm{d}\ln K^{\ominus}}{\mathrm{d}T} = \frac{\Delta_{\mathrm{r}} H_{\mathrm{m}}^{\ominus}}{RT^2}$$

积分式
$$\ln\frac{K^{\ominus}(T_2)}{K^{\ominus}(T_1)} = \frac{\Delta_{\mathrm{r}} H_{\mathrm{m}}^{\ominus}}{R}\left(\frac{1}{T_1} - \frac{1}{T_2}\right)$$

不定积分式
$$\ln K^{\ominus} = -\frac{\Delta_{\mathrm{r}} H_{\mathrm{m}}^{\ominus}}{RT} + C$$

积分式或不定积分式只适用于 $\Delta_{\mathrm{r}} H_{\mathrm{m}}^{\ominus}$ 为常数的理想气体恒压反应。若 $\Delta_{\mathrm{r}} H_{\mathrm{m}}^{\ominus}$ 是 T 的函数，应将其函数关系式代入微分式后再积分，即可得到 $\ln K^{\ominus}$与 T 的函数关系式。

习 题

1. 已知 298.15K 各物质的热力学数据 $\Delta_{\mathrm{f}} G_{\mathrm{m}}^{\ominus}(C_6H_5-C_2H_5, g) = 130.6\mathrm{kJ \cdot mol^{-1}}$，$\Delta_{\mathrm{f}} G_{\mathrm{m}}^{\ominus}(C_6H_5-C_2H_3, g) = 213.8\mathrm{kJ \cdot mol^{-1}}$，$\Delta_{\mathrm{f}} G_{\mathrm{m}}^{\ominus}(H_2O, g) = -228.59\mathrm{kJ \cdot mol^{-1}}$，试计算乙苯氧化脱氢 $C_6H_5C_2H_5(g) + 1/2O_2 = C_6H_5C_2H_3(g) + H_2O(g)$ 的平衡常数，并与例 5.3 比较。

［答案：2.6×10^{25}］

2. 已知下列各反应在 298K 时的标准摩尔吉布斯函数变为

(1) $CO_2(g)+4H_2(g)$══$CH_4(g)+2H_2O(g)$　　$\Delta_f G_m^{\ominus}(1)=-112.6\text{kJ}\cdot\text{mol}^{-1}$

(2) $2H_2(g)+O_2(g)$══$2H_2O(g)$　　$\Delta_f G_m^{\ominus}(2)=-456.1\text{kJ}\cdot\text{mol}^{-1}$

(3) $2C(s)+O_2(g)$══$2CO(g)$　　$\Delta_f G_m^{\ominus}(3)=-273.0\text{kJ}\cdot\text{mol}^{-1}$

(4) $C(s)+2H_2(g)$══$CH_4(g)$　　$\Delta_f G_m^{\ominus}(4)=-51.1\text{kJ}\cdot\text{mol}^{-1}$

计算反应 $CO_2(g)+H_2(g)$══$H_2O(g)+CO(g)$ 在该温度下的平衡常数。

[答案：5.550×10^{-6}]

3. 甲烷转化反应

$$CH_4(g)+H_2O(g)=\!=\!=CO(g)+3H_2(g)$$

在900K下的标准平衡常数为1.280，若取等物质的量的甲烷与水蒸气反应，求900K、100kPa下达到平衡时系统的组成。

[答案：$y_{CH_4}=y_{H_2O}=0.145$，$y_{CO}=0.177$，$y_{H_2}=0.532$]

4. 由乙烯和氯化氢制氯乙烷反应

$$C_2H_4(g)+HCl(g)=\!=\!=C_2H_5Cl(g)$$

在200℃和压力为101.325kPa时，标准平衡常数为16.6，反应开始前有1mol乙烯和2mol氯化氢。试求：(1)反应达平衡时氯乙烷的最大产量；(2)乙烯和氯化氢的转化率；(3)平衡组成。

[答案：(1) $n=0.897$mol；(2)乙烯转化率=89.7%，氯化氢转化率=44.9%；(3) $y_{C_2H_5Cl}=0.427$，$y_{C_2H_4}=0.049$，$y_{HCl}=0.524$]

5. Ag可能受到 H_2S 气体的腐蚀而发生如下反应：

$$H_2S(g)+2Ag(s)=\!=\!=Ag_2S(s)+H_2(g)$$

298K下，$Ag_2S(s)$ 和 $H_2S(g)$ 的标准摩尔生成吉布斯自由能分别为 $-40.25\text{kJ}\cdot\text{mol}^{-1}$ 和 $-32.93\text{kJ}\cdot\text{mol}^{-1}$。试求在298K、$p^{\ominus}$下，$H_2S$ 和 H_2 的混合气体中，H_2S 的物质的量分数低于多少时，便不致使Ag发生腐蚀？

[答案：0.05]

6. 钢铁在热处理炉中被 CO_2 氧化的反应为

$$Fe(s)+CO_2(g)=\!=\!=FeO(s)+CO(g)$$

已知在830℃时反应的 $K^{\ominus}=2.4$。问：(1)当炉气中CO和 CO_2 的体积分数分别为0.60和0.40时钢铁是否被氧化？(2)若炉气成分变为CO和 CO_2 的体积分数为0.45和0.15，其余为 N_2 时，钢铁发生什么变化？(设总压为 p)

[答案：(1)钢铁将被氧化；(2)反应逆向进行，钢铁不被氧化]

7. 从 NH_3 制备 HNO_3 的一种工业方法是 NH_3 与空气的混合物通过高温下的Pt催化，主要反应为

$$4NH_3+5O_2=\!=\!=4NO+6H_2O$$

根据下列298.15K的数据计算1073K时的平衡常数(假定 $\Delta_r H_m^{\ominus}$ 为常数)。

物质	$O_2(g)$	$NH_3(g)$	$H_2O(g)$	$NO(g)$
$\Delta_f H_m^{\ominus}/\text{kJ}\cdot\text{mol}^{-1}$	0	-46.19	-241.80	90.37
$\Delta_f G_m^{\ominus}/\text{kJ}\cdot\text{mol}^{-1}$	0	-16.63	-228.59	86.69

[答案：2.51×10^{53}]

8. 在 454~475K 温度范围内，反应

$$2C_2H_5OH(g) \longrightarrow CH_3COOC_2H_5(g)+2H_2(g)$$

的标准平衡常数与温度的关系如下：

$$\lg K^{\ominus}=-\frac{2100}{T/\mathrm{K}}+4.67$$

已知 473K 时，乙醇的 $\Delta_f H_m^{\ominus}=-235.34\mathrm{kJ\cdot mol^{-1}}$。求该温度时乙酸乙酯的 $\Delta_f H_m^{\ominus}$。

[答案：$-430.47\mathrm{kJ\cdot mol^{-1}}$]

9. 500K，合成氨反应

$$1/2N_2(g)+3/2H_2(g) \longrightarrow NH_3(g)$$

的 $K^{\ominus}=0.30076$，求该温度下系统总压分别为 101.325kPa、506.25kPa 时的平衡转化率(设气体为理想气体，起始反应物的物质量比符合计量系数比)。

[答案：15.4%，42.1%]

10. 在 1500K 下，金属 Ni 上存在总压为 100kPa 的 CO 及 CO_2 混合气体，可进行的反应：$Ni(s)+CO_2(g) \longrightarrow NiO(s)+CO(g)$，若要保持 Ni 不被氧化，在上述混合气体中，$CO_2$ 的分压力应小于多少？已知下列反应的吉布斯函数(单位 J/mol)与 T 函数关系式：

$2Ni(s)+O_2(g) \longrightarrow 2NiO(s)$　　①$\Delta_r G_m^{\ominus}(1)=-489.1-0.197T$

$2C(石墨)+O_2(g) \longrightarrow 2CO(g)$　　②$\Delta_r G_m^{\ominus}(2)=-223.0-0.1753T$

$C(石墨)+O_2(g) \longrightarrow CO_2(g)$　　③$\Delta_r G_m^{\ominus}(3)=-394.0+0.840\times10^{-3}T$

[答案：$p_{CO_2}<49.5\mathrm{kPa}$]

11. 总压为 100kPa 的反应 $Fe(s)+H_2O(g) \longrightarrow FeO(s)+H_2(g)$，在 1173K 温度下，$H_2$ 的平衡压力为 60kPa，当温度升到 1298K 时的平衡分压变为 56.93kPa。已知，1000K、100kPa 纯水蒸气分解为 O_2 与 H_2 的反应的解离度为 6.46%，试求：(1)1173~1298K 范围内，上述反应的 $\Delta_r H_m^{\ominus}$；(2)1000K 时 FeO(s)分解为 Fe(s)与 $O_2(g)$的分解压力。

[答案：(1)$\Delta_r H_m^{\ominus}=-12.8\mathrm{kJ\cdot mol^{-1}}$；(2)$p_{O_2}=3.8\times10^{-15}\mathrm{kPa}$]

12. 在 313K 时，于 25.7$\mathrm{dm^3}$ 容器中加入 0.2mol 固体碘，此温度下碘的蒸气压为 10.325kPa。为使全部固体碘消失，至少需通入多少 $H_2(g)$？已知反应为 $H_2(g)+I_2(g) \longrightarrow 2HI(g)$，$K^{\ominus}=20$。

[答案：$n_{H_2}=0.1196\mathrm{mol}$]

第6章 相 平 衡

本章着重讨论多相系统的平衡问题。多相系统是指内部有两个或两个以上相的系统，相间可以有热和功的传递，还可以有物质的交换。相变化过程是物质从一个相转移到另一个相的过程，当多相系统在宏观上没有任何物质在相间传递时，处于平衡态，称相平衡。相平衡现象无论是在日常生活还是在工业生产、科学研究中都是常见的，例如冬天河中的冰、水共存，工业上固体的熔化、液体的蒸馏、金属的冶炼、硅酸盐材料的生产等都涉及相平衡知识。相平衡是热力学平衡的必要条件之一，也是化学热力学研究的重要内容。

本章首先介绍各种多相平衡系统必须服从的规律——相律，接着以组分数为主要线索，穿插不同分类法来讨论几种不同类型的典型相图及其应用。相图的特点是能直观表现相平衡系统温度、压力和组成之间的关系。在实践应用中，相图是物理化学、材料科学、冶金学、岩石学、矿物学、地球化学等学科领域的重要理论基础，对于处理蒸发和凝结、熔化和凝固、溶解和结晶等相变过程，指导化工产品的分离、提纯，研制优良合金，制定陶瓷、材料等工业部门生产工艺都有重要的作用。因此，研究多相系统的平衡问题无论在科学研究还是在工业生产方面都具有重要意义。学习时要紧紧抓住由看图来理解相平衡关系这一重要环节，并要明确：作图的根据是相平衡实验的数据，从图中看到的是系统达到相平衡后的情况。

§6.1 相 律

相律是所有多相平衡系统共同遵循的普遍规律，它体现多相系统的相数、组分数与描述该平衡系统所用的独立变量数(自由度)之间的关系。它是吉布斯应用热力学原理于1876年推导出来的，因此亦称吉布斯相律。由于比较抽象，相律刚提出来时并未得到人们的重视，直至1891年(相隔15年)，范德华指导研究生用吉布斯相律研究盐水系统的性质获得了重大成果，从而相律才逐渐被人们所熟悉和应用。

学习相律之前，先介绍一些术语和概念。

§6.1.1 几个基本概念

(1) 相和相数

系统中物理性质和化学性质完全相同的均匀部分称为相。一个相可以由纯物质组成，也可以由混合物或溶液组成。在指定的条件下，相与相之间有明显的界面，跨越界面时系统的物理性质、化学性质发生突变。相的存在与物质的量无关。

相数是指系统中平衡共存的相的数目，其符号记作 Φ。系统中的气相、液相或固相可按下述方法确定。因任何气体均可无限地均匀混合，因此无论系统内有多少种气体，只能有一个气相，即 $\Phi=1$。不同种类的液体则根据相互间溶解度不同，系统可出现一个液相，也可出现多个液相。若能完全互溶，则为一个液相，若部分互溶或完全不互溶，则发生分层现象，此时有几层就是几个液相。对于固体，当不能相互溶解时，有几种固体就是几个固相。

当能相互溶解时，形成的固溶体(固态溶液)是一个固相。即使同一物质，若以不同晶型存在，则一种晶型就是一个相。一般 $\Phi \geqslant 2$ 的系统，称为多相系统。

同一系统因条件不同，可有不同的相和相数。如水在标准压力下，当温度高于 100℃时为气相；100℃时为气-液两相共存；低于 100℃时，虽然水可以蒸发，但气-液两相不平衡。在指定条件下，还可出现水、水蒸气和冰三相共存。

(2) 组分数

相平衡系统中存在的纯化学物质种类的数目，称为系统的物种数，用符号 S 表示。同一种物质，尽管聚集状态不同，物种只能算一种，如液态水、水蒸气与冰共存时，物种数 S 应为 1。确定平衡系统所有各相的组成所需的最少的物种数，称为独立组分数，也简称为组分数，用 C 表示。其中的每一种化学物质，其数量可任意改变，称为独立组分，简称组分。

系统的组分数和系统的物种数是两个不同的概念，两者不一定相同，组分数只能小于或等于物种数。例如由 PCl_5、PCl_3 和 Cl_2 形成的平衡系统，物种数为 3，而组分数为 2，因为这三种物质间存在如下的化学平衡：

$$PCl_5(g) \rightleftharpoons PCl_3(g) + Cl_2(g)$$

只需要其中任意两种物质便可确定这个系统，另一物质可以通过反应得到，其浓度可以通过该反应的平衡常数计算得到，因此三种物质中只有两种物质是独立的，至于哪两种物质作为系统的组分，则是任意的。显然系统中每增加一个独立的化学反应，系统的组分数就会减少一个，如果系统中有 S 种物质，它们之间有 R 个独立反应，则系统的组分数应为 $C=S-R$；如果没有化学反应，则 $R=0$，$C=S$，即这种情况下系统的组分数等于物种数。有时系统中物质间还会存在某些浓度限制，如上述系统中，假如投料时 PCl_3 与 Cl_2 的浓度相同，则系统的组分数又要减少一个，此时只要用一种物质 PCl_5 就足以确定这个平衡系统，因为 PCl_3 和 Cl_2 可通过上述反应产生，且两种产物的浓度一定相等(由于气体计量数相同)，即存在一个浓度限制条件。在这种情况下，此系统便成了单组分系统。综上所述，系统的组分数 C 应等于系统的物种数 S 减去各物质间的独立化学反应数 R 及浓度限制条件数 R'，即

$$C=S-R-R' \tag{6.1}$$

式(6.1)亦可作为组分数的定义式。需要注意，所谓独立的化学反应是那些不能用线性组合的方法由其他反应导出的反应。并且，只有同一相中，才有可能存在浓度限制条件。例如：

$$CaCO_3(s) \rightleftharpoons CaO(s) + CO_2(g)$$

虽然 CaO 和 CO_2 是由 $CaCO_3$ 分解而来的，它们的物质的量相同(因计量数相同)，但因 CO_2 的分压与其物质的量有关，CaO 的饱和蒸气压与 CaO 的物质的量无关，所以气相 CO_2 的分压与 CaO 的饱和蒸气压之间并不存在浓度限制条件。由此可见，在判断某系统所含的组分数时，必须注意讨论的对象及系统所处的条件。

对同一系统，它的物种数可随人们考虑问题的方法、角度不同而不同，但其组分数总是固定不变的。例如对固体 NaCl 和饱和 NaCl 水溶液共存呈平衡的系统，可以认为其物种数为 2(NaCl 和水)，也可以说其物种数为 6，即 NaCl(s)、H_2O、Na^+、Cl^-、OH^-、H^+，二者对物种数说法不一，但系统的组分数都是相同的。因为若将其物种数看作 2，则该系统不存在化学反应，也无浓度限制条件，所以 $C=S-R-R'=2-0-0=2$，即组分数为 2。而若将其物种数看作 6，系统中存在这样两个独立的解离平衡反应，即

$$NaCl(s) \rightleftharpoons Na^+ + Cl^-$$

$$H_2O \xlongequal{} OH^- + H^+$$

即 $R=2$，且有两个浓度限制条件，即 $c(Na^+)=c(Cl^-)$，$c(H^+)=c(OH^-)$，所以 $R'=2$，则 $C=S-R-R'=6-2-2=2$。即按后者说法，组分数亦为2，与前者说法得到相同的结果。所以在相平衡中讨论问题时，用组分数比用物种数要简单。

(3) 自由度

在能保持系统原有相的种类和数目不变(不引起旧相消失，也不引起新相形成)的前提下，能在一定范围内任意变化的强度变量称为自由度，用符号 f 表示。这里的强度变量通常指温度、压力和组分的浓度等。例如，对液态水来说，可以在一定范围内同时改变温度和压力，而系统仍保持单相液态水，则该系统享有两个独立变量，即温度和压力，所以系统的自由度为2。若水与水蒸气呈平衡，温度和压力两个变量中只有一个可以独立变化，也就是说，温度和压力只要确定其中一个，则另一个也就随之而定，故自由度为1。习惯上将自由度为1的系统称为单变量系统，自由度为2的系统称为双变量系统。

自由度是研究相平衡的重要概念。因为正确描述一个平衡系统，选择的变量必须恰当。对于物种数、相数较少的系统来说，可凭经验判断其自由度，在复杂系统中，自由度的确定是很困难的，但可借助相律由组分数、相数来确定。

(4) 相图

一个多相系统的状态，可用热力学函数来表示，也可用几何图形来描述。表示相平衡系统的状态与温度、压力和组成之间关系的几何图形，称为相平衡状态图，简称相图。相图是根据系统相平衡时的实验数据绘制出来的，不是从理论上推导出来的。通过相图能真实地反映各类相平衡状态，便于直观地分析处于某温度、压力下的相平衡系统中存在几个什么样的相、每个相的组成及各相物质的量之间的关系；也能判断当温度、压力或组成发生变化时，系统的相态变化情况，无须做出任何假设和近似处理。相图由相区组成，相区可以是点，亦可以是线或一个区域。相图上每一个点体现系统的一个平衡态，因此，相图可看成是点的集合。

§6.1.2 相律的推导

相律体现了多相平衡系统的相数、组分数与自由度之间定量关系的规律，其数学表达式为

$$f=C-\Phi+2 \tag{6.2}$$

其文字叙述为：只受温度和压力影响的相平衡系统的自由度等于组分数减去相数再加2。

按照数学原理，有一个关联变量的等式，就减少一个独立变量。根据自由度的定义，则有

$$f=\text{强度变量的总数目}-\text{强度变量间的独立关联式数目}$$

① 系统的总变量数。设一个多相平衡系统中含有 S 种物质，分布在 Φ 个相中，且 S 种物质在每个相中都存在。对其中任一相 α 必须知道其温度 T^α、压力 p^α 及该相的组成 x_1^α，x_2^α，…，x_s^α，方可确定其状态。温度、压力及组成这些决定 α 相状态的变量共有 $(S+2)$ 个。又因系统有 Φ 个相，所以整个系统的变量数应为 $\Phi(S+2)$ 个。但这些变量并不是完全独立的，描述系统状态的是独立变量，因此需要在系统的总变量数中找出独立变量数。

② 独立关联式数目。首先考虑到 S 种物质分布于每个相中，每相中各物质摩尔分数之

和为 1，即每一相存在 $\sum x_i = 1$ 这样一个等式，则 Φ 个相共有 Φ 个等式。又因系统处于热力学平衡状态，根据热平衡条件，各相温度相等，即 $T^\alpha = T^\beta = \cdots = T^\Phi$，共 $\Phi-1$ 个等式。根据力平衡条件，各相压力相等，即 $p^\alpha = p^\beta = \cdots = p^\Phi$，共 $\Phi-1$ 个等式。再根据相平衡条件，各相化学势相等，即

$$\mu_1^\alpha = \mu_1^\beta = \cdots = \mu_1^\Phi$$
$$\mu_2^\alpha = \mu_2^\beta = \cdots = \mu_2^\Phi$$
$$\vdots$$
$$\mu_s^\alpha = \mu_s^\beta = \cdots = \mu_s^\Phi$$

每种物质有 $\Phi-1$ 个等式，S 种物质共有 $S(\Phi-1)$ 个等式。另外，若系统中有 R 个独立化学反应，就有 R 个联系反应物质组成 x_B 的平衡常数表达式；若再有 R' 个独立浓度限制条件，则又有 R' 个联系不同物质组成 x_B 的关系式。总之，所有联系强度变量间的独立关联式数目为

$$(\Phi-1)+(\Phi-1)+\Phi+S(\Phi-1)+R+R'$$
$$=(S+2)(\Phi-1)+\Phi+R+R'$$

③ 计算自由度。我们已找出了系统的总变量数及变量间的关系数，而前面已得出，自由度 f=强度变量的总数目-强度变量间的独立关联式数目，于是得

$$f=\Phi(S+2)-[(S+2)(\Phi-1)+\Phi+R+R']$$
$$=S-R-R'-\Phi+2$$

而 $S-R-R'=C$，故

$$f=C-\Phi+2$$

此式为相律的数学表达式。它真实地反映了只受外界温度、压力影响的多相平衡系统中组分数、相数与描述该平衡系统的独立变量数间的定量关系。

由上式可知，若相数 Φ 确定，当组分数 C 增大时，自由度 f 增大；若组分数 C 确定，当相数 Φ 增大时，自由度 f 减小。

对于相律需说明下列几点：

① 相律适用于各种相平衡系统。在推导中我们曾假设每一相都含有 S 种物质。但是若某种物质在某相中不存在，相律的形式也不变。因为若某一相缺少一种物质，则该相的组成变量相应减少一个，同时化学势等式也减少一个，所以式(6.2)依然成立。

② 相律中的“2”专指温度、压力这两个变量对系统相平衡的影响。对于温度或压力恒定的系统，例如将相律应用到液-固平衡系统(凝聚相平衡系统)时，因压力影响很小，可忽略，故相律的表达式为

$$f^* = C-\Phi+1$$

式中，“1”仅表示温度的影响因素，f^* 称条件自由度。

③ 若外界除温度、压力外还有其他因素(如电磁场、引力场等)对系统的影响，则相律的一般形式可写为

$$f=C-\Phi+n$$

式中，“n”为影响平衡系统的外界因素的数目。

【例 6.1】 碳酸钠与水可形成 $Na_2CO_3 \cdot H_2O$、$Na_2CO_3 \cdot 7H_2O$ 和 $Na_2CO_3 \cdot 10H_2O$ 三种水合物，试回答：

(1) 在一定压力下，与 Na_2CO_3 水溶液和冰共存的含水盐最多有几种？

(2) 在一定温度下，与水蒸气平衡共存的含水盐最多有几种？

解：(1)碳酸钠和水形成的系统，$S=5$，即 Na_2CO_3、H_2O 及三种水合物；各物质间存在以下三个独立化学反应：

$$Na_2CO_3+H_2O \xlongequal{\quad} Na_2CO_3 \cdot H_2O$$

$$Na_2CO_3+7H_2O \xlongequal{\quad} Na_2CO_3 \cdot 7H_2O$$

$$Na_2CO_3+10H_2O \xlongequal{\quad} Na_2CO_3 \cdot 10H_2O$$

即 $R=3$，而 $R'=0$，故 $C=5-3-0=2$。从相律 $f=C-\Phi+2$ 可看出，当 $f=0$ 时，系统的平衡共存相数目最多，又因压力一定，故 $0=2-\Phi+1$，$\Phi=3$，即最多只能三相共存。现已有 Na_2CO_3 水溶液和冰两个相，所以最多只能有一种含水盐与其共存。

(2) 因温度一定，$f^*=C-\Phi+1$，与上面理由相同，得出 $\Phi=3$，系统最多也只有三相共存，故与水蒸气平衡共存的含水盐最多有两种。

相律是用来讨论相平衡系统的普遍规律。它只能指出某平衡系统中有几个自由度或几个相，而究竟是哪几个相，哪几个自由度，则要对具体问题进行具体分析。如在例 6.1 中只回答是一种含水盐，(2)中只回答是两种含水盐，到底是哪种含水盐，要依靠系统的相图来确定。

§6.2 单组分系统相平衡

§6.2.1 相律对单组分系统相平衡的应用

组分数为 1 的系统，称单组分系统，如纯水、纯乙酸、纯硫等纯物质系统。将相律应用于单组分系统，有

$$f=C-\Phi+2=1-\Phi+2=3-\Phi$$

即

$$f=3-\Phi$$

此式为单组分系统相律的一般表达式。对单组分系统，相数最少为 1，当 $\Phi=1$ 时，便可求出系统自由度最多为 2，即 $f=2$，表示有两个可独立变化的量。因单组分(纯物质)不存在浓度变化问题，即 $x=1$。这两个独立变量一般是指温度 T 和压力 p，即温度、压力可在一定范围内任意变动，而不会改变原来的相态。自由度最小应为 0，因为 $f=3-\Phi$，当 $f=0$，则 $\Phi=3$。显然，单组分系统最多只能出现三相共存。由于单组分系统自由度最大为 2，故用二维坐标就足够描述单组分系统的相图。下面以水的相图为例加以说明。

§6.2.2 水的相图

(1) 相图绘制

由前述及，对单组分系统相数最少 $\Phi=1$，则自由度最多只能为 $f=2$，指的是温度、压力两个变量。因此水的相图可绘成 $p-T$ 平面图。

根据相律可知，单组分系统以单相存在时，无论是气相、液相、还是固相，$\Phi=1$，$f=2$，即温度、压力可自由变动。因此，在 $p-T$ 图上可以用一块面积表示单相状态。当气-液、气-固、固-液等两相平衡共存时 $\Phi=2$，则 $f=1$，说明温度确定，则压力亦确定，或者说压力确定，则温度随之而定，即温度与压力互为函数关系。因此在 $p-T$ 图上可以各用一条曲

线代表两相共存情况。另外，单组分系统最多相数 $\Phi=3$，此时自由度 $f=0$，说明温度、压力均为定值，因此在 $p-T$ 图上可由固定的点代表三相共存的情况。

相律虽然指明水的相图上应当有单相面、两相线及三相点，但它不能准确确定面、线、点的具体位置。确定它们的具体位置，必须根据实验数据绘制相图。水的相图是单组分系统中最简单的一种相图。水的相图的示意图如图 6-1 所示。

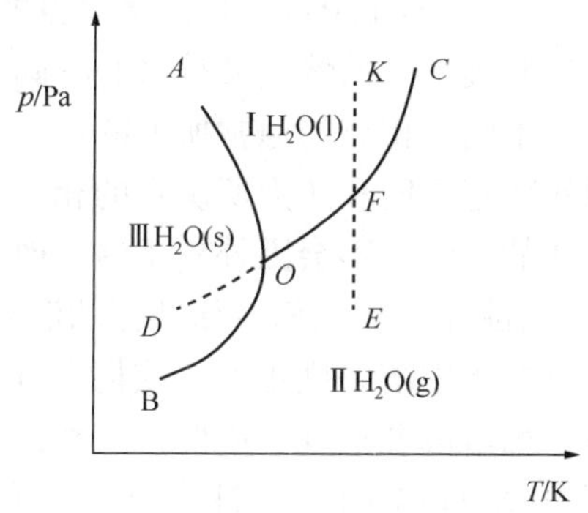

图 6-1　水的示意相图

根据实验测定气-液两相平衡时的 T、p 对应数据，画出 $H_2O(l) \longrightarrow H_2O(g)$ 两相平衡线 OC，根据实验测定气-固两相平衡时 T、p 对应数据，画出 $H_2O(s) \longrightarrow H_2O(g)$ 两相平衡线 OB，实验测得固-液两相平衡时 T、p 对应数据，画出 $H_2O(s) \longrightarrow H_2O(l)$ 两相平衡线 OA。三条曲线交于一点 O，这样便绘制出水的相图。

(2) 相图分析

所谓“相图分析”，就是利用相律来说明相图中点、线、面的物理意义，以及讨论外界条件改变将如何影响相平衡状态的存在。现对水的相图作一分析。

① 单相面。三条曲线把相图分为三个区，称为三个单相区。图 6-1 中面(Ⅰ)、面(Ⅱ)、面(Ⅲ)分别是水的单一液相区、单一气相区和单一固相区。在各单相区中，$\Phi=1$，$f=2$，表明温度、压力均可以在一定范围内改变而不会引起旧相的消失和新相的产生。也就是说，在这些单相区，只有同时指定温度和压力，系统的状态才能确定。

② 两相线。不相重合的两个面的共同部分为线。图中 OA、OB、OC 是三个单相区的分界线。这三条曲线表示两相平衡时压力与温度间的关系。当系统的温度 T 和压力 p 所决定的状态点落到某一条曲线上，系统将呈现该线所代表的两相共存的状态。在各线上 $\Phi=2$，$f=1$，表明温度、压力这两个变量中，只有一个是可以独立变化的。下面作具体讨论。

曲线 OA 为冰和水的两相平衡共存线，或叫冰的熔化曲线。线上各点表示熔点与压力的对应关系，A 点最高可延伸到 2000×101325Pa、-20℃。若压力再高，冰出现多种晶型，可达十多种，就不属于本图情况。

曲线 OB 为冰和水蒸气的两相平衡共存线，或叫冰的饱和蒸气压曲线。OB 理论上可向下延伸到 0K，不能向上延伸超过三相点 O，因没有过热的冰。

曲线 OC，是水和水蒸气的两相平衡共存线，或叫水的饱和蒸气压曲线，曲线上任一点表示出平衡时温度和压力的对应关系。该线不能无限向上延长，终止于 C 点($T_c=473$℃，$p_c=2.21\times10^7$Pa)，C 点为水的临界点。过 C 点，不论加多大压力，均不会出现液相。因此，OC 线不能越过 C 点向上延伸。由于在两线平衡线上 $f=1$，所以若降低系统的温度，并使其仍然保持两相平衡，则水蒸气压力必然沿着 OC 线向下移动。温度降至 0.01℃，系统的状态点到达 O 点，应有冰出现。但是常常可以使水冷却到 0.01℃以下而仍无冰产生，这就是水的过冷现象。这种状态下的水称为过冷水。图中虚线 OD，即代表过冷水与水蒸气间平衡共存线(或过冷水的饱和蒸气压曲线)，它实际是 OC 线越过 O 点向左下方延长的一条线。线上各点对应状态是不稳定状态，称之为亚(介)稳态，一经触发，即刻结冰。因过冷水的饱和蒸气压大于冰的饱和蒸气压，所以过冷水的饱和蒸气压曲线 OD 在冰的饱和蒸气压曲线 OB 之上。

③ 三相点。OA、OB、OC 三条曲线的交点 O 点，称为水的三相点。系统处于该点时呈冰、水、水蒸气三相平衡共存。此时 $\Phi=3$，$f=0$，即温度、压力都有唯一确定的值（$T=0.01$℃，$p=611$Pa），是由水自身的性质决定的。此压力既是水又是冰的饱和蒸气压，因此 0.01℃既是冰的熔点又是水的凝固点。

水的三相点与通常所说的冰点是两个不同的概念。水的三相点是指纯水三个相平衡共存时的特定温度和压力所决定的相点，亦叫三态点。因为 $f=0$，只能是特定的温度和压力，是物质的特性，不会因外界条件的改变而改变。通常所说水的冰点是指饱和了空气的水（多组分）与冰和空气三相平衡共存的温度。通常水的冰点只有一个，但可随外压不同而变化。因空气在水中溶解度很小，实际是个多组分稀溶液系统，该系统处于冰点时，共存的三相是冰、稀溶液和空气。因此，三相点时，纯水系统所受的压力为冰和水上方由纯水蒸气构成的压力（6.11×10^2Pa）。冰点时，系统（溶有空气的水的稀溶液）所受的压力（1.01×10^5Pa）主要来源于空气，其中水蒸气的分压所占比例很小。冰点比三相点低 0.01K，其原因主要有两个：一是压力由 611Pa 升至 101325Pa，使凝固点下降 0.00754K；二是水中溶有空气，浓度为 0.00130mol · kg^{-1}，使水的凝固点下降 0.0024K，两种原因总的结果使水的冰点比三相点下降 0.00995K≈0.01K。

三相点与水的凝固点也不同。凝固点是指定压力下，水的固相与液相平衡共存时的温度。如 OA 线上的任一点的横坐标值均是相应压力下水的凝固点，所以，水的凝固点可以有很多个。

（3）相图应用

① 通过相图可确定系统状态。相图上每一点对应着系统某个状态，所以，相图上任一点称作"系统状态点"或"系统点"。例如，图 6-1 中 E 点是系统的一个系统点，它代表系统的一种什么状态呢？可以看出 E 点位于图中Ⅱ区，根据上面我们对水的相图的分析可知，Ⅱ区是水蒸气的单相区，故 E 点代表系统以单一气相的状态存在。

② 从相图上可直观形象地看到由于条件变化而引起系统状态的变化。例如，在 200℃（473K），对水蒸气（其压力为 p）由 E 点加压至 OC 线相交于 F 点，然后对其加压至 K 点，其过程如相图 6-1 中所示，试指出系统相态的变化。

系统点 E 点（473K）为气相，经等温加压至 OC 线交于 F 点时，开始出现液相，呈气-液两相平衡。继续加压，过了 F 点，气相消失，呈液相，加压至 K 点，为单一液相，由 E 至 K 为等温加压过程，EK 线段为等温线。

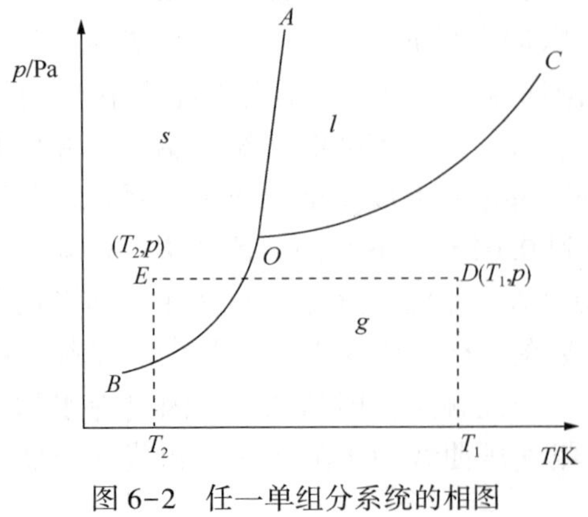

图 6-2　任一单组分系统的相图

其他纯物质的相图与水的相图类似，只是物质不同，两相平衡曲线的位置和形状不同，斜率也不同。但相图的分析方法一样，此处不再逐一讨论。

③ 固态物质的升华提纯。在工业生产如药品的减压蒸馏、低温干燥等过程中，水的相图有着非常重要的应用。图 6-2 代表任一单组分系统的相图。假如将小于三相点压力的蒸气，如 D 点（T_1，p）的蒸气，在恒压情况下从 T_1 冷却至 T_2，则蒸气将不经过液态而直接冷凝为固体，同理，只要固体的蒸气压不超过三相点的压力，它也可

以不经过液态而直接汽化为蒸气。显然，物质三相点的压力越高，该物质越容易升华。同时，由于固体的蒸气压高，蒸发速率也将加快。由此看来，三相点的压力是应用升华进行物质提纯的重要依据。有些药品的热稳定性较差，在干燥时不能采取常用的加热蒸发干燥的方法，这时可考虑冷冻干燥或升华干燥法。水杨酸(邻羟基苯甲酸)是药物阿司匹林和新药血防-67 的中间体以及某些染料的中间体，它在熔点(159℃)时的蒸气压为 2400Pa，可采用减压升华法进行提纯。现在，工业生产的大多数生物制品、药物，都采用冷冻干燥的方法，以保持其有效的生物活性。

§6.2.3　克拉佩龙(Clapeyron)方程——单组分两相平衡的基本方程

由上述水的相图的讨论可知，单组分(纯物质)系统处于两相平衡时，例如，图 6-1 中的曲线 OA、OB、OC 代表水的两相平衡共存状态，此时 $\Phi=2$，自由度 $f=1$，表明单组分系统两相平衡共存时，其中温度和压力只有一个可独立变化，一个变量是另一个变量的函数。如单组分系统气-液平衡时，液体的饱和蒸气压是温度的函数；气-固平衡时，固体的饱和蒸气压是温度的函数；固-液平衡时，熔化温度是总压的函数。温度和压力之间存在的这种函数关系就是下面介绍的克拉佩龙方程。

(1) 克拉佩龙方程

用 α 与 β 分别表示纯物质 B 的两个不同相，它们可以是气、液、固相或不同晶型。若 α 相和 β 相在等温、等压下达平衡时，由相平衡条件，得

$$\mu_{\mathrm{B}}^{\alpha}(T,\ p)=\mu_{\mathrm{B}}^{\beta}(T,\ p)$$

对于纯物质 $\mu=G_{\mathrm{m}}$，因此，上式也可以写成

$$G_{\mathrm{m}}^{\alpha}(T,\ p)=G_{\mathrm{m}}^{\beta}(T,\ p)$$

当温度改变 $\mathrm{d}T$ 时，根据相律，相应压力也改变 $\mathrm{d}p$，设此时两相的吉布斯函数分别变为 $G_{\mathrm{m}}^{\alpha}+\mathrm{d}G_{\mathrm{m}}^{\alpha}$ 和 $G_{\mathrm{m}}^{\beta}+\mathrm{d}G_{\mathrm{m}}^{\beta}$，在新的平衡状态下，系统的摩尔吉布斯函数(或化学势)仍相等，即

$$G_{\mathrm{m}}^{\alpha}+\mathrm{d}G_{\mathrm{m}}^{\alpha}=G_{\mathrm{m}}^{\beta}+\mathrm{d}G_{\mathrm{m}}^{\beta}$$

因而

$$\mathrm{d}G_{\mathrm{m}}^{\alpha}=\mathrm{d}G_{\mathrm{m}}^{\beta}$$

根据热力学基本关系式 $\mathrm{d}G=-S\mathrm{d}T+V\mathrm{d}p$，可得出

$$-S_{\mathrm{m}}^{\alpha}\mathrm{d}T+V_{\mathrm{m}}^{\alpha}\mathrm{d}p=-S_{\mathrm{m}}^{\beta}\mathrm{d}T+V_{\mathrm{m}}^{\beta}\mathrm{d}p$$

整理，得

$$\frac{\mathrm{d}p}{\mathrm{d}T}=\frac{S_{\mathrm{m}}^{\beta}-S_{\mathrm{m}}^{\alpha}}{V_{\mathrm{m}}^{\beta}-V_{\mathrm{m}}^{\alpha}}=\frac{\Delta_{\alpha}^{\beta}S_{\mathrm{m}}}{\Delta_{\alpha}^{\beta}V_{\mathrm{m}}}$$

对于可逆相变有 $\Delta S_{\mathrm{m}}=\dfrac{\Delta H_{\mathrm{m}}}{T}$，代入上式，得

$$\frac{\mathrm{d}p}{\mathrm{d}T}=\frac{\Delta_{\alpha}^{\beta}H_{\mathrm{m}}}{T\Delta_{\alpha}^{\beta}V_{\mathrm{m}}} \tag{6.3}$$

此式即为克拉佩龙方程，它给出了平衡压力和温度间的定量关系。式中 $\Delta_{\alpha}^{\beta}S_{\mathrm{m}}$ 和 $\Delta_{\alpha}^{\beta}H_{\mathrm{m}}$ 为纯物质由 α 相到 β 相的摩尔熵变和摩尔焓变，$\Delta_{\alpha}^{\beta}V_{\mathrm{m}}$ 为相变前后摩尔体积变化。由于在推导过程中未引入任何假设，所以可适用于单组分的任意两相平衡。

利用克拉佩龙方程可求出单组分系统相图中任意两相平衡的曲线的斜率。例如，水的相图中，由图 6-1 知 OA 线斜率为负值，而 OB 线和 OC 线斜率均为正值，且 OB 线斜率大于

OC 线。它们的斜率不同可从克拉佩龙方程得到解释。例如，OA 线斜率为何为负值？因冰的热容大于水的热容（$C_{p,冰}>C_{p,水}$），所以冰融化过程需要吸热，即 $\Delta_{fus}H_m>0$，而熔化过程体积变化 $\Delta V_m<0$，故

$$\frac{dp}{dT}=\frac{\Delta_{fus}H_m}{T\Delta V_m}<0$$

因此 OA 曲线斜率为负值。同样，可通过克拉佩龙方程说明 OB 曲线、OC 曲线的斜率为何为正值，请读者自行练习。

【例 6.2】 在 273.2K 和 $p^{\ominus}$ 条件下，水和冰的密度分别为 $0.9999g\cdot dm^{-3}$ 和 $0.9168g\cdot dm^{-3}$，冰的熔化热为 $333.5J\cdot g^{-1}$。试求冰的熔点随压力的变化率。

解：考察熔化过程：s→l

$$\Delta V=\left(\frac{1g}{0.9999g\cdot dm^{-3}}-\frac{1g}{0.9168g\cdot dm^{-3}}\right)=-0.09065dm^3=-9.065\times10^{-5}m^3$$

$$\frac{dT}{dp}=\frac{T\Delta V_m}{\Delta H_m}=\frac{273.2K\times(-9.065\times10^{-5})m^3}{1g\times333.5J\cdot g^{-1}}=-7.426\times10^{-8}K\cdot Pa^{-1}$$

即压力升高 1Pa，冰点下降 7.426×10^{-8}K。

（2）克劳修斯-克拉佩龙方程

将克拉佩龙方程应用于有气相参加的相平衡，如蒸发（或升华）及其逆过程，由于 $V_m(g)\gg V_m(l)$ 或 $V_m(s)$，液体、固体的体积相对于气体常可忽略不计，若蒸气为理想气体，则

$$\Delta_{vap}V_m=V_m(g)-V_m(l)\approx V_m(g)=RT/p$$

于是

$$\frac{dp}{dT}=\frac{\Delta_{vap}H_m}{RT^2}p$$

或

$$\frac{d\ln p}{dT}=\frac{\Delta_{vap}H_m}{RT^2} \tag{6.4}$$

式(6.4)称为克劳修斯-克拉佩龙方程式，简称克-克方程，它定量给出了温度对纯物质的饱和蒸气压的影响。式中 $\Delta_{vap}H_m$ 为物质的摩尔蒸发焓(或摩尔升华焓变)。

若温度变化不大，$\Delta_{vap}H_m$ 可看作常数，对上式定积分，得

$$\ln\frac{p_2}{p_1}=-\frac{\Delta_{vap}H_m}{R}\left(\frac{1}{T_2}-\frac{1}{T_1}\right) \tag{6.5}$$

利用式(6.5)，若已知两温度下的饱和蒸气压，则可计算液体的摩尔蒸发焓或固体的摩尔升华焓变；若已知摩尔蒸发焓及一个温度下的饱和蒸气压，则可计算出其他温度下的饱和蒸气压或某压力下的沸点温度。

若做不定积分，可得

$$\ln p=-\frac{\Delta_{vap}H_m}{RT}+C \tag{6.6}$$

式中 C 为积分常数。此式表明，若由实验测得若干温度下的蒸气压，以 $\ln p$ 对 $1/T$ 作图可得一直线，由图中直线斜率可以求得物质的摩尔蒸发焓。

当缺乏摩尔蒸发焓数据时，可用经验规则进行近似估计，对非极性液体，若分子不缔

合，有如下规则：

$$\frac{\Delta_{vap}H_m}{T_b}\approx 88\text{J}\cdot\text{mol}^{-1}\cdot\text{K}^{-1}$$

式中 T_b 指正常沸点，此规则称楚顿(Trouton)规则。

【例 6.3】 环己烷的正常沸点为 80.75℃，在正常沸点的摩尔蒸发焓 $\Delta_{vap}H_m=30.08\text{kJ}\cdot\text{mol}^{-1}$，计算应将压力降低到多少 Pa，可使环己烷在 25℃时沸腾？

解：由克劳修斯-克拉佩龙方程式积分式

$$\ln\frac{p}{101325\text{Pa}}=\frac{\Delta_{vap}H_m}{R}\left(\frac{1}{T_1}-\frac{1}{T_2}\right)=\frac{30.08\times10^3\text{J}\cdot\text{mol}^{-1}}{8.314\text{J}\cdot\text{mol}^{-1}\cdot\text{K}^{-1}}\left(\frac{1}{353.9\text{K}}-\frac{1}{298.15\text{K}}\right)$$

解得 $p=14980\text{Pa}$

思考题 1 压力升高时，单组分系统的熔点将如何变化？

思考题 2 水的三相点与冰点有何区别？

§6.3 二组分系统气-液平衡相图

从本节开始讨论二组分系统相图，它的应用是很广泛的，在化工、冶金生产以及材料科学中均得到广泛应用，这不仅指建筑材料，还包括激光材料，如红宝石、蓝宝石等。

根据相律，对二组分系统，因为 $C=2$，所以 $f=2-\Phi+2=4-\Phi$，即

$$f=4-\Phi$$

此式为二组分系统相律的一般表达式。当系统相数最少时，即 $\Phi=1$，则系统最大自由度 $f=4-1=3$，系统的特性应有三个独立变量来描述，即温度、压力和组成(T、p、x)。所以，二组分系统相图需用三维空间表示，是一个立体图。但实际研究二组分系统相图时，往往保持系统的温度或压力不变，于是条件自由度 $f^*=2$，二组分系统的相图便可用平面图来描述。若指定温度不变，得 p-x 图，若指定压力不变，得 T-x 图。

气-液平衡相图，即气体为一相，液体实际是溶液，其液相可分为双液完全互溶、部分互溶和完全不互溶三种情况，而完全互溶又可分为理想液态混合物和非理想液态混合物两种。下面分别进行讨论。

§6.3.1 二组分理想液态混合物的气-液平衡相图

(1) 理想液态混合物的 p-x 图

设由组分 A 和组分 B 形成的理想液态混合物，在温度一定的情况下达到气-液平衡。总压

$$p=p_A+p_B$$

由于两组分均符合拉乌尔定律，故

$$p_A=p_A^*x_A \qquad p_B=p_B^*x_B$$

又

$$x_A=1-x_B$$

所以

$$p=p_A^*+(p_B^*-p_A^*)x_B$$

或

$$x_B=\frac{p-p_A^*}{p_B^*-p_A^*} \tag{6.7}$$

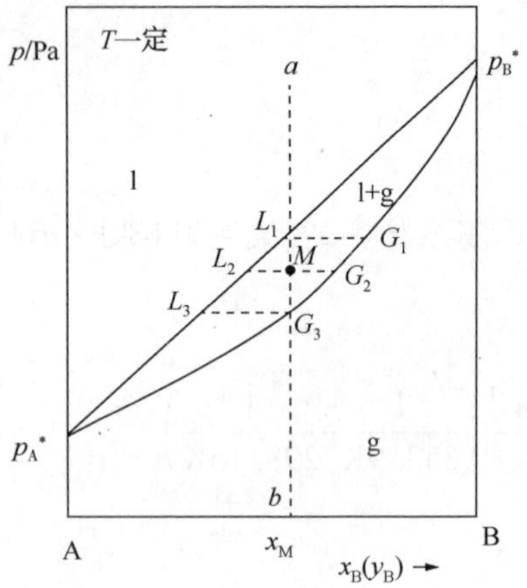

图 6-3　理想液态混合物的 $p-x$ 图

此式说明两组分理想液态混合物不同浓度下溶液的蒸气压与其浓度呈线性的关系。等温下，若以压力为纵坐标，组成为横坐标，作出溶液中 B 的组成与总压的关系，应得到一直线，如图 6-3 中上面的直线所示。它是在定温下，在多组分系统中代表液相组成的曲线，故称为液相线，从液相线上可以找出指定组成液相的蒸气总压或指定蒸气总压下的液相组成。若 B 易挥发，即 $p_B^* < p_A^*$，则其直线斜率为正。

通常所讨论的气-液平衡，气相压力不大，一般为常压，温度也不高为常温，因此可把气体视为理想混合气体。由道尔顿分压定律得，气相中组分 B 的组成为

$$y_B = \frac{p_B}{p} = \frac{p_B^* x_B}{p}$$

说明组分 B 在气相或溶液中的组成均与总压有关。将液相组成 x_B 关系式(6.7)代入，得

$$y_B = \frac{p_B^*(p - p_A^*)}{p(p_B^* - p_A^*)} \tag{6.8}$$

然后将上式变换整理，可得

$$p = \frac{p_A^* p_B^*}{p_B^* + (p_A^* - p_B^*) y_B}$$

该式说明溶液蒸气压 p 与气相组成 y_B 关系不是线性关系，由不同的 y_B 与其对应的蒸气压 p 做 $p-y_B$ 图，应得一条曲线，如图 6-3 中下面的曲线所示。它是在定温下，多组分系统中，代表平衡气相组成的曲线，故叫作气相线。

把气相线与液相线画在同一张图上，就得到了 $p-x$ 图，如图 6-3 所示。横坐标 x_B 为系统组成，它既不表示液相 B 的组成，又不表示气相 B 的组成。

由液相线能看出，理想液态混合物的蒸气总压总是介于两纯液体的饱和蒸气压之间，就是说系统的蒸气总压大于难挥发液体(蒸气压小的液体)的蒸气压，而小于易挥发液体的蒸气压。图 6-3 所示系统中，B 是易挥发组分，则

$$p_A^* < p < p_B^*$$

液相线和气相线把相图分为三部分。液相线以上的区域是液相区(l)，因该区任一点代表的系统其压力都大于液态混合物的饱和蒸气压，应全部凝结为液体。气相线以下的区域是气相区(g)，因该区系统的压力都小于液态混合物的饱和蒸气压，应全部蒸发成气体。在单相区的系统，$f = 2-1+1 = 2$，这说明压力和组成在一定范围内，可任意变化而不至于引起旧相消失或新相生成。也可以说，要确定一个单相系统的状态，除温度恒定外，还需指明压力和组成。液相线和气相线之间的区域为气-液平衡两相区。该区的点如 M 代表的系统由气相和液相构成，由于各相压力就是系统的压力，故过 M 点的等压线与气相线和液相线的交点 G_2、L_2 分别表示气相、液相的状态。像这种表示某个相的组成的点称为相点，G_2 为气相点，L_2 为液相点。连接此两点的直线 L_2MG_2 叫连接线。显然，单相区的系统点与相点重合，而在两相区，系统点与相点分离。在气-液平衡两相区的系统，$f = 2-2+1 = 1$，表明蒸气总压与

液相组成、气相组成有一定的函数关系。气相组成 y_B 和液相组成 x_B 可分别从气相点 G、液相点 L 的横坐标读出。

对本系统，因为

$$p_A^* < p < p_B^*$$

即
$$p_A^*/p < 1, \ p_B^*/p > 1$$

所以
$$y_A < x_A, \ y_B > x_B$$

这说明饱和蒸气压不同的两种液体形成理想液态混合物，在气-液平衡时，两相的组成并不相同，易挥发组分在气相中的相对含量大于它在液相中的相对含量。

前已指出，相图最主要的应用就是可以直观形象地看到由于外界条件变化而引起系统状态的变化情况。例如，若起始时系统点是图 6-3 中液相区内的 a 点，系统压力为 p，总组成为 x_M，我们分析一下系统在等温减压过程中状态的变化情况。当等温条件下，压力缓慢降低时，系统点将沿恒组成线 ab 垂直向下移动，在到达 L_1 点之前无相变，一直是单一的液相。到达 L_1 点后，发生相变化，液相开始蒸发，系统开始进入气-液平衡两相区，此时液相点为 L_1，液相组成仍为 x_M，而最初形成的蒸气相的状态为图中的 G_1 点所示。在两相区内随着压力继续降低，液相不断蒸发为蒸气，液相状态沿液相线向左下方移动(当系统点 L_1 点移到 M 点时，液相点由 L_1 点沿液相线变到 L_2 点)，与之成平衡的气相状态则相应地沿气相线向左下方移动(气相点由 G_1 点沿气相线变到 G_2 点)，当系统点到达 M 点时，两相平衡的液相状态点为 L_2 点，气相状态点为 G_2 点，L_2 点和 G_2 点都是相点。当压力继续降低，系统点到达 G_3 点时，液相全部蒸发为蒸气，气相点为 G_3，气相组成为 x_M，而最后消失的一滴液相的状态点为图中 L_3 点。需要注意的是，当系统在整个气-液两相共存的降压过程中(系统点由 L_1 点向 G_3 点移动的过程中)，系统内部始终是气-液两相共存，但平衡两相的组成和两相的相对数量却在随压力而改变。此后系统进入气相区，自 G_3 至 b 点的过程无相变，为单一气相的减压过程。

(2) T-x 图

由上述可知，在一定温度下理想液态混合物的总蒸气压与液态混合物的组成有关。因为沸点是总蒸气压等于外压时的温度，所以在一定的外压下，理想液态混合物的沸点与其混合物组成有关。根据理想液态混合物的两个纯组分在不同温度下的饱和蒸气压数据，可以得到二组分理想液态混合物在等压下气液平衡的温度-组成图，即 T-x 图。

仍以 A 和 B 形成的理想液态混合物为例。在压力 $p=101.325\text{kPa}$ 下，首先测得 A、B 的沸点 $T_A{}^*$、$T_B{}^*$ 以及在 $T_A{}^*$ 与 $T_B{}^*$ 之间不同温度下纯 A、纯 B 的蒸气压 p_A^* 和 p_B^*，再按式(6.7)和式(6.8)分别求出不同温度下的液相组成 x_B 和气相组成 y_B。最后，以温度为纵坐标，液相组成或气相组成为横坐标作图就得到 A-B 系统的温度-组成图。由于 101.325kPa 下气-液平衡的温度就是正常沸点，故该图也叫沸点-组成图。这种图也可根据实测的沸点和液相组成及气相组成数据来绘制。当 B 比 A 易挥发时，所绘制的 T-x 图如图 6-4 所示。显然，纯物质的饱和蒸气压越低，它的沸点越高。由于在一定温度与压力下达到平衡时易挥发的组分在气相中的含量高于它在液相中的含量，故在 T-x 图中，气相线在液相线的上面。图中各区域的系统存在的稳定相如图 6-4 中所示下方曲线表示系统的沸点与液相组成的关系，称为液相线；上方的曲线表示系统的沸点与气相组成的关系，称为气相线。液相线以下

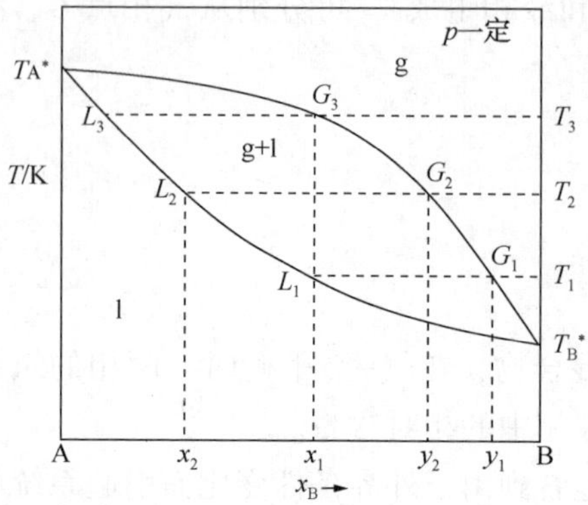

图 6-4　理想液态混合物的 T-x 图

的区域为液相区(l)，气相线以上的区域为气相区(g)，两条曲线间的区域为气-液平衡两相区，该区任一点表示的系统均分为气相和液相。

理想液态混合物区别于纯液体的一个特征是：纯液体在定压下有恒定的沸点，在蒸发的全过程中温度维持不变；理想液态混合物在定压下加热时从开始沸腾到蒸发完毕有一段从低到高的温度区间。例如，组成为 x_1 的溶液在等压下加热时，图中 T_1 到 T_3 为沸腾温度区间，在沸腾过程中，气相的相点由 G_1 开始，沿气相线逐渐向 G_2、G_3 移动，液相的相点由 L_1 开始，沿液相线逐渐向 L_2、L_3 移动。在整个蒸发过程中气-液平衡两相的组成是不同的。利用这一点，可使溶液分离为纯组分。如有一组成为 x_1 的 A、B 二组分溶液，加热到 T_1 时开始沸腾，与之平衡的气相组为 y_1，显然 B 含量显著增加。将组成为 y_1 的蒸气收集并冷凝，液相中含 B 含量下降，组成沿 L_1L_2 线上升，沸点也升至 T_2，这时对应的气相组成为 y_2。接收 T_1 到 T_2 间的馏出物，组成在 y_1 与 y_2 之间，剩余液组成为 x_2，A 含量增加。这样，将 A 与 B 粗略分开。蒸馏法只能粗略地将混合液相对分离，要想把 A、B 完全分离，需采用精馏的方法。精馏就是多次简单蒸馏的组合，通过多次反复的部分汽化和部分液化，最终能完全分离液态混合物，分别得到纯 A 和纯 B。

(3) 杠杆规则

平衡两相的相对数量可以由杠杆规则来确定。杠杆规则表示多组分系统两相平衡时，两相数量之比与两相组成、系统组成之间的关系。令总组成为 x_D 的系统中液相与气相的物质的量分别为 $n_l$mol 及 $n_g$mol，总的物质的量为 $n$mol。于是系统中 B 的物质的量为 nx_Dmol，其中包括液相中 B 的量 $n_lx_B$mol 及气相中 B 的量 $n_gy_B$mol。由物质守恒原理可知，B 在系统中的质量应等于它在气、液两相中的质量之和。即

$$nx_D = n_lx_B + n_gy_B$$

$$nx_D = (n_l + n_g)x_D = n_lx_D + n_gx_D$$

以上两式相减，可得

$$n_l(x_D - x_B) = n_g(y_B - x_D)$$

即
$$\frac{n_l}{n_g} = \frac{y_B - x_D}{x_D - x_B} = \frac{\overline{DE}}{\overline{CD}} \tag{6.9}$$

这一比例关系称为杠杆规则，如图 6-5 中，就好像把 D 点作为支点，在 C 点和 E 点分别挂上液相与气相的物质的量，正好达到“杠杆”的平衡。从杠杆规则可知，处于同一条连接线上的不同系统点，虽然两个相的相对数量是不同的，却都具有相同的液相组成和气相组成。杠杆规则也适用于用质量分数表示组成时的情况，这时相图的横坐标应以质量分数为单位，相应的线段之比便等于两相质量

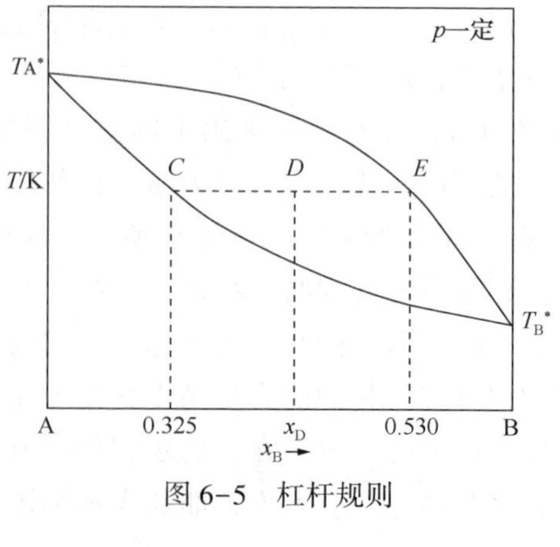

图 6-5　杠杆规则

之比，$\frac{m_l}{m_g}=\frac{\overline{DE}}{\overline{CD}}$。杠杆规则不仅适用于气-液两相平衡，而且对任意两相平衡都可适用。

【**例 6.4**】 今有 100mol 总组成为 $x_D=0.400$ 的 A-B 液态混合物，在 101325Pa 下，加热到 97.76℃达气-液平衡。结合图 6-5 用杠杆规则计算气、液两相中物质的量。

解：在图 6-5 中过 $x_D=0.400$ 作横坐标的垂线与 97.76℃的恒温线交于 D，即系统点，C 为液相点，$x_B=0.325$；E 为气相点，$y_B=0.530$。根据式(6.9)得

$$\frac{n_l}{n_g}=\frac{y_B-x_D}{x_D-x_B}=\frac{\overline{DE}}{\overline{CD}}=\frac{0.530-0.400}{0.400-0.325}=1.733$$

又

$$n_l+n_g=100\text{mol}$$

两式联立，解得

$$n_g=36.59\text{mol}$$

$$n_l=63.41\text{mol}$$

* §6.3.2 二组分真实液态混合物的气-液平衡相图

(1) 蒸气压-液相组成图

第 4 章已述及，真实液态混合物是指对拉乌尔定律会发生正、负偏差的完全互溶的液态混合物。根据混合物的蒸气总压对理想情况下的偏差程度，真实液态混合物可分成四种类型。

① 具有较小正偏差。蒸气总压对理想的情况发生正偏差，但混合物的蒸气总压始终介于两个纯组分的蒸气压之间(见图 6-6)。图中实线为实验测得的蒸气压值，虚线为按拉乌尔定律计算的值。上面为蒸气总压，下面两条线分别为两组分的蒸气压。

② 具有较小负偏差。蒸气总压对理想的情况发生负偏差，但混合物的蒸气总压始终介于两个纯组分的蒸气压之间(见图 6-7)。

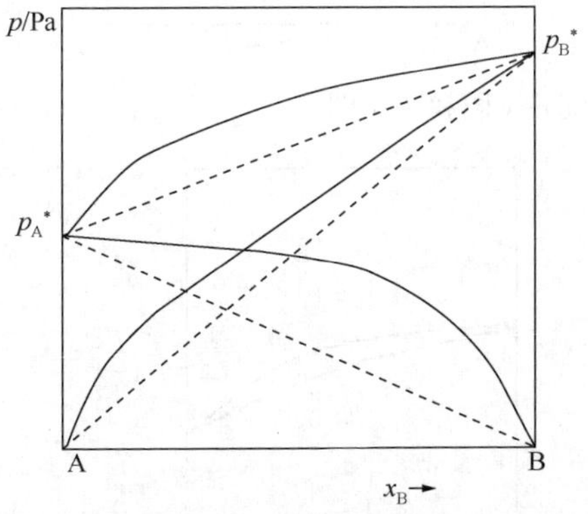

图 6-6 具有较小正偏差

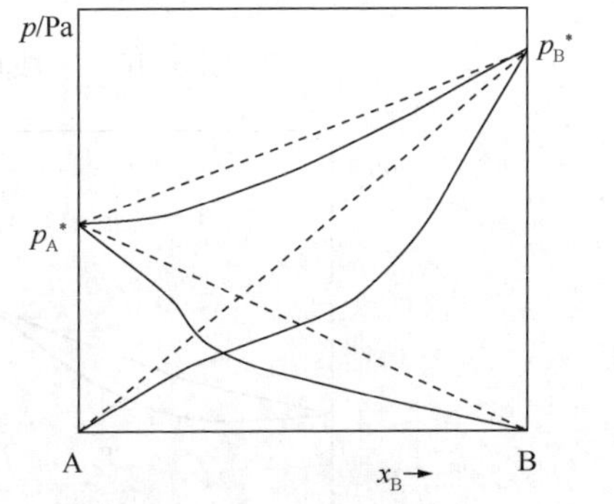

图 6-7 具有较小负偏差

③ 具有较大正偏差。蒸气总压对理想的情况发生正偏差，但在有些组成范围内混合物的蒸气总压比易挥发纯组分的蒸气压还要大，蒸气总压出现最大值(见图 6-8)。

④ 具有较大负偏差。蒸气总压对理想的情况发生负偏差，但在有些组成范围内混合物的蒸气总压比不易挥发纯组分的蒸气压还要小，蒸气总压出现最小值(见图 6-9)。

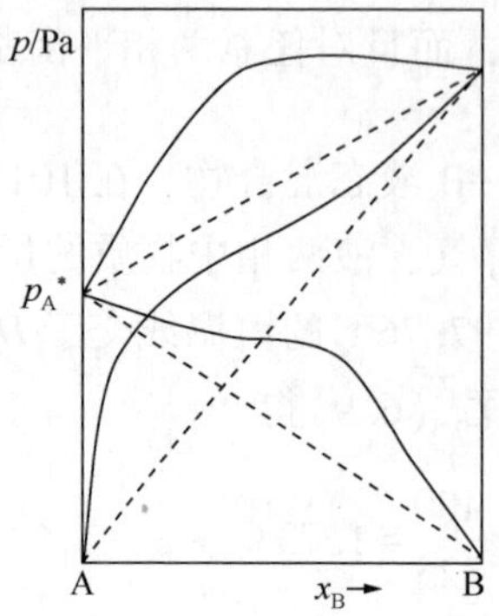

图 6-8　具有较大正偏差

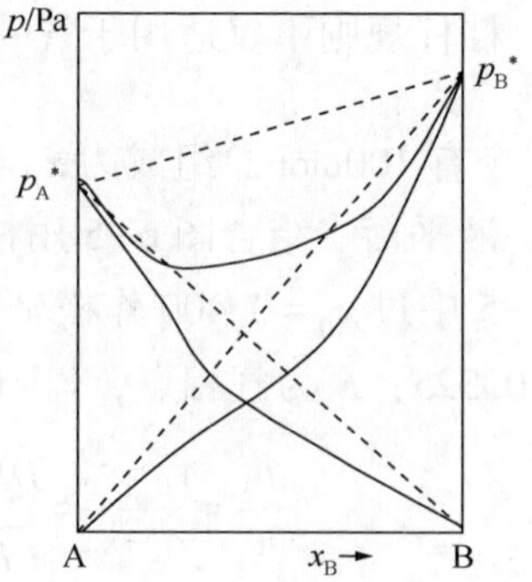

图 6-9　具有较大负偏差

(2) $p-x$ 图及 $T-x$ 图

相应地，真实液态混合物的 $p-x$ 图及 $T-x$ 图有不同的类型(见图 6-10~图 6-13)。

① 蒸气总压在两个纯组分的饱和蒸气压之间。这时蒸气分压对拉乌尔定律发生了较小的正偏差或负偏差，如图 6-10 和图 6-11 所示。这时的 $p-x$ 图与理想液态混合物差别不大。但要注意，在这种情况下，$p-x$ 图中的液相线分别为上凸(正偏差)或下凹(负偏差)的曲线。属于这种情况的系统有苯-丙酮(正偏差)、氯仿-乙醚(负偏差)、苯-四氯化碳(正偏差)等。

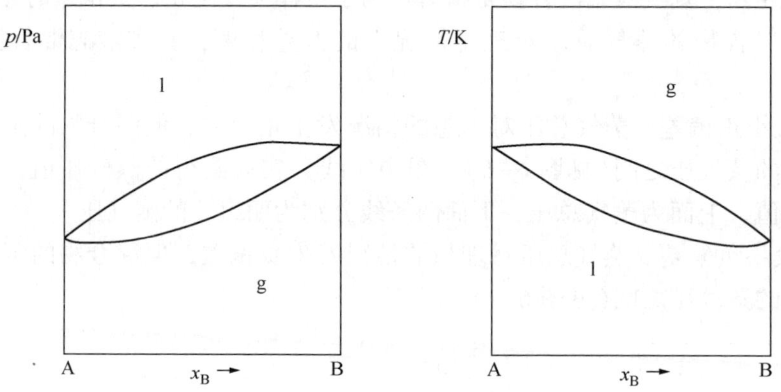

图 6-10　一般正偏差系统 $p-x$ 图和 $T-x$ 图

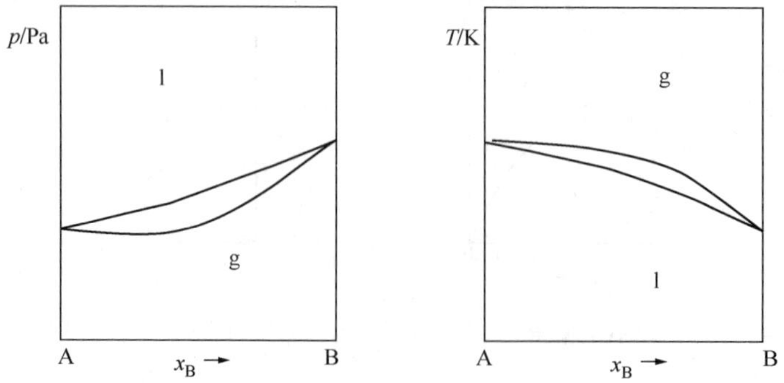

图 6-11　一般负偏差系统 $p-x$ 图和 $T-x$ 图

② 组分的蒸气分压对拉乌尔定律发生了较大的正偏差，以致总蒸气压出现了极大值，在 $T-x$ 图上出现极小值，如图 6-12 所示。属于这种情况的系统有丙酮-二硫化碳、水-乙醇、甲醇-氯仿等。

由图 6-12 可看出，最大正偏差系统的气-液平衡相图，有其自身的特点。在 $p-x$ 图上，液相线和气相线在最高点相切，此点表示的系统其蒸气压为最大，液相组成等于气相组成，即 $x_B=y_B$；在最高点以左，易挥发组分在气相的摩尔分数大于在液相中的摩尔分数，即 $y_B>x_B$；而在最高点以右，情况恰恰相反，$y_B<x_B$。在 $T-x$ 图上，液相线和气相线相切点为最低点，此时系统的温度最低，液相组成也等于气相组成；最低点以左也是 $y_B>x_B$，以右也是 $y_B<x_B$。在一定压力下，最低点表示的系统其沸腾的温度最低，产生的蒸气又与液相的组成相同，因而在气化过程中沸点保持不变，故最低点对应的温度称为最低恒沸点，而具有最低点相应组成的液态混合物称为恒沸混合物。应当指出，化合物是有固定组成的，而恒沸混合物的组成随压力而变，因此，不应把恒沸混合物看成是一种化合物。

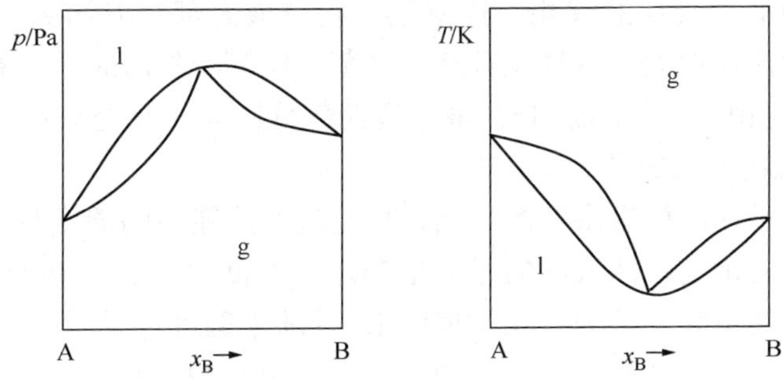

图 6-12　最大正偏差系统 $p-x$ 图和 $T-x$ 图

③ 组分的蒸气分压对拉乌尔定律发生了较大的负偏差，以致总蒸气压出现了极小值，在 $T-x$ 图上出现极大值，如图 6-13 所示。属于这种情况的系统有氯仿-丙酮、水-氯化氢、水-甲醛等。

图 6-13 表明，最大负偏差系统的特点与最大正偏差系统相反。在 $p-x$ 图上有最低点，此点处系统的蒸气压最小。最低点以左 $y_B<x_B$，以右 $y_B>x_B$。在 $T-x$ 图上有最高点，该点系统的温度最高，最高点以左 $y_B<x_B$，以右 $y_B>x_B$。类似地，最高点对应的温度称为最高恒沸点，有最高点相应组成的液态混合物也称为恒沸混合物。

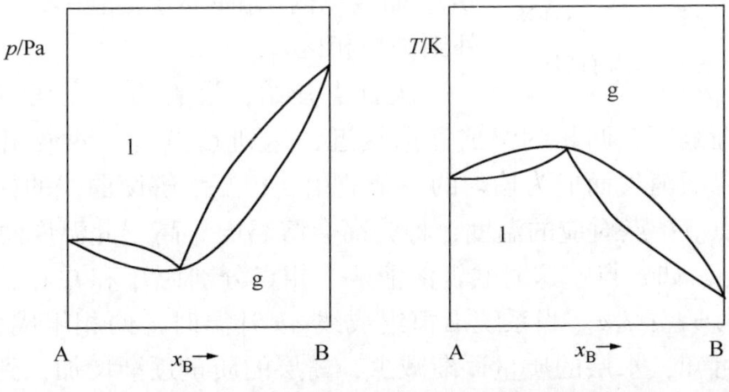

图 6-13　最大负偏差系统 $p-x$ 图和 $T-x$ 图

恒沸混合物这个概念在工业生产中有很重要的意义。例如合成丙烯脂时，为了分离混合在丙烯中的副产物，就是利用水与这些副产物能形成共沸点混合物而采用萃取和共沸蒸馏方法除去。利用恒沸混合物在一定压力下组成恒定的特点，可用来制备浓度十分准确的恒沸盐酸溶液，用作定量分析的标准溶液。但利用分馏方法不能把能形成恒沸混合物的双液系统分离成两个纯组分，而只能分离成一种纯组分与几种恒沸混合物。

思考题3 对于具有最大正、负偏差的气-液系统，易挥发组分在气相中的组成大于其在液相中的组成的说法是否正确?

§6.4 二组分系统液-液平衡相图

§6.4.1 二组分理想液态混合物的液-液平衡相图

当两种液体的性质差异较大时，在一定温度和组成范围内，它们的混合物不能完全互溶，而是形成了两个平衡共存的液相，这就是二组分液态部分互溶系统。在等压下升高温度，两液体互溶程度往往增大，蒸气压升高。当蒸气压等于外压时，就有气相出现。因此这类系统的温度-组成应由气-液平衡和液-液平衡两部分构成。此处只在大于蒸气压的等外压下讨论液-液平衡的温度-组成图。

这类系统的特点是两液体有限互溶，当含量超过彼此能溶的限度时，系统便分离成相互饱和的两个液层。温度确定，两液层的组成也确定，温度改变，相互的溶解度则相应改变，在超过某温度以后，便可完全溶为一相。现以水-苯酚为例进行说明。

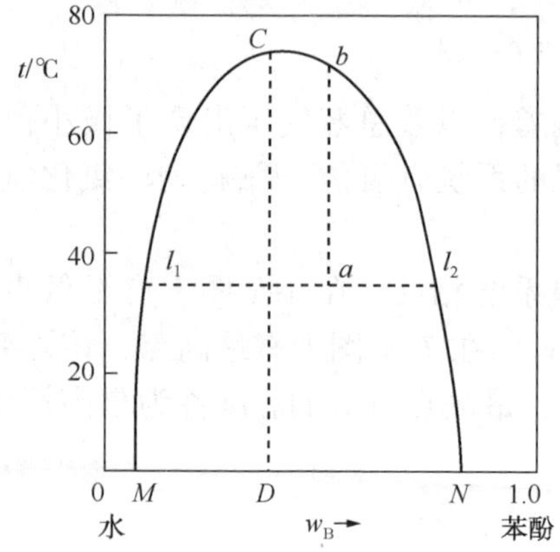

图 6-14 水-苯酚系统的溶解度图

在一定外压及温度 t_1 时，可将苯酚逐渐加入水中，开始时苯酚可全部溶解，继续加入苯酚，当苯酚在水中溶解达到饱和时，溶液将分为两个液层：一层是苯酚溶在水中的饱和溶液，简称水层；另一层是水溶在苯酚中的饱和溶液，简称酚层。这两个平衡共存的液层，称为共轭溶液。实验测出不同温度下共轭溶液两相的组成，即可绘出如图 6-14 所示的水-苯酚系统的相互溶解度曲线。图中 *MC* 线为苯酚在水中的饱和溶解度曲线，*NC* 线为水在苯酚中的饱和溶解度曲线。*MCN* 曲线以内(帽形区)为液-液两相平衡区，曲线以外则为单相区。

从 *D* 点开始，沿着恒组成线 *DC* 逐渐升温，共轭溶液两相的连线逐渐缩短，两相的组成逐渐接近，达到 *C* 点时，两液相的组成变为完全相同，液层之间的相界面消失而成为均匀的一个液相。相互溶解度曲线的最高点 *C*，称为高会溶点或高临界会溶点。*C* 点对应的温度，称为高会溶温度。高于此温度两液体完全互溶。若系统点在 *CD* 线右侧，如 *a* 点，这时共轭溶液两个相点分别为 l_1 和 l_2 点，两个液层的质量比 m_1(水层)/m_2(酚层)$=l_2a/l_1a$。当系统沿恒组成线 *ab* 升温时，两相组成分别沿着 l_1C 和 l_2C 变化。由杠杆规则可知，水层的质量逐渐减少，酚层的质量逐渐增加，到达 *b* 点时，水层全部消失，系统变为单一的液相。若系统点在 *CD* 线的左侧，当温度上升到与 *MC* 线相交时，苯酚层消失。

水-苯胺、水-正丁醇、正己烷-硝基苯等系统也具有最高会溶点。水-三乙基胺系统(图 6-15)在 18℃以上部分互溶，在 18℃以下能完全互溶，这样的系统则具有最低会溶点。水-烟碱系统在 60.8~208℃的范围内部分互溶，在此范围之外能完全互溶，这样的系统则具有最低和最高两个会溶点，如图 6-16 所示。还有些系统，例如水-乙醚组成的系统，在它们以液态形式存在的温度范围内一直是彼此互溶的，不具有会溶温度。

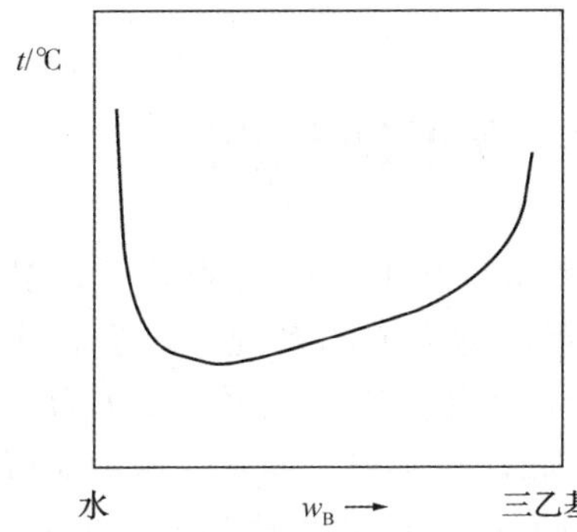

图 6-15　水-三乙基胺的溶解度图

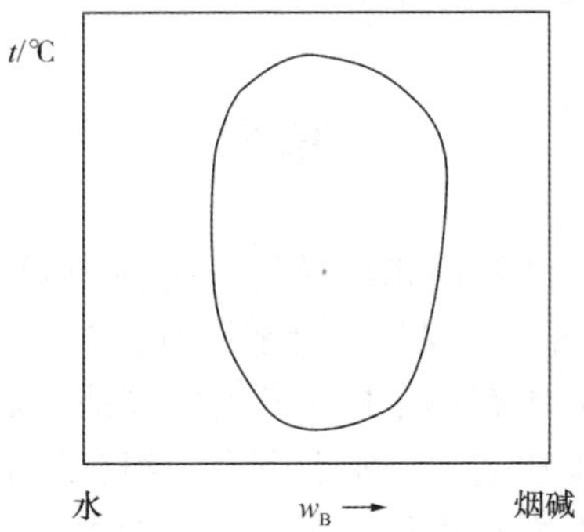

图 6-16　水-烟碱的溶解度图

§6.4.2　液相完全不互溶系统的气-液平衡相图

当两种液体的性质相差极大时，两者间的相互溶解度非常之小，以至可以忽略不计，则称这两种液体的共存系统为完全不互溶系统。水和许多有机液体就属于此类。

在一定温度下，这类系统的总蒸气压等于两个纯组分的饱和蒸气压之和，即 $p=p_A^*+p_B^*$，显然，总蒸气压恒大于任一纯组分的蒸气压。在一定外压下，将两个不互溶液体的共存系统加热，当温度上升到系统的蒸气总压 $p=p_{环}$ 时，两液体同时沸腾，其特点是在两液体间的界面层首先沸腾，此温度称为在指定外压下两液体的共沸点。可见，在同样外压下，两液体的共沸点低于两纯液体各自的沸点。图 6-17 是完全不互溶系统的温度-组成图。这时，A(l)+B(l)→A、B 混合气体(g)，三相共存，由相律 $f^*=C-\Phi+1=2-3+1=0$，自由度为 0，不论总组成如何，共沸点应为定值，各相的组成也为定值，$y_B=p_B^*/(p_A^*+p_B^*)$，如图 6-17 中 L 点所示。此点为三相平衡时的气相点，对应的组成称为共沸物。

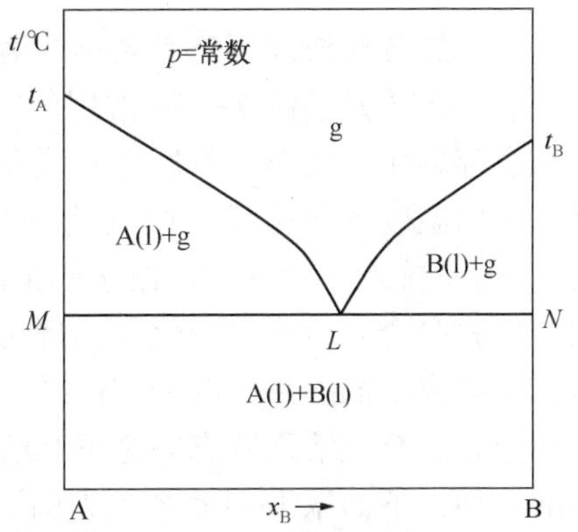

图 6-17　完全不互溶系统的温度-组成图

在三相平衡时，继续加热，温度不变，两液相的量不断减少，气相的量增多，直至有一个液相消失温度才能上升。当温度上升到 t_AL 线或 t_BL 线所对应的温度时，另一个液相也全部汽化。图中 t_AL 线或 t_BL 线为气相组成线，此两曲线以上的区域为气态单相区。水平线 MLN 称为三相平衡线，系统在 M 点和 N 点之间水平线上的任一点处，皆为 A(l)+B(l)→g 三相平衡。水平线以下则为两相区。若系统点恰好在 L 点，加热时两液体同时蒸发完，全部变为气相后温度才能上升。

利用共沸点比两个不互溶液体的沸点都低的原理，可以分离、提纯那些与水不互溶的、在高温时易分解的有机物，称为水蒸气蒸馏。把不溶于水的高沸点液体和水一起进行水蒸气蒸馏，由于两者不互溶，蒸出来的蒸气经冷凝后自动分为两层，可很容易地将水除去而得到产品。而且操作温度比水的沸点还要低，这样可保证高沸点的液体不因温度过高而分解。

思考题4 若A、B两液体完全不互溶，那么当有B存在时，A的蒸气压与系统中A的摩尔分数成正比吗?

§6.5 二组分系统固-液平衡相图

只有液相和固相构成的系统称为凝聚系统，这类系统在低温时为固态，高温时为液态(熔融态)，它主要包括合金系统、盐水系统、两种有机物形成的系统等。绘制这类系统相图常用的方法有热分析法和溶解度法，热分析法常应用于熔点较高的系统，如合金和有机系统，溶解度法适用于常温下有一组分呈液态的系统，如盐水系统。通常，压力对凝聚系统的相平衡关系影响很小，可以不予考虑。因此，二组分凝聚系统的相律为$f^* = 2-\Phi+1 = 3-\Phi$。当$\Phi=1$时，$f=2$，这两个独立变量是温度和组成，所以下面讨论的相图均为温度-组成图。

一般凝聚系统相图较气-液相图要复杂，这里只讨论二组分液态完全互溶而固态完全互溶(形成固态溶液)、固态部分互溶(形成两共轭固态溶液)和固态完全不互溶(两种纯固体)系统的液-固平衡的$T-x$图。先介绍有简单低共熔混合物的系统，后讨论能形成化合物的系统。

§6.5.1 二组分固态不互溶的相图

(1) 热分析法及固态完全不互溶系统的相图

热分析法是绘制$T-x$图常用的一种实验方法。此法的原理是：先将组成恒定的系统加热至全部熔化成液态，然后令其缓慢而均匀地冷却，记录下冷却过程中系统在不同时刻的温度，再以温度为纵坐标、时间为横坐标，绘出温度-时间曲线，即冷却曲线(或称步冷曲线)。若系统发生相变化，由于析出固体时放热补偿了冷却过程系统向环境散失的热，步冷曲线的斜率会发生明显变化，出现转折点或水平线段，配制总组成递变的一系列样品，测出若干个组成不同的系统的冷却曲线，根据它们对应的温度和系统的组成，就可绘制出相图。

液态完全互溶而固态完全不互溶的二组分液-固平衡相图是二组分凝聚系统相图中最简单的一种，下面以Bi-Cd系统为例说明。

图6-18(a)中的a曲线是纯Bi的冷却曲线。a点至A点是纯Bi(l)的降温过程，aA线是一条光滑的曲线，冷却至A点时，开始有Bi(s)析出，即

$$\mathrm{Bi(l)} \longrightarrow \mathrm{Bi(s)}$$

此系统为单组分两相平衡，由相律可知，对于纯Bi固、液两相平衡，$f^* = 1-2+1 = 0$，是无变量系统，温度为定值。这是由于此过程所放出的热，可以补偿冷却过程系统向环境传导的热，故温度保持不变，在步冷曲线上出现水平线段。A对应的温度$t_1 = 273℃$为Bi的熔点，直至液相完全凝固，温度才又继续降低。

e线是纯Cd的冷却曲线，其形状与a线相似，水平段所对应的温度$t_2 = 323℃$为纯Cd的凝固点(熔点)。

b线是Cd的质量分数$w_{\mathrm{Cd}} = 0.20$的Bi-Cd混合物的冷却曲线。bC段为液态混合物的冷却降温过程，冷却至C点所对应温度时，熔化物对Bi达饱和，纯固态Bi开始析出，由相律可知，两相共存时，$f^* = 2-2+1 = 1$，故随着固体Bi的析出，温度仍不断下降，由于放出的凝固热部分地补偿了系统向环境的热散失，冷却速度变慢，冷却曲线斜率的绝对值变小，出现转折。温度由C点下降到D点的过程中，液相的质量不断减少，但其中Cd的相对含量却

不断增加，当温度下降到 D 点所对应的温度时，液相中的 Cd 也达到饱和状态，再冷却则 Cd(s)与 Bi(s)同时析出，可表示为

$$l \longrightarrow Bi(s)+Cd(s)$$

这时三相共存，$f^*=2-3+1=0$，为无变量系统。继续冷却，三相的组成及温度皆为定值，步冷曲线出现水平线段，直至液相消失，温度才能下降。水平线段 DD' 所对应的温度为 140℃。D' 点之后是 Bi(s)和 Cd(s)混合物的均匀降温过程。

d 线是 $w_{Cd}=0.70$ 的 Bi-Cd 系统的冷却曲线，其形状与 b 线类似，所不同的是转折点 F 处析出的是纯 Cd(s)。三相共存时所对应的温度也是 140℃。

c 线是 $w_{Cd}=0.40$ 的 Bi-Cd 系统的冷却曲线。系统的总组成恰好是低共熔混合物的组成，液相由 c 点冷却至 E 点时开始凝固，同时析出 Bi(s)及 Cd(s)。这时三相共存，$f^*=0$，温度恒定为 140℃，出现 EE' 水平线段。冷却到 E' 点液相消失，此后则是固态低共熔混合物的均匀降温过程。这条冷却曲线的形状与纯物质的完全相同，没有转折点，只有水平线段。

实验测出足够多的冷却曲线，将这些冷却曲线上的转折点、水平线段所对应的温度及相应系统的组成都点在温度-组成图上，然后将各转折点连成光滑的曲线，将各三相点连接成水平的直线，如图 6-18 所示，分别把系统点 A、C、E、H、F、E 和 D、E、G 连接起来，即得到图 6-18(b)所示的 Bi-Cd 系统相图。此相图的特征是具有低共熔混合物，固态完全不互溶。

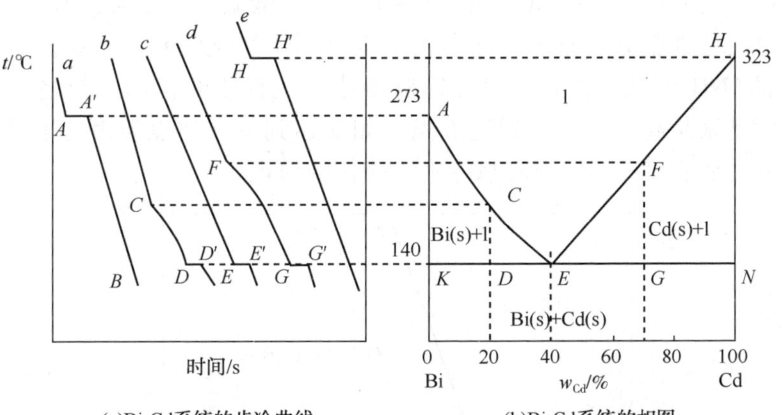

(a)Bi-Cd系统的步冷曲线　　(b)Bi-Cd系统的相图

图 6-18　Bi-Cd 系统步冷曲线和相图

(2) 相图的分析

图中 A 点(t=273℃)、H 点(t=323℃)分别为纯 Bi 和纯 Cd 的熔点。E 点为 ACE 及 EFH 两条曲线的交点，为三相点，此点对 Bi(s)和 Cd(s)均达到饱和状态，故状态点为 E 的液相冷却时，将按一定的比例同时析出 Bi(s)及 Cd(s)，可表示为

$$l \longrightarrow Bi(s)+Cd(s)$$

这时三相共存，根据相律 $f^*=2-3+1=0$，为无变量系统，温度及三个相的组成皆保持不变。

图中 ACE 线为液相与 Bi(s)的两相平衡线，由于 Cd 的加入使 Bi 的凝固点降低，且凝固点是液相组成的函数，故 ACE 线称为 Bi 的饱和溶解度曲线或 Bi 的凝固点降低曲线。同理 EFH 线为 Cd 的饱和溶解度曲线或凝固点降低曲线。水平线 KEN 称为三相共存线。只有冷却到液相全部凝固成 Bi 和 Cd 两种固态的机械混合物，温度才降低。若将任意比例的 Bi(s)

和 Cd(s)混合系统，加热到 *KEN* 水平线所对应的温度($t=140$℃)时，系统开始熔化，开始产生的液相其组成皆为 *E* 点所对应的组成，直到至少有一个固相熔化完，温度才能上升。随着温度的上升液相的组成将沿着 *ECA* 或 *EFH* 线不断改变，故 *E* 点所对应的温度称为 Bi-Cd 系统的最低共熔点，所对应的混合物称为低共熔混合物。

图中 *AEH* 曲线以上的区域为单一的液相区，此区域内条件自由度 $f^*=2$，温度及液相组成皆可独立改变而不会产生新相。在 *AEK* 区域是 Bi(s)与熔液两相平衡区，*HEN* 区域是 Cd(s)与熔液两相平衡区，*KEN* 线下方区域是 Bi(s)与 Cd(s)两相共存区。在三个两相区内，$f^*=1$，即只有温度是独立变量。

(3) 溶解度法绘制相图

溶解度法绘制相图的方法是测定不同温度下盐在水中的饱和溶解度，以温度为纵坐标，溶解度为横坐标作图，即可绘制出水-盐系统的相图。

图 6-19 所示的是 H_2O-$(NH_4)_2SO_4$ 系统的相图。四个相区的相态已标于图中，*ML* 线是 H_2O 的冰点下降曲线，*LN* 线是$(NH_4)_2SO_4$ 的饱和溶解度曲线，*ELF* 线是冰、$(NH_4)_2SO_4$(s)、组成为 *L* 的溶液三相共存。*L* 点是 H_2O 和$(NH_4)_2SO_4$ 系统的低共熔点。类似的系统有 H_2O-NaCl、H_2O-$CaCl_2$ 等。这类相图可用于获取低温、淡化海水和结晶法分离盐类等。利用冰、固体盐、盐水溶液三相平衡温度恒定且较低这一原理在实验室可以用来获得-20～-10℃的低温。配制合适的水-盐系统，可以得到不同的低温冷冻液。如在冰中加入 NaCl 可得到-21℃的低温，在冰中加入 $CaCl_2$ 可得到-54.9℃的低温。在冬天，为防止路面结冰，撒上盐，实际用的就是冰点下降原理。这类相图也可用于淡化海水。将相图中位于 *L* 点左侧(小于 38.4%)的$(NH_4)_2SO_4$ 溶液冷却时先析出冰，随着冰的析出，与之呈平衡的溶液中$(NH_4)_2SO_4$ 浓度越来越高，可一直到达 *L* 点。如在达到低共熔点温度之前使两相分离，则可分别得到冰及盐水溶液，此即为海水冷冻法淡化的原理。

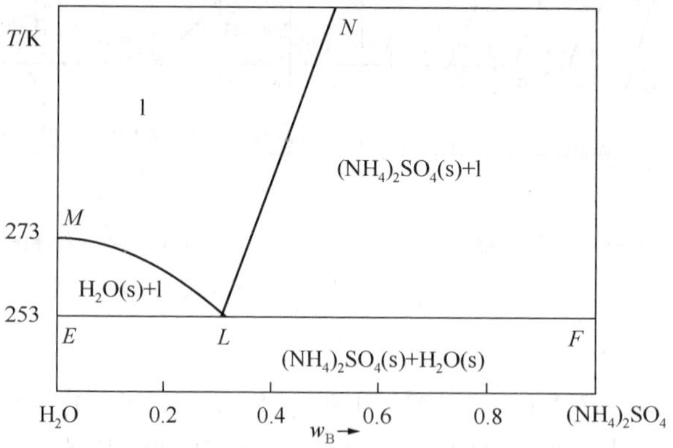

图 6-19　$H_2O(s)$-$(NH_4)_2SO_4(s)$ 系统的相图

§6.5.2　二组分生成化合物的相图

有不少二组分系统，如带有结晶水的盐类、金属化合物、非金属化合物等，在液态时完全互溶，而固态时在二组分间会发生化学反应生成化合物。根据所生成的化合物的稳定性不同，可分为以下两类。

(1) 生成稳定化合物的系统

所谓稳定化合物指的是在固、液两相皆能稳定存在的化合物，该化合物一直加热到熔点时并不分解，在其熔点以下都是稳定的。当它熔融时，所生成的熔液与固相有相同的组成，呈两相平衡，故称其有相合的熔点。这类系统中最简单的情况是两种物质间只生成一种化合物，而且这种化合物与两纯物质在固态时相互之间完全互不相溶。如图 6-20 所示的苯酚(A)-苯胺(B)凝聚系统的相图，就属于此类。

苯酚(A)和苯胺(B)在常压下的熔点分别为40℃及-6℃。A 和 B 以 1:1 的分子比形成稳定化合物 C，反应可表示为

$$C_6H_5OH(A)+C_6H_5NH_2(B)\longrightarrow C_6H_5OH\cdot C_6H_5NH_2(C)$$

化合物 C 具有固定的熔点 31℃，即图中 M 点所对应的温度。M 点与纯物质完全相同，系统点与相点重合，且表示 C(l)与 C(s)处于两相平衡态。在组成坐标线上，化合物 C 的位置应在 $x_B=0.5$ 处。各相区的稳定相已标于图中。

此相图可看作由两个均具有低共熔点且固体完全不互溶系统的相图组合而成。一个是 A-C相图，一个是 C-B 相图。属于这类相图的二组分系统有 Al-Mg、Au-Fe、CuCl-$FeCl_3$ 等系统。如果相图中有几个类似伞状(图 6-20 中 M 点处)存在，则就有几种稳定化合物生成。

(2) 生成不稳定化合物的系统

若 A 和 B 两物质所生成的化合物只能在固态时存在，将其加热时，尚未达到其熔点，它就分解成另一种固态物质和液相，而且液相的组成完全不同于固态化合物的组成，我们称这类系统为生成不稳定化合物的系统。这类系统最简单的情况是不稳定化合物与生成它的两种物质在固态时完全不互溶，其相图如图 6-21 所示。

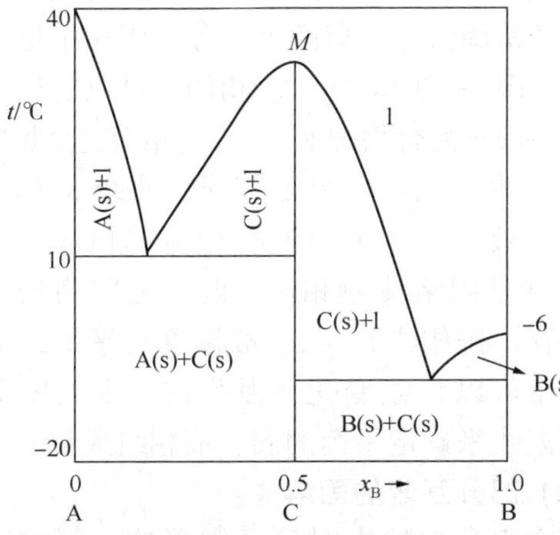

图 6-20　生成稳定化合物系统的相图

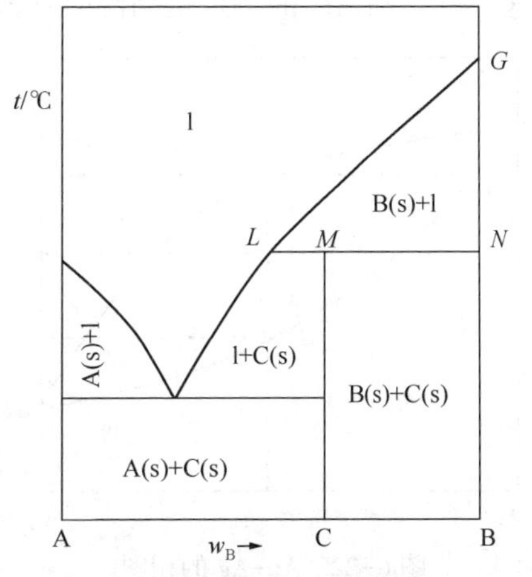

图 6-21　生成不稳定化合物系统的相图

若将不稳定化合物 C(s)加热，系统点由 C 垂直向上移动，达到相当于 M 点所对应的温度时，化合物开始分解成 B(s)及相点为 L 的液相，即

$$C(s)\longrightarrow L(l)+B(s)$$

所产生的固、液两相的质量比符合杠杆规则，即 $m(l)/m(s)=MN/LM$。水平线段 LN 所对应的温度称为不相合熔点或转熔温度。在此温度下，三相共存，$f^*=0$，三相的组成及温度皆为定值，直到加热至 C(s)完全分解，温度才开始上升。再继续加热，B(s)将不断地熔化，对应的液相组成将沿着 LG 曲线移动，直至 B(s)消失，液相点与系统点重合。以后则是液相的升温过程。

这一类系统的实例有：Au-Sb，Na-K，$KCl-CuCl_2$，$SiO_2-Al_2O_3$，$AgNO_3-AgCl$，CaF_2-CaCl_2 等。在二组分系统的相图中，凡有"T"字形的图形（图 6-21 中 M 处）出现，就表示有不稳定化合物生成。

以上所述的是各种类型二组分凝聚系统相图最简单的情况。实际上，在同一个二组分凝聚系统的相图中，既可出现液态部分互溶，也可出现固态部分互溶；既可存在稳定化合物，也可存在不稳定化合物；既可存在固态完全不互溶，也可存在固态完全互溶。总之，由上述简单相图可以组合成各式各样的复杂相图。所以，掌握好每一张相图的特点是学会识图、分析运用相图的基础。

§6.5.3　二组分固态互溶系统的相图

二组分液态混合物凝固时，若能形成以分子、原子或离子大小相互均匀混合的一种固相，则称此固相为固态混合物或固态溶液，简称为固溶体。当两种物质具有相同的晶型，分子、原子或离子大小相近，一种物质晶格上的这些物质粒子，可以被另一种物质相应的物质粒子以任意比例取代时，这样的系统称为固态完全互溶系统。

若 A 和 B 两种物质液态时完全互溶，冷凝成固态时可同时形成 A 和 B 相互溶解度不等的两个固溶体，一相是 A 为溶剂、B 为溶质，另一相则反之，这样的系统称为固态部分互溶系统。溶质的粒子若是填入到溶剂晶体结构的空隙中，则形成填隙型的固溶体；若是取代溶剂晶体中相应的粒子，则形成取代型固溶体。

（1）固态完全互溶系统

这一类二元系统的特点是高温时在液相中完全互溶，成为单相的熔化物；低温时，从液相中析出的是固溶体，即两个组分在固相中也能完全互溶。图 6-22 是 Au-Ag 相图，可以看出它与完全互溶液态混合物的液-气平衡相图完全相似。

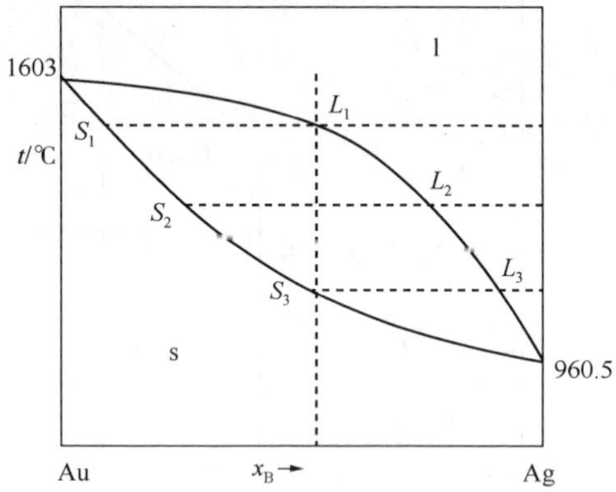

图 6-22　Au-Ag 的相图

图中曲线 $L_1L_2L_3$ 是液相线，曲线 $S_1S_2S_3$ 是固相线。液相线以上是液态合金单相区，固相线以下则是固溶体单相区。两线之间为液、固两相共存。按相律 $f^*=1$，故温度与平衡组成中只有一个可以独立变化，因此在一定温度下可以作等温线来确定平衡的固、液相组成。

（2）部分互溶的固溶体

两个组分在液态时可无限混溶，而在固态时不能完全互溶只能部分互溶，形成溶解度有限的固态溶液。其相图可分为以下两类：

① 系统有一低共熔点。这类相图如图 6-23 所示。图中 B 溶于 A 形成的固溶体以 α 表示，A 溶于 B 形成的固溶体以 β 表示。DE、FE 曲线上方是单一熔融液相区；曲线 DGI 左侧是含 A 较多的 α 固溶体单相区；曲线 FHJ 右侧是含 B 较多的 β 固溶体单相区。在这三个单相区中，条件自由度 $f^*=2$。GDE 区是 α 固溶体与熔融液共存的两相区；HEF 区是 β 固溶体与熔融液共存的两相区；$IGHJ$ 是 α、β 固溶体两相共存区。在这三个两相区中，$f^*=1$，而且共存两相质量比遵循杠杆规则。

曲线 DE 和曲线 FE 分别为液相线；曲线 DG 和曲线 FH 分别为固相线；GEH 为组成为 G 的固溶体 α、组成为 E 的熔液与组成为 H 的固溶体 β 的三相线；GI 和 HJ 线分别为 α、β 固溶体的组成线(溶解度曲线)。

E 点是组成为 G 的 α 相和组成为 H 的 β 相的最低共熔点，它是两种固溶体并非两种纯物质的最低共熔点。这类系统不析出纯物质晶体，且在低于共熔点时，还会有组成的变化。如图 6-23 所示，α 固溶体的组成沿 GI 线变化，β 固溶体的组成沿 HJ 线变化。

属于此类相图的有 KNO_3-$TiNO_3$、KNO_3-$NaNO_3$、Ag-Cu、Pb-Sb、Pb-Bi 等系统。对此类系统相图的分析可与简单低共熔系统相对比。可看出两者的差异：在部分互溶系统中是把简单低共熔系统中的纯组分 A 换成 α 固溶体，纯组分 B 换成 β 固溶体。

② 系统有一转熔温度。这类相图如图 6-24 所示 A-B 系统，A 与 B 生成两个固溶体 α 及 β；各相区分析可从前面的讨论类推。所不同的是，固熔体 α 在三相线 LMN 线以上温度时不能存在，LMN 线上发生的是转熔过程：

$$l(\mathrm{L}) \quad + \quad \beta(\mathrm{N}) \longrightarrow \alpha(\mathrm{M})$$

液相　　固溶体　　固溶体

三个相点依次为 L、N 和 M，代表液相组成的 L 点在三相线的一个端点，而不在中间。将总组成在 L、M 之间的系统自较低温度缓慢升温至 LMN 线对应的温度时，呈三相平衡共存，当 α 相全部转变成 β 相和液态混合物 L 之后，温度才能继续上升，此后系统就不再有 α 相。冷却时的情况与此相反。由于在三相平衡温度下，加热时由固相 α 转变为固相 β 并产生液相，故称此温度为转熔温度。属于这种相图的系统有 Hg-Cd、$AgNO_3$-$NaNO_3$、Ag-LiCl 等。

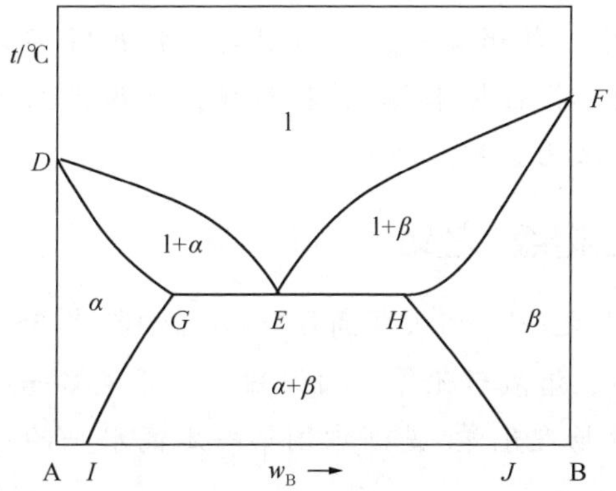

图 6-23　有一低共熔点的固态部分互溶相图

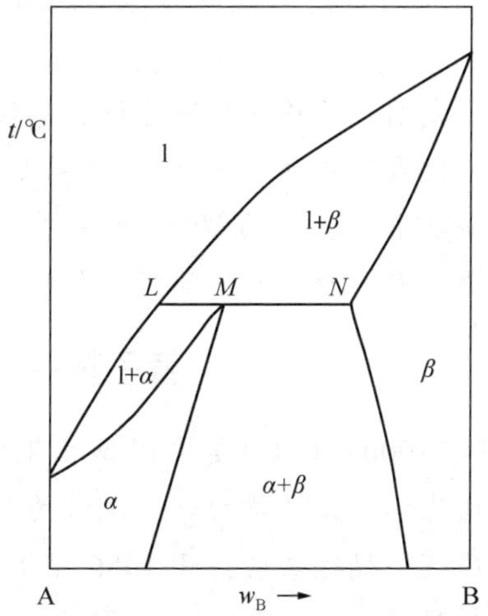

图 6-24　有一转熔温度的固态部分互溶相图

思考题 5　怎样可从含 Cd 80% 的 Bi-Cd 混合物中分离出 Cd 来，能否全部分离出来？

课程思政

盐湖精神——艰苦奋斗，无私奉献，团结拼搏，开拓创新

陆地矿产资源日益枯竭，海洋和湖泊成为人们探索和开发的焦点。中国盐湖自然资源丰富，是巨大的液体矿床。尤其是青藏高原的硼、锂和青海、新疆的钾、镁等发展国民经济所

急需的资源，以储量大、品位高而举世闻名。开展盐湖卤水体系相平衡的研究，不仅具有理论意义，更是指导生产实践的关键之一。

我国盐湖科技事业的发展壮大，离不开数位像张彭熹院士一样的老一代“盐湖人”的贡献。张彭熹院士(1931—2014)曾多次带队考察盐湖，足迹遍布青海、西藏、内蒙古、甘肃、新疆等地的数百个盐湖，积累了大量的盐湖基础资料，摸清了我国盐湖的分布、类型、特点及形成规律，为西部地区的经济发展规划和盐湖化工的发展提供了科学依据。他还编制了《柴达木盆地1：50万的盐湖水化学图》，预测了盐湖钾、镁、硼、锂等资源的分布及远景；组织编著了四部区域性和一部全国性盐湖专著，并率队圆满完成“七五”“八五”国家重点科技攻关项目《青海盐湖提钾和综合利用》研究，取得十一项具有国际先进水平的研究成果，为我国钾肥生产和盐湖资源的开发做出了贡献。

老科学家们终生扎根西部、刻苦钻研，几十年如一日在科研一线勤奋工作，用双脚丈量祖国的山山水水，研究西北苍凉的盐湖，是一部盐湖人践行初心使命的心路历程，是对“盐湖精神”的深刻演绎，是盐湖科技不断前进和发展的精神动力和创新之源。他们将自己的智慧、才华和生命无私地奉献给了祖国的盐湖科技事业，把论文写在了祖国的大地上。

2016年8月，习近平总书记视察青海盐湖，充分肯定了“走出钾、抓住镁、发展锂、整合碱、优化氯”战略布局，要求稳扎稳打，有序推进。这次视察增强了盐湖人的信心，坚定了盐湖人的信念，鼓舞了盐湖人的士气，激发了盐湖人强创新、强管理、强党建的干劲。

今天，我国正奔跑在加快建设世界级盐湖产业基地的路上，一大批有理想、有信仰、有追求的新时代青年仍然怀着对科学事业的执着追求，扎根盐湖、全力以赴，扎扎实实突破“卡脖子”关键技术，努力解决“超高镁锂比盐湖卤水提锂技术”的世界难题，实现产业化生产，为加快盐湖资源绿色、高效、节能、环保开发做出贡献。

黄子卿——“水的三相点”之父

黄子卿(1900—1982)是中国物理化学的奠基人之一。他从事高等学校化学教育55年，讲授过物理化学、化学热力学、统计力学、电化学、溶液理论等多门课程，讲课风格一丝不苟，立论严谨，循循善诱，于1956年编著出版的《物理化学》是新中国第一本高水平的中文物理化学教科书。

1934年，黄子卿在麻省理工学院完成了博士论文，其中一个部分就是经过反复严格和精确的实验，测定了水的三相点温度(0.00980℃±0.00005℃)。1954年在巴黎召开的国际温标会议确认了此数据的可靠性，定为国际温度标准之一。

1935年，正值日本全面侵华战争前夕，面对美国人的挽留，他说“我是中国人，要跟中国共命运”。在风雨飘摇的年代，他抱着科学救国的志向毅然回到祖国，克服重重困难，建立电化学研究的实验设备，开始从事溶液理论的探索研究，颇有建树，受到国际上同行的关注。1937年，黄子卿辗转来到西南联合大学，在极端艰苦的条件下，紧跟化学科学的世界步伐，坚持国内化学教育事业，培养了一批蜚声中外的中国化学家。

黄子卿先生一生勤奋好学，勇于探索，50多年的科学生涯中，涉足物理化学的多个领域，被誉为中国物理化学的一代宗师。

小　结

一、重点和难点

重点：相律的概念和计算，二组分系统(液-气、液-固)典型 p-x 图、T-x 图的绘制和分析，克拉佩龙方程和克劳修斯-克拉佩龙方程的计算和应用，杠杆规则的应用。

难点：相律的推导、意义、应用，步冷曲线和热分析法绘制二组分低共熔系统相图。

二、主要公式及使用条件

1. 吉布斯相律

$$f=C-\Phi+2$$

2. 克拉佩龙方程

$$\frac{\mathrm{d}p}{\mathrm{d}T}=\frac{\Delta_\alpha^\beta H_\mathrm{m}}{T\Delta_\alpha^\beta V_\mathrm{m}}$$

克劳修斯-克拉佩龙方程

$$\ln\frac{p_2}{p_1}=-\frac{\Delta_\mathrm{vap}H_\mathrm{m}}{R}\left(\frac{1}{T_2}-\frac{1}{T_1}\right)$$

$$\ln p=-\frac{\Delta_\mathrm{vap}H_\mathrm{m}}{RT}+C$$

3. 杠杆规则

$$\frac{n^\alpha}{n^\beta}=\frac{x_B^\beta-x_\mathrm{B}^M}{x_\mathrm{B}^M-x_\mathrm{B}^\alpha}$$

习　题

1. 指出下列相平衡系统中的物种数 S、独立的化学反应个数 R、独立浓度限制条件个数 R'、组分数 C、相数 Φ 及自由度 f。

(1) NH_4HS(s)与任意量的 NH_3(g)和 H_2S(g)达成平衡；

(2) NH_4HS(s)部分分解为 NH_3(g)和 H_2S(g)达成平衡；

(3) $CaCO_3$(s)部分分解为 CaO(s)和 CO_2(g)达成平衡。

[答案：(1)3、1、0、2、2、2；(2)3、1、1、1、2、1；(3)3、1、0、2、3、1]

2. 用碳还原 ZnO(s)，存在下列两个独立的化学反应：

$$\mathrm{Zn(s)+C(s)=\!=\!=Zn(g)+CO(g)}$$

$$\mathrm{2CO(g)=\!=\!=C(s)+CO_2(g)}$$

此系统的自由度是多少？若温度足够低，压力足够大，则生成的气态锌有部分液化，此时系统的自由度又是多少？

[答案：1，1]

3. 已知水在100℃时的饱和蒸气压为 1.00×10^5Pa，汽化热为 $2260\mathrm{J\cdot g^{-1}}$。试计算：

（1）水在95℃时的饱和蒸气压是多少？

（2）水在1.10×10^5Pa时的沸点是多少？

[答案：(1)$p_2=8.37\times10^4$Pa；(2)$T_2=102$℃]

4. 二氧化碳的固态和液态的饱和蒸气压与温度的关系式分别由以下两个方程给出：

$$\ln(p_s/\text{Pa})=11.986-\frac{1360}{T/\text{K}} \qquad \ln(p_l/\text{Pa})=9.729-\frac{874}{T/\text{K}}$$

试计算：(1)二氧化碳三相点的温度和压强；(2)二氧化碳在三相点时的摩尔熔化焓和摩尔熔化熵。

[答案：(1)$T=215.3$K，$p=466.7$kPa；

(2)$\Delta_{fus}H_m=9.31\text{kJ}\cdot\text{mol}^{-1}$，$\Delta_{fus}S_m=43.2\text{J}\cdot\text{mol}^{-1}\cdot\text{K}^{-1}$]

5. 已知水-苯酚系统在30℃下液-液平衡时共轭溶液的组成w(苯酚)为：L_1(苯酚溶于水)=8.75%；L_2(水溶于苯酚)=69.9%。

（1）在30℃，100g苯酚和200g水形成的系统达到液-液平衡时，两液相的质量各为多少？

（2）在上述系统中若再加入100g苯酚，又达到相平衡时，两液相的质量各变为多少？

[答案：(1)$m_1=179.6$g，$m_2=120.4$g；(2)$m_1=130.2$g，$m_2=269.8$g]

6. A与B的正常沸点及蒸发热分别为80℃、$20.8\text{kJ}\cdot\text{mol}^{-1}$和130℃、$28.0\text{kJ}\cdot\text{mol}^{-1}$。现A与B按物质的量之比为1∶3混合。假设液体可视为理想液体混合物，蒸气为理想气体，蒸发热为常数。问：

（1）100℃下将该系统压力缓慢降至多少时有气相出现？最初的气相组成如何？

（2）继续减压，压力降至多少时，液相完全变成气相？

[答案：(1)$p=7.57\times10^4$Pa，$y_A=0.954$、$y_B=0.046$；(2)$p=6.17\times10^4$Pa]

7. 已知甲苯、苯在90℃下纯液体的饱和蒸气压分别为54.22kPa和136.12kPa。两者可形成理想液态混合物。取200.0g甲苯和200.0g苯置于带活塞的导热容器中，始态为一定压力下90℃的液态混合物。在等温90℃下逐渐降低压力，问：

（1）压力降到多少时，开始产生气相，此气相的组成如何？

（2）压力降到多少时，液相开始消失，最后一滴液相的组成如何？

（3）压力为92.00kPa时，系统内气液两相平衡，两相的组成如何？两相的物质的量各为多少？

[答案：(1)$p=98.54$kPa，$y_B=0.7476$；(2)$p=80.40$kPa，$x_B=0.3197$；

(3)$y_B=0.6825$，$x_B=0.4613$，$n(\text{g})=1.709$mol，$n(\text{l})=3.022$mol]

8. A和B固态时完全不互溶，101325Pa时A(s)的熔点为30℃，B(s)的熔点为50℃，A和B在10℃具有最低共熔点，其组成为$x_{B,E}=0.4$，设A和B相互溶解度曲线均为直线。

（1）画出该系统的熔点-组成图(t-x_B图)；

（2）今由2mol A和8mol B组成系统，根据画出的t-x_B图，列表回答系统在5℃、30℃、50℃时的相数、相态及成分、各相的物质的量、系统所在相区的条件自由度数。

（3）绘制当系统组成为$x_B=0.4$及$x_B=0.7$的两系统点从40℃冷却至5℃过程中的步冷曲线。

第 7 章　电化学基础

电化学是研究化学现象与电现象之间的相互关系以及化学能与电能相互转化规律的学科。电化学的主要研究对象包括在电化学装置中化学能和电能相互转化时应遵循的规律以及实现这一转化时所需借助的物质。电化学与化学热力学、化学动力学、表面化学、胶体化学等关系密切，应用极为广泛，涉及从生产实践到自然科学的各个领域。

本章对电解质溶液的导电性质和热力学性质、可逆电池及其热力学、电极过程的极化现象等分别进行讨论。在电化学研究中，必须利用适当的电化学装置——电池。我们将化学能转化为电能的装置称为原电池，将电能转化为化学能的装置称为电解池。原电池和电解池都由两个电极和连接两个电极的电解质溶液组成，电池中的电化学反应是两个电极反应的总和。无论是电解池还是原电池，其工作介质都离不开电解质溶液，因而本章首先介绍电解质溶液的导电性质。

§ 7.1　电解质溶液的导电性质

§ 7.1.1　电解质溶液的导电机理

(1)　导体分类

凡是能传导电流的物质称为导体。在电化学研究中，导体分为两类，第一类导体(金属导体)和第二类导体(电解质导体)。

第一类导体又称为电子导体，主要依靠自由电子的定向运动而导电，当电流通过时，导体本身不发生任何化学变化，导电能力随温度的升高而降低，金属、石墨和某些金属化合物属于此类导体。

第二类导体又称为离子导体，主要依靠正、负离子的定向运动而导电，当电流通过时，导体本身发生化学变化，导电能力随温度的升高而增大，电解质溶液和熔融电解质等属于此类导体，此类导体中没有自由电子。

在两类导体相接触的界面层，是通过得、失电子的电极反应来实现两类不同导体的导电形式的过渡。

(2) 第二类导体的导电机理

在电池装置中，电极露于空气的一端用金属导线和适当的设备使两个电极相互连接，插入溶液的部分由于溶液中的离子作定向移动使两个电极相互联系，这样就组成了一个回路，可以进行电化学研究。外电路中电流的传导由第一类导体中的电子的定向移动来完成。在溶液中电流的传导由第二类导体中的正、负离子向相反方向迁移来实现，这类导体在导电的同时，在电极与溶液的界面处必然发生电子的得失反应。

借助电化学装置原电池和电解池可以实现电能与化学能的转化，有关原电池和电解池的电极命名法通常遵循如下规定：

① 电化学装置的两电极中，电势较高的电极称为正极，电势较低的电极称为负极，电流总是从电源电势高的电极流向电势低的电极，而电子流的方向恰恰相反。

② 电化学装置的两电极中，把发生氧化反应的电极称为阳极，把发生还原反应的电极称为阴极。因为氧化反应是失电子反应，还原反应是得电子反应，所以在电池外的连接两极的导线中，电子流总是由阳极流向阴极，而电流的流向恰好相反。

以上规定对原电池、化学电源及电解池均适用，一般习惯上对原电池用正极和负极命名，对电解池用阴极和阳极命名。有关原电池、化学电源及电解池两极的名称和关系如表 7-1 所示。

表 7-1 电池电极的名称和关系

研究对象	电极名称	反应类型	电势值
原电池 化学电源	正极/阴极	还原	高
	负极/阳极	氧化	低
电解池	正极/阳极	氧化	高
	负极/阴极	还原	低

在一将电能转变为化学能的电解池装置中，如图 7-1(a)所示，当直流电源与电解池的两个电极连接时，在外电场的作用下，溶液中的正、负离子发生迁移，与电源正极相连的电极电势高，负离子向该极迁移并在其上发生失电子的氧化反应，失去的电子经外线路流向电源正极；与电源负极相连的电极电势低，正离子向该极迁移并在其上得到外电源负极提供的电子发生还原反应，这种在电极界面上进行的有电子得失的化学反应，称为电极反应，两个电极反应之和则为电池反应。正、负离子迁移的方向相反，但它们导电的方向却是一致的，就好像负极有电子进入了溶液，而正极得到了从溶液中传递出来的电子一样，即电解液内部电子通过电解液正负离子的定向迁移由负极流向正极，由此构成了整个回路中连续的电流。

在一将化学能转变为电能的原电池装置中，如图 7-1(b)所示，由于两个电极的电势是由材料的化学性质决定的，化学性质活泼的电极电势低，作为电池的负极或阳极，通常发生失电子的氧化反应，化学性质较不活泼的电极电势高，作为电池的正极或阴极，通常发生得电子的还原反应。当两个电极与外部导体接通时，必然会产生电流对外做功，电池负极失去的电子经外线路流向正极，同时溶液中的正、负离子做定向迁移，溶液中的正离子向正极迁移，负离子向负极迁移，就好像正极有电子进入了溶液，而负极得到了从溶液中传递出来的电子一样，即电解液内部电子通过电解液正负离子的定向迁移由正极流向负极，由此构成了整个回路中连续的电流。

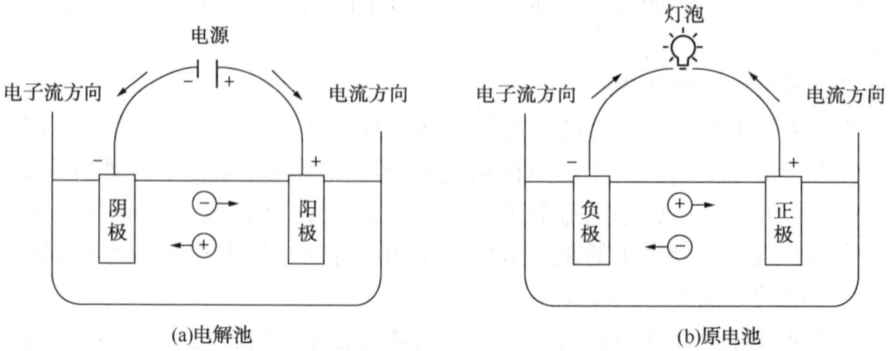

图 7-1 电解池(a)和原电池(b)导电机理示意图

由此可知，电解质溶液的导电过程应包括电极反应和电解质溶液中正、负离子的定向迁移，无论是电解池还是原电池，两个电极的表面上分别发生氧化还原反应产生电子得失才使电流得以通过整个电路，而电流通过溶液则是由正负离子的定向迁移来实现的。因此整个回路中的任一截面，无论是金属导线、电解质溶液，还是电极与溶液之间的界面，在相同的时间内，必然有相同的电量通过。

从电解质溶液的导电机理可以看出，当电流通过电解质溶液时，电极上会发生电极反应，那么电极反应的物质的量与通过的电量之间有什么关系呢？这就是我们下面要介绍的电化学中一个最基本的规律——法拉第定律。

§7.1.2　法拉第(Faraday)定律

1833 年，法拉第根据大量电解实验结果，总结出了对电解池和原电池都适用的一个规律：当电流通过电解质溶液时，在电极界面上发生化学反应的物质的量与通过电极的电量成正比。若以相同的电量通过含有多个电池的串联线路时，每个电极上发生反应的各物质，其得(失)电子的物质的量相同。该定律的表达式为

$$Q = zF\xi \tag{7.1}$$

式中，Q 是通入的电量，z 是 1mol 物质发生电极反应时所需的电子数(如电极反应氧化态+ze^-=还原态，则 z 为电极反应中电子的计量系数或离子的电价)，F 为法拉第常数，是 1mol 电子所带的电量($96486.6\text{C}\cdot\text{mol}^{-1}\approx 96500\text{C}\cdot\text{mol}^{-1}$)，$\xi$ 是反应进度。

法拉第定律告诉我们：对于各种不同的电解质溶液，每通过 1mol 电子的电量，相应地任一电极反应所需电子的量也必然为 1mol，从而可以计算出参与电极反应的物质的量。例如电解 1mol 熔融态 NaCl 电解质时，通电 96500C，在两极上分别得到 1mol 的 Na 和 0.5mol 的 Cl_2。

法拉第定律是自然科学中最准确的定律之一，不受任何外界条件和参与电极过程各有关物质性质的影响。但在实际电解过程中，由于电极上可能发生副反应，实际消耗的电量往往比理论计算值大，如电镀铜、镍时，就有不少电量消耗于氢离子的还原上。我们将理论消耗电量与实际消耗电量之比称为电流效率，用 η 表示，即

$$\eta = \frac{\text{理论消耗电量}}{\text{实际消耗电量}} \times 100\%$$

§7.1.3　离子的电迁移

在外电场作用下，溶液中承担导电任务的正、负离子分别向电池的两极迁移，离子在电场作用下的运动称为电迁移。离子在电场中电迁移速率 r 除了与离子的本性(如离子半径、水化程度和所带电荷等)以及溶剂的性质(如黏度等)有关以外，还正比于两极间的电位梯度，用下式表示

$$r_+ = U_+ \frac{dE}{dl} \qquad r_- = U_- \frac{dE}{dl} \tag{7.2}$$

式中，比例系数 U_+、U_- 分别称为正、负离子的电迁移率又称为离子淌度，相当于电位梯度为 $1\text{V}\cdot\text{m}^{-1}$ 时离子的电迁移速率，单位为 $\text{m}^2\cdot\text{s}^{-1}\cdot\text{V}^{-1}$。用电迁移率来讨论离子迁移速度时，已排除了外电场的差别对离子电迁移速率的影响，因而更能反映离子电迁移的本性。一般离子的电迁移率很小，在 $(4\sim8)\times10^{-8}\text{m}^2\cdot\text{s}^{-1}\cdot\text{V}^{-1}$。表 7-2 为 298K 时，一些常见离子在

无限稀释水溶液中的电迁移率。

表 7-2　298K 时，一些离子在无限稀释水溶液中的离子电迁移率

正离子	$U_+^\infty \times 10^8/m^2 \cdot s^{-1} \cdot V^{-1}$	负离子	$U_-^\infty \times 10^8/m^2 \cdot s^{-1} \cdot V^{-1}$
H^+	36.30	OH^-	20.52
K^+	7.62	$SO_4{}^{2-}$	8.27
Ba^{2+}	6.59	Cl^-	7.92
Na^+	5.19	$NO_3{}^-$	7.40
Li^+	4.01	$HCO_3{}^-$	4.61

由表 7-2 可以看出，H^+和 OH^-的电迁移率比其他离子大得多，这是由于它们在水溶液中可以依靠氢键来导电，这表明 H^+和 OH^-的电迁移速率很大，因而其导电能力强。此外，K^+与 Cl^-及 $NO_3{}^-$的电迁移率很接近，所以常用 KCl 或 KNO_3 来制备盐桥（详细讨论见第 7.4.2 部分）。

在同一个电场中，由于正、负离子迁移的速率不等，所带电荷不同，在有一定电流通过电解质溶液时，两种离子迁移的电量在通过溶液的总电量中所占的份额也不同。将某离子所迁移的电流与通过溶液的总电流之比称为该离子的迁移数，用 t 表示，单位为 1。对于只含有一种正、负离子的电解质溶液，则正、负离子的迁移数分别为

$$t_+ = \frac{Q_+}{Q} = \frac{I_+}{I} \qquad t_- = \frac{Q_-}{Q} = \frac{I_-}{I} \tag{7.3}$$

$$t_+ + t_- = 1 \tag{7.4}$$

如果溶液中有多种电解质，每种离子都承担一定的迁移电量任务，则有

$$\sum t_+ + \sum t_- = 1 \tag{7.5}$$

离子迁移电流的分数也就是迁移电量的分数，一种离子迁移电量的多少是与离子迁移的速率成正比的。对于多数电解质来说，由于其正、负离子在相同的电场力作用下迁移速率并不相等，因此，一般说来，$t_+ \neq t_-$。

在电极 A 与 B 之间盛一强电解质溶液，如图 7-2 所示，其正、负离子的质量摩尔浓度分别为 b_+和 b_-，正、负离子的价数分别为 z_+和 z_-。在实验所给的电位梯度下，正、负离子的迁移速率为 r_+和 r_-。取溶液中任一截面 $EFGH$，在单位时间内由正、负离子向相反方向穿过此截面所传递的电量分别为 Q_+和 Q_-，则总电量 $Q=Q_+ + Q_-$，它们分别可表示为

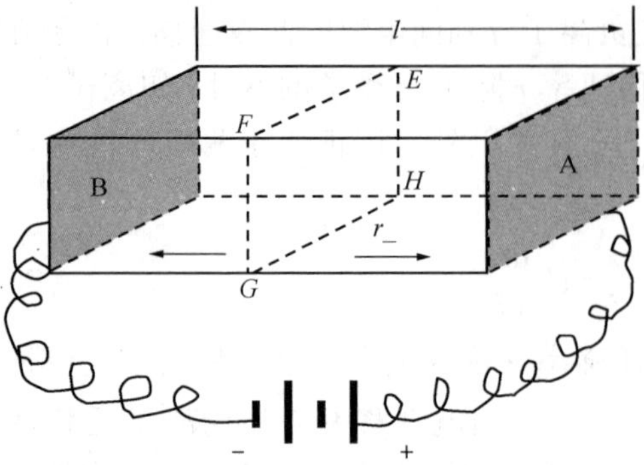

图 7-2　离子速率与迁移电量的关系

$$Q_+ = r_+ b_+ z_+ F$$

$$Q_- = r_- b_- z_- F$$

$$Q = Q_+ + Q_- = (r_+ b_+ z_+ + r_- b_- z_-)F$$

由于任何电解质溶液都是电中性的，有 $b_+ z_+ = b_- z_-$，所以

$$Q = (r_+ + r_-) b_+ z_+ F = (r_+ + r_-) b_- z_- F$$

而两种离子所处的电位梯度又是相同的，则可以得到迁移数与离子电迁移速率的关系

$$t_+ = \frac{I_+}{I} = \frac{Q_+}{Q} = \frac{r_+}{r_+ + r_-} = \frac{U_+}{U_+ + U_-} \tag{7.6}$$

离子的迁移数可随电解质溶液的浓度及温度变化，其值可以用希托夫法(Hittorff)和界面移动法等实验进行测定。

思考题1 原电池和电解池有什么不同？两种电极的名称和关系如何？

思考题2 在温度、浓度和电位梯度都相同的情况下，氯化氢、氯化钾、氯化钠三种溶液中，氯离子的电迁移速率是否相同？氯离子的迁移数是否相同？

思考题3 用铂电极电解 $ZnCl_2$ 溶液。通过的电流为20A，经过15min后，问：(1)在阴极上能析出多少的Zn？(2)在阳极上能析出多少体积的 $Cl_2(g)$(标准状态)？

§7.2 电解质溶液的电导

§7.2.1 电导、电导率、摩尔电导率

电导是描述导体导电能力大小的物理量，定义为电阻的倒数，用符号 G 表示。根据欧姆定律，有

$$G=\frac{1}{R}=\frac{I}{E} \tag{7.7}$$

导体的电导等于电流强度除以端电压，电导的大小可用来反映一均匀导体的导电能力，其正比于导体的截面积 A，而与导体的长度 l 成反比，即 $G\propto\frac{A}{l}$，单位为S(Siemens，西门子)或 Ω^{-1}。

电导率 κ 是电阻率的倒数，因为导体的电阻 $R=\rho\frac{1}{A}$，ρ 为电阻率，单位为 $\Omega\cdot m$，代入电导定义式(7.7)，则

$$G=\frac{1}{R}=\frac{1}{\rho}\frac{A}{l}=\kappa\frac{A}{l}$$

因此

$$\kappa=\frac{1}{\rho} \tag{7.8}$$

或

$$\kappa=G\frac{l}{A} \tag{7.9}$$

电导率为单位长度、单位截面积的电解质溶液的电导，可以比较不同导体的导电能力。其数值与温度、电解质溶液的浓度等因素有关，κ 的单位是 $S\cdot m^{-1}$。

电阻和电阻率常用来表示金属的导电能力，而对电解质溶液则常用电导或电导率表示。这是由于一定体积的金属中自由电子数是一定的，温度一定，电阻值一定。但一定体积的电解质溶液其离子数并不能确定，因而其电导值也不能确定，其数值与离子的浓度、性质有关。

在上面定义电导率时，只指明了电解质溶液的体积，并没有指明这一单位体积中电解质的浓度。电解质的浓度不同，电导率是不一样的。为比较不同浓度和不同类型的电解质的导电能力，定义了摩尔电导率。

摩尔电导率 Λ_m 是指相距单位长度(1m)、单位面积($1m^2$)的两个平行板电极间充满1mol

电解质溶液时的电导。设电解质溶液的浓度为 $c(\mathrm{mol\cdot m^{-3}})$，$V_m$ 为含有 1mol 电解质的溶液的体积($\mathrm{m^3}$)，κ 为单位体积电解质溶液的电导率，则摩尔电导率 Λ_m 应等于电导率乘以含有 1mol 电解质溶液的体积 V_m，则

$$\Lambda_m \overset{\text{def}}{=\!=\!=} \kappa V_m = \frac{\kappa}{c} \tag{7.10}$$

Λ_m 的单位是 $\mathrm{S\cdot m^2\cdot mol^{-1}}$，计算时一定要注意，浓度 c 的单位要转换为 $\mathrm{mol\cdot m^{-3}}$，而不能直接用 $\mathrm{mol\cdot dm^{-3}}$ 来计算。

引入摩尔电导率的概念是很有用的，因为规定电解质的数量都是 1mol，限定两电极间的距离即限定溶液导体的长度都是单位长度，因此 Λ_m 值的大小反映了各种电解质性质的差别以及稀释程度的影响。

在表示电解质的摩尔电导率时，应标明物质的基本单元，即摩尔电导率和浓度表示中所取的基本单元要相同，以防止混淆。例如，一定条件下：

$$\Lambda_m(K_2SO_4)=0.02485\mathrm{S\cdot m^2\cdot mol^{-1}},\ \Lambda_m\left(\frac{1}{2}K_2SO_4\right)=0.01243\mathrm{S\cdot m^2\cdot mol^{-1}}$$

则

$$\Lambda_m(K_2SO_4)=2\Lambda_m\left(\frac{1}{2}K_2SO_4\right)$$

电导和电导率的值都可以用实验测定。用类似于物理学中的测定电阻的方法(例如用 Wheatstone 电桥)得到溶液的电阻，取其倒数即为电导。在同一电导池中先用已知电导率(κ_1)的 KCl 溶液中测得电阻为 R_1，再将未知电导率(κ_x)的溶液放入电导池测得电阻为 R_2，因是同一电池，电极面积和两极距离相等，就可以计算得到未知溶液的电导率 κ_x 的值，即

$$G_1=\kappa_1\frac{A}{l}=\frac{1}{R_1}$$

$$G_2=\kappa_x\frac{A}{l}=\frac{1}{R_2}$$

两式相比，消去相同项，得

$$\kappa_x=\frac{\kappa_1 R_1}{R_2}$$

通常将电极面积 A 和两极距离 l 之间的比值定义为电导池常数 K_{cell}，通过测定已知电导率的标准溶液的电阻就可以得到 K_{cell}。

【例 7.1】 在 25℃时，一电导池中盛以 $0.01\mathrm{mol\cdot dm^{-3}}$ KCl 溶液，电阻为 150Ω；盛一 $0.01\mathrm{mol\cdot dm^{-3}}$ HCl 溶液，电阻为 51.40Ω。试求 $0.01\mathrm{mol\cdot dm^{-3}}$ HCl 溶液的电导率和摩尔电导率(已知 25℃、$0.01\mathrm{mol\cdot dm^{-3}}$ KCl 溶液的电导率为 $0.141\mathrm{S\cdot m^{-1}}$)。

解：由电导率的公式得

$$(l/A)=\kappa/G=\kappa\cdot R=(0.141\times150)\mathrm{m^{-1}}=21.15\mathrm{m^{-1}}$$

所以 25℃时 $0.01\mathrm{mol\cdot dm^{-3}}$ HCl 溶液电导率和摩尔电导率分别为

$$\kappa=G(l/A)=(21.15/51.40)\mathrm{S\cdot m^{-1}}=0.4115\mathrm{S\cdot m^{-1}}$$

$$\Lambda_m=\kappa/c=(0.4115/1000\times0.01)\mathrm{S\cdot m^2\cdot mol^{-1}}=0.04115\mathrm{S\cdot m^2\cdot mol^{-1}}$$

§7.2.2 电导率、摩尔电导率与浓度的关系

电解质溶液之所以能导电是因为其在水中能电离成离子。但电解质有强、弱之分，强电

解质溶液几乎全部以离子状态存在，而弱电解质则只有部分电离，浓度越大，电离程度愈小。图 7-3 给出了电解质电导率与浓度的关系。对于强电解质，溶液较稀时电导率近似与浓度成正比；随着浓度的增大，由于正、负离子间的相互作用力增大，电导率的增加逐渐缓慢，浓度很大时电导率经一极大值，然后逐渐下降，在图 7-3 上出现一最高点。对于弱电解质溶液，起导电作用的只是解离了的那部分离子，因而当浓度从小到大时，虽然单位体积中弱电解质的物质的量增加，但在一定温度下，离子的浓度受解离常数所限，离子的数量增加不多，故弱电解质溶液的电导率均很小，基本为一定值。

摩尔电导率限定了电解质的量而没有指明浓度，一般随浓度的减小而增大。电解质溶液的浓度越小，正、负离子间相互作用力减弱，离子运动速度增加，摩尔电导率就越高，但增大的情况不同。如图 7-4 所示，对一些强电解质，摩尔电导率随着浓度的减小而增大的幅度较小，稀释到一定程度后（$0.01\text{mol}\cdot\text{dm}^{-3}$以下），图 7-4 中的曲线接近一条直线，当 $c\to 0$ 时，趋近于某极限值，Λ_m 与 c 之间有如下的线性关系：

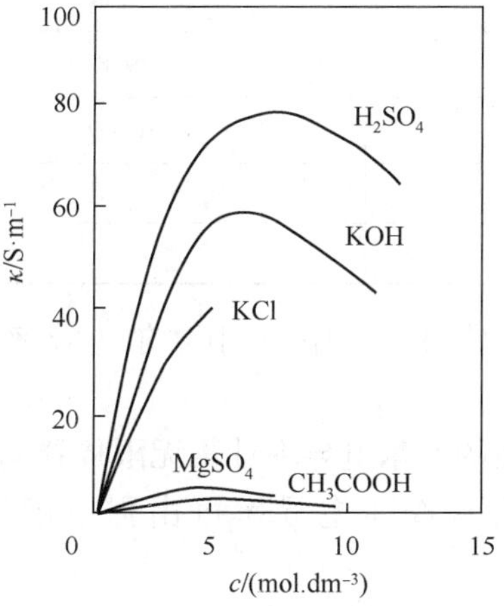

图 7-3　电导率与物质浓度的关系

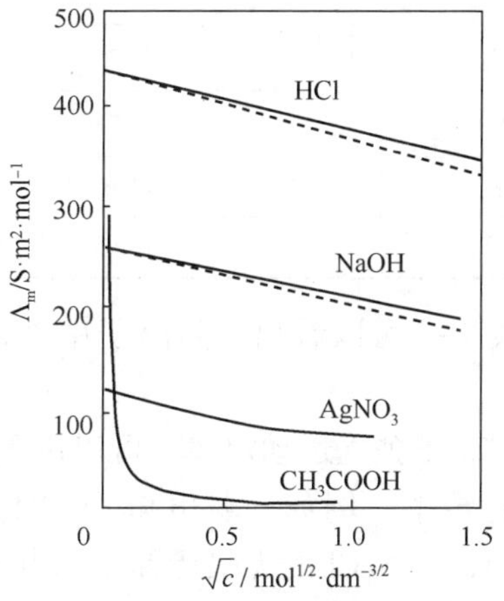

图 7-4　某些电解质的水溶液的摩尔电导率与其浓度平方根的关系（298.15K）

$$\Lambda_m = \Lambda_m^{\infty}(1-\beta\sqrt{c}) \qquad (7.11)$$

式（7.11）中，在一定温度下，对于一定的电解质和溶剂 β 应是一个常数。将直线外推至与纵坐标相交处即得到溶液在无限稀释时的摩尔电导率 Λ_m^{∞}，亦称极限摩尔电导率，上式称为柯尔劳施（Kohlrausch）经验式。

对于弱电解质，溶液浓度降低时，摩尔电导率增加。在溶液极稀时，摩尔电导率急剧增加，但与浓度不呈线性关系，所以弱电解质的 Λ_m^{∞} 不能用外推法得到。柯尔劳施根据大量的实验数据发现了一个规律，即：在无限稀释的溶液中，离子的相互作用可以忽略，此时离子的运动可以认为是彼此独立的，无限稀释电解质的摩尔电导率等于无限稀释时正、负离子的摩尔电导率之和，这就是柯尔劳施的离子独立运动定律，用公式表示为

$$\Lambda_m^{\infty} = \Lambda_{m,+}^{\infty} + \Lambda_{m,-}^{\infty} \qquad (7.12)$$

其更一般的形式为

$$\Lambda_m^{\infty} = \nu_+\Lambda_{m,+}^{\infty} + \nu_-\Lambda_{m,-}^{\infty} \qquad (7.13)$$

在 298K 时，一些常见离子的无限稀释摩尔电导的值见表 7-3。

表 7-3 298K 时一些常见离子的无限稀释摩尔电导率

正离子	$\Lambda_{m,+}^{\infty}\times10^3/(S\cdot m^2\cdot mol^{-1})$	负离子	$\Lambda_{m,-}^{\infty}\times10^3/(S\cdot m^2\cdot mol^{-1})$
Ag^+	6.192	Br^-	7.81
Ba^{2+}	12.728	CH_3COO^-	4.09
Ca^{2+}	11.90	Cl^-	7.634
Cs^+	7.72	$ClO_4{}^-$	6.73
Cu^{2+}	10.72	$CO_3{}^{2-}$	16.60
H^+	34.965	F^-	5.54
K^+	7.35	$[Fe(CN_6)]^{3-}$	30.27
Li^+	3.87	$[Fe(CN_6)]^{4-}$	44.20
Mg^{2+}	10.60	I^-	7.68
Na^+	5.011	$NO_3{}^-$	7.144
$NH_4{}^+$	7.35	OH^-	19.8
Rb^+	7.78	$SO_4{}^{2-}$	16.00
Sr^{2+}	11.89		
Zn^{2+}	10.80		

从表 7-3 可以看出，阳离子中摩尔电导率最大的是 H^+，阴离子中摩尔电导率最大的是 OH^-。

根据离子独立运动定律，可以用无限稀释强电解质的摩尔电导率计算无限稀释弱电解质的摩尔电导率。例如，弱电解质 CH_3COOH 的无限稀释摩尔电导率可由强电解质 HCl、CH_3COONa 及 NaCl 的无限稀释摩尔电导率计算出来，即

$$\begin{aligned}\Lambda_m^{\infty}(CH_3COOH) &= \Lambda_m^{\infty}(H^+)+\Lambda_m^{\infty}(CH_3COO^-)\\ &= \Lambda_m^{\infty}(HCl)+\Lambda_m^{\infty}(CH_3COONa)-\Lambda_m^{\infty}(NaCl)\end{aligned}$$

而强电解质的无限稀释摩尔电导率又可应用式(7.13)，根据各种离子的无限稀释摩尔电导率计算得到。

电解质的摩尔电导率是正、负离子的摩尔电导率贡献的总和，而离子的迁移数为某种离子的导电能力占电解质总导电能力的分数，因此离子的迁移数也可看作某种离子的摩尔电导率占电解质的摩尔电导率的分数。在无限稀释时，迁移数又可以表示为

$$t_+^{\infty}=\frac{\Lambda_{m,+}^{\infty}}{\Lambda_m^{\infty}}\quad t_-^{\infty}=\frac{\Lambda_{m,-}^{\infty}}{\Lambda_m^{\infty}} \tag{7.14}$$

因此，利用实验求得的某强电解质的 Λ_m^{∞} 及该电解质的 t_+^{∞}、t_-^{∞}，即可求出 $\Lambda_{m,+}^{\infty}$ 和 $\Lambda_{m,-}^{\infty}$

对于强电解质，在浓度不太大时可以近似有

$$t_+=\frac{\Lambda_{m,+}}{\Lambda_m}\quad t_-=\frac{\Lambda_{m,-}}{\Lambda_m} \tag{7.15}$$

【例 7.2】 有一电导池，电极的有效面积 A 为 $2\times10^{-4}m^2$，两极片间的距离为 0.1m，电流间充 1-1 价型的电解质 MA 的水溶液，浓度为 $30mol\cdot m^{-3}$。两电极间的电势差 E 为 3V，电流强度 I 为 3mA。已知正离子的迁移数为 0.4，试求：

（1）电解质 MA 的摩尔电导率；

（2）正、负离子的摩尔电导率。

解：（1）

$$\Lambda_m = \frac{\kappa}{c} = \frac{1}{c} \cdot G\frac{l}{A} = \frac{1}{c} \cdot \frac{I}{E} \cdot \frac{l}{A}$$

$$= \frac{1}{30\text{mol} \cdot \text{m}^{-3}} \cdot \frac{0.003\text{A}}{3\text{V}} \cdot \frac{0.10\text{m}}{2\times10^{-4}\text{m}^2}$$

$$= 1.67\times10^{-2}\text{S} \cdot \text{m}^2 \cdot \text{mol}^{-1}$$

（2）$\Lambda_{m,+} = t_+\Lambda_m = 0.4\times1.67\times10^{-2}\text{S} \cdot \text{m}^2 \cdot \text{mol}^{-1} = 6.67\times10^{-3}\text{S} \cdot \text{m}^2 \cdot \text{mol}^{-1}$

$\Lambda_{m,-} = t_-\Lambda_m = 0.6\times1.67\times10^{-2}\text{S} \cdot \text{m}^2 \cdot \text{mol}^{-1} = 1.00\times10^{-2}\text{S} \cdot \text{m}^2 \cdot \text{mol}^{-1}$

* §7.2.3 电导测定的应用

（1）计算弱电解质的解离度和解离常数

弱电解质无限稀释时的摩尔电导率 Λ_m^∞ 之值，反映了该电解质全部电离且离子间没有相互作用力时的导电能力，而一定浓度下的摩尔电导率 Λ_m 反映的是电解质部分电离，以及所产生的离子间存在一定相互作用力时的导电能力。如果一弱电解质的解离度比较小，摩尔电导率很低，在无限稀释的情况下，可以认为弱电解质全部解离而且离子间无相互作用，这样 Λ_m 和 Λ_m^∞ 之间的差别就可近似地看作由弱电解质部分解离和全部解离所产生的离子数目不同所致，即由于离解度不同造成的，所以弱电解质的解离度 α 可表示为

$$\alpha = \frac{\Lambda_m}{\Lambda_m^\infty} \tag{7.16}$$

对 AB 型的对称电解质(1-1 价型或 2-2 价型)，当电解质浓度为 c 时，其解离平衡常数为

$$K_c^\ominus = \frac{\frac{c}{c^\ominus}\alpha^2}{1-\alpha}$$

将式(7.16)代入并整理，得

$$K_c^\ominus = \frac{\frac{c}{c^\ominus}\Lambda_m^2}{\Lambda_m^\infty(\Lambda_m^\infty - \Lambda_m)} \tag{7.17}$$

由此可见，有了 Λ_m 和 Λ_m^∞ 的数据，就可计算弱电解质的解离度和解离常数。式(7.17)称为奥斯特瓦尔德(Ostwald)稀释定律。

【例 7.3】 在 25℃时，纯水的电导率为 $5.50\times10^{-6}\text{S} \cdot \text{m}^{-1}$，又知 $\Lambda_m^\infty(\text{H}^+) = 3.50\times10^{-2}\text{S} \cdot \text{m}^2 \cdot \text{mol}^{-1}$，$\Lambda_m^\infty(\text{OH}^-) = 1.98\times10^{-2}\text{S} \cdot \text{m}^2 \cdot \text{mol}^{-1}$，计算水的离子积。

解：水的离子积 $K_w = (c_{H^+}/c^\ominus)(c_{OH^-}/c^\ominus)$，因 $c_{H^+} = c_{OH^-} = c$

故 $$K_w = (c/c^\ominus)^2$$

欲求水的离子积 K_w 必须先求 c，此 c 值是指水中离解成 H^+ 和 OH^- 离子的这一部分水的浓度，可用下式计算

$$c = \frac{\kappa(H_2O)}{\Lambda_m^\infty(H_2O)}$$

由于离解水的浓度很稀，可近似视为无限稀释溶液，即

$$\begin{aligned}\Lambda_m(H_2O)&=\Lambda_m^\infty(H_2O)=\Lambda_m^\infty(H^+)+\Lambda_m^\infty(OH^-)\\&=(3.50\times10^{-2}+1.98\times10^{-2})S\cdot m^2\cdot mol^{-1}\\&=5.48\times10^{-2}S\cdot m^2\cdot mol^{-1}\end{aligned}$$

$$\begin{aligned}c&=\frac{\kappa(H_2O)}{\Lambda_m^\infty(H_2O)}=5.50\times10^{-6}S\cdot m^{-1}/5.48\times10^{-2}S\cdot m^2\cdot mol^{-1}\\&=1.004\times10^{-7}mol\cdot dm^{-3}\end{aligned}$$

代入水的离子积计算得

$$K_w=(1.004\times10^{-7}mol\cdot dm^{-3}/1mol\cdot dm^{-3})^2=1.008\times10^{-14}$$

（2）检验水的纯度和水中的盐含量

电导测定常用来检验水的纯度。纯水本身有微弱的电离，电导率很小，理论计算纯水的电导率应为 $5.5\times10^{-6}S\cdot m^{-1}$，如果水中含有一些电解质杂质，将使水的电导率增大，因此测定水的电导率可以相对反映出水中杂质的含量(含盐量)。像工业锅炉用水可以通过电导测定来测定其中电解质的含量，在电子工业和精密科学实验中经常需要用纯度很高的水，通常水的电导率小于 $1\times10^{-4}S\cdot m^{-1}$。在水质测定中可用电导率仪测定电导率的大小，初步获得含无机盐、酸性氧化物的大概情况，然后再拟定分析和去除杂质的方法。在海洋考察中可用电导率仪快速测定海水的总含盐量，可供开发盐场(希望含盐量高)和选择埋没海底电缆(希望含盐量低，减少腐蚀)的工程作参考。

（3）测定难溶盐的溶解度和溶度积

一些难溶盐如 AgCl(s)、$BaSO_4$ 等因其在水中的溶解度太小而很难直接测定，但可以利用电导测定方法求出其溶解度，现以 AgCl(s)为例说明如下。

【例 7.4】 在 298K 时，测得 AgCl(s)饱和溶液的电导率为 $3.41\times10^{-4}S\cdot m^{-1}$，已知同温度下配制此溶液所用的纯水的电导率为 $1.60\times10^{-4}S\cdot m^{-1}$，试计算 298K 时 AgCl(s)在水中的溶解度。

解： 由于 AgCl(s)在水中的溶解度极微，电导率很小，配制此溶液的水的电导率不能忽略，所以 AgCl 饱和水溶液的电导率为

$$\begin{aligned}\kappa(AgCl)&=\kappa(溶液)-\kappa(H_2O)\\&=(3.14-1.60)\times10^{-4}S\cdot m^{-1}\\&=1.81\times10^{-4}S\cdot m^{-1}\end{aligned}$$

AgCl 饱和水溶液的摩尔电导率 Λ_m 可看作无限稀释溶液的摩尔电导率 Λ_m^∞，因此可根据无限稀释时正、负离子的摩尔电导率计算，即

$$\begin{aligned}\Lambda_m(AgCl)&\approx\Lambda_m^\infty(AgCl)=\Lambda_m^\infty(Ag^+)+\Lambda_m^\infty(Cl^-)\\&=(6.19+7.64)\times10^{-3}S\cdot m^2\cdot mol^{-1}\\&=13.83\times10^{-3}S\cdot m^2\cdot mol^{-1}\end{aligned}$$

根据式(7.10)，可计算 AgCl 饱和溶液的浓度即溶解度

$$\begin{aligned}c(AgCl)&=\kappa(AgCl)/\Lambda_m^\infty(AgCl)\\&=\frac{1.81\times10^{-4}S\cdot m^{-1}}{13.83\times10^{-3}S\cdot m^2\cdot mol^{-1}}\\&=1.31\times10^{-2}mol^{-1}\cdot m^{-3}\end{aligned}$$

(4) 电导滴定

分析化学中用容量滴定法测定溶液中某物质的浓度时，常用适当指示剂的变色来指示滴定终点。若将滴定与电导测定相结合，在滴定过程中用电导率仪记录电导率在滴定过程中的变化，在终点时离子浓度发生突变，电导率也会发生转折，从而确定滴定终点，这就是电导滴定。电导滴定不需要指示剂，避免了指示剂变色不明显或溶液有颜色不便利用指示剂的变色来指示终点等缺点。电导滴定的方法更方便、有效，可以用于各种酸、碱中和，氧化还原和生成沉淀等各类滴定反应。利用合适的辅助设备还可以进行自动记录、自动绘制滴定曲线和计算未知物的浓度等。图 7-5 是 NaOH 滴定 HCl 的电导滴定曲线。

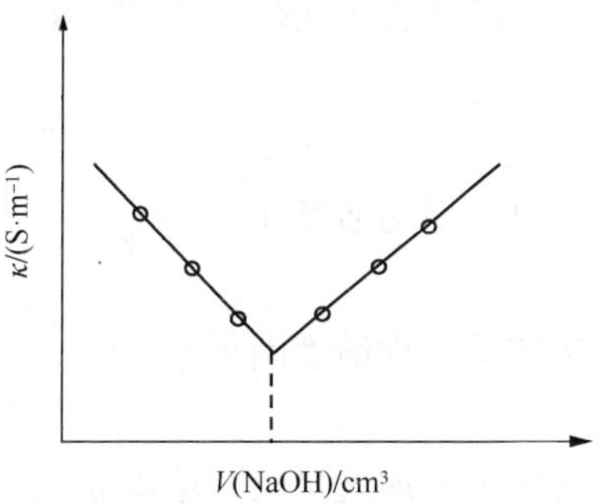

图 7-5　电导滴定曲线示意图

思考题 4　电解质溶液的导电能力和哪些因素有关？在表示溶液的导电能力方面，已经有了电导率的概念，为什么还要提出摩尔电导率？

思考题 5　电解质溶液的物质的量浓度越大时，离子数应该越多，而电导率应该增大，为什么在浓度增大到一定数值后，电导率反而减小，应该怎样解释？

思考题 6　奥斯特瓦尔德稀释定律能否适用于强电解质溶液？为什么？

§7.3　强电解质溶液的活度

强电解质溶于水后，完全电离成正、负离子，由于正、负离子间存在静电引力，这一复杂性使得电解质溶液行为与理想稀溶液有偏差。因此，在研究其热力学性质时引入了电解质和离子的活度和活度因子的概念。

§7.3.1　强电解质和离子的活度及活度因子

设任一强电解质 B 在水溶液中完全解离为 ν_+ 个 z_+ 价的正离子和 ν_- 个 z_- 价的负离子，即

$$B \to \nu_+ M^{z+} + \nu_- A^{z-}$$

在溶液中正、负离子的化学势分别为

$$\mu_+ = \mu_+^{\ominus} + RT\ln a_+ \qquad \mu_- = \mu_-^{\ominus} + RT\ln a_-$$

而电解质 B 的化学势应是离子化学势之和

$$\mu_B = \nu_+\mu_+ + \nu_-\mu_-$$

仿照非电解质溶液中活度的定义式，电解质溶液中离子的活度可表示为

$$a_+ = \gamma_+ b_+ / b^{\ominus} \qquad a_- = \gamma_- b_- / b^{\ominus}$$

因此得

$$\begin{aligned}\mu_B &= (\nu_+\mu_+^{\ominus} + \nu_-\mu_-^{\ominus}) + RT\ln(a_+^{\nu_+} a_-^{\nu_-}) \\ &= \mu_B^{\ominus} + RT\ln a_B \end{aligned} \tag{7.18}$$

根据式(7.18)可得到电解质 B 的活度 a_B 与离子的活度 a_+、a_- 之间的关系为

$$a_B = a_+^{\nu_+} a_-^{\nu_-} \tag{7.19}$$

由于电解质溶液是电中性的，正、负离子总是共存的，目前还无法测定单个离子的活度

或活度因子，因此也无法知道电解质溶液的活度。我们需要定义可用实验方法测量的离子平均活度和离子平均活度因子及相应的离子平均质量摩尔浓度。

将活度表达式代入式(7.18)，得

$$\mu_B = \mu_B^{\ominus} + RT\ln\left[\left(\frac{\gamma_+ b_+}{b^{\ominus}}\right)^{\nu_+}\left(\frac{\gamma_- b_-}{b^{\ominus}}\right)^{\nu_-}\right] \tag{7.20}$$

定义离子平均活度 $a_\pm$ 为

$$a_\pm = (a_+^{\nu_+} a_-^{\nu_-})^{1/\nu} \tag{7.21}$$

定义离子平均活度因子 $\gamma_\pm$ 为

$$\gamma_\pm = (\gamma_+^{\nu_+} \gamma_-^{\nu_-})^{1/\nu} \tag{7.22}$$

定义离子平均质量摩尔浓度 $b_\pm$ 为

$$b_\pm = (b_+^{\nu_+} b_-^{\nu_-})^{1/\nu} \tag{7.23}$$

式中 $\nu = \nu_+ + \nu_-$，于是式(7.20)可写作

$$\mu_B = \mu_B^{\ominus} + RT\ln\left(\gamma_\pm \frac{b_\pm}{b^{\ominus}}\right)^{\nu} = \mu_B^{\ominus} + RT\ln a_\pm^{\nu} \tag{7.24}$$

所以

$$a_B = a_\pm^{\nu} = (\gamma_\pm b_\pm / b^{\ominus})^{\nu} \tag{7.25}$$

离子平均质量摩尔浓度可以从电解质的质量摩尔浓度得到，设电解质的质量摩尔浓度为 b，全部解离时

$$b_+ = \nu_+ b \qquad b_- = \nu_- b$$

$$b_\pm = (b_+^{\nu_+} b_-^{\nu_-})^{1/\nu} = (\nu_+^{\nu_+} \nu_-^{\nu_-})^{1/\nu} b \tag{7.26}$$

代入式(7.25)得

$$a_B = a_\pm^{\nu} = (\gamma_\pm b_\pm / b^{\ominus})^{\nu} = \gamma_\pm^{\nu} (\nu_+^{\nu_+} \nu_-^{\nu_-}) (b/b^{\ominus})^{\nu} \tag{7.27}$$

强电解质溶液可从理论上推出离子平均活度因子的计算公式，同时离子平均活度因子还可由实验测量得到。根据离子平均质量摩尔浓度和离子平均活度因子，就可以求得电解质溶液的离子平均活度和活度。

§7.3.2 离子强度

强电解质溶液的离子平均活度因子与电解质溶液的组成、温度、溶液中其他组分的存在都有关系。大量实验结果表明，在稀的电解质溶液中，影响强电解质离子平均活度因子的主要因素是浓度和离子的价数，而且离子价数比浓度的影响更加显著。1921 年路易斯(Lewis)引进了离子强度的概念，其定义为

$$I = \frac{1}{2}\sum_B b_B z_B^{\ 2} \tag{7.28}$$

式中，b_B 为溶液中任一离子 B 的质量摩尔浓度，z_B 为其价数。离子强度 I 的单位为 $mol \cdot kg^{-1}$。路易斯还总结出了强电解质溶液中离子平均活度因子与离子强度之间的经验关系

$$\lg\gamma_\pm = -A'\sqrt{I} \tag{7.29}$$

在指定温度和溶剂时，A' 为一常数。由式(7.29)看出，影响电解质的离子平均活度因子的因素，既不是该电解质的离子的本性，也不是共存的其他离子的本性，而是与电解质溶液中所有离子的浓度及价数有关的离子强度。某指定强电解质若处于离子强度相同的各不同溶液中，尽管该电解质在各溶液中浓度不一样，但它的离子平均活度因子却完全相同，该经

验式与后来强电解质理论所导出的离子平均活度因子的计算式相一致。

【例 7.5】 分别计算浓度均为 $1\mathrm{mol\cdot kg^{-1}}$ 的 KCl、$MgCl_2$ 和 $FeCl_3$ 溶液的离子强度。

解：对于 KCl，有 $b_+=b_-=b$，$z_+=1$，$z_-=-1$，所以

$$I=\frac{1}{2}\sum_B b_B z_B{}^2=\frac{1}{2}[b\times(1)^2+b\times(-1)^2]=b=1\mathrm{mol\cdot kg^{-1}}$$

同理，对于 $MgCl_2$，有 $b_+=b$，$b_-=2b$，$z_+=2$，$z_-=-1$，所以

$$I=\frac{1}{2}[b\times(2)^2+2b\times(-1)^2]=3b=3\mathrm{mol\cdot kg^{-1}}$$

对于 $FeCl_3$

$$I=\frac{1}{2}[b\times(3)^2+3b\times(-1)^2]=6b=6\mathrm{mol\cdot kg^{-1}}$$

§7.3.3 德拜-休克尔(Debye-Huckel)极限定律

1923 年前后，德拜和休克尔提出了强电解质溶液理论。他们认为电解质溶液与理想稀溶液发生偏差的主要原因在于电解质溶液中的离子带有电荷，由于离子之间的静电引力作用，离子的独立自由运动受到异种离子的影响。因此，提出了“离子氛”的模型。他们认为在溶液中每一个离子都被电荷相反的离子所包围，由于离子间的相互作用，使得离子的分布不均匀。在任一离子(可作为中心离子)的周围异号离子的平均密度大于同号离子密度，这样就形成了一个球形对称的离子电场，称为离子氛，图 7-6 为离子氛示意图。任一离子的周围，可设想均存在一个异号离子构成的离子氛。每一个离子既可作为中心离子，又是另一个离子氛中的一员。由于离子的热运动，离子在溶液中所处的位置经常发生变化，因而离子氛也是瞬息万变的。虽然中心离子周围异号离子的分布是不均匀的，越靠近中心离子，异号离子的密度越大。但中心离子与离子氛的电荷大小相等，符号相反，把它们作为一个整体来看，则应该是电中性的，与溶液中的其余部分不再存在静电作用。因此，根据球形对称的离子氛，就可将溶液中错综复杂的离子之间的相互静电作用简化为中心离子与离子氛之间的作用，这样，所研究的问题及理论推导就简化了。德拜和休克尔还引入了一些适当的假设，推导出了在强电解质的稀溶液中，单个离子活度因子的计算公式

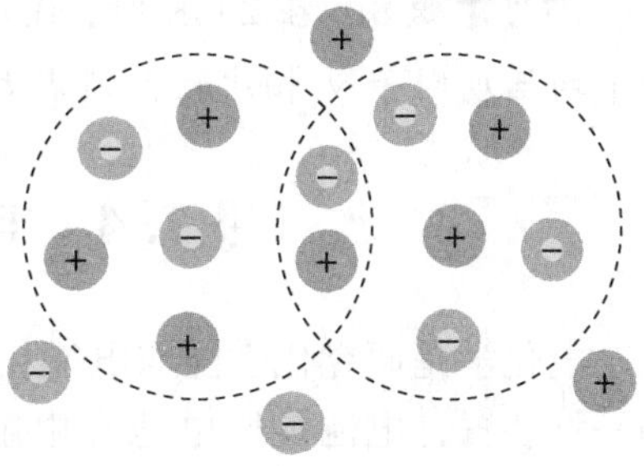

图 7-6 离子氛示意图

$$\lg\gamma_B=-Az_B^2\sqrt{I} \tag{7.30}$$

由于单个离子的活度因子无法用实验测定，也无实际意义，所以根据离子平均活度因子的定义式，又导出了离子平均活度因子的计算公式

$$\lg\gamma_\pm=-A\mid z_+z_-\mid\sqrt{I} \tag{7.31}$$

式(7.31)即称为德拜-休克尔极限定律，该定律在稀溶液范围内才成立，用于从理论上计算稀电解质溶液的离子平均活度因子。式中，A 在一定温度下对一定溶剂有定值，在 298K 的水溶液中，$A=0.509(\mathrm{mol\cdot kg^{-1}})^{-\frac{1}{2}}$。

【例 7.6】 试用德拜-休克尔极限定律计算在 25℃时下列电解质溶液中正、负离子的平

均活度系数 $\gamma_{\pm}$。(1)浓度为 0.02mol·kg^{-1}的 Na_2SO_4；(2)浓度为 0.02mol·kg^{-1}的 $AlCl_3$。

解：德拜-休克尔极限公式为

$$\lg\gamma_{\pm}=-A|z_+z_-|\sqrt{I} \quad [25℃的水溶液 A=0.509(kg\cdot mol^{-1})^{1/2}]$$

(1) 求 b=0.02mol·kg^{-1}的 Na_2SO_4 的 $\gamma_{\pm}$，则需先求 I，而

$$I=\frac{1}{2}\sum b_Bz_B^2=\frac{1}{2}\times[2\times0.02\times1^2mol\cdot kg^{-1}+0.02\times(-2)^2mol\cdot kg^{-1}]=0.06mol\cdot kg^{-1}$$

所以 $$\lg\gamma_{\pm}=-0.509(kg\cdot mol^{-2})^{\frac{1}{2}}\times[1\times(-2)]\times(0.06mol\cdot kg^{-1})^{\frac{1}{2}}=-0.2494$$

$$\gamma_{\pm}=0.56$$

(2) 由公式可得

$$I=\frac{1}{2}\sum b_Bz_B^2=\frac{1}{2}\times[1\times0.02\times3^2mol\cdot kg^{-1}+3\times0.02\times(-1)^2mol\cdot kg^{-1}]=0.12mol\cdot kg^{-1}$$

$$\lg\gamma_{\pm}=-0.509(kg\cdot mol^{-2})^{\frac{1}{2}}\times[3\times(-1)]\times(0.12mol\cdot kg^{-1})^{\frac{1}{2}}=-0.529$$

$$\gamma_{\pm}=0.296$$

思考题 7 为什么定义电解质溶液的离子平均活度 $a_{\pm}$和平均活度因子 $\gamma_{\pm}$?

思考题 8 在 298K 时，0.001mol·kg^{-1}的 $MgCl_2$ 和 0.01mol·kg^{-1}的 $MgCl_2$ 溶液的离子平均活度因子 $\gamma_{\pm}$相比较，何者大?

§7.4 电池和电池电动势的构成

电化学是研究化学能与电能相互转化规律的学科，而电池就是化学能和电能的相互转化的一种装置，电池是原电池和电解池的通称。原电池是把化学能转化为电能的装置(利用 $\Delta_rG<0$ 的化学反应自发地产生电能)，电解池是把将电能转化为化学能的装置(利用电能促使 $\Delta_rG>0$ 的化学反应发生而制得有用的化学产品或进行其他电化学研究)。电池是由两个电极和连接两个电极的电解质溶液组成，在两个电极上分别进行氧化、还原反应，称为电极反应，两个电极反应的总结果是电池反应。

§7.4.1 电池反应及电池图式

如图 7-7 所示为 Cu-Zn 原电池，也为丹尼尔电池(Dainell cell)的示意图。由于金属 Zn 比 Cu 活泼，所以两者组成电池时，Zn 电极发生氧化反应，Zn 失去电子生成 Zn^{2+}，产物 Zn^{2+}扩散到溶液中，留在电极上的电子沿着外电路流向 Cu 电极。因为 Zn 电极发生氧化反应，所以是阳极。电流是从正极流向负极，而电子流动的方向正好相反。Zn 电极输出电子，电势低，所以是负极。Cu 电极上，由于有电子输入，Cu^{2+}在电极表面与电子结合还原为金属 Cu，Cu 电极发生还原反应，电势又比较高，所以是阴极，也是正极。其电极反应及电池反应为

负极(阳极)反应 $Zn(s)\longrightarrow Zn^{2+}+2e^-$

正极(阴极)反应 $Cu^{2+}+2e^-\longrightarrow Cu(s)$

电池反应 $Zn(s)+Cu^{2+}\longrightarrow Zn^{2+}+Cu(s)$

书写电极反应和电池反应时，必须满足物质的量平衡及电量平衡，同时离子或电解质溶

液应标明活度，气体应标明压力，纯液体或纯固体应标明相态。为了便于交流，一个实际的电池装置(通常为原电池)可用一简单的符号来表示，称为电池图式。通常的惯例是：

① 写在左边的电极为负极，起氧化作用；写在右边的电极为正极，起还原作用。按顺序用化学式从左到右依次排列各个相的物质、组成(a 或 p)及相态(g、l、s)。

② 用单垂线"｜"表示相与相间的界面，两个液体之间的界面也可用单垂线表示，也有的用单垂虚线"┆"表示，有界面通常就有电势差存在。用双垂线"‖"表示盐桥，也有的用双垂虚线"┆┆"表示，用了盐桥，表示溶液与溶液之间的液体界面电势已降低到可以忽略不计。

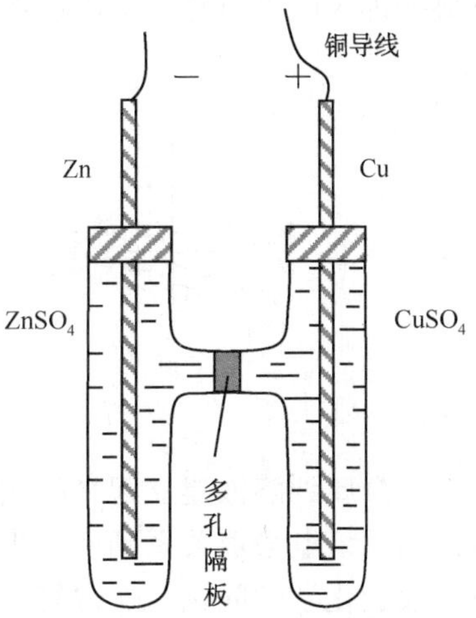

图 7-7　Cu-Zn 原电池

③ 要注明电池所处的温度和压力，若不写即表示在 298K 和标准压力下。例如，Cu-Zn 原电池可用电池图式表示为：$Zn(s)\mid ZnSO_4(a_1)\parallel CuSO_4(a_2)\mid Cu(s)$，其中 a_1 和 a_2 分别表示两种电解质的活度。

§7.4.2　电池电动势的构成

电池的电动势是在通过电池的电流趋于零时(开路)的情况下两极间的电势差，它等于构成电池各相界面所产生的电势差的代数和。以 Cu 作导线的丹尼尔电池为例。

$$Cu(s)\mid Zn(s)\mid ZnSO_4(a_1)\mid CuSO_4(a_2)\mid Cu(s)$$

$$\Delta\varphi_1 \qquad \Delta\varphi_2 \qquad \Delta\varphi_3 \qquad \Delta\varphi_4$$

则电池的电动势　　$E=\Delta\varphi_1+\Delta\varphi_2+\Delta\varphi_3+\Delta\varphi_4$

式中，$\Delta\varphi_1$ 为电极与导线之间产生的接触电势，$\Delta\varphi_2$、$\Delta\varphi_4$ 分别为电极与溶液所产生的电势差，$\Delta\varphi_3$ 为两种电解质溶液的接界处所产生的接界电势。

(1) 电极与溶液的相间电势差——电极电势

以金属电极为例，金属晶格中有金属离子和自由电子存在，当将金属(M)插入含有该金属离子(M^{z+})的溶液中时，若金属离子在电极相中与在溶液相中的化学势不相等，必然会发生不同相间的转移。如果金属离子在电极相中的化学势高于溶液相中的化学势，则金属离子由电极相进入溶液相而将电子留在电极上，导致金属电极相带负电而溶液相带正电。随着金属表面负电荷的增加，其对溶液中正离子的吸引作用加强，金属离子的溶解速率减慢，同时溶液中的离子也有可能再沉积到固体表面上，这种金属离子的相间转移会很快达到平衡状态，导致两相的电势差趋于稳定。如果金属离子在溶液相中的化学势高于电极相中的化学势，金属离子由溶液相进入电极相，使金属电极相带正电而溶液相带负电，同样由于静电引力的作用，很快建立平衡。平衡时，金属表面若带有负电荷，溶液中的正离子大部分由于电荷的相互作用而聚集在金属表面附近，也有一部分因热运动而离开表面，金属与溶液间形成双电层。金属表面若带有正电荷，则溶液中的负离子大部分由于电荷的相互作用而聚集在金属表面附近，也有一部分因热运动而离开表面，金属表面与溶液间同样形成双电层。图 7-8 给出了不同金属表面的双电层示意图，双电层是由电极表面电荷层与溶液中过剩的异号离子层所构成，而溶液中又分为紧密层和扩散层。双电层的存在使金属与溶液间产生电势差，此电势差即为电极电势，双电层的结构在本书第10.2.3部分还要详细讨论，在此不再赘述。

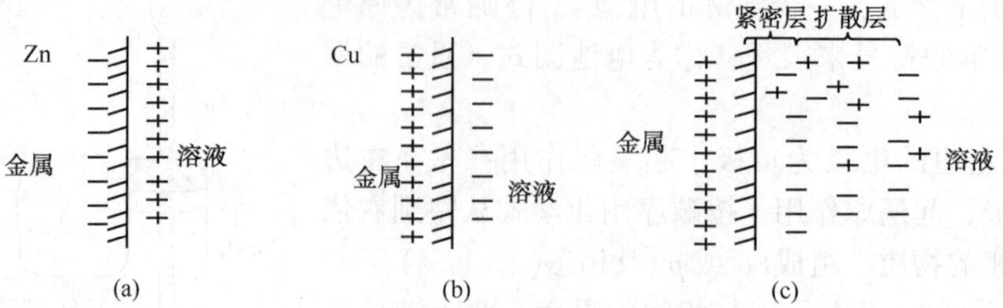

图7-8 双电层示意图

从金属到溶液建立起来的相间电势是电极的绝对电势，但目前为止该电极电势值不可测量，因为该电势值关系到金属表面层的性质，即所谓的表面电势，既涉及电化学问题，又关系到表面化学的问题，非常复杂，因此单个电极的电势准确值无法测定。在实际工作中，人们采用一个相对电极电势来解决这一问题，其结果并不影响理论和实际应用的需要。

(2) 接触电势

接触电势发生在两种不同金属接界处。当两种金属接触时，由于两种不同金属中的电子在接界处互相穿越的能力有差别，造成电子在界面两边的分布不均匀，达到动态平衡时，缺少电子的一侧带正电荷，过剩电子的一侧带负电荷，由此建立起来的电势差为接触电势。

(3) 液体接界电势

液体接界电势发生在两种电解质溶液的接界处(多孔隔板)。当两种不同电解质的溶液或电解质相同而浓度不同的溶液相接界时，由于电解质离子相互扩散时的迁移速率不同，引起正、负离子在相界面两侧分布不均，导致在两种电解质溶液的接界处产生一微小的电势差，当扩散达平衡时，接界处的电势差称为液体接界电势。

由于液体界面上的离子扩散是不可逆的，这种电势难以计算和测量。因此，在实际工作中，如果不能避免两溶液的接触，也一定要设法将接界电势减少到可以忽略不计的程度。最常用的方法是用盐桥消除液体接界电势。盐桥一般是用饱和 KCl 或 KNO_3 溶液装在倒置的U形管内，用琼胶固定。这样，在盐桥和两溶液的接界处，因为 KCl 的浓度大于两旁溶液中电解质的浓度，在溶液界面上传输电流的任务主要由 K^+ 和 Cl^- 承担，因为 K^+ 和 Cl^- 的迁移速率几乎相等，迁移数基本相同，从而使液接电势减小到可以忽略不计。但要注意，盐桥溶液不能与原溶液发生作用，如 Ag^+、Hg_2^{2+} 等电解质溶液，就不能用 KCl 盐桥，而要改用浓 KNO_3 或 NH_4NO_3 等浓溶液作盐桥。有时，电池中只有一种电解质溶液，并不存在液体接界电势，因此无须用盐桥，在电池图式中也不标出。如

$$Zn(s) \mid ZnCl_2(a) \mid AgCl(s) \mid Ag(s)$$

若用盐桥消除了液体接界电势，原电池两极的金属引线为同种金属时(忽略金属间的接触电势)，原电池的电动势即为组成电池的两电极之间的电势差，由于正极的电势高于负极的电势，所以用正极的电极电势减去负极的电极电势，即

$$E(\text{电池}) = \varphi_+ - \varphi_- \tag{7.32}$$

如丹尼尔电池 $Zn(s) \mid ZnSO_4(a_1) \parallel CuSO_4(a_2) \mid Cu(s)$，电池电动势 $E=\varphi_+-\varphi_-$，也可表示为 $E=\varphi_{+(Cu^{2+}/Cu)}-\varphi_{-(Zn^{2+}/Zn)}$

思考题9 电化学装置中为什么常用KCl饱和溶液做盐桥？

§ 7.5　可逆电池和可逆电极

§ 7.5.1　可逆电池

将化学能以热力学意义上的可逆方式转变为电能的原电池称为可逆电池，可逆电池必须满足以下两个条件：

① 化学反应必须是可逆的。即电极及电池放电时的反应与充电时的反应必须互为可逆反应。举例说明如下：

电池　$Zn(s) | ZnSO_4(a_1) | CuSO_4(a_2) | Cu(s)$

当外加电压小于原电池电动势时，该电池作为原电池放电，实际发生的电极和电池反应为

Zn 极氧化　$Zn(s) \longrightarrow Zn^{2+} + 2e^-$

Cu 极还原　$Cu^{2+} + 2e^- \longrightarrow Cu(s)$

电池反应　$Zn(s) + Cu^{2+} \longrightarrow Zn^{2+} + Cu(s)$

当外加电压大于原电池电动势时，该电池作为电解池充电，实际发生的电极和电池反应为

Zn 极还原　$Zn^{2+} + 2e^- \longrightarrow Zn(s)$

Cu 极氧化　$Cu(s) \longrightarrow Cu^{2+} + 2e^-$

电池反应　$Zn^{2+} + Cu(s) \longrightarrow Zn(s) + Cu^{2+}$

充电与放电时的电极和电池反应互为可逆反应，所以满足了组成可逆电池的第一个条件。严格地讲这样的电池仍是不可逆的，因为在两个电解质溶液之间离子的扩散过程是不可逆的，但用盐桥消除接界电势后，则可近似作为可逆电池。

如果上面电池中的电解质换成 H_2SO_4，即电池 $Zn(s) | H_2SO_4(a) | Cu(s)$

则电池放电时，实际发生的电极和电池反应为

Zn 极氧化　$Zn(s) \longrightarrow Zn^{2+} + 2e^-$

Cu 极上 H^+ 还原　$2H^+ + 2e^- \longrightarrow H_2(g)$

电池反应　$Zn(s) + 2H^+ \longrightarrow Zn^{2+} + H_2(g)$

电池充电时，实际发生的电极和电池反应为

Zn 极上 H^+ 还原　$2H^+ + 2e^- \longrightarrow H_2(g)$

Cu 极氧化　$Cu(s) \longrightarrow Cu^{2+} + 2e^-$

电池反应　$Cu(s) + 2H^+ \longrightarrow Cu^{2+} + H_2(g)$

充、放电时，电极和电池反应均不可逆，则该电池为不可逆电池。

② 能量转变必须可逆。即电池在充电和放电时，所通过的电流必须为无限小，使电池在接近平衡态的条件下工作。当电池放电时对外能做出最大电功，在充电时环境只消耗最小能量。如果把放电时的电能全部储存起来，再用来充电，可以使系统和环境全部恢复原状。

实际发生的电池反应并不符合热力学可逆条件，如化学电源及电解池都是有大量电流通过的电化学系统，进行的是远离平衡态的不可逆过程。但研究可逆电池具有重要意义，一方面它揭示了一个化学电源把化学能转变为电能的最高限度，指明了改善电池性能的方向。另一方面利用可逆电池来研究电化学反应系统的热力学规律，为用电化学的方法来研究热力学问题提供了可能性，也使得用电化学方法测定的数值来计算一些热力学函成为现实。

§7.5.2 可逆电极

一个电池通常包含两个电极，构成可逆电池的电极，其本身亦必须是可逆的。可逆电极是指电极上没有电流通过，电极上正、逆方向的反应速率相等，不发生任何净的电化学反应，处于平衡状态的电极系统。可逆电极的充、放电反应互为逆反应，用这样的电极组成电池，若其他条件合适，两个可逆电极构成一个可逆电池。

(1) 可逆电极的类型

构成电池的电极，通常可分为如下几种类型。

① 第一类电极

由金属浸在含有该金属离子的溶液中构成。其电极表示和电极还原反应为

$$M(s) \mid M^{z+}(a),\quad M^{z+}(a)+ze^- \longrightarrow M(s)$$

例如 Cu-Zn 原电池中的 $Zn \mid Zn^{2+}$ 和 $Cu \mid Cu^{2+}$。

有的活泼金属(如 K、Na)与水发生激烈反应，则需溶在汞中形成汞齐，做成稳定电极，如 $Na(Hg)(a) \mid Na^+(a_+)$，汞齐是金属的汞溶液，它有一定的活度。其电极反应为：$Na^+(a_+)+e^-+Hg(l) \longrightarrow Na(Hg)(a)$。此外有时为了特殊研究目的，也可将金属做成其他合金来构成电极，例如 $Sn(Sn\text{-}Bi 合金) \mid Sn^{2+}$，其电极反应为：$Sn^{2+}+2e^- \longrightarrow Sn(Sn\text{-}Bi 合金)$

属于第一类电极的还有氢、氧或卤素等非金属单质与相应的氢离子、氢氧根离子或卤素离子溶液构成的电极。由于气体电极本身不能导电，必须借助于某种惰性金属(一般用镀有铂黑的铂电极)起导电作用，并使非金属单质与其离子在电极上达到平衡，电极表示为 $Pt \mid X_2(p) \mid X^{z-}(a)$。常见的有氢电极 $Pt \mid H_2(p^{\ominus}) \mid H^+(a)$ 或 $Pt \mid H_2(p^{\ominus}) \mid OH^-(a)$，氧电极 $Pt \mid O_2(p^{\ominus}) \mid OH^-(a)$ 或 $Pt \mid O_2(p^{\ominus}) \mid H_2O,\ H^+$，氯电极 $Pt \mid Cl_2(p) \mid Cl^-(a)$ 和溴电极 $Pt \mid Br_2(p^{\ominus}) \mid Br^-(a)$。其中最重要的是氢电极，电极反应为 $2H^+(a)+2e^- \longrightarrow H_2(p^{\ominus})$ 或 $2H_2O+2e^- \longrightarrow 2OH^-+H_2(p^{\ominus})$

② 第二类电极

由金属及其表面上覆盖的 薄层该金属的难溶盐，再浸入该难溶盐的负离子溶液中构成，故又称为金属的难溶盐电极，电极表示为：M(s) | M 的微溶盐 | 微溶盐负离子。常用的有银-氯化银电极和甘汞电极，其中甘汞电极是一种常用的参比电极，它们的电极表示和电极还原反应分别为

$$Ag(s) \mid AgCl(s) \mid Cl^-(a) \qquad AgCl(s)+e^- \longrightarrow Ag(s)+Cl^-(a)$$

$$Hg(l) \mid Hg_2Cl_2(s) \mid Cl^-(a) \qquad Hg_2Cl_2(s)+2e^- \longrightarrow 2Hg(l)+2Cl^-(a)$$

属于第二类电极的还有难溶氧化物电极，即在金属表面覆盖一薄层该金属的难溶氧化物，然后浸在含有 H^+ 或 OH^- 的溶液中构成的电极。例如，将覆盖一层三氧化二锑的锑棒浸入含有 OH^- 的溶液中就构成了锑-氧化锑电极，$Sb(s) \mid Sb_2O_3(s) \mid OH^-(a)$ 其电极反应为

$$Sb_2O_3(s)+3H_2O+6e^- \longrightarrow 2Sb(s)+6OH^-(a)$$

③ 第三类电极

将惰性金属(如铂)插入含有某种离子的不同氧化态的溶液中构成。这里惰性金属只起导电作用，而高、低价态离子之间的氧化还原反应在金属与溶液的界面上进行，所以该类电极又称为氧化还原电极，电极表示为：$Pt \mid M^{z+}(a_1),\ M^{z'+}(a_2)$，或 $Pt \mid X^{z-}(a_1),\ X^{z'-}(a_2)$。例如

$$Pt \mid Fe^{3+}(a_1),\ Fe^{2+}(a_2) \qquad Fe^{3+}(a_1)+e^- \longrightarrow Fe^{2+}(a_2)$$

$$Pt \mid Sn^{4+}(a_1),\ Sn^{2+}(a_2) \qquad Sn^{4+}(a_1)+e^- \longrightarrow Sn^{2+}(a_2)$$

$$Pt \mid MnO_4^-(a_1),\ MnO_4^{2-}(a_2) \qquad MnO_4^-(a_1)+e^- \longrightarrow MnO_4^{2-}(a_2)$$

类似地还有用于 pH 测定的醌氢醌电极等，醌氢醌是醌($C_6H_4O_2$，用 Q 表示)和氢醌[$C_6H_4(OH)_2$，用 H_2Q 表示]的等分子复合物，在水中溶解度很小。将少量醌氢醌晶体放入未知浓度的含 H^+ 的溶液中，形成一个氧化还原电极，表示为 $Pt \mid Q(a_1),\ H_2Q(a_2)$，其还原反应为

$$C_6H_4O_2+2H^++2e^- \longrightarrow C_6H_4(OH)_2$$

④ 第四类电极*

第四类电极是离子选择性电极，也称为膜电极，玻璃电极是一种氢离子选择性电极，它不受溶液中存在的氧化剂、还原剂及各种毒物的影响，常用于测定溶液的 pH 值。图 7-9 为玻璃电极的结构示意图。

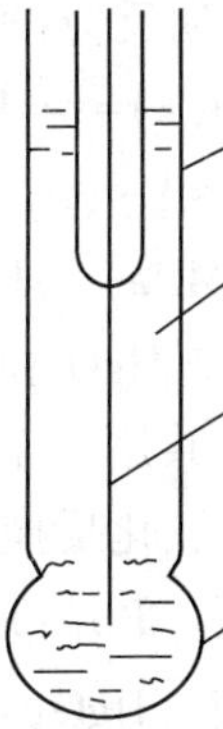

图 7-9　玻璃电极示意图

玻璃电极的主要部分是由一个特殊玻璃制成的玻璃薄膜球，球内盛 0.1mol·kg^{-1}的 HCl 溶液(或已知 pH 值的酸性溶液)，溶液中浸入一支 AgCl 电极作为内参比电极。实验时，将玻璃电极插入待测溶液中，其电极电势与待测溶液的 pH 有关。玻璃电极不能单独使用，通常和适当的外参比电极组成完整的电化学电池，通过测量其电动势，得到氢离子的活度。详见溶液 pH 值的测定(第 7.7.4 部分)。

改变玻璃球形薄膜的组成，可以制备出对 Li^+、Na^+、K^+、Cu^{2+}、NH_4^+、Cs^+等一系列阳离子的离子选择性的电极，在极稀的溶液中，精确测定相应离子的浓度。离子选择性电极的玻璃膜也可用无机盐固体膜电极代替，测定 F^-、Br^-、NO_3^-等阴离子浓度。

上述几类电极的充、放电反应互为逆反应，均为可逆电极。需要注意的是：在讨论上述电极反应时给出的是电极的还原反应，如果电极发生的是氧化反应(作为原电池的负极或阳极)，则电极反应逆向进行，在电化学中有关电极电势的书写和讨论中一般以还原式给出。

根据电极类型和电极反应，我们既可以根据原电池图式写出电极反应和电池反应，又可以将所给的化学反应设计成原电池。设计方法是将发生氧化反应的物质组成电极作为负极，放在原电池图式的左边，把发生还原反应的物质组成电极作为正极，放在原电池图式的右边。若只有一种电解液，则组成单液电池，若两种电解液则组成双液电池，其间用盐桥连接。设计好电池后，务必写出其电极和电池反应，以核对电池反应与所给的化学反应是否相符。

【例 7.7】 写出下列原电池的电极反应和电池反应

(1) $Zn(s) \mid ZnSO_4(a) \parallel H_2SO_4(a) \mid H_2(p^\ominus) \mid Pt$；

(2) $Pt \mid H_2(p^\ominus) \mid HCl(a) \mid AgCl(s) \mid Ag(s)$；

(3) $Ag(s) \mid AgCl(s) \mid HCl(a_1) \parallel HCl(a_2) \mid AgCl(s) \mid Ag(s)$。

解：(1) 负极(阳极)反应　$Zn(s) \longrightarrow Zn^{2+}(a_{Zn^{2+}})+2e^-$

正极(阴极)反应　$2H^+(a_{H^+})+2e^- \longrightarrow H_2(p^\ominus)$

电池反应　$Zn(s)+2H^+ \longrightarrow Zn^{2+}+H_2(p^\ominus)$

(2) 负极(阳极)反应　　$1/2H_2(p^{\ominus}) \longrightarrow H^+(a_{H^+}) + e^-$

正极(阴极)反应　　$AgCl(s) + e^- \longrightarrow Ag(s) + Cl^-(a_{Cl^-})$

电池反应　　$AgCl(s) + 1/2H_2(p^{\ominus}) \longrightarrow Ag(s) + H^+(a_{H^+}) + Cl^-(a_{Cl^-})$

(3) 负极(阳极)反应　　$Ag(s) + Cl^-(a_{Cl^-})_1 \longrightarrow AgCl(s) + e^-$

正极(阴极)反应　　$AgCl(s) + e^- \longrightarrow Ag(s) + Cl^-(a_{Cl^-})_2$

电池反应　　$Cl^-(a_{Cl^-})_1 \longrightarrow Cl^-(a_{Cl^-})_2$

可以看出上述电池反应(3)不是化学变化，而是物理变化，是物质从高浓度(或高压力)状态向低浓度(或低压力)状态转移。它经历了氧化还原反应，但在电池中没有反映出来，这类电池称为浓差电池。

【例 7.8】 将下列反应设计成电池

(1) $Pb(s) + HgO(s) = Hg(l) + PbO(s)$；

(2) $AgCl(s) = Ag^+(a_{Ag^+}) + Cl^-(a_{Cl^-})$；

(3) $H_2(p_1 = 0.1MPa) = H_2(p_1 = 0.05MPa)$。

解：(1)该反应中 HgO 和 Hg，PbO 和 Pb 构成的电极均为第二类难溶氧化物电极，且均溶于 OH^- 溶液中，可共用一个溶液。

根据价态变化，发生氧化反应的是 Pb，发生还原反应的是 HgO，即

负极(阳极)反应　$Pb(s) + 2OH^- \longrightarrow PbO(s) + H_2O(l) + 2e^-$

正极(阴极)反应　$HgO(s) + H_2O(l) + 2e^- \longrightarrow Hg(l) + 2OH^-$

则原电池图式为

$$Pb(s) \mid PbO(s) \mid OH^-(a) \mid HgO(s) \mid Hg(l)$$

(2) 该反应中有关元素的价态无变化，但可以在原反应的始态和终态之间设置一种中间产物，该中间产物中某元素的价态(或高或低)与原反应中该元素的价态不同。这样就把原来的非氧化还原反应分成了两个有价态变化的半反应，其中一个半反应是氧化反应，另一个半反应是还原反应。当把这两个半反应配平并加和时，中间产物就抵消掉了，得到的总反应与原来的非氧化还原反应相同。按照这种方法，原则上可以把所有的非氧化还原反应组装成原电池。本题中间产物可设为 Ag，原反应左右两端各加中间产物对反应没有影响，但反应分成了两个有价态变化的半反应。

$$AgCl(s) + Ag(s) = Ag^+(a_{Ag^+}) + Cl^-(a_{Cl^-}) + Ag(s)$$

电对 AgCl/Ag 构成第二类难溶盐电极，发生得电子还原反应，可作正极，电极反应为

$$AgCl(s) + e^- \longrightarrow Ag(s) + Cl^-(a_{Cl^-})$$

电对 Ag^+/Ag 构成第一类电极，发生失电子氧化反应，可作负极，电极反应为

$$Ag(s) \longrightarrow Ag^+(a_{Ag^+}) + e^-$$

此原电池的图式为

$$Ag(s) \mid Ag^+(a_{Ag^+}) \parallel Cl^-(a_{Cl^-}) \mid AgCl(s) \mid Ag(s)$$

(3) 此电池反应为组分的扩散过程，应设计为浓差电池，物质的扩散过程无元素的价态变化，同第(2)个非氧化还原反应处理类似，设置一个合适的中间价态 H^+，将原来的扩散过程分成了两个有价态变化的半反应，其中一个半反应是氧化反应，另一个半反应是还原反应。

$$H_2(p_1 = 0.1MPa) + H^+(aq) = H_2(p_1 = 0.05MPa) + H^+(aq)$$

对应的原电池为

$$Pt | H_2(p_1=0.1MPa) | HCl(aq) | H_2(p_1=0.05MPa) | Pt$$

(2) 标准电极电势

由于单个电极的电势无法测量，而组成电池时，两个电极之间的电势差可以测量，所以要选定一个电极作为统一的比较标准，以此选定的电极作为负极与待测电极组成电池，测得此电池的电动势作为组成电池的待测电极的电极电势。

所选的电极就是标准氢电极，它的基本结构如图 7-10 所示，把镀铂黑的铂片浸入含有 $H^+(a_{H^+}=1)$ 的溶液中，并不断用处于标准压力下的氢气冲打到铂片上。

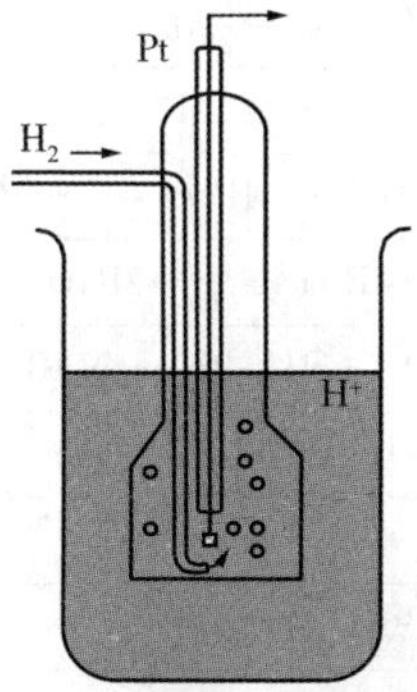

图 7-10　氢电极示意图

电极表示为

$$Pt | H_2(p^{\ominus}) | H^+(a_{H^+}=1)$$

按照国际惯例，目前采用的是还原电极电势，即将待测电极与标准氢电极组成电池时，将氢电极放在左边作负极，发生氧化反应，将待测电极放在右边作正极，发生还原反应。

标准氢电极 ‖ 待测电极

这样组合成的电池的电动势定义为待测电极在该温度下的还原电极电势。如果待测电极的各组成部分都处于标准态，则为标准还原电极电势，简称标准电极电势，用符号 $\varphi^{\ominus}_{(Ox/Red)}$ 表示。据此惯例，标准氢电极在任何温度下的标准电极电势都等于零，即 $\varphi^{\ominus}_{(H^+/H_2)}=0$。

以铜电极为例，与标准氢电极组成如下电池

$$Pt | H_2 | (p^{\ominus})H^+(a_{H^+}=1) \| Cu^{2+}(a_{Cu^{2+}}=1) | Cu(s)$$

测得该电池在 298K 时的电动势为 0.337V，则处于标准态时的铜电极的电势就等于 0.337V，即

$$\varphi^{\ominus}_{(Cu^{2+}/Cu)}=E(\text{电池})=0.337V$$

对锌电极，则有

$$Pt | H_2(p^{\ominus}) | H^+(a_{H^+}=1) \| Zn^{2+}(a_{Zn^{2+}}=1) | Zn(s)$$

$$\varphi^{\ominus}_{(Zn^{2+}/Zn)}=E(\text{电池})=-0.763V$$

锌电极的电极电势之所以为负值，是因为它与氢电极排成的电池是非自发电池，由于锌比氢活泼，实际上是锌氧化，所以它的电极电势应该取实际测量所得电动势的负值(实验当然只能测定反应自发进行的电池的电动势，即实验时要把书面表示的正负极对调)。在 298K 时，由标准氢电极作参比测得的部分电极的标准电极电势见表 7-4。

表 7-4　在 298K 时在水溶液中部分电极的标准电极电势

电极的还原反应	$\varphi^{\ominus}$/V	电极的还原反应	$\varphi^{\ominus}$/V
$F_2+2e^-\longrightarrow 2F^-$	+2.87	$Cu^{2+}+e^-\longrightarrow Cu^+$	+0.16
$S_2O_8^{2-}+2e^-\longrightarrow 2SO_4^{2-}$	+2.05	$Sn^{4+}+2e^-\longrightarrow Sn^{2+}$	+0.15
$Co^{3+}+e^-\longrightarrow Co^{2+}$	+1.83	$AgBr+e^-\longrightarrow Ag+Br^-$	+0.07
$H_2O_2+2H^++2e^-\longrightarrow 2H_2O$	+1.78	$Ti^{4+}+e^-\longrightarrow Ti^{3+}$	0.00
$Au^++e^-\longrightarrow Au$	+1.69	$2H^++2e^-\longrightarrow H_2$	0
$Pb^{4+}+2e^-\longrightarrow Pb^{2+}$	+1.67	$Fe^{3+}+3e^-\longrightarrow Fe$	-0.04

续表

电极的还原反应	$\varphi^{\ominus}$/V	电极的还原反应	$\varphi^{\ominus}$/V
$2HClO+2H^{+}+2e^{-}\longrightarrow Cl_2+2H_2O$	+1.61	$O_2+2H_2O+4e^{-}\longrightarrow 4OH^{-}$	0.401
$2HBrO+2H^{+}+2e^{-}\longrightarrow Br_2+2H_2O$	+1.57	$Pb^{2+}+2e^{-}\longrightarrow Pb$	−0.13
$MnO_4^{-}+8H^{+}+5e^{-}\longrightarrow Mn^{2+}+4H_2O$	+1.51	$Sn^{2+}+2e^{-}\longrightarrow Sn$	−0.14
$Mn^{3+}+e^{-}\longrightarrow Mn^{2+}$	+1.51	$AgI+e^{-}\longrightarrow Ag+I^{-}$	−0.15
$Au^{3+}+3e^{-}\longrightarrow Au$	+1.50	$Ni^{2+}+2e^{-}\longrightarrow Ni$	−0.23
$Cl_2+2e^{-}\longrightarrow 2Cl^{-}$	+1.36	$Co^{2+}+2e^{-}\longrightarrow Co$	−0.28
$Cr_2O_7^{2-}+14H^{+}+6e^{-}\longrightarrow 2Cr^{3+}+7H_2O$	+1.23	$Tl^{+}+e^{-}\longrightarrow Tl$	−0.34
$O_2+4H^{+}+4e^{-}\longrightarrow 2H_2O$	+1.22	$PbSO_4+2e^{-}\longrightarrow Pb+SO_4^{2-}$	−0.36
$ClO_4^{-}+2H^{+}+2e^{-}\longrightarrow ClO_3^{-}+H_2O$	+1.19	$Ti^{3+}+e^{-}\longrightarrow Ti^{2+}$	−0.37
$MnO_2+4H^{+}+2e^{-}\longrightarrow Mn^{2+}+2H_2O$	+1.22	$Cd^{2+}+2e^{-}\longrightarrow Cd$	−0.35
$Br_2+2e^{-}\longrightarrow 2Br^{-}$	+1.09	$Cr^{3+}+e^{-}\longrightarrow Cr^{2+}$	−0.41
$Pu^{4+}+e^{-}\longrightarrow Pu^{3+}$	+0.97	$Fe^{2+}+2e^{-}\longrightarrow Fe$	−0.44
$NO_3^{-}+4H^{+}+3e^{-}\longrightarrow NO+2H_2O$	+0.96	$S+2e^{-}\longrightarrow S^{2-}$	−0.48
$2Hg^{2+}+2e^{-}\longrightarrow Hg_2^{2+}$	+0.92	$Cr^{3+}+3e^{-}\longrightarrow Cr$	−0.74
$ClO^{-}+H_2O+2e^{-}\longrightarrow Cl^{-}+2OH^{-}$	+0.89	$Zn^{2+}+2e^{-}\longrightarrow Zn$	−0.76
$Hg^{2+}+2e^{-}\longrightarrow Hg$	+0.85	$Cd(OH)_2+2e^{-}\longrightarrow Cd+OH^{-}$	−0.81
$NO_3^{-}+2H^{+}+e^{-}\longrightarrow NO_2+H_2O$	+0.80	$2H_2O+2e^{-}\longrightarrow H_2+2OH^{-}$	−0.83
$Ag^{+}+e^{-}\longrightarrow Ag$	+0.80	$Cr^{2+}+2e^{-}\longrightarrow Cr$	−0.91
$Hg_2^{2+}+2e^{-}\longrightarrow 2Hg$	+0.79	$Mn^{2+}+2e^{-}\longrightarrow Mn$	−1.18
$Fe^{3+}+e^{-}\longrightarrow Fe^{2+}$	+0.77	$V^{2+}+2e^{-}\longrightarrow V$	−1.19
$BrO^{-}+H_2O+2e^{-}\longrightarrow Br^{-}+2OH^{-}$	+0.76	$Ti^{2+}+2e^{-}\longrightarrow Ti$	−1.63
$Hg_2SO_4+2e^{-}\longrightarrow 2Hg+SO_4^{2-}$	+0.62	$Al^{3+}+3e^{-}\longrightarrow Al$	−1.66
$MnO_4^{2-}+2H_2O+2e^{-}\longrightarrow MnO_2+4OH^{-}$	+0.60	$U^{3+}+3e^{-}\longrightarrow U$	−1.79
$MnO_4^{-}+e^{-}\longrightarrow MnO_4^{2-}$	+0.56	$Sc^{3+}+3e^{-}\longrightarrow Sc$	−2.09
$I_2+2e^{-}\longrightarrow 2I^{-}$	+0.54	$Mg^{2+}+2e^{-}\longrightarrow Mg$	−2.36
$Cu^{+}+e^{-}\longrightarrow Cu$	+0.52	$Ce^{3+}+3e^{-}\longrightarrow Ce$	−2.48
$I_3^{-}+2e^{-}\longrightarrow 3I^{-}$	+0.53	$La^{3+}+3e^{-}\longrightarrow La$	−2.52
$NiOOH+H_2O+e^{-}\longrightarrow Ni(OH)_2+OH^{-}$	+0.49	$Na^{+}+e^{-}\longrightarrow Na$	−2.71
$Ag_2CrO_4+2e^{-}\longrightarrow 2Ag+CrO_4^{2-}$	+0.45	$Ca^{2+}+2e^{-}\longrightarrow Ca$	−2.87
$O_2+2H_2O+4e^{-}\longrightarrow 4OH^{-}$	+0.40	$Sr^{2+}+2e^{-}\longrightarrow Sr$	−2.89
$ClO_4^{-}+H_2O+2e^{-}\longrightarrow ClO_3^{-}+2OH^{-}$	+0.36	$Ba^{2+}+2e^{-}\longrightarrow Ba$	−2.91
$[Fe(CN)_6]^{3-}+e^{-}\longrightarrow [Fe(CN)_6]^{4-}$	+0.36	$Ra^{2+}+2e^{-}\longrightarrow Ra$	−2.92
$Cu^{2+}+2e^{-}\longrightarrow Cu$	+0.34	$Cs^{3+}+e^{-}\longrightarrow Cs$	−2.92
$Hg_2Cl_2+2e^{-}\longrightarrow 2Hg+2Cl^{-}$	+0.27	$Rb^{+}+e^{-}\longrightarrow Rb$	−2.93
$AgCl+e^{-}\longrightarrow Ag+Cl^{-}$	+0.22	$K^{+}+e^{-}\longrightarrow K$	−2.93
$Bi^{3+}+3e^{-}\longrightarrow Bi$	+0.20	$Li^{+}+e^{-}\longrightarrow Li$	−3.04

从表 7-4 中可以看出，凡是比氢活泼的金属的电极电势都是负值，金属越活泼，电极电势为负值的绝对值越大，而凡是比氢不活泼的金属的电极电势都是正值，因此还原电极电势的高低，反映了该电极氧化态物质获得电子被还原成还原态物质的反应趋势的大小。

由于标准氢电极的制备和使用都比较复杂，在实际测定时，往往选用其他电极作为参比电极，它们的电极电势均已精确测定并且已商品化。例如甘汞电极就是常用的参比电极，其构造如图 7-11 所示。将少量汞放在底部，上加少量汞、甘汞(Hg_2Cl_2，s)和 KCl(s)的糊状物，再用饱和了甘汞的氯化钾溶液将上部充满。并以 Pt 丝为导线，插入玻璃管内。甘汞电极制备简单，在定温下具有稳定的电极电势。电极上的还原反应为

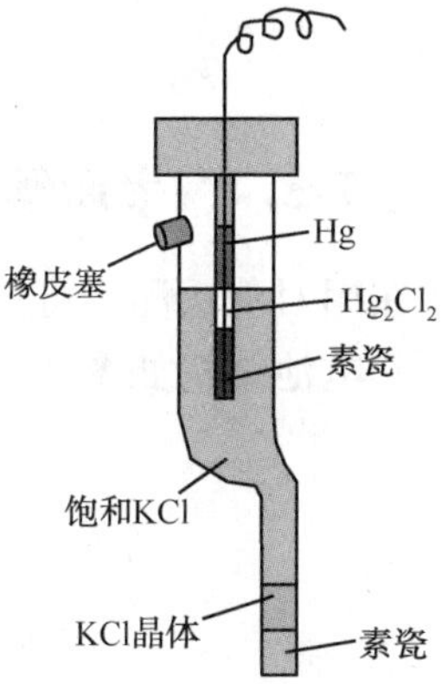

图 7-11　饱和甘汞电极示意图

$$Hg_2Cl_2(s)+2e^- \longrightarrow 2Hg(l)+2Cl^-(a)$$

显然，甘汞电极的电极电势与 Cl^- 的活度有关。常用的是用 KCl 的饱和溶液制备的电极，称为饱和甘汞电极。在 298K 时，其还原电极电势为 0.2412V。

§7.5.3　可逆电池电动势测定

原电池的电动势是组成电池的一系列相界面电势差的代数和，它等于没有电流通过时两极间的电势差。当液体接界电势降至很低且接触电势很小可以忽略不计时，电动势就是正极和负极的电极电势之差。通常所说的电动势都是指可逆电池的电动势。电池的电动势不能直接用伏特计来测量，当用伏特计与电池接通后即形成回路，一方面，由于电池中发生化学反应，溶液浓度不断改变，因而电动势不断变化。另一方面，电池本身有内阻，当有电流通过溶液时，内阻产生相应的电势降，此时用伏特计测出的电势差是原电池的端电压而不是电动势，其值与原电池的电动势 E 及内阻 r 产生的电势降有关，不能代表电池的真正电动势。为了准确测定电池的电动势，通常我们用“电势差计”，采用对消法测量。对消法是在原电池上加一个方向相反、大小几乎相等的工作电源，使线路中几乎无电流通过，待测电池在测量过程中不放电也不充电，电池的内压降也无限小，此时测出的两电极之间的电势差就近似作为该可逆电池的电动势。

对消法测定电动势的示意图如图 7-12 所示。图中，E_w 为工作电源(输出电压恒定不变)；$E_{s.c}$ 为标准电池(在一定温度下有稳定的电动势值)；E_x 为待测电阻；G 为检流计(灵敏度高，0.01μA)；R 为滑线电阻；AB 为均匀有刻度的滑线电阻；D 为双臂开关；K 为单向开关，是控制整个电路的开关。

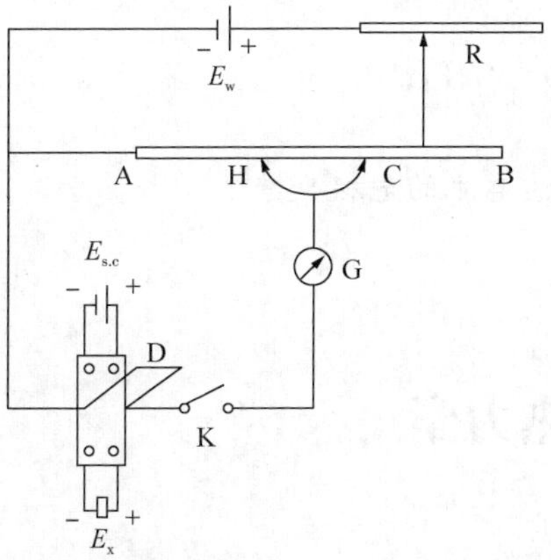

图 7-12　对消法测定电动势示意图

开始测定时，将 D 向上时与标准电池 $E_{s.c}$ 相通，测量时滑动 AB 滑线电阻与检流计 G 之间的接触点，往复寻找检流计 G 中刚好无电流通过时的对消位置 H 点，这时在 AH 线上的电位降相当于标准电池的电动势。将 D 向下时与待测电池 E_x 相通，测量时滑动 AB 滑线电阻与检流计 G 之间的接触点，往复寻找检流计 G 中刚好无电流通过时的对消位置 C 点，这时在 AC 线上的电位降相当于标准电池的电动势。

$$\frac{E_x}{AC}=\frac{E_{s.c}}{AH} \qquad E_x=E_{s.c}\frac{AC}{AH}$$

§7.5.4 韦斯顿(Weston)标准电池

在用对消法测定可逆电池电动势时，通常所使用的具有已知稳定电动势的韦斯顿标准电池，其电池结构如图7-13所示，其电极反应和电池反应如下：

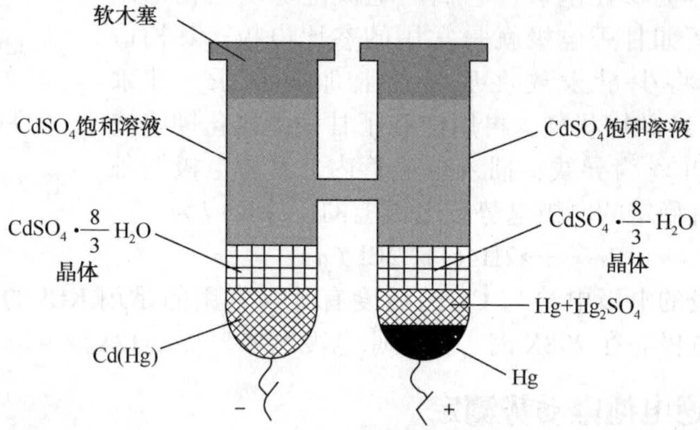

图7-13 韦斯顿标准电池

负极(阳极)反应 $Cd(Hg)+SO_4^{2-}+\frac{8}{3}H_2O \longrightarrow CdSO_4\cdot\frac{8}{3}H_2O+2e^-$

正极(阴极)反应 $Hg_2SO_4(s)+2e^- \longrightarrow 2Hg(l)+SO_4^{2-}(a)$

电池反应 $Hg_2SO_4(s)+Cd(Hg)+\frac{8}{3}H_2O \longrightarrow 2Hg(l)+CdSO_4\cdot\frac{8}{3}H_2O$

韦斯顿标准电池的可逆性较好，即放电时电池反应正向进行，充电时电池反应逆向进行。电池电动势在一定温度下保持恒定。在298.15K时的电动势为1.01823V，如果改变温度，电动势略有变动。韦斯顿标准电池的电动势与温度的关系如下：

$$E/V=1.01864-4.05\times10^{-5}(T/K-293)-9.5\times10^{-7}(T/K-293)^2$$

思考题10 写出下列电池的电极反应和总的电池反应。

(1) $Zn\mid ZnCl_2(a=0.5)\mid AgCl(s)\mid Ag$;

(2) $Cd\mid Cd^{2+}(a_{Cd^{2+}}=0.01)\parallel Cl^-(a_{Cl^-}=0.5)\mid Cl_2(p^\ominus)\mid Pt$;

(3) $Cd(Hg)(x_1)\mid CdSO_4(a)\mid Cd(Hg)(x_2)$。

思考题11 将下列反应组装成原电池，并写出该电池的电极反应。

(1) $2Fe^{2+}(a_1)+Br_2 = 2Fe^{3+}(a_2)+Br^-(a_3)$

(2) $AgCl(s)+I^-(a_1) = AgI(s)+Cl^-(a_2)$

§7.6 可逆电池热力学

§7.6.1 可逆电池热力学函数的计算

由热力学可知，在封闭系统的等温、等压可逆过程中，系统吉布斯函数的减少等于系统

所做的最大非体积功。在可逆电池中，非体积功即为电功，则有

$$\Delta G_{T,p} = -W'_{\max} \tag{7.33}$$

而且可逆电功等于电池的电动势 E 与电量的乘积。在可逆条件下，电池两极间的电势差即是电池的电动势，当电池反应的反应进度为 1mol 时，电池反应的电量应等于电池反应涉及的电荷数 z 与法拉第常数 F 的乘积，得

$$\Delta_r G_m = -zFE \tag{7.34}$$

式中，E 的单位是 V，F 的单位是 $C \cdot mol^{-1}$，$\Delta_r G_m$ 的单位是 $J \cdot mol^{-1}$。该式是联系热力学和电化学的重要公式，可以利用可逆电池的电动势计算电池反应的热力学函数的变化值。

例如，可计算化学反应的熵变和可逆热效应

$$\Delta_r S_m = -\left[\frac{\partial(\Delta_r G_m)}{\partial T}\right]_p = zF\left(\frac{\partial E}{\partial T}\right)_p \tag{7.35}$$

$$Q_R = T\Delta_r S_m = zFT\left(\frac{\partial E}{\partial T}\right)_p \tag{7.36}$$

需要注意的是，电池反应的可逆热不是该化学反应的等压反应热，因为通常所说的反应热要求过程无非体积功，电池可逆热是有非体积功的过程热。

可计算反应的焓变

$$\Delta_r H_m = \Delta_r G_m + T\Delta_r S_m = -zFE + zFT\left(\frac{\partial E}{\partial T}\right)_p \tag{7.37}$$

式中 $\left(\frac{\partial E}{\partial T}\right)_p$ 为电池电动势随温度的变化率，称为温度系数，大部分电池的温度系数为负值。如果已知电池电动势与温度的关系式，也可用偏微分的方法得到温度系数的值。式(7.37)中电池反应的摩尔焓变 $\Delta_r H_m$ 由两部分组成，一部分是 $\Delta_r G_m$，即电池作出的可逆电功，还有一部分能量 $T\Delta_r S_m$ 则转化为热的形式，所以这种电池在工作时电池本身会变热，绝大多数电池属于这种类型。由于电池的温度系数一般很小(约 $10^{-4} V \cdot K^{-1}$)，因此在常温或低温下，$\Delta_r H_m$ 与 $\Delta_r G_m$ 相差不大，也就是说电池可将绝大部分的化学能转变为电功。所以，从获取电功的角度来说，利用电池反应获取功的效率是很高的。

有了可逆电池的电动势和温度系数的电化学数据，可以计算电池反应的 $\Delta_r G_m$、$\Delta_r H_m$ 和 $\Delta_r S_m$。因为电池电动势可以测定得很精确，用电化学方法求得的热力学数据常比用热化学方法得到的更为准确，但并不是所有的反应热力学数据都可以用电化学方法得到，只有那些可以设计成可逆电池的化学反应才可以用电化学方法计算热力学函数的变化值。

【例 7.9】 电池 $Zn(s) \mid ZnSO_4(a_1) \parallel CuSO_4(a_2) \mid Cu(s)$，在 298K 时电池的电动势为 1.1030V，而在 313K 时为 1.0961V，并设在该温度区间内，E 随 T 的变化率是均匀的。试求在 298K 时，该电池反应的 $\Delta_r G_m$、$\Delta_r H_m$ 和 $\Delta_r S_m$ 及可逆热效应 Q_R。

解：该电池反应为 $Zn(s) + Cu^{2+} \longrightarrow Zn^{2+} + Cu(s)$

$$\left(\frac{\partial E}{\partial T}\right)_p \approx \left(\frac{\Delta E}{\Delta T}\right)_p = \frac{(1.0961-1.1030)\,V}{(313-298)\,K} = -4.6\times10^{-4}\,V \cdot K^{-1}$$

$$\Delta_r G_m = -zFE = -2\times96500\,C \cdot mol^{-1}\times1.1030\,V = -212.9\,kJ \cdot mol^{-1}$$

$$\Delta_r S_m = zF\left(\frac{\Delta E}{\Delta T}\right)_p = 2\times96500\,C \cdot mol^{-1}(-4.6\times10^{-4}\,V \cdot K^{-1})$$

$$= -88.78\,J \cdot K^{-1} \cdot mol^{-1}$$

$$\begin{aligned}\Delta_r H_m &= \Delta_r G_m + T\Delta_r S_m \\ &= -212.9\text{kJ}\cdot\text{mol}^{-1} + 298\text{K}\times(-88.78\times10^{-3})\text{kJ}\cdot\text{K}^{-1}\cdot\text{mol}^{-1} \\ &= -239.4\text{kJ}\cdot\text{mol}^{-1}\end{aligned}$$

$$Q_R = T\Delta_r S_m = 298\text{K}\times(-88.78\text{J}\cdot\text{K}^{-1}\cdot\text{mol}^{-1}) = -26.46\text{kJ}\cdot\text{mol}^{-1}$$

由上面的计算可以看出：

① $Q_R \neq \Delta_r H_m$，而 $Q_p = \Delta_r H_m$，Q_p 是指反应在等压条件下，非体积功为零时，放出的热量。Q_R 是指反应在电池中可逆进行放出的热量。二者之差为电功。

② $\Delta_r G_m$、$\Delta_r H_m$ 和 $\Delta_r S_m$ 及可逆热效应 Q_R 均与电池反应的化学计量方程式的写法有关，若上述电池反应写为

$$\frac{1}{2}\text{Zn(s)} + \frac{1}{2}\text{Cu}^{2+} \longrightarrow \frac{1}{2}\text{Zn}^{2+} + \frac{1}{2}\text{Cu(s)}$$

则 $z=1$，$\Delta_r G_m$、$\Delta_r H_m$ 和 $\Delta_r S_m$ 及可逆热效应 Q_R 都要减半。而电动势和电极电势是强度性质，不会因为电池反应的写法不同而改变，根据能斯特方程能很容易得到这一结论。

§7.6.2 电池反应的能斯特(Nernst)方程

结合化学平衡一章介绍的化学反应等温方程式，对如下任意反应

$$0 = \sum_B \nu_B B$$

化学反应等温方程式为

$$\Delta_r G_m = \Delta_r G_m^\ominus + RT\ln\prod_B a_B{}^{\nu_B}$$

该式适用于各类反应，当然也适用于电池反应。根据式(7.34)可得到

$$\Delta_r G_m = -zFE$$

$$\Delta_r G_m^\ominus = -zFE^\ominus$$

式中，$E^\ominus$ 表示参加电池反应的各物质均处于标准态时电池的电动势，称为可逆电池的标准电动势，利用电极的标准电极电势表 7-4，可计算出电池的标准电动势。即

$$E^\ominus = \varphi^\ominus_{+(Ox/Red)} - \varphi^\ominus_{-(Ox/Red)} \tag{7.38}$$

将这两个关系式代入化学反应等温方程式并整理，得

$$E = E^\ominus - \frac{RT}{zF}\ln\prod_B a_B{}^{\nu_B} \tag{7.39}$$

该式称为电池反应的能斯特方程，它表示一定温度下可逆电池电动势与参与电池反应的各组分的活度间的关系。$T=298\text{K}$ 时，有

$$E = E^\ominus - \frac{0.059}{z}\lg\prod_B a_B{}^{\nu_B} \tag{7.40}$$

有了能斯特方程，只要正确地写出电池反应，代入各物质的活度，根据标准电极电势表，查得标准电极电势，从而计算出 $E^\ominus$ 并代入计算，就可以得到可逆电池的电动势值。

当电池反应达到平衡时，$\Delta_r G_m=0$，$E=0$，于是可以得到

$$E^\ominus = \frac{RT}{zF}\ln K^\ominus \tag{7.41}$$

式(7.41)表明：利用电池的标准电动势，可计算化学反应的标准平衡常数。

$T=298\text{K}$ 时，有 $$E^{\ominus}=\frac{0.059}{z}\lg K^{\ominus}$$

【**例 7.10**】 设有如下电池

$$\text{Pt} \mid H_2(p^{\ominus}) \mid \text{HCl}(b=0.1\text{mol/kg}) \parallel Cl_2(p^{\ominus}) \mid \text{Pt}$$

请写出电池反应，并计算在 298K 时的电动势和电池反应的标准平衡常数，设活度因子均等于 1。

解：

阳极(负极)反应	$H_2(p^{\ominus}) \longrightarrow 2H^+(a_{H^+})+2e^-$
阴极(正极)反应	$Cl_2(p^{\ominus})+2e^- \longrightarrow 2Cl^-(a_{Cl^-})$
电池反应	$H_2(p^{\ominus})+Cl_2(p^{\ominus}) \longrightarrow 2H^+(a_{H^+})+2Cl^-(a_{Cl^-})$

电池的标准电动势

$$E^{\ominus}=\varphi^{\ominus}_{+(Cl_2/Cl^-)}-\varphi^{\ominus}_{-(H^+/H_2)}=1.36\text{V}-0=1.36\text{V}$$

根据电池反应能斯特方程，有

$$E=E^{\ominus}-\frac{RT}{zF}\ln\frac{{a_+}^2{a_-}^2}{\left(\frac{p_{H_2}}{p^{\ominus}}\right)\left(\frac{p_{Cl_2}}{p^{\ominus}}\right)}=1.36\text{V}-\frac{RT}{zF}\ln[(0.1)^2(0.1)^2]=1.48\text{V}$$

式中，$a_+=\gamma_+b_+/b^{\ominus}=0.1$，$a_-=0.1$。

电池反应的标准平衡常数

$$\ln K^{\ominus}(298\text{K})=\frac{zFE^{\ominus}}{RT}=\frac{2\times96500\text{C}\cdot\text{mol}^{-1}\times1.36\text{V}}{8.314\text{J}\cdot\text{K}^{-1}\cdot\text{mol}^{-1}\times298\text{K}}=105.94$$

$$K^{\ominus}(298\text{K})=1.02\times10^{46}$$

如果将电池反应表示为

$$H_2(p^{\ominus})+Cl_2(p^{\ominus})\longrightarrow 2\text{HCl}(a)$$

$$E=E^{\ominus}-\frac{RT}{2F}\ln\frac{{a_{HCl}}^2}{(p_{H_2}/p^{\ominus})(p_{Cl_2}/p^{\ominus})}=E^{\ominus}-\frac{RT}{2F}\ln {a_{HCl}}^2$$

$${a_{HCl}}^2=(0.1\times0.1)^2=(0.1)^4$$

代入能斯特方程，得到与前面解法相同的结果。这里应用了电解质活度与离子平均活度之间的关系 $a_B=a_{\pm}^{\nu}=(a_+^{\nu_+}a_-^{\nu_-})$。

§7.6.3 电极反应的能斯特(Nernst)方程

参照电池反应的能斯特方程，可直接写出电极反应的能斯特方程。如温度为 T，发生还原反应的电极可以写成如下通式：

$$a_{Ox}(\text{氧化态})+ze^-\longrightarrow a_{Red}(\text{还原态})$$

计算电极电势的通式(能斯特方程)为

$$\varphi_{(Ox/Red)}=\varphi^{\ominus}_{(Ox/Red)}-\frac{RT}{zF}\ln\frac{a_{Red}}{a_{Ox}} \tag{7.42}$$

若用 a_B 表示电极发生还原反应时物质 B 的活度，ν_B 为其化学计量数，z 为电极反应的转移电子数，式(7.42)若写成更一般的通式，则为

$$\varphi_{(Ox/Red)}=\varphi^{\ominus}_{(Ox/Red)}-\frac{RT}{zF}\ln\prod_B a_B^{\nu_B} \tag{7.43}$$

式中，$\varphi^{\ominus}_{(Ox/Red)}$表示温度为 T，离子活度均为 1 时的电极的标准电极电势。当 $T=298K$ 时，式(7.43)可写为

$$\varphi_{(Ox/Red)}=\varphi^{\ominus}_{(Ox/Red)}-\frac{0.059}{z}\lg\prod_{B}a_B^{\nu_B} \tag{7.44}$$

在电极反应的能斯特方程中，不论实际发生的电极反应是氧化反应还是还原反应，其电极对数项分式中的分子部分均为还原态，分母部分均为氧化态，此即电极电势的还原式表示法。

例如：电极 Pt | $O_2(p)$ | $H^+(a)$

电极反应为 $$O_2(p)+4H^+(a)+4e^-\longrightarrow 2H_2O$$

$$\varphi_{(O_2/H_2O)}=\varphi^{\ominus}_{(O_2/H_2O)}-\frac{RT}{zF}\ln\frac{(a_{H_2O})^2}{(p_{O_2}/p^{\ominus})a_{H^+}^4}$$

又如：电极 Pt | $O_2(p)$ | $OH^-(a)$

电极反应为 $$O_2(p)+2H_2O+4e^-\longrightarrow 4OH^-(a)$$

$$\varphi_{(O_2/OH^-)}=\varphi^{\ominus}_{(O_2/OH^-)}-\frac{RT}{zF}\ln\frac{(a_{OH^-})^4}{(p_{O_2}/p^{\ominus})a_{H_2O}^2}$$

再如：电极 Pt | $MnO_4^-(a_1)$，$Mn^{2+}(a_2)$，H^+

电极反应为 $$MnO_4^-(a_1)+8H^++5e^-\longrightarrow Mn^{2+}(a_2)+4H_2O$$

$$\varphi_{(MnO_4^-/Mn^{2+})}=\varphi^{\ominus}_{(MnO_4^-/Mn^{2+})}-\frac{RT}{zF}\ln\frac{a_{Mn^{2+}}(a_{H_2O})^4}{a_{MnO_4^-}(a_{H^+})^8}$$

由上述的例子可知，电极在酸性和碱性溶液中其电极反应式是不一样的，当然标准电极电势不同，电极电势也不同。所有的气体电极，必须标明压力，所有稀溶液中，可认为 $a_{H_2O}\approx 1$。

根据电极反应的能斯特方程，利用电极的标准电极电势，我们就可以计算不同活度时的电极电势。而且利用正极的还原电极电势减去负极的还原电极电势，同样可计算出电池电动势。

【例 7.11】 计算：(1) $a_{Zn^{2+}}=0.1$ 的锌电极的电极电势；(2) $a_{H^+}=0.01$ 的氢电极的电极电势(设氢气为标准压力)。

解：(1) 电极反应

$$Zn(a_{Zn^{2+}}=0.1)+2e^-\longrightarrow Zn(s)$$

$$\varphi_{(Zn^{2+}/Zn)}=\varphi^{\ominus}_{(Zn^{2+}/Zn)}-\frac{RT}{zF}\ln\frac{a_{Zn}}{a_{Zn^{2+}}}$$

$$=0.763V-\frac{RT}{zF}\ln\frac{1}{0.1}=-0.733$$

(2) 同理

$$2H^+(a_{H^+}=0.01)+2e^-\longrightarrow H_{2(p^{\ominus})}$$

$$\varphi_{(H^+/H_2)}=\varphi^{\ominus}_{(H^+/H_2)}-\frac{RT}{zF}\ln\frac{p_{H_2}/p^{\ominus}}{(a_{H^+})^2}$$

$$=0-\frac{RT}{2F}\ln\frac{1}{(0.01)^2}=-0.118V$$

【例 7.12】 计算电池 $Zn(s) \mid Zn^{2+}(a=0.1) \parallel Cu^{2+}(a=0.01) \mid Cu(s)$在 298K 时的电动势。

解:

解法一：根据电极反应的能斯特方程，计算出正、负电极的电极电势。

正极
$$\varphi_{(Cu^{2+}/Cu)}=\varphi^{\ominus}_{(Cu^{2+}/Cu)}-\frac{RT}{zF}\ln\frac{1}{a_{Cu^{2+}}}$$
$$=0.3402V-\frac{RT}{2F}\ln\frac{1}{0.01}=0.281V$$

负极
$$\varphi_{(Zn^{2+}/Zn)}=\varphi^{\ominus}_{(Zn^{2+}/Zn)}-\frac{RT}{zF}\ln\frac{1}{a_{Zn^{2+}}}$$
$$=-0.763V-\frac{RT}{2F}\ln\frac{1}{0.1}=-0.793V$$

电池电动势
$$E=\varphi_{+(Cu^{2+}/Cu)}-\varphi_{-(Zn^{2+}/Zn)}=0.281V-(-0.793V)=1.07V$$

解法二：利用电池反应的能斯特方程计算电池电动势，可得同样结果。

电池反应 $Zn(s)+Cu^{2+}(a=0.01)\longrightarrow Zn^{2+}(a=0.1)+Cu(s)$

$$E=E^{\ominus}-\frac{RT}{zF}\ln\frac{a_{Zn^{2+}}}{a_{Cu^{2+}}}$$
$$E^{\ominus}=\varphi^{\ominus}_{+(Cu^{2+}/Cu)}-\varphi^{\ominus}_{-(Zn^{2+}/Zn)}=0.3402V-(-0.763V)=1.10V$$
$$E=1.10V-\frac{0.059V}{2}\lg\left(\frac{0.1}{0.01}\right)=1.07V$$

因此，原电池电动势的计算方法有两种：

方法(一)直接应用电池反应的能斯特方程计算，即

$$E=E^{\ominus}-\frac{RT}{zF}\ln\prod_{B}a_{B}^{\nu_B}$$

其中，$E=\varphi^{\ominus}_{+(Ox/Red)}-\varphi^{\ominus}_{-(Ox/Red)}$，标准电极电势可由数据表查到。

方法(二)应用电极反应的能斯特方程计算，即

$$E=\varphi_{+(Ox/Red)}-\varphi_{-(Ox/Red)}$$
$$\varphi_{(Ox/Red)}=\varphi^{\ominus}_{(Ox/Red)}-\frac{RT}{zF}\ln\prod_{B}a_{B}^{\nu_B}$$

思考题 12 电极反应式写法不同时，例如 $2H^{+}+2e^{-}\longrightarrow H_2$，$H^{+}+e^{-}\longrightarrow\frac{1}{2}H_2$，电极电势的数值是否相同？

§7.7 电动势测定的应用

§7.7.1 计算电池反应的热力学函数

电动势测定的应用是非常广泛的，前面已介绍了如何计算热力学函数变量(见例 7.9)，下面进一步举例说明。

【例 7.13】 已知 298K 时，下列电池反应的标准电动势 $E^{\ominus}=0.2223\text{V}$，计算反应

$$\frac{1}{2}H_2(p^{\ominus})+AgCl(s)\longrightarrow HCl(a=0.1)+Ag(s)$$

在 298K 的 $K^{\ominus}$、$\Delta_r G_m$ 及 E 各为多少？

解：该电池是由氢电极和氯化银难溶盐电极构成，两个电极同时浸入 HCl($a=0.1$)溶液中，该电池反应所对应的电池为

$$Pt \mid H_2(p^{\ominus}) \mid HCl(a=0.1) \mid AgCl(s) \mid Ag(s)$$

根据式(7.41)计算电池反应的平衡常数

$$E^{\ominus}=\frac{RT}{zF}\ln K^{\ominus}$$

$$\ln K^{\ominus}(298\text{K})=\frac{zFE^{\ominus}}{RT}=\frac{1\times 96500\text{C}\cdot\text{mol}^{-1}\times 0.2223\text{V}}{8.314\text{J}\cdot\text{K}^{-1}\cdot\text{mol}^{-1}\times 298\text{K}}=8.685$$

则 $K^{\ominus}=5.91\times 10^{3}$

根据能斯特方程式(7.40)计算电池电动势

$$E=E^{\ominus}-\frac{0.059}{z}\lg\prod_B a_B^{\nu_B}=0.2223\text{V}-\frac{0.059}{1}\lg\frac{a_{HCl}}{(p_{H_2}/p^{\ominus})^{\frac{1}{2}}}$$

$$=0.2223\text{V}+0.059\text{V}=0.2812\text{V}$$

$$\Delta_r G_m=-zFE=-96500\text{C}\cdot\text{mol}^{-1}\times 0.2812\text{V}=-27.2\text{kJ}\cdot\text{mol}^{-1}$$

原则上只要能安排成可逆电池的化学反应，其平衡常数都可以用该电池的标准电动势计算。该方法对于测定一些平衡常数很小的反应包括难溶盐的溶解平衡、H_2O 的解离平衡和络合物的解离平衡等非常有用。

【例 7.14】 求 298K 时，AgCl(s)的活度积 $K_{sp}^{\ominus}$。

解：AgCl(s)的解离平衡为 $AgCl(s)\longrightarrow Ag^+(a_{Ag^+})+Cl^-(a_{Cl^-})$

AgCl(s)的活度积 $K_{sp}^{\ominus}$用下式表示

$$K_{sp}^{\ominus}=\frac{a_{Ag^+}a_{Cl^-}}{a_{AgCl}}=a_{Ag^+}a_{Cl^-}$$

首先设计一个电池(设计电池方法如前所述)，使电池反应就是 AgCl(s)的解离反应。该电池为

$$Ag(s) \mid Ag^+(a) \parallel Cl^-(a) \mid AgCl(s) \mid Ag(s)$$

电极反应和电池反应为

负极(阳极)反应　　$Ag(s)\longrightarrow Ag^+(a)+e^-$

正极(阴极)反应　　$AgCl(s)+e^-\longrightarrow Ag(s)+Cl^-(a)$

电池反应　　$AgCl(s)\longrightarrow Ag^+(a)+Cl^-(a)$

该电池的标准电动势为

$$\varphi^{\ominus}=\varphi^{\ominus}_{(AgCl/Ag)}-\varphi^{\ominus}_{(Ag^+/Ag)}$$

$$=0.22\text{V}-0.80\text{V}=-0.58\text{V}$$

$$K^{\ominus}=K_{sp}^{\ominus}=\exp\left(\frac{zFE^{\ominus}}{RT}\right)$$

$$=\exp\left[\frac{1\times 96500\text{C}\cdot\text{mol}^{-1}\times(-0.58\text{V})}{8.314\text{J}\cdot\text{mol}^{-1}\cdot\text{K}^{-1}\times 298\text{K}}\right]=1.5\times 10^{-10}$$

§7.7.2 判断氧化还原反应的方向

判断某氧化还原反应的方向首先要将该反应设计成电池，使电池反应与之完全相同，然后计算(或测定)该电池的电动势。根据式(7.34)，如 $E>0(\Delta_r G_m<0)$，则该反应的正向反应是自发的；反之，则逆向反应是自发的。

【例 7.15】 在给水工程中经常采用氯化除铁法，即下述反应

$2Fe^{2+}(a=1.0)+Cl_2(p^{\ominus})\longrightarrow 2Fe^{3+}(a=1.0)+2Cl^-(a=1.0)$，请问在标准状态下能否自发进行?

解：将反应设计成如下电池

$$Pt\mid Fe^{3+}(a=1.0),\ Fe^{2+}(a=1.0)\parallel Cl^-(a=1.0)\mid Cl_2(p^{\ominus})\mid Pt$$

经检验，该电池的反应就是所给的化学反应。因为各物质都处于标准态，所以用标准电动势就能判断反应的方向。查表 7-4 得 $\varphi^{\ominus}_{(Cl_2/Cl^-)}=1.358V$，$\varphi^{\ominus}_{(Fe^{3+}/Fe^{2+})}=0.77V$，所以

$$E=E^{\ominus}=\varphi^{\ominus}_{(Cl_2/Cl^-)}-\varphi^{\ominus}_{(Fe^{3+}/Fe^{2+})}$$
$$=1.358V-0.77V=0.588V$$

$E>0$，说明该电池为自发电池，反应可以正向自发进行。即 Fe^{2+} 能使 $Cl_2(g)$ 还原成 Cl^-。用 $\Delta_r G_m$ 值也能证明这一点。

$$\Delta_r G_m=\Delta_r G^{\ominus}_m=-zFE=-2\times 96500C\cdot mol^{-1}\times 0.588V$$
$$=-113.5kJ\cdot mol^{-1}<0$$

注意：反应如果不是在标准状态下进行的，则需根据电极反应的能斯特方程分别计算出两极的电极电势，利用 φ_+ 和 φ_- 来判断反应进行的方向。

【例 7.16】 在 298K 时有如下两组溶液：(1)溶液中 Sn^{2+} 和 Pb^{2+} 的活度都等于 1.0；(2)溶液中 $a_{Sn^{2+}}=1.0$，$a_{Pb^{2+}}=0.1$。现将 Pb 分别放入这两种溶液中，试判断能否置换出 Sn。

解：查表 7-4 得 $\varphi^{\ominus}_{(Sn^{2+}/Sn)}=-0.14V$，$\varphi^{\ominus}_{(Pb^{2+}/Pb)}=-0.13V$。在溶液(1)中，两种离子活度相同，又处于标准态，用标准电极电势就能判断。因为 $\varphi^{\ominus}_{(Sn^{2+}/Sn)}<\varphi^{\ominus}_{(Pb^{2+}/Pb)}$，Sn 电极活泼，所以 Pb(s)不能置换出 Sn(s)。如果排成如下电池，则 $E<0$。

$$Pb(s)\mid Pb^{2+}(a=1.0)\parallel Sn^{2+}(a=1.0)\mid Sn(s)$$

在溶液(2)中，离子活度相差很大，而它们的标准电极电势相差不大，因此一定要计算出两者的电极电势才能进行比较。

$$\varphi_{(Pb^{2+}/Pb)}=\varphi^{\ominus}_{(Pb^{2+}/Pb)}-\frac{RT}{zF}\ln\frac{1}{a_{Pb^{2+}}}$$
$$=-0.13V-\frac{RT}{2F}\ln\frac{1}{0.1}=-0.16V$$
$$\varphi_{(Sn^{2+}/Sn)}=\varphi^{\ominus}_{(Sn^{2+}/Sn)}-\frac{RT}{zF}\ln\frac{1}{a_{Sn^{2+}}}$$
$$=-0.14V-\frac{RT}{2F}\ln\frac{1}{1.0}=-0.14V$$

这时 $\varphi_{(Sn^{2+}/Sn)}>\varphi_{(Pb^{2+}/Pb)}$，上述电池的 $E>0$，所以 Pb(s)可以将 Sn(s)置换出来。

§7.7.3 测定离子的平均活度因子

【例 7.17】 在 298K 下，测得电池的电动势 $E=0.4119V$，求 $0.075mol\cdot kg^{-1}$ HCl 水溶液的 $\gamma_{\pm}$。电池为 $Pt\mid H_2(p^{\ominus})\mid HCl(b=0.075mol\cdot kg^{-1})\mid Hg_2Cl_2(s)\mid Hg(l)$。

解：该电池的电极反应和电池反应为

负极(阳极)反应　　$H_2(p^\ominus) \longrightarrow 2H^+(a_{H^+}) + 2e^-$

正极(阴极)反应　　$Hg_2Cl_2(s) + 2e^- \longrightarrow 2Hg(l) + 2Cl^-(a_{Cl^-})$

电池反应　　$H_2(p^\ominus) + Hg_2Cl_2(s) \longrightarrow 2H^+(a_{H^+}) + 2Hg(l) + 2Cl^-(a_{Cl^-})$

$$E = E^\ominus - \frac{0.059}{z}\lg\prod_B a_B^{\nu_B} = E^\ominus - \frac{0.059}{z}\lg(a_{H^+}a_{Cl^-})^2$$

又
$$E^\ominus = \varphi^\ominus_{(Hg_2Cl_2/Hg)} - \varphi^\ominus_{(H^+/H_2)} = 0.2679V - 0V = 0.2679V$$

代入能斯特方程，得

$$a_{H^+}a_{Cl^-} = 3.64\times10^{-3}$$

又由电解质活度与离子平均活度之间的关系 $a_B = a_\pm{}^{\nu} = (a_+{}^{\nu_+}a_-{}^{\nu_-})$，故

$$a_{H^+}a_{Cl^-} = a_B = a_\pm^2 = \gamma_\pm^2(b/b^\ominus)^2$$

$$\gamma_\pm = \frac{(a_{H^+}a_{Cl^-})^{\frac{1}{2}}}{b/b^\ominus} = \frac{(3.64\times10^{-3})^{\frac{1}{2}}}{0.075} = 0.804$$

由上面的计算可以看出。只要能测得不同 HCl 浓度下的对应电池的电动势，就可求出不同浓度下的 $\gamma_\pm$，因此电解质溶液离子的平均活度因子的实验测定可借助测定电池电动势来完成。

§7.7.4　测定溶液的 pH

目前 pH 的定义仍较多地采用如下的表达式

$$pH = -\lg a_{H^+}$$

由于单个离子的活度无法测定，所以这样的定义不够严格，所测的 pH 只是近似值。

原则上要测定溶液的 pH 只要选用对氢离子可逆的电极与另一已知电极电势的电极一起插入待测溶液中构成电池，即可根据能斯特方程，求出溶液的 pH。如可采用氢电极与甘汞电极组成下列电池测定溶液的 pH。

$$Pt \mid H_2(p^\ominus) \mid 待测溶液(pH=?) \parallel Cl^- \mid Hg_2Cl_2(s) \mid Hg(l)$$

参比电极甘汞电极的电极电势是稳定的、已知的，在一定温度下只要测得该电池的电动势，就能计算待测溶液的 pH。利用氢电极测定溶液的 pH 虽然准确，但实际操作极不方便，而且不能用于含有重金属离子的溶液(离子吸附在铂电极上产生误差)。玻璃电极是广泛应用于测定水溶液 pH 值的一类离子选择性电极。实验时，将玻璃电极插入待测溶液中，其电极电势与待测溶液的 pH 有关。在 298K 时可表示为

$$\varphi_{玻璃电极} = \varphi^\ominus_{玻璃电极} - 0.059V\times pH$$

式中，$\varphi^\ominus_{玻璃电极}$是常数，可通过一个已知 pH 的标准溶液加以标定。若将作为氢离子指示电极的玻璃电极和作为参比电极的饱和甘汞电极放入待测溶液中，形成如下电池：

$$Ag \mid AgCl(s) \mid HCl(b=0.1mol\cdot kg^{-1}) \mid 玻璃膜 \mid H^+(未知) \mid 饱和甘汞电极$$

饱和甘汞电极的电极电势为 0.2412V，298K 时电池的电动势为

$$E = \varphi_{甘汞电极} - \varphi_{玻璃电极} = 0.2412V - [\varphi^\ominus_{玻璃电极} - 0.059V\times pH]$$

故溶液的 pH 为

$$pH=\frac{E+\varphi^{\ominus}_{玻璃电极}-\varphi^{\ominus}_{甘汞电极}}{0.059V} \tag{7.45}$$

玻璃电极是一种氢离子选择性电极，它不受溶液中存在的氧化剂、还原剂及各种毒物的影响。在实际应用中，玻璃电极和甘汞电极及电位差计配合而成整套仪器，称为 pH 计。将已知 pH 的缓冲溶液用该玻璃电极在 pH 计上调整 E 和 pH 的关系，使之能满足式(7.45)。然后再将玻璃电极浸入未知的 pH 溶液中，在 pH 计上显示的读数就是未知溶液的 pH。玻璃电极不用时，必须泡在蒸馏水中，防止玻璃膜干燥或损坏而影响测定结果。

§7.7.5 电势-pH 图

首先由于水溶液中的氢离子可参与反应，很多氧化还原反应不仅与溶液中离子的浓度有关，而且与溶液的 pH 有关，如高锰酸钾在酸性溶液中还原为 2 价锰离子，在碱性溶液中还原为二氧化锰。电极反应是氧化还原反应，电极电势与溶液的浓度和 pH 有关。在指定浓度(或压力)和温度的情况下，将电势与 pH 的关系作成图即为电势-pH 图。从这些图可知反应中各组分生成的条件和组分稳定存在的范围，在水溶液中的元素分离、金属腐蚀和湿法冶金等方面有广泛的应用。

下面以 Fe-H_2O 为例简单介绍电势-pH 图的应用，见图 7-14。图 7-14 中有一个稳定区(Fe)、两个钝化区(Fe_2O_3 和 Fe_3O_4)，三个腐蚀区(Fe^{3+}、Fe^{2+}和 $HFeO_2^-$)，各条线则是相对应电极反应各组分平衡时电势与 pH 的关系。由于是水溶液，故也画上两条虚线表示的氢及氧的电势与 pH 的关系。

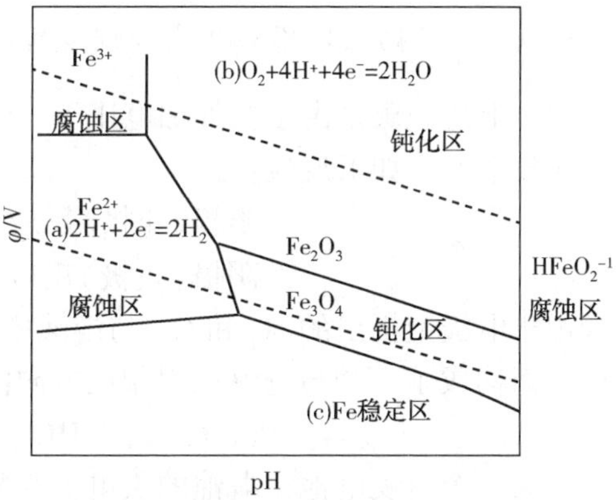

图 7-14 Fe-H_2O 的电势-pH 图(示意图)

从图 7-14 中可以看出铁在有 H_2O、O_2 和 H^+存在时的腐蚀情况，图中上方电势较高，故上面的物质易获得电子，可将下面的物质氧化。如图中金属铁的稳定区在(a)线以下，即表示 H^+能与 Fe 作用使其氧化为 Fe^{2+}，从而发生腐蚀。

§7.8 不可逆电极过程——极化作用

可逆电池是在没有电流通过或有无限小电流通过的电化学系统，即处于或接近于平衡态下工作的电化学系统。若原电池工作时不符合可逆条件，即为不可逆电池，如化学电源，它是生产电能的装置。化学电源及电解池都是有大量电流通过的电化学系统，进行的是远离平衡态的不可逆过程，此时电化学反应系统的电极电势会偏离平衡(可逆)电极电势，下面我们来介绍有关不可逆电极过程的一些基本知识。

§7.8.1 分解电压

原电池是把化学能转化为电能的装置，利用 $\Delta_r G<0$ 的化学反应自发地产生电能，电解池是把电能转化为化学能的装置，利用电能促使 $\Delta_r G>0$ 的化学反应发生。当一个原电池与外电源按同性电极对接时，只要外加电压比该电池的电动势大一无限小值，原则上电池反应立即发生逆转，原电池变成电解池。但实际上要使电解池连续正常工作，所加的电压要比电池的电动势大得多。

例如，以电解 1mol · dm^{-3}的盐酸溶液为例，在溶液中放入两个电极，组成如图 7-15 所示的电解装置。

当逐渐增大外加电压时，测得如图 7-16 所示的电流-电压曲线。当外加电压很小时，只有极微弱的电流通过，此时观察不到电解反应的发生。电压逐渐增加，电流逐渐增大，当外加电压增加到某一数值后，电流随电压直线上升。同时两极出现气泡。电解时在两电极上显著析出电解产物所需的最低外加电压称为分解电压，分解电压可用图 7-16 的 I-E 曲线求得。

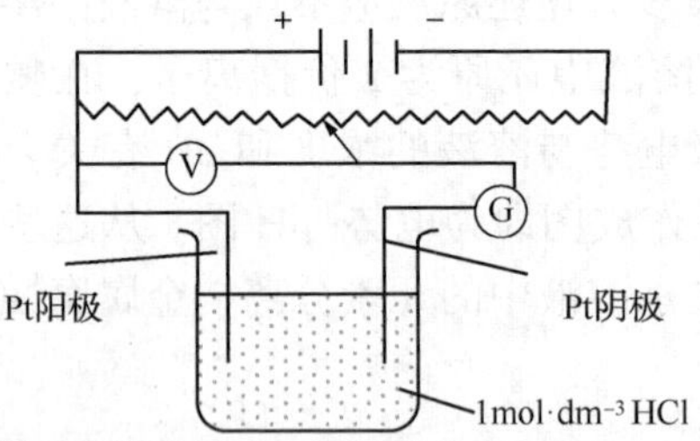

图 7-15　分解电压的测定装置

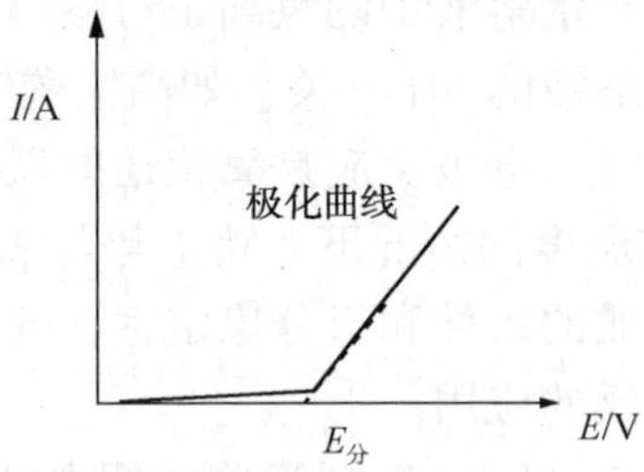

图 7-16　电流-电压曲线

产生上述现象是由于在外加电压下，电解液中的 H^+向阴极移动，Cl^-向阳极移动，它们在两极放电产生如下反应：

$$\text{阳极(正极)反应} \qquad 2Cl^- \longrightarrow Cl_2(g) + 2e^-$$

$$\text{阴极(负极)反应} \qquad 2H^+ + 2e^- \longrightarrow H_2(g)$$

由于电极上析出的 H_2 和 Cl_2 与溶液中相应离子在阴极与阳极上分别形成了氢电极和氯电极，而构成了一个与电解过程相反方向的原电池，即

$$Pt \mid H_2(p) \mid HCl(1mol \cdot dm^{-3}) \mid Cl_2(p) \mid Pt$$

此为一个自发电池，电池的氢电极为阳极(负极)，氯电极为阴极(正极)。电池的电动势正好和电解时的外加电压相反，称为反电动势，在外加电压小于分解电压时，形成的反电动势正好和外电压相对抗，同时由于电解产物从两极缓慢向溶液扩散，此时仍有少量电流通过溶液，使得它们在两极的浓度略降低，因而在电极仍有微弱的电流通过，使得电解产物得以补充。在外加电压达到分解电压，电解产物的浓度达到最大时，即产生的 H_2 和 Cl_2 的压力与外部大气压相等，反电动势达到最大值，此反电动势也称为理论分解电压。此后如再增加外加电压，因为反电动势不再增加，电流 I 就直线上升。

当外加电压等于分解电压时，两极的电极电势分别称为氢和氯的析出电势。实际上要使电解池连续正常工作，电解时的实际分解电压均大于理论分解电压，这些额外消耗的电能是由于什么造成的？下面将回答这个问题。

§7.8.2　极化作用、超电势

当电极上无电流通过时，电极过程是可逆的，电极处于平衡状态，与之对应的电极电势是平衡(可逆)电极电势。当有电流通过时，电极变得不可逆，此时的电极电势偏离平衡电极电势。随着电流密度的增大，电极的不可逆程度也越来越大，其电势值偏离平衡电势值也越来越大，这时的电极电势为不可逆电极电势。当电化学系统中有电流通过时，两个电极上

的实际电极电势偏离其平衡电极电势的现象叫作电极的极化，某一电流密度下的电极电势与其平衡电极电势之差的绝对值称为超电势，用 η 表示，即

$$\eta = |\varphi_{平} - \varphi| \tag{7.46}$$

显然，超电势 η 的数值表示极化程度的大小。造成极化的原因很多，简单地将其分为两类：浓差极化和电化学极化。浓差极化是由于在电解过程中，电极上产生(或消耗)了某种离子，而离子的扩散速率跟不上，使电极附近离子的浓度与本体溶液中的浓度产生了差别，而通常所说的平衡电极电势都是指相应于本体溶液的浓度，显然此电势值偏离其平衡值。这种由于浓度差别引起的极化称为浓差极化。其数值的大小与温度、搅拌情况、电流密度等因素有关。用搅拌的方法可使浓差极化减小，但由于电极表面扩散层的存在，故不可能将其完全除去。

电化学极化是指在电极反应过程中，分为若干步进行，其中可能有一步反应速率较小，其活化能较高(对气体参与的反应尤其明显)，需要额外的电能来弥补慢步骤造成的偏离，这样产生的极化称为电化学极化，其超电势称为电化学超电势或活化超电势。

综上所述，无论是原电池还是电解池，只要有电流通过，就有极化作用发生，这是个不可逆过程。

因此当电流通过电解池时，实际分解电压大于理论分解电压主要是由于电极的极化产生了超电势，其次是由于电解池内溶液、导线等的电阻 R 引起电势降 IR。

要使电解反应顺利进行，必须克服对应的可逆电池的反电动势，克服电极极化带来的超电势以及克服溶液中的电阻，所以需要的外加电压为

$$E_{分解} = \varphi_{阳(Ox/Red)} - \varphi_{阴(Ox/Red)} + IR = |E_{R}| + \eta_{阳} + \eta_{阴} + IR \tag{7.47}$$

这里的 $E_{分解}$ 俗称分解电压。E_{R} 为可逆电池电动势亦即理论分解电压，$\eta_{阳}$、$\eta_{阴}$ 分别为电解池阴、阳两极所产生的超电势。若电流几乎为零，极化可以不考虑，内阻也不考虑，则分解电压在数值上等于该电池作为原电池时的可逆电动势，即为理论分解电压。

§7.8.3　极化曲线

从上面的讨论可知，浓差极化可通过加强搅拌来减小。超电势主要消耗于电化学极化。电化学极化是由于电极上进行的电极反应其中某一步骤进行的速率迟缓，它阻碍了电极反应的进行，为了克服这种阻力，就需提高外加电压，从而使阴极电势偏向负的方向移动，而阳极电势偏向正的方向移动。描述阴、阳两极的电极电势随电流密度变化的曲线称为极化曲线。图 7-17(a)和图 7-17(b)分别是电解池和原电池的极化曲线。可以看出：无论是电解池还是原电池，就单个电极而言，阴极极化的结果电极电势变得更负，阳极极化的结果电极电势变得更正。当两个电极组成电解池时，由于电解池的阳极是正极，阴极是负极，阳极电势的数值大于阴极电势的数值，所以在极化曲线中，随着电流密度的增大，外加分解电压增大，消耗的电能也增多。在原电池中正好相反，原电池的阳极是负极，阴极是正极，阳极电势的数值小于阴极电势的数值。在极化曲线中，随着电流密度的增大，原电池两端的电势差减小，工作电压越小，做功能力下降。

对于阴极，由计算得到的阴极平衡电极电势减去由实验测得的不同电流密度下的阴极电极电势，就可得到不同电流密度下的阴极超电势，可表示为

$$\eta_{阴} = \varphi_{阴,平} - \varphi_{阴} \tag{7.48}$$

对于阳极，由测得不同电流密度下的阳极电极电势减去计算得到的阳极平衡电极电势，

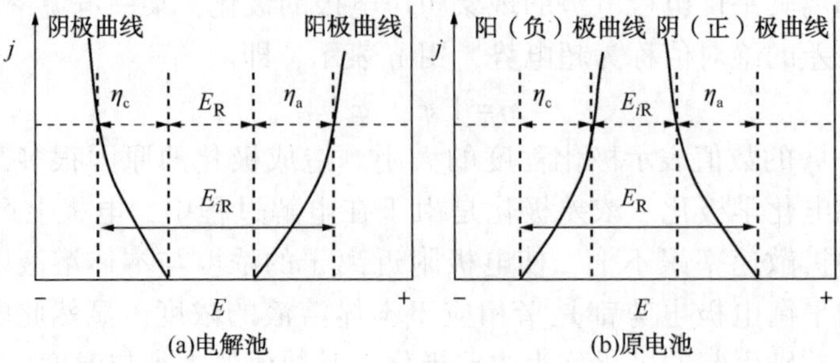

图 7-17　极化曲线

就可得到不同电流密度下的阳极超电势，可表示为

$$\eta_{阳}=\varphi_{阳}-\varphi_{阳,平} \tag{7.49}$$

阴极超电势与阳极超电势均为正值。影响超电势的因素很多，如电极表面状态、电流密度、温度、电解质性质和浓度以及溶液中的杂质等。对于氢的超电势研究得较多，1905 年塔菲尔(Tafel)提出了一个计算氢超电势的经验式，称为塔菲尔公式，即

$$\eta(H_2)=a+b\ln(j/[j]) \tag{7.50}$$

式中，j 是电流密度，$[j]$是电流密度的单位 $A\cdot cm^{-2}$，a、b 为经验常数。

§7.8.4　电极上的反应

当电解池的外加电压由小到大逐渐变化时，可以造成电解池阳极电势逐渐升高，阴极电势逐渐降低。从电解池的角度来说，只要外加电压增大到分解电压，电解反应即开始进行，从单个电极来看，只要电极电势达到对应离子的析出电势，则电解的电极反应开始进行。在电解含有若干种电解质的水溶液时，需要施加多大的外加电压，阴、阳极各得到何种电解产物，这是电解时所要解决的首要问题。

根据式(7.48)、式(7.49)，得到当有电流通过电极时，阴极与阳极的不可逆电极电势即析出电势为

$$\varphi_{阴}=\varphi_{阴,平}-\eta_{阴}$$
$$\varphi_{阳}=\varphi_{阳,平}+\eta_{阳}$$

对于在阴极、阳极上均有多种反应的情况下，电解时，阴极上发生还原反应，总是析出电势(不可逆电极电势)越大的优先在阴极上还原析出。阳极上发生氧化反应，总是析出电势(不可逆电极电势)越小的优先在阳极上失去电子而氧化。因此，优先发生氧化反应的析出电势与优先发生还原反应的析出电势之差即为分解电压。

电解时，溶液中的正离子(金属离子、H^+离子)趋向阴极，各种离子是按其由高到低的顺序先后析出。对大部分金属离子，它们的超电势极小，可忽略不计，所以析出电势就等于它们的可逆还原电极电势。而 H^+在大多数金属上有超电势，因此与金属离子在阴极上竞争析出。一旦有 H_2 析出，就会影响金属镀层的细密和黏着力，变得容易脱落。阴离子趋向阳极，各种离子是按其由低到高的顺序先后放电进行氧化反应。如果阳极材料是非惰性电极，如 Cu、Ag 等，本身也有可能发生氧化。

【例 7.18】　在 298K、标准压力时，以 Pb 为阴极、石墨为阳极，电解 $1mol\cdot kg^{-1}\ ZnCl_2$ 的中性水溶液，若电解过程不断搅拌，设金属的超电势可忽略，试问在阴极和阳极上首先析出何种物质？要使电解进行，分解电压需要多大？已知气体在各类电极上的超电势分别为：

$\eta_{H_2}^{Pb}=0.71V$，$\eta_{Cl_2}^{C}=0.25V$，$\eta_{O_2}^{C}=1.09V$，假定电解质溶液中离子的活度近似和浓度相等。

解：① 阴极。Zn 在阴极上的超电势可忽略，查表 7-4 得

$$\varphi^{\ominus}_{(Zn^{2+}/Zn)}=-0.763V$$

Zn 在阴极上的析出电势为

$$\varphi_{析(Zn^{2+}/Zn)}=\varphi^{\ominus}_{(Zn^{2+}/Zn)}-\frac{RT}{zF}\ln\frac{1}{a_{Zn^{2+}}}=-0.763V$$

电解在常压下进行，氢气析出时，$p_{H_2}=101.325kPa$，水溶液可近似认为中性，并假定 $a_{H^+}=10^{-7}$，H_2 在阴极上析出的平衡电势

$$\begin{aligned}\varphi_{(H^+/H_2)}&=\varphi^{\ominus}_{(H^+/H_2)}-\frac{RT}{zF}\ln\frac{p_{H_2}/p^{\ominus}}{(a_{H^+})^2}\\&=\frac{0.059V}{2}\lg\frac{101.325/100}{(10^{-7})^2}\\&=-0.414V\end{aligned}$$

又，H_2 在 Pb 上的超电势 $\eta_{H_2}^{Pb}=0.71V$，则 H_2 在阴极上析出的电势

$$\varphi_{析(H^+/H_2)}=\varphi_{(H^+/H_2)}-\eta_{H_2}^{Pb}=-0.414V-0.7V=-1.114V$$

可见由于存在氢的超电势，，使得它的析出电势比 Zn^{2+} 要小，即 $\varphi_{析(Zn^{2+}/Zn)}>\varphi_{析(H^+/H_2)}$，在阴极上为锌析出，可以看出超电势在电解工业中也有有利的一面。

② 阳极。由于电极材料为惰性电极石墨，这时有可能在阳极发生氧化的是 OH^-、Cl^-，OH^- 放电氧化产生氧气，Cl^- 放电氧化产生氯气。同样电解在常压下进行，氧气或氯气析出时，其压力均为 101.325kPa，水溶液可近似认为中性，并假定 $a_{OH^-}=10^{-7}$，$a_{Zn^{2+}}=1$。

OH^- 在阳极上的平衡电势为

$$\begin{aligned}\varphi_{(O_2/OH^-)}&=\varphi^{\ominus}_{(O_2/OH^-)}-\frac{RT}{zF}\ln\frac{(a_{OH^-})^4}{(p_{O_2}/p^{\ominus})}\\&=0.401V-\frac{0.059V}{4}\lg\frac{(10^{-7})^4}{(101.325kPa/100kPa)}\\&=0.811V\end{aligned}$$

则 OH^- 在阳极上析出的电势

$$\varphi_{析(O_2/OH^-)}=\varphi_{(O_2/OH^-)}+\eta_{O_2}^{C}=0.811V+1.09V=1.901V$$

Cl^- 在阳极上的平衡电势

$$\begin{aligned}\varphi_{(Cl^-/Cl_2)}&=\varphi^{\ominus}_{(Cl^-/Cl_2)}-\frac{RT}{F}\ln\frac{(a_{Cl^-})^2}{(p_{Cl_2}/p^{\ominus})}\\&=1.36V-\frac{0.059V}{2}\lg\frac{(2)^2}{(101.325kPa/100kPa)}\\&=1.33V\end{aligned}$$

则 Cl^- 在阳极上析出的电势

$$\varphi_{析(Cl_2/Cl^-)}=\varphi_{(Cl_2/Cl^-)}+\eta_{Cl_2}^{C}=1.33V+0.25V=1.58V$$

由于 $\varphi_{析(Cl_2/Cl^-)}<\varphi_{析(O_2/OH^-)}$，显然首先析出的是 Cl_2。

* §7.8.5 电解在水质处理过程中的应用

电化学方法在污水和废水的处理过程中有着广泛的应用，利用电解基本原理，使废水中

的有害物质通过电解过程，在两极分别发生氧化还原反应，转化为无害物质，以达到净化水质的目的。

(1) 电凝聚法

电解槽中，以铝板或铁板为阳极，则阳极优先溶解，Al^{3+} 或 Fe^{3+} 进入溶液，pH 值大于 3.8 时，得到活性较大而带正电的 $Al(OH)_3$ 或 $Fe(OH)_3$ 胶体，呈多孔凝胶结构，具有较大的比表面积和较强的吸附作用，能对废水中有机或无机污染物起到凝聚作用，这些絮状物中密度小的上浮分离，密度大的沉淀分离，可以达到净化水的目的。这种处理过程称为电凝聚法。

近年来，国内外采用电凝聚净水法，同时具有凝聚、吸附、氧化还原等作用，可以有效地应用于澄清、脱色、杀菌、去污染和软化水，以及去除硅、锰、铁的化合物，去除重金属离子、浮游生物的细胞、有机质、放射性物质和其他杂质。

(2) 电浮选法

电解水时，在阴极产生氢气泡(具有还原性)，在阳极产生氧气泡(具有氧化性)。这些气泡上升时，将黏附在气泡上的悬浮物或油分一起带到水面，在水面形成浮渣层，用人工或机械的方法定时刮去，这种方法通常称为电浮选法。

(3) 电解氧化法

电解氧化法的基本原理分为直接氧化和间接氧化，直接氧化是水分子在阳极表面电解产生 HO·，HO·对被吸附在阳极表面的有机物进行亲电进攻而发生氧化反应，如用石墨阳极处理电镀含氰废水，则阳极反应为

$$CN^- + 2OH^- - 2e^- \longrightarrow CNO^- + H_2O$$

$$2CNO^- + 4OH^- - 6e^- \longrightarrow 2CO_2\uparrow + N_2\uparrow + 2H_2O$$

通过电解，在阳极将有害氰根离子转化为无毒而稳定的无机物。

间接氧化是在电解过程中产生强氧化剂如 ClO^- 等来分解污染物，如下列反应：

$$4OH^- - 4e^- \longrightarrow O_2\uparrow + H_2O \qquad \text{初级反应}$$

$$NH_2CH_2COOH + \frac{1}{2}O_2 \longrightarrow NH_3 + HCHO + CO_2 \qquad \text{次级反应}$$

用这种电解过程可以处理含酚废水、有机磷废水、纤维素废水等有机废水，选择适宜的电解条件可以有效地降低被有机物污染水中的 COD。

(4) 电解还原法

在阴极发生还原反应，能使氧化型色素还原成无色(脱色)。使重金属离子在阴极还原析出，这种过程称为电解还原法。如电镀含铬废水的处理。

利用铁板作阳极

$$Fe - 2e^- \longrightarrow Fe^{2+} \qquad \text{初级反应}$$

$$6Fe^{2+} + Cr_2O_7^{2-} + 14H^+ \longrightarrow 6Fe^{3+} + 2Cr^{3+} + 7H_2O \qquad \text{次级反应}$$

通过电解，具有强致癌性的六价铬被还原为毒性低的三价铬。

电解法处理废水具有很多优点：用低压直流电源，不必大量使用化学药品；在常温常压下操作，管理方便；如果废水中有害物质的浓度发生变化，可以通过调节电压和电流的方法保证出水水质的稳定；并且处理装置占地面积很小。

思考题 13　原电池和电解池的极化曲线有何异同点？

思考题 14　电解 $ZnCl_2$ 水溶液，两极均用铂电极，电解反应如何？若均改用锌电极，结果又如何？两者的理论分解电压有何差异？

* §7.9　金属的腐蚀与防腐

§7.9.1　金属的腐蚀

金属与环境接触发生作用而遭破坏的现象称为金属的腐蚀。如铜上长“绿铜”、钢铁生锈等。金属腐蚀一般分为化学腐蚀、电化学腐蚀和物理腐蚀。其中电化学腐蚀最为常见，电化学腐蚀时金属与其环境中其他物质形成微电池，金属作为阳极发生氧化而被破坏，本节主要介绍电化学腐蚀。

金属的电化学腐蚀，实际上是由大量的微小电池构成的微电池群自发放电的结果。当不同金属如 Fe、Cu 相接触(或金属与其自身中的杂质如 Fe 里含有 Cu 或比 Fe 不活泼的金属)长期暴露在潮湿空气中，其表面会形成一薄层水膜，由于空气中 CO_2、SO_2 等酸性气体的溶解，使这层水膜带有酸性，此时就构成了一个腐蚀微电池。见图 7-18，这就相当于 Fe、Cu 插入酸性溶液所组成的原电池一样，电极电势低的 Fe 作阳极(负极)，电极电势高的 Cu 作阴极(正极)，腐蚀微电池的反应为

阳极反应　　　　　　　　　　$Fe \longrightarrow Fe^{2+}+2e^-$

阴极反应　在阴极 Cu 上可能有下列两种反应：

(1) $2H^++2e^- \longrightarrow H_2(g)$

(2) $O_2+2H^++4e^- \longrightarrow 2H_2O(l)$

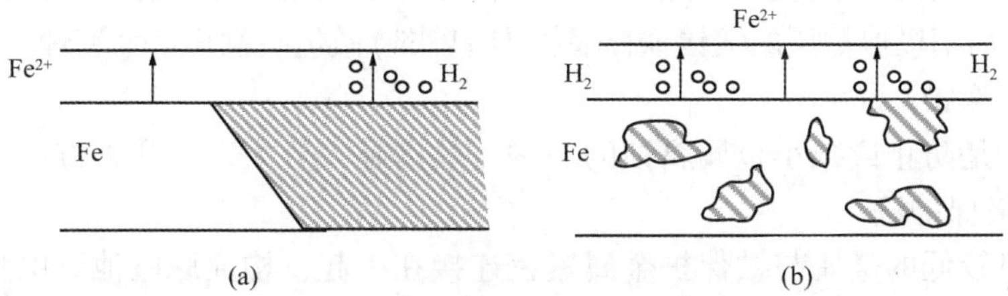

图 7-18　腐蚀微电池示意图

利用能斯特方程，可计算出在 298K 时酸性溶液中上述二电池反应的电动势均为正值，表明电池反应是自发的。阴极过程(1)反应构成的原电池的电动势不太大，在 H^+ 浓度较小时腐蚀不是很严重，这种腐蚀又称为析氢腐蚀，相当于图 7-18 中(a)线以下的情况。阴极过程(2)反应构成的原电池的电动势比析氢腐蚀的要大得多，相当于图 7-18 中(a)线与(b)线之间的电势差。电动势越大，ΔG 越负，腐蚀趋势越严重。有 $O_2(g)$ 存在时不但可以把 Fe 氧化成 Fe^{2+}，还可以把 Fe 氧化成 Fe^{3+}，铁锈是一个 Fe^{2+}、Fe^{3+} 及其氢氧化合物的疏松混合物。这种腐蚀也称为吸氧腐蚀(耗氧腐蚀)。

此外当同一金属各部位所接触的电解质溶液浓度不同也会构成腐蚀电池，最常见的是氧浓差电池。例如铁棒插在水中，或埋在沙土中，下端容易腐蚀。这是因为上端接触的环境的含氧量高，下端含氧量低，造成氧浓差电池。根据电极反应的能斯特方程 $\varphi_{(O_2/OH^-)}=\varphi^{\ominus}_{(O_2/OH^-)}-\dfrac{RT}{zF}\ln\dfrac{(a_{OH^-})^4}{(p_{O_2}/p^{\ominus})}$，故含氧多的地方电极电势高，而在下端含氧量相对少的地方，电极电势低。

这样铁棒上端是阴极，下端是阳极，故下端容易腐蚀。又如铁生锈以后，铁锈上有缝隙，在缝隙里面的含氧量比外面的少，也会形成氧浓差电池，使缝隙内成为阳极而继续腐蚀。

§7.9.2 金属的防腐

金属腐蚀是影响机器、设备、车辆等金属制品使用寿命的一个重要因素，每年对国民经济造成重大损失。据不完全统计，世界上每年报废的金属制品绝大部分是腐蚀造成的，其质量几乎占了金属年产量的三分之一，因此研究防腐是很有意义的。既然金属的电化学腐蚀是由于形成微电池而发生氧化引起的，则防腐要从如何不让微电池形成，或一旦形成微电池将被保护金属作为阴极等方面着手考虑。

(1) 用保护层防腐

保护层有非金属保护层和金属保护层两类。保护层防腐蚀将被保护金属与腐蚀介质隔离，使之无法形成腐蚀微电池。

常用的非金属保护层为油漆、搪瓷、陶瓷、玻璃和多种类型的高分子材料，将其涂在被保护的金属表面上，使之无法与介质接触。

金属保护层是用电镀的方法在被保护的金属外面镀上一层金属或合金。如在黑色金属上可镀锌、锡、铜等。在铜制品上可镀镍、银、金。

金属保护层分为两种情况：一种是镀层金属比被保护金属的电极电势低，即镀层金属为阳极，被保护金属为阴极，称为阳极保护层；另一种是镀层金属比被保护金属的电极电势高，即镀层金属为阴极，被保护金属为阳极，称为阴极保护层。如果镀层是完整的，则能起到相同的保护作用。一旦镀层有破损，形成微电池，则有两种情况，阳极保护层仍有保护作用，由于被保护金属是阴极，受腐蚀的是镀层金属；而阴极保护层则失去了保护作用，由于镀层金属和被保护金属形成腐蚀电池，被保护金属是阳极，阳极氧化，所以镀层金属的存在反而加速了腐蚀。罐头食品常用阳极保护层的镀锡铁(俗称“马口铁”)做包装就是这个道理。

(2) 电化学保护

电化学保护是防止或减小金属腐蚀的一种有效措施，分为以下几种方法。

① 牺牲阳极保护法

将电极电势较低的金属与被保护金属紧密连接在一起，构成原电池。电势较低的金属作为阳极而被氧化，被保护金属作阴极而避免了腐蚀。例如，在海船底上镶嵌锌块，在海水中形成原电池，以保护船体。由于该方法耗费大量锌块，目前这种方法已逐渐少用。

② 阴极电保护法

由于电化学腐蚀的原因是构成了腐蚀电池，作为阳极的金属遭到腐蚀。所以如果使原来作为阳极的金属成为阴极，则可保护该金属不被腐蚀，此为阴极电保护法。通常利用外加直流电，负极接在被保护金属上成为阴极，正极接废钢。在图 7-14 电势-pH 图中，在电势小于-0.7V 时，在所有 pH 范围内，Fe(s)是稳定的。所以用外加电源的方法，将被保护的金属 Fe 与负极相接，让它作为阴极，维持-0.7V 以下的低电势，将正极接到一些废弃的金属上，使之成为牺牲性阳极。这种方法广泛用于化工厂中的储罐、管道的防腐，以及地下水管、输油管和闸门的防腐等。

③ 阳极电保护法

金属由易腐蚀的活性状态变为耐腐蚀的钝性状态称为钝化。从图 7-14 中可知，当 Fe 外面包裹了一层致密的氧化物后，也可保护里面的金属不被继续腐蚀，这时金属处于钝态。

使金属钝化大致有两种方法：一种是化学钝化，将被保护金属放在具有强氧化性的化学试剂(如浓硝酸等)中，使之钝化。钝化后的金属其电极电势升高，甚至高到可以与贵金属(如Au、Pt)近似。另一种是电化学钝化，将直流电的电源正极连接在被保护金属上，使被保护金属进行阳极极化，电极电势向正方向移动，使金属钝化得到保护。

④ 加缓冲剂保护

许多无机或有机化合物可以被金属表面所吸附，使阳极或阴极更加极化，大大降低阳极或阴极过程的反应速率，缓解金属的腐蚀或者覆盖在电极表面而达到防腐的目的。常用的缓冲剂有无机盐类，如硅酸盐、正磷酸盐、亚硝酸盐、铬酸盐等；也有有机缓冲剂，如胺类、吡啶、喹啉等。由于缓冲剂的用量少，方便而经济，故是一种常用的防腐方法。

(3) 提高金属本身的抗腐能力

在冶炼加工金属的过程中，适当加入一些其他元素，如在Fe中加入Cr、Ni和Mn等制成耐蚀合金，俗称“不锈钢”。其实它不是绝对不生锈，只是比一般Fe更耐腐蚀而已。例如，在Fe中加入Cr后，由于Cr的钝化电势很低，使得合金的钝化电势也变低。若Cr的质量分数为0.12~0.18，这种铬钢的耐腐蚀性能与铬近似。

思考题15 为了防止铁生锈，分别电镀上一层锌和一层锡，两种防腐效果是否一样？

*§7.10 化学电源

化学电源是将自发反应化学能转变成电能的装置。电池内参加电极反应的反应物叫作活性物质。由于化学电源种类很多，分类方式也不统一。化学电源按其工作方式可分为一次电池和二次电池。一次电池是指放电到活性物质耗尽时只能废弃而不能再生的电池；二次电池是指活性物质耗尽后，可以用其他外来直流电进行充电而使活性物质再生的电池。二次电池又称可充电电池或蓄电池。本节只选择常见的化学电源作一简单介绍。

§7.10.1 一次电池

一次电池的基本结构大致相同，需要正极、负极和电解质。锌锰干电池是一次电池中最常见的一种，以锌皮作外壳为锌锰干电池的负极，发生氧化，以石墨制成的炭棒为正极，周围包着二氧化锰粉末，其间充填的电解质为氯化锌和氯化铵的糊状物。该电池可表示为

$$Zn(s) \mid NH_4Cl, ZnCl_2 \mid MnO_2(s) \mid C(s)$$

由于其电极反应机理及反应的最终产物至今仍不十分清楚，一般认为其发生的反应大致为

负极反应 $Zn(s)+2NH_4Cl \longrightarrow Zn(NH_3)_2Cl_2+2H^++2e^-$

正极反应 $2MnO_2(s)+2H^++2e^- \longrightarrow 2MnOOH$

电池反应 $Zn(s)+2NH_4Cl+2MnO_2 \longrightarrow Zn(NH_3)_2Cl_2+2MnOOH$

干电池的开路电压是1.5V。其优点是制作容易、成本低，使用十分方便，所以应用面很广。但使用一定时间后，Zn皮烂穿或正极活性降低，使电池报废，因此必须设法研制出切实可行的回收方法，以提高原材料的利用率，减少环境污染。

§7.10.2 二次电池——可充电电池

可充电电池又称为二次电池。作为电池放电到一定电压时，又利用外接直流电源将其作为电解池进行充电，如此可反复多次使用。因为其电极反应在充、放电时都不可避免地在电极上产生极化，这种不可逆过程使电池的工作电压越来越小，做功能力也随之下降。所以，可充电电池的保养十分重要，以延长它的使用寿命。

目前主流使用的可充电电池有铅蓄电池、Ag-Zn 电池和锂离子电池或钠离子电池等。其中铅蓄电池以其价廉、充放电可逆性好等特点被广泛使用，它的电池表达式为

$$Pb(s) \mid H_2SO_4(\rho=1.22\sim1.28g \cdot cm^{-3}) \mid PbO_2(s) \mid Pb(s)$$

放电时的电极反应为

负极反应 $Pb(s)+H_2SO_4(l) \longrightarrow PbSO_4(s)+2H^+(a)+2e^-$

正极反应 $PbO_2(s)+H_2SO_4(l)+2H^+(a)+2e^- \longrightarrow PbSO_4(s)+2H_2O$

电池反应 $Pb(s)+PbO_2(s)+2H_2SO_4(l) \longrightarrow 2PbSO_4(s)+2H_2O$

铅蓄电池性能电动势约为 2V，较稳定。但质量大、保养要求严，电解质溶液腐蚀性强，对环境有污染。目前在降低电池质量、更换更安全的电解质等方面已有重要进展。

锂离子电池因具有能量密度高、比能量大、无记忆效应等优势成为电动汽车储能领域最有前景的动力电池。常用的正极材料为层状结构尖晶石结构的 $LiCoO_2$、$LiNiCo_2$ 和 $LiFePO_4$ 等，负极通常用石墨化层状结构的炭材料等，电解质采用凝胶聚合物等固体电解质。锂离子电池的反应机理为锂离子可以可逆地在正极材料的层状化合物之间来回地嵌入和脱出。以 $LiCoO_2$ 为正极、石墨为负极充电过程的锂离子电池为例，对应的电极/电池反应方程如下：

正极反应 $LiCoO_2 \rightleftharpoons xLi^+ + xe^- + Li_{1-x}CoO_2$

负极反应 $6C + xLi^+ + xe^- \rightleftharpoons Li_xC_6$

电池反应 $LiCoO_2 + 6C \rightleftharpoons Li_xC_6 + Li_{1-x}CoO_2$

电池的最初阶段为充电过程，即 $LiCoO_2$ 的氧化和脱锂，对应石墨方面为还原和嵌锂。锂可逆地插入石墨层中形成最终产物 LiC_6。由于锂离子电池质量小，具有高的质量能量密度，同时具有高输出电压、高容量和稳定的嵌入式材料结构等优点，被广泛用作 3C 类电子产品(计算机类、通信类和消费类电子)的移动电源，同时大容量锂离子电池作为清洁能源在电动汽车以及规模静态储能等领域得到广泛应用。但锂离子电池所具有的成本较高、容量偏低、充电速度慢等缺点及如何高效回收利用是其大规模应用面临的挑战。

§7.10.3 燃料电池

燃料在电池中直接氧化而发电的装置叫燃料电池。这种化学电源与一般的电池不同。一般的电池是将发生电极反应的活性物质全部储存在电池内，而燃料电池是将燃料不断输入负极作活性物质，将氧或空气输送到正极作氧化剂，产物不断排出。正、负极不包含活性物质，只是催化转换元件。一般燃料的利用需先经燃烧把化学能转换为热能，然后再经热机把热能转化为机械能，但该过程受热机效率的限制，不但转换效率低(最高不超过 40%)，而且燃烧的废物如烟尘、CO_2 等造成环境污染，还伴有大量噪声。燃料电池是将可燃物质的化学能通过电池的方式直接转化为电能。它不受热机效率的限制，能量转化效率可高达 60%。几乎不排放氮和硫的氧化物，就是二氧化碳的排放量也远低于热电厂，而且几乎无噪声，被

认为是 21 世纪首选的洁净、高效的绿色能源。

现以氢氧燃料电池为例来说明燃料电池的原理，如图 7-19 所示，其电池表达式为

$$M \mid H_2(g) \mid KOH \mid O_2(g) \mid M$$

负极反应　　$2H_2(g) \longrightarrow 4H^+ + 4e^-$

正极反应　　$O_2(g) + 4H^+ + 4e^- \longrightarrow 2H_2O(l)$

电池反应　　$2H_2(g) + O_2(g) \longrightarrow 2H_2O(l)$

pH 在 0~14 的范围内，如果氢和氧都处于标准压力，根据能斯特方程可计算出该电池的电动势为 1.23V。当然实际工作时会低于这个数值。如需要较高的工作电压，可将若干氢氧电池组合使用。

燃料(H_2)和氧化剂(O_2)分别装在外部的储罐中，当电池工作时，需要不断地向电池内输入燃料和氧化剂并同时排出反应物(H_2O)。从这一点看，有点像常规的汽油或柴油发电机。电极部分一般分两层：一层为扩散层或支撑层，由导电多孔材料制成，起到支撑催化剂的作用；另一层为催化剂层，用来加速电极反应，通常由贵金属或过渡金属制成。两电极中间用隔膜分开，起到分隔氧化剂和还原剂并传导离子的作用。为减少电阻，隔膜厚度一般只有零点几毫米。另外还有一层双极板，也用来隔开氧化剂和还原剂，并起到收集电流、将反应物均匀分配到电极各处的作用。中间的电解质可以是碱性的(如 KOH、NaOH 等)，也可以是酸性的(如磷酸型电池)。磷酸型电池燃料电池是现今最为成熟的一项技术，目前已进入商业化阶段。碱性燃料电池在航空、航天应用上取得很大成功。

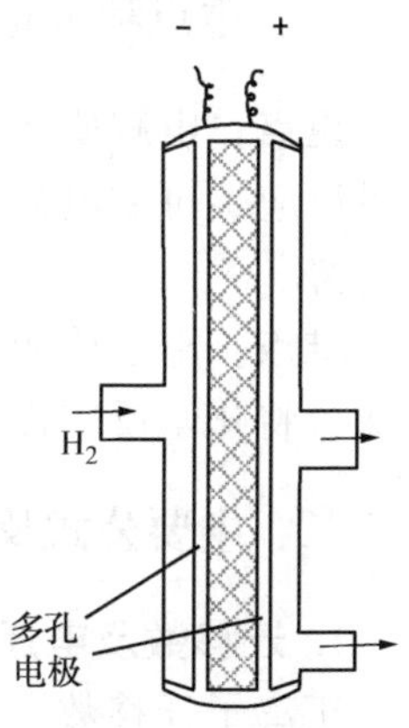

图 7-19　氢氧燃料电池示意图

可用于燃料电池的除氢外，还有甲烷、甲醇、一氧化碳和石油重整气等可燃性气体后液体。用燃料电池作为能源制造的汽车已在部分城市进入试运行阶段，若能大规模推广，将大大降低燃油汽车的尾气对城市造成的污染。

课程思政

2019 年，诺贝尔化学奖授予三位锂离子电池研究者，分别为美国科学家约翰·古迪纳夫(John B. Goodenough)、英国科学家斯坦利·威廷汉(Stanley Whittingham)以及日本科学家吉野彰(Akira Yoshino)。轻巧、可充电且能量强大的锂离子电池，已经被广泛地应用到手机、笔记本电脑、电动汽车等各种产品上，并可以储存来自太阳能、风能等的大量能量，使无化石燃料社会成为可能。我国在储能电池领域有着突出的贡献，以锂离子电池领域的两大巨头——宁德时代与比亚迪为代表企业。其中宁德时代是全球最大、最具竞争力的动力、储能电池供应商。比亚迪打通了动力电池和汽车全产业链，使我国汽车工业实现了弯道超车。2022 年，全球动力电池企业最新排名出炉，宁德时代连续五年登顶世界第一；而比亚迪以 1292.3 亿美元的总市值超越大众汽车集团，成为唯一一家市值跻身全球前十大汽车制造商的中国汽车制造企业。

本章通过对锂离子电池的工作原理和应用的介绍，加深学生对化学能和电能转换原理的认识，即利用具有一定化学势差的正极和负极通过可控氧化还原反应实现能量的可逆释放和

存储，提升学生对电化学原理的学习兴趣。通过讲解我国锂离子电池产业发展与壮大，激发学生的爱国情怀和使命担当。

小结

一、重点和难点

重点：电解质溶液的浓度与导电率之间的关系，电解质溶液平均活度、平均活度因子，电极反应、可逆电池电动势与热力学函数间的关系，电池电动势的计算及应用，电极极化、超电势。

难点：电解质溶液平均活度和活度系数，可逆电池和电极电势的概念，电极反应的正确写法，将化学反应设计成原电池，超电势。

二、主要公式及适用条件

1. 迁移数及电迁移率

正离子迁移数

$$t_+ = \frac{I_+}{I} = \frac{Q_+}{Q} = \frac{r_+}{r_+ + r_-} = \frac{U_+}{U_+ + U_-}$$

负离子迁移数

$$t_+ = \frac{I_-}{I} = \frac{Q_-}{Q} = \frac{r_-}{r_+ + r_-} = \frac{U_-}{U_+ + U_-}$$

上述两式适用于温度及外电场一定而且只含有一种正离子和一种负离子的电解质溶液。

2. 电导、电导率与摩尔电导率

衡量溶液中某一电解质的导电能力大小，可用电导 G、电导率 κ 与摩尔电导率 Λ_m 来表示。电导 G 与导体的横截面 A 及长度 l 之间的关系为

$$G = \frac{1}{R} = \frac{1}{\rho}\frac{A}{l} = \kappa\ \frac{A}{l}$$

式中 κ 为电导率，表示单位截面积，单位长度的导体之电导。

电解质溶液的摩尔电导率 Λ_m 定义是该溶液的电导率 κ 与其摩尔浓度 c 之比，即

$$\Lambda_m = \frac{\kappa}{c}$$

Λ_m 表示了在相距为单位长度的两平行电极之间放有物质的量为 1mol 电解质之溶液的电导。单位为 $S \cdot m^2 \cdot mol^{-1}$。

3. 离子独立运动定律与单种离子导电行为

摩尔电导率 Λ_m 与电解质的浓度 c 之间有如下关系：

$$\Lambda_m = \Lambda_m^\infty (1 - \beta\sqrt{c})$$

此式只适用于强电解质的稀溶液。

$$\Lambda_m^\infty = \nu_+ \Lambda_{m,+}^\infty + \nu_- \Lambda_{m,-}^\infty$$

此式适用溶剂、温度一定条件下，任一电解质在无限稀释的摩尔电导率的计算。而 $\Lambda_{m,+}^\infty$ 和

$\Lambda_{m,-}^{\infty}$ 可通过实验测出一种电解质在无限稀释的 Λ_m^{∞} 与迁移数 t^{∞}，再由下式算出：

$$t_+^{\infty}=\frac{\Lambda_{m,+}^{\infty}}{\Lambda_m^{\infty}} \quad t_-^{\infty}=\frac{\Lambda_{m,-}^{\infty}}{\Lambda_m^{\infty}}$$

利用一弱电解质的 Λ_m^{∞} 值及一同温同溶剂中某一浓度(稀溶液)的该弱电解质之 Λ_m，则从下式可计算该弱电解质在该浓度下的解离度。

$$\alpha=\frac{\Lambda_m}{\Lambda_m^{\infty}}$$

4. 电解质离子的平均活度和平均活度因子

电解质 B 的活度 a_B 与离子的活度 a_+、a_-之间的关系：$a_B=a_+^{\nu_+}a_-^{\nu_-}$

离子平均活度 $a_{\pm}$：$a_{\pm}=(a_+^{\nu_+}a_-^{\nu_-})^{1/\nu}$ 其中，$\nu=\nu_++\nu_-$

离子平均活度因子 $\gamma_{\pm}$：$\gamma_{\pm}=(\gamma_+^{\nu_+}\gamma_-^{\nu_-})^{1/\nu}$

离子平均质量摩尔浓度 $b_{\pm}$：$b_{\pm}=(b_+^{\nu_+}b_-^{\nu_-})^{1/\nu}$

离子平均质量摩尔浓度可以从电解质的质量摩尔浓度得到，设电解质的质量摩尔浓度为 b，全部解离时：

$$b_{\pm}=(b_+^{\nu_+}b_-^{\nu_-})^{1/\nu}=(\nu_+^{\nu_+}\nu_{\nu}^{\nu_-})^{1/\nu}b$$

得到电解质溶液活度

$$a_B=a_{\pm}^{\nu}=(\gamma_{\pm}b_{\pm}/b^{\ominus})^{\nu}=\gamma_{\pm}^{\nu}(\nu_+^{\nu_+}\nu_{\nu_-}^{\nu_-})(b/b^{\ominus})^{\nu}$$

5. 离子强度与德拜-休克尔极限公式

离子强度的定义式为 $I=\dfrac{1}{2}\sum\limits_B b_Bz_B^{\,2}$，用于强电解质溶液。

德拜-休克尔公式 $\lg\gamma_{\pm}=-A\mid z_+z_-\mid\sqrt{I}$

该定律在稀溶液范围内才成立，用于从理论上计算稀电解质溶液的离子平均活度因子。

6. 可逆电池对环境做电功过程的 Δ_rG_m、Δ_rH_m、Δ_rS_m、$K^{\ominus}$及 Q_R

$$\Delta_rG_m=-zFE$$

如能得到恒压下原电池电动势随温度的变化率$\left(\dfrac{\partial E}{\partial T}\right)_p$，则

$$\Delta_rS_m=-\left[\frac{\partial(\Delta_rG_m)}{\partial T}\right]_p=zF\left(\frac{\partial E}{\partial T}\right)_p$$

$$Q_R=T\Delta_rS_m=zFT\left(\frac{\partial E}{\partial T}\right)_p$$

再据恒温下，得 $\Delta_rH_m=\Delta_rG_m+T\Delta_rS_m=-zFE+zFT\left(\dfrac{\partial E}{\partial T}\right)_p$

上式与 Δ_rG_m 一样，适用于恒 T、恒 p 下反应进度为 1mol 的电池反应。

若电池反应是在温度为 T 的标准状态下进行时，则

$$E^{\ominus}=\frac{RT}{zF}\ln K^{\ominus}$$

此式用于一定温度下求所指定的原电池反应的标准平衡常数 $K^{\ominus}$。

7. 原电池电动势 E 的求法

反应的能斯特方程，它表示一定温度下可逆电池电动势与参与电池反应的各组分的活度

间的关系。一定温度下，则有

$$E = E^{\ominus} - \frac{RT}{zF}\ln\prod_{B} a_B{}^{\nu_B}$$

如发生还原反应的电极可以写成如下通式

$$a_{Ox}(\text{氧化态}) + ze^- \longrightarrow a_{Red}(\text{还原态})$$

计算电极电势的通式(即能斯特方程)为

$$\varphi_{(Ox/Red)} = \varphi^{\ominus}_{(Ox/Red)} - \frac{RT}{zF}\ln\prod_{B} a_B^{\nu_B}$$

利用上式亦能计算任一原电池电动势。

$$E = \varphi_{+(Ox/Red)} - \varphi_{-(Ox/Red)}$$

若构成原电池的两电极反应的各物质均处在标准状态时，则上式改写为

$$E^{\ominus} = \varphi^{\ominus}_{+(Ox/Red)} - \varphi^{\ominus}_{-(Ox/Red)}$$

$\varphi^{\ominus}_{+(Ox/Red)}$ 与 $\varphi^{\ominus}_{-(Ox/Red)}$ 可从表 7-4 中查得。

8. 极化电极电势与超电势

在某一电流密度下的实际电极电势 φ 与平衡电极电势 $\varphi_{\text{平}}$ 之差的绝对值称为超电势 η，它们之间的关系为

$$\eta_{\text{阴}} = \varphi_{\text{阴,平}} - \varphi_{\text{阴}}$$

$$\eta_{\text{阳}} = \varphi_{\text{阳}} - \varphi_{\text{阳,平}}$$

上述两式对原电池及电解池均适用。

习 题

1. 用铂电极电解 $ZnCl_2$ 溶液。通过的电流为 20A，经过 15min 后，问：(1)在阴极上能析出多少的 Zn？(2)在阳极上能析出多少体积的 $Cl_2(g)$(标准状态)？

[答案：(1)6.10g；(2)2.09dm^3]

2. 用银电极电解 $AgNO_3$ 溶液。通电一段时间后，阴极上有 0.078g 的 Ag(s)析出，阳极区溶液质量为 23.376g，其中含 $AgNO_3$ 0.236g。已知通电前溶液浓度为 1kg 水中溶有 7.39g $AgNO_3$。求 Ag^+和 $NO_3{}^-$的迁移数。

[答案：$t(Ag^+) = 0.47$；$t(NO_3{}^-) = 0.47$]

3. 已知 25℃ 时水的离子积 $K_w = 1.008\times10^{-14}$，NaOH、HCl 和 NaCl 的 Λ_m^{∞} 分别等于 $0.024811\text{S}\cdot\text{m}^2\cdot\text{mol}^{-1}$，$0.042616\text{S}\cdot\text{m}^2\cdot\text{mol}^{-1}$和 $0.012645\text{S}\cdot\text{m}^2\cdot\text{mol}^{-1}$。

(1) 求 25℃ 时纯水的电导率；

(2) 利用该纯水配制 AgBr 饱和水溶液，测得溶液的电导率 κ(溶液) $= 1.664\times10^{-5}\text{S}\cdot\text{m}^{-1}$。求 AgBr(s)在纯水中的溶解度。

[答案：(1)$\kappa(H_2O) = 5.500\times10^{-6}\text{S}\cdot\text{m}^{-1}$；(2)$c = 7.939\times10^{-6}\text{mol}\cdot\text{m}^{-3}$]

4. 计算在 298K 时，$0.1\text{mol}\cdot\text{kg}^{-1}$ 的 $ZnSO_4$ 溶液中，离子的平均活度及 $ZnSO_4$ 的活度，已知离子的平均活度因子 $\gamma_{\pm} = 0.148$。

[答案：$a_{\pm} = 0.0148$，$a(ZnSO_4) = 2.1904\times10^{-4}$]

5. 应用德拜–休克尔极限定律计算在 298K，0.002mol·kg^{-1}的 $MgCl_2$ 和 0.002mol·kg^{-1} $CuSO_4$ 混合溶液中，$CuSO_4$ 的离子平均活度因子。

[答案：$\gamma_{\pm}=0.574$]

6. 在 25℃时，电池 Zn | $ZnCl_2$(0.555mol·kg^{-1}) | AgCl(s) | Ag 的电动势 $E=1.015$V。已知，$E^{\ominus}(Zn^{2+}|Zn)=-0.7620$V，$E^{\ominus}(Cl^-|AgCl|Ag)=0.2222$V，电池电动势的温度系数 $\left(\frac{\partial E}{\partial T}\right)_p=-4.02\times10^{-4}$V·K^{-1}。

(1) 写出电极反应和电池反应；

(2) 计算反应标准常数 $K^{\ominus}$；

(3) 计算电池反应可逆热 $Q_{r,m}$；

(4) 求溶液中 $ZnCl_2$ 的平均离子活度因子 $\gamma_{\pm}$。

[答案：$K^{\ominus}=1.88\times10^{33}$；$Q_{r,m}=-2.313\times10^4$J·mol^{-1}；$\gamma_{\pm}=0.508$]

7. 写出下列电池的电极反应和电池反应，计算 25℃时各电池的电动势，各电池反应的摩尔吉布斯函数及标准平衡常数，并指明各电池反应能否自发进行。

(1) Pt | H_2(g，100kPa) | HCl($a=0.8$) | Cl_2(g，100kPa)Pt

(2) Cd | Cd^{2+}($a_{Cd}{}^{2+}=0.01$) ‖ Cl^-($a_{Cl^-}=0.5$) | Cl_2($p^{\ominus}$) | Pt

[答案：(1)$E=1.3636$V，$z=2$，$\Delta_r G_m=-263.13$kJ·mol^{-1}，$K^{\ominus}=8.11\times10^{45}$，自发进行

(2) $E=1.8381$V，$z=2$，$\Delta_r G_m=-354.70$kJ·mol^{-1}，$K^{\ominus}=3.472\times10^{59}$，自发进行]

8. 已知铅蓄电池

Pb | $PbSO_4$(s) | H_2SO_4(b=1.00mol·kg^{-1})，H_2O | $PbSO_4$(s)，PbO_2(s) | Pb

在 25℃时的电动势 $E=1.9283$V，$E^{\ominus}=2.0501$V。该电池的电池反应为

$$Pb(s)+PbO_2(s)+2SO_4{}^{2-}+4H^+ = 2PbSO_4(s)+2H_2O$$

(1) 请写出该电池的电极反应；

(2) 计算该电池中硫酸溶液对的活度 a、平均离子活度 $a_{\pm}$及平均离子活度因子 $\gamma_{\pm}$；

(3) 已知该电池的温度系数为 5.664×10^{-5}V·K^{-1}，计算电池反应的 $\Delta_r G_m$、$\Delta_r S_m$、$\Delta_r H_m$、可逆热 $Q_{r,m}$。

[答案：(1)略；(2)$a=8.731\times10^{-3}$，$a_{\pm}=0.2059$，$\gamma_{\pm}=0.1297$；

(3)$\Delta_r G_m=-372.1$kJ·mol^{-1}、$\Delta_r S_m=10.93$J·K^{-1}·mol^{-1}、

$\Delta_r H_m=-368.8$kJ·mol^{-1}、$Q_{r,m}=3.259$kJ·mol^{-1}]

9. 电池 Sb | Sb_2O_3(s) | 未知的含 H^+溶液 ‖ 饱和 KCl 溶液 | Hg_2Cl_2(s) | Hg

(1) 写出电池反应。

(2) 在 298K，当未知液为 pH=5.96 的缓冲溶液时，测得电池的电动势为 $E=0.345$V，如果测得电池的电动势为 $E=0.228$V，试计算未知溶液的 pH 值。

[答案：(1)略；(2)pH=3.98]

10. 已知电池 Pt | O_2($p^{\ominus}$) | NaOH(a) | HgO(s) | Hg(l) 在 298K 的电动势 $E=-0.3022$V，计算 HgO 在该温度下的分解压力 $p^{\ominus}$(计算所需热力学数据查附录表)。

[答案：$p^{\ominus}=3.6\times10^{-16}$Pa]

11. 在 298K 时，于氢氧燃料电池中进行下列反应：

$$H_2(g，100kPa)+\frac{1}{2}O_2(g，100kPa)=H_2O(l)$$

(1) 写出电池图式及电极反应；

(2) 应用标准电极电势表的数据计算上述电池的电动势及反应的平衡常数。

(3) 已知 $\Delta_f H_m^\ominus(H_2O, l) = -285.83kJ \cdot mol^{-1}$，计算在 298K 时上述电池电动势的温度系数。

[答案：(1)略；(2)1.229V，$K^\ominus = 3.787 \times 10^{41}$；(3)$-8.46 \times 10^{-4} V \cdot K^{-1}$]

12. 在锌电极上，H_2 的超电势为 0.75V，电解含 Zn^{2+} 的浓度为 $1 \times 10^{-5} mol \cdot kg^{-1}$ 的溶液，为了不使 $H_2(g)$ 析出。问溶液的 pH 应控制为多少？

[答案：pH>2.72]

13. 在 298K 时，用铂电极电解 $1mol \cdot dm^{-3}$ 的 H_2SO_4。

(1) 计算理论分解电压；

(2) 若两电极面积均为 $1cm^2$，电解液的电阻为 100Ω，$H_2(g)$ 和 $O_2(g)$ 的超电势 $\boldsymbol{\eta}$ 与电流密度 j 的关系分别为

$\boldsymbol{\eta}\{H_2(g)\}/V = 0.472 + 0.118\lg(J/A \cdot cm^{-2})$

$\boldsymbol{\eta}\{O_2(g)\}/V = 1.062 + 0.118\lg(J/A \cdot cm^{-2})$

问当通过的电流为 1mA 时，外加电压为若干？

[答案：(1)1.229V　(2)2.155V]

第8章　化学动力学

化学热力学是以“静”的观点研究化学反应在一定条件下发生的可能性和反应进行的程度，由于它不包括时间变量而无法预测反应进行的快慢，它也不涉及系统的微观结构因而不能解释反应是如何进行的，而所有这些问题正是化学动力学要探讨的。化学动力学研究浓度、压力、温度及催化剂等各种因素对反应速率的影响，还研究反应进行时要经过哪些反应步骤，即反应的机理。

有些化学反应，从热力学角度分析，发生的可能性很大，而现实中却难以觉察它们在进行，正是由于这些反应的速率极其缓慢所致。例如，氢与氧化合成水的反应，其热力学数据如下：

$$H_2(g)+\frac{1}{2}O_2(g)=\!=\!=H_2O(l) \qquad \Delta_r G_m^{\ominus}=-237\text{kJ}\cdot\text{mol}^{-1}$$

从热力学判断该反应的趋势很大，几乎可以反应完全，但它无法给出反应完成需多长时间，有几种途径可以进行反应等。实际上，在常温下把氢和氧放在一起没有任何现象，这是由于反应速率太慢，而察觉不到，并不是没有发生反应。

这说明，在一定条件下反应进行的趋势(可能性)与反应进行的速率(现实性)是两回事。解决实际问题时必须从热力学和动力学两方面考虑，二者是不可分割的，前者解决反应的方向和限度问题，后者解决反应的速率和机理问题。如果热力学研究认为反应可以发生，但在一般情况下速率太小，可以通过动力学研究，分析如何改变温度、压力、加催化剂等使反应发生并有工业生产价值。如果热力学认为反应不可能发生，也无须进行常规动力学的研究。

通过化学动力学的研究，我们可以知道影响反应速率的因素包括：浓度(分压)、温度和催化剂；可以知道如何控制反应条件，提高主反应速率，抑制或减慢副反应的速率，以减少原料的消耗，减轻分离操作的负担，并提高化工产品的产量和质量。化学动力学还能提供如何避免危险品的爆炸、材料的腐蚀或产品的老化、变质等方面的知识。因此化学动力学研究可为科研成果的工业化进行最优设计和最优控制，为现有生产工艺选择最适宜的操作条件。

本章主要讨论反应速率方程、反应速率与反应机理的关系并简要介绍反应速率理论。

§8.1　化学反应速率及速率方程

8.1.1　反应速率的定义及测定方法

化学反应速率的定义为

$$r \xlongequal{\text{def}} \frac{1}{V}\frac{\mathrm{d}\xi}{\mathrm{d}t} \tag{8.1}$$

式中，V 为反应系统的体积。反应速率为单位体积的反应进度的变化率。若反应系统的体积是恒定的，根据反应进度的定义，得

$$r=\frac{1}{\nu_B V}\frac{dn_B}{dt}=\frac{1}{\nu_B}\frac{dc_B}{dt} \tag{8.2}$$

式中，c_B是反应任意时刻物质 B 的物质的量浓度，单位为 $mol \cdot dm^{-3}$。则反应速率的单位为 $mol \cdot dm^{-3} \cdot s^{-1}$。例如，对合成氨反应，有

$$N_2+3H_2 = 2NH_3$$

$$\begin{array}{llll} t=0 & c_{N_2,0} & c_{H_2,0} & 0 \\ t=t & c_{N_2,0}-x & c_{H_2,0}-3x & 2x \end{array}$$

用反应物或生成物任意时刻的浓度表示反应速率，得

$$r=-\frac{dc_{N_2}}{dt}=-\frac{1}{3}\frac{dc_{H_2}}{dt}=\frac{1}{2}\frac{dc_{NH_3}}{dt}$$

还可以用反应物的消耗浓度来表示反应速率，其中 $c_{N_2,0}$、$c_{H_2,0}$是反应物的起始浓度，x 是反应物 N_2的消耗浓度，则反应速率可表示为

$$r=-\frac{dc_{N_2}}{dt}=-\frac{d(c_{N_2,0}-x)}{dt}=\frac{dx}{dt}$$

$$r=-\frac{1}{3}\frac{dc_{H_2}}{dt}=-\frac{1}{3}\frac{d(c_{H_2,0}-3x)}{dt}=\frac{dx}{dt}$$

从以上表述中可以看出，无论用反应物还是生成物任意时刻的浓度来表示，得到的反应速率均相同。

如果把气体当作理想气体，反应速率可以表示为

$$r(p)=-\frac{dp_{N_2}}{dt}=-\frac{1}{3}\frac{dp_{H_2}}{dt}=\frac{1}{2}\frac{dp_{NH_3}}{dt}$$

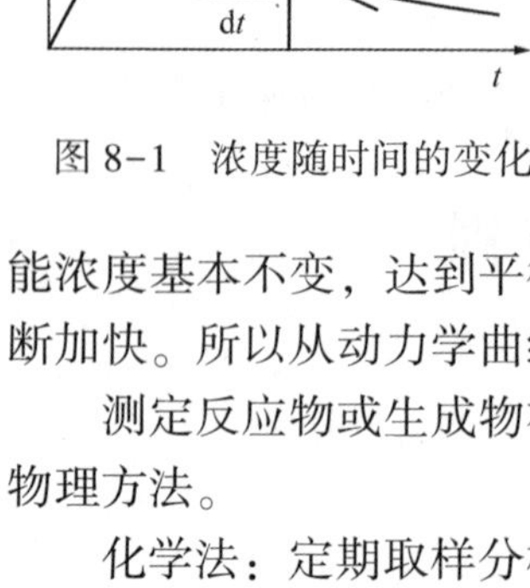

图 8-1　浓度随时间的变化

要测定化学反应速率，必须测出不同反应时刻反应物或生成物的浓度，绘制物质浓度随时间的变化曲线，即动力学曲线，然后在 t 时刻作曲线的切线，求出不同反应时刻的$\frac{dc}{dt}$，就可知道反应在 t 时刻的瞬时速率。反应开始($t=0$)时的速率$\left(\frac{dc}{dt}\right)_{t=0}$称为反应的初速，反应的初速在研究化学反应动力学时是一个重要的参数。图 8-1 是一个简单反应的动力学曲线示意图。对于大多数反应，反应物(或产物)的浓度随时间的变化关系往往不是线性的。开始时变化快些，然后越来越慢。有的反应在后来可能浓度基本不变，达到平衡。也有的反应开始时需要一定的诱导期，浓度几乎不变，然后不断加快。所以从动力学曲线上可以看出一些有关信息。

测定反应物或生成物在不同反应时刻的浓度，得出瞬时反应速率，一般可用化学方法和物理方法。

化学法：定期取样分析，在取出的样品中应使反应立即停止，则分析的结果才可以代表取样瞬间物质的浓度。使反应停止的方法包括骤冷、冲稀加入阻化剂等。

物理法：测定反应系统的物理性质随时间的变化，由物理性质与反应物或产物浓度变化(系统组成的变化)的关系，可以间接计算反应速率。例如反应系统的电导、折光率、压力、介电常数等将随着系统组成的改变而变化，对不同反应可选用不同的物理量。此法迅速而方便，并可实现自动化，有的还可连续测定。

8.1.2 基元反应和非基元反应

如果一个化学反应，反应物分子在碰撞中直接作用并即刻转化为生成物分子，这种化学反应称为基元反应。反之，就是非基元反应。例如，经研究证明，曾一直被认为是基元反应的氢与碘的气相反应，并不是一步完成的，而是由下列几个简单的反应步骤组成。

$$H_2(g)+I_2(g) = 2HI(g)$$

$$① \ I_2+M^0 \longrightarrow 2I\cdot+M_0$$

$$② \ H_2+I\cdot+I\cdot \longrightarrow HI+HI$$

$$③ \ I\cdot+I\cdot+M_0 \longrightarrow I_2+M^0$$

式中，M 代表气体中存在的 H_2和 I_2等分子，I · 代表自由原子碘，其中的黑点“ · ”表示未配对的价电子。在①式中表示 I_2分子与动能足够的 M^0分子相碰撞，使 I_2分子中共价键的一对电子发生均裂反应生成两个 I · 自由原子和一个能量较小 M_0的分子；因为 I · 自由原子很活泼，所以如②式所示它能与 H_2分子进行三体碰撞生成两个 HI 分子；两个 I · 也可能如③式所示，与能量甚低的 M_0分子相碰撞，将过剩的能量传递给它使之成为能量较高的 M^0分子后，自己变成稳定的 I_2分子。以上每个简单的反应步骤都是一个基元反应，总反应为非基元反应。

一个复杂反应要经过若干个基元反应才能完成，这些基元反应代表了反应所经过的途径，动力学上称为反应机理或反应历程。在研究化学反应速率时，常常需要了解反应机理，需要了解在化学反应过程中从反应物变为产物所经历的具体途径。例如 $H_2(g)+I_2(g) = 2HI(g)$的反应机理就是由上述三个基元反应构成的。而化学反应，除非特别指明，一般都不是基元反应。

8.1.3 基元反应的速率方程

表示反应速率与浓度等参数之间的关系，或表示浓度等参数与时间关系的方程，称为反应的速率方程，也称为动力学方程。速率方程可表示为微分形式，比如 $r=kc_A$，讨论的是反应速率与浓度的关系；也可以表示为积分形式，比如 $\ln\frac{c_A}{c_{A,0}}=-kt$，讨论的是反应物浓度与时间的关系。具体形式随反应的不同而不同。其中基元反应的速率方程最简单，可以通过质量作用定律得出。

质量作用定律表述如下：基元反应的速率与各反应物浓度的幂的乘积成正比，其中各浓度项的方次即为反应方程中各物质的系数。通过此定律可以得到基元反应的速率方程。

例如，某基元反应

$$aA+bB \longrightarrow 产物$$

根据质量作用定律，该反应的速率方程为

$$r=-\frac{dc_A}{dt}=kc_A^a c_B^b \tag{8.3}$$

其中 c_A，c_B 为时刻 t 时反应物的浓度，k 称为速率常数，它在数值上相当于当反应物的浓度为单位浓度时的反应速率。速率常数与反应的温度、反应介质(溶剂)、催化剂等有关，它的大小直接反映了速率的快慢，并且不受浓度的影响，体现了反应系统的速率特征。速率常数的量纲与反应级数有关。

需要注意的是用反应物(或产物)等不同组分表示反应速率时，其速率常数的值一般不一样。对同一个反应，当反应物的组成用分压及物质的量浓度表示时，速率常数的值也是不一样的。例如：

对于反应
$$aA(g) \longrightarrow bB(g)$$

速率方程为
$$r_c = -\frac{dc_A}{dt} = k_c c_A^n$$

由于
$$p_A = \frac{n_A RT}{V} = c_A RT$$

所以
$$r_p = -\frac{dp_A}{dt} = -\frac{d(c_A RT)}{dt} = -RT\frac{dc_A}{dt} = RTk_c c_A^n$$

又由于
$$r_p = -\frac{dp_A}{dt} = k_p p_A^n$$

所以有
$$k_p p_A^n = RTk_c c_A^n$$

$$k_p = \frac{RTk_c c_A^n}{p_A^n} = \frac{RTk_c c_A^n}{(c_A RT)^n} = k_c RT^{1-n}$$

质量作用定律只适用于基元反应。只有基元反应，有了反应方程式，就可以用质量作用定律写出速率方程，而非基元反应的速率方程要通过实验，根据反应机理逐步进行求算。值得注意的是，符合质量作用定律的反应不一定是基元反应。

8.1.4 反应级数 n

在化学反应的速率方程中，物质 B 的浓度项的方次称为反应对 B 的分级数，所有浓度项方次的代数和称为该反应的总级数，简称为反应级数，用 n 表示。

对于化学计量反应
$$aA + bB \longrightarrow dD + zZ$$
经实验测定，其速率方程可写成式(8.3)类似的形式
$$r = -\frac{dc_A}{dt} = kc_A^{n_A}c_B^{n_B} \tag{8.4}$$
式中各浓度的方次 n_A 和 n_B，分别是反应物 A 和 B 的反应分级数，反应级数 n 为
$$n = n_A + n_B$$
反应级数的大小表示浓度对反应速率影响的程度，级数越大，反应速率受浓度的影响越大。

反应分子数是指在基元反应中反应物(分子、原子、离子、自由基等)的数目。反应分子数是人们为了说明反应机理而引出的概念。根据反应分子数可将反应分为单分子反应、双分子反应和三分子反应。三分子以上的反应目前还未发现。三分子反应也很少见，因为三个分子在同一时间、同一空间碰撞而发生反应的概率是很小的。

根据反应级数的定义，基元反应的单分子反应即为一级反应，双分子反应为二级反应，三分子反应为三级反应，只有这三种情况。但对于非基元反应，反应级数必须通过实验测

定，其反应级数可能是正数，也可能是负数；可能是整数，也可能是分数或零。而且有的反应，其浓度项的方次无法简单加和，因而无法得到反应级数的值。

必须指出：反应分子数和反应级数是属于不同范畴的两个概念，前者为理论概念，后者为实验概念，必须明确地加以区别。

思考题1 什么叫基元反应和复合反应？质量作用定律适用于什么反应？

思考题2 对基元反应，反应级数和反应分子数是否一致？对于复合反应，是否有反应分子数的概念？

§8.2 简单反应级数的速率方程

一定温度下的速率方程，一般情况下用速率方程的微分形式，表示了反应速率和反应物浓度的函数关系。采用微分形式的方程便于理论分析，同时还能明显地表示出浓度对反应速率的影响。但在实际应用时，人们常想知道：在指定的时间内某反应各组分的浓度将变为多少，或者要达到一定的转化率需要反应多长时间。这就需要积分形式的速率方程了，因为它能够明确表示出反应物浓度与时间的函数关系。这里首先讨论具有简单级数反应的速率方程的微分式、积分式、速率常数的单位和半衰期等特点。

8.2.1 一级反应

若反应的速率与反应物浓度的一次方成正比，该反应就是一级反应。属于一级反应的例子很多，如气体物质的热分解、溶液(包括固溶体)中组分的分解、异构化反应及放射性元素衰变等。

某一级反应

$$\mathrm{A} \longrightarrow \mathrm{P}$$

反应速率方程的微分式

$$r=-\frac{\mathrm{d}c_{\mathrm{A}}}{\mathrm{d}t}=kc_{\mathrm{A}} \tag{8.5}$$

速率方程的不定积分式

$$\int -\frac{\mathrm{d}c_{\mathrm{A}}}{c_{\mathrm{A}}}=\int k\mathrm{d}t$$

$$\ln c_{\mathrm{A}}=-kt+\text{常数} \tag{8.6}$$

可以知道 $\ln c_{\mathrm{A}} \sim t$ 呈线性关系。

速率方程的定积分式

$$\int_{c_{\mathrm{A},0}}^{c_{\mathrm{A}}} -\frac{\mathrm{d}c_{\mathrm{A}}}{c_{\mathrm{A}}}=\int_0^t k\mathrm{d}t$$

$$\ln\frac{c_{\mathrm{A}}}{c_{\mathrm{A},0}}=-kt \tag{8.7}$$

式中，c_{A}是反应进行到 t 时刻时反应物的浓度，$c_{\mathrm{A},0}$是反应物的起始浓度。

式(8.7)清楚地表明了反应物浓度与时间、速率常数之间的定量关系。利用定积分式，可以用实验测量的或已知的数值，求未知的。

动力学中把反应物消耗一半时所用的时间称为半衰期，用$t_{1/2}$表示。

当$c_A=\frac{c_{A,0}}{2}$时，得

$$t_{1/2}=\frac{\ln 2}{k} \tag{8.8}$$

从式(8.8)可知，一级反应的半衰期是一个与反应物起始浓度无关的数值，而与速率常数成反比。对于一个给定反应，在一定温度下，半衰期是一个常数，这正是一级反应的鲜明特点。

总结一级反应的特征：$\ln c_A \sim t$ 呈线性关系，通过作图得到一条直线，利用直线的斜率可以求出速率常数；速率常数的单位为[时间]$^{-1}$；其半衰期只与速率常数有关。

【例 8.1】 某反射性元素经 14 天后，活性降低了 6.85%。试求该放射性元素的半衰期。若要分解掉 90%，需经多长时间？

解： 设反应开始时，其活性组分为 100%，14 天(d)后，剩余的活性组分为 6.85% ~ 100%，则

$$k=-\frac{1}{t}\ln\frac{c_A}{c_{A,0}}=-\frac{1}{14\text{d}}\ln\frac{100-6.58}{100}=5.07\times10^{-3}\text{d}^{-1}$$

$$t_{1/2}=\frac{\ln 2}{k}=\frac{\ln 2}{5.07\times10^{-3}\text{d}^{-1}}=136.7\text{d}$$

$$t=-\frac{1}{k}\ln\frac{c_A}{c_{A,0}}=-\frac{1}{5.07\times10^{-3}\text{d}^{-1}}\ln\frac{100-90}{100}=454.2\text{d}$$

【例 8.2】 双光气分解反应 $ClCOOCl_3 = 2COCl_2$ 为一级反应，将一定量双光气迅速引入一个 553K 的恒容容器中，751s 后测得体系压力为 2710Pa，经很长时间反应终了时测得体系压力为 4008Pa，求其速率常数。

解：

	$ClCOOCl_3 = 2COCl_2$		
$t=0$	$p_{A,0}$	0	
$t=t$	$p_{A,0}-p$	$2p$	$p_{总}=p_{A,0}+p$
$t=\infty$	0	$2p_{A,0}$	

$$r=-\frac{\text{d}p_A}{\text{d}t}=k_1 p_A$$

$$k=\frac{1}{t}\times\ln\frac{p_{A,0}}{p_A}=\frac{1}{t}\times\ln\frac{p_{A,0}}{p_{A,0}-p}$$

因为 $2p_{A,0}=4008\text{Pa}$

所以 $p_{A,0}=2004\text{Pa}$

在 751s 时，有 $2710=2004+p$，则 $p=2710\text{Pa}-2004\text{Pa}=706\text{Pa}$

$$p_{A,0}-p=2004\text{Pa}-706\text{Pa}=1298\text{Pa}$$

将以上数据代入得 $k=\frac{1}{t}\times\ln\frac{p_{A,0}}{p_{A,0}-p}=\frac{1}{751\text{s}}\ln\frac{2004\text{Pa}}{1298\text{Pa}}=5.8\times10^{-4}\text{s}^{-1}$

8.2.2 二级反应

如果化学反应的速率与反应物浓度的二次方成正比，此反应就为二级反应。二级反应是

最常见的反应，例如碘化氢气体的热分解、氢和碘蒸气的化合、烯烃的二聚反应、皂化反应、酯化反应等。

常见的二级反应有两种类型：

① A +B ⟶P $r=-\frac{dc_A}{dt}=kc_Ac_B$

② 2A ⟶P $r=-\frac{dc_A}{dt}=kc_A^2$

对于类型①，如果 A 和 B 的起始浓度相同$c_{A,0}=c_{B,0}$，则速率方程与类型②的相同。下面首先讨论此类二级反应的速率方程，先写出微分式速率方程

$$r=-\frac{dc_A}{dt}=kc_A^2 \tag{8.9}$$

速率方程的不定积分式

$$\int -\frac{dc_A}{c_A^2}=\int k dt$$

$$\frac{1}{c_A}=kt+常数 \tag{8.10}$$

从式(8.10)可以看出二级反应以$\frac{1}{c_A}\sim t$ 呈直线关系，通过作图可以求出速率常数。

速率方程的定积分式

$$\int_{c_{A,0}}^{c_A} -\frac{dc_A}{c_A^2}=\int_0^t k dt$$

$$\frac{1}{c_A}-\frac{1}{c_{A,0}}=kt \tag{8.11}$$

当$c_A=\frac{c_{A,0}}{2}$时，$t=t_{1/2}$，则

$$t_{1/2}=\frac{1}{kc_{A,0}} \tag{8.12}$$

由以上各式可知反应物起始浓度相同的二级反应的特点是：$1/c_A\sim t$ 呈直线关系；反应速率常数的单位是[浓度]$^{-1}$ · [时间]$^{-1}$；半衰期与反应物起始浓度成反比。

下面讨论类型①中反应物起始浓度不同时速率方程的形式。当 $c_{A,0}\neq c_{B,0}$，A、B 在任意时刻 t 消耗的浓度是一样的，设其为 x。则速率方程的微分式为

$$r=-\frac{d(c_{A,0}-x)}{dt}=k(c_{A,0}-x)(c_{B,0}-x)$$

$$r=\frac{dx}{dt}=k(c_{A,0}-x)(c_{B,0}-x) \tag{8.13}$$

对上式不定积分得

$$\int\frac{dx}{(c_{A,0}-x)(c_{B,0}-x)}=\int k dt$$

$$\frac{1}{c_{A,0}-c_{B,0}}\ln\frac{c_{A,0}-x}{c_{B,0}-x}=kt+常数 \tag{8.14}$$

从式(8.14)可以看出二级反应的 $\ln \frac{c_{A,0}-x}{c_{B,0}-x} \sim t$ 呈直线关系，通过作图可以求出速率常数。

对式(8.13)进行定积分得速率方程的积分形式

$$\int_0^x \frac{dx}{(c_{A,0}-x)(c_{B,0}-x)} = \int_0^t k dt$$

$$\frac{1}{(c_{A,0}-c_{B,0})} \ln \frac{c_{B,0}(c_{A,0}-x)}{c_{A,0}(c_{B,0}-x)} = kt \tag{8.15}$$

由于这类反应的特点是反应物的起始浓度不同，A、B 消耗掉 1/2 所需的时间并不相同，故这类反应只可分别测定或计算 A、B 的半衰期，而不能得到整个反应的半衰期。反应速率常数的单位仍然是$[浓度]^{-1} \cdot [时间]^{-1}$。

如果在某化学反应中，某个反应物的浓度远远大于另一反应物的浓度，在反应过程中可近似看作不变，则可将其浓度项作为常数对待，这种处理方法使反应级数变小，常称其为准级数反应。例如，某反应的速率方程为

$$r = kc_A c_B$$

若 $c_A \gg c_B$，则

$$r = k' c_B$$

$$k' = kc_A$$

该反应原来是二级反应，现在变成了一级反应，称为准一级反应，可以用一级反应的方法进行计算，因此是一种常用的简化方法。例如蔗糖水解，就可以看作准一级反应。

【例 8.3】 在一定温度下，已知某 A+B ══ C 的反应，反应物的起始浓度为 a。实验测定该反应是二级反应，1h 后，发现反应物的浓度下降了 75%。试求：(1)该反应的速率常数的表达式；(2)2h 后，反应物还剩余多少没有作用？

解：(1) $k = \frac{1}{t} \cdot \left[\frac{1}{c_A} - \frac{1}{c_{A,0}}\right] = \frac{1}{1h}\left[\frac{1}{a(1-0.75)} - \frac{1}{a}\right] = \frac{3}{a} h^{-1}$

(2) 根据式(8.11)得

$$\frac{1}{c_A} = \frac{1}{c_{A,0}} + kt = \frac{1}{a} + \frac{3}{a} h^{-1} \times 2h = \frac{7}{a}$$

$$c_A = \frac{a}{7}$$

还剩余了起始浓度的 $\frac{1}{7}$，即 14.3%没有作用。

【例 8.4】 乙醛的气相分解反应为二级反应

$$CH_3CHO ══ CH_4 + CO$$

定容反应时，系统压力增加，测得 518℃下，不同时刻容器内总压力 p 的数据如下：

t/s	0	73	242	480	840	1440
p/kPa	48.4	55.6	66.25	74.25	80.9	86.25

求此反应的速率常数。

解：设起始压力为 p_0，t 时刻乙醛压力降低了 x，根据反应可写出

$$CH_3CHO \longrightarrow CH_4 + CO$$

$$\begin{array}{llll} t=0 & p_0 & 0 & 0 \\ t=t & p_0-x & x & x \end{array}$$

t 时刻容器中总压力为

$$p=p_0-x+2x=p_0+x$$

$$x=p-p_0$$

t 时刻乙醛压力为 $p_t=p_0-x=2p_0-p$

代入二级反应速率方程式

$$\frac{1}{p_t}-\frac{1}{p_0}=kt$$

得

$$k=\frac{1}{t}\left(\frac{1}{p_t}-\frac{1}{p_0}\right)=\frac{1}{t}\left(\frac{1}{2p_0-p}-\frac{1}{p_0}\right)$$

将已知数据代入，可求得如下结果：

t/s	0	73	242	480	840	1440
p/kPa	48.4	55.6	66.25	74.25	80.9	86.25
$k\times10^{-5}/(\text{kPa}^{-1}\cdot\text{s}^{-1})$	—	4.96	4.98	4.94	5.03	5.15

速率常数的平均值 $k=5.0\times10^{-5}\text{kPa}^{-1}\cdot\text{s}^{-1}$

8.2.3 零级反应

若某一反应经实验测定，反应的速率与反应物浓度的零次方成正比，那么该反应称为零级反应。许多表面催化反应属于零级反应，如氨气在钨丝上的分解反应 $2NH_3 \longrightarrow N_2+3H_2$；氧化亚胺在铝丝上的分解反应 $2N_2O \longrightarrow 2N_2+O_2$。这类零级反应大都是在催化剂表面上发生的，在给定的气体浓度(分压)下，催化剂表面已被反应物分子饱和，再增加气相浓度(分压)，并不能改变催化剂表面上反应物的浓度，当表面反应为速率控制步骤时，总的反应并不再依赖于反应物在气相的浓度，这样，反应在宏观上必然遵循零级反应的规律。纯液体或纯固体的分解等，都是零级反应。

例如，某一反应为零级反应

$$A \longrightarrow P$$

则该反应速率方程的微分表达式为

$$r=-\frac{dc_A}{dt}=kc_A^0=k \tag{8.16}$$

从式(8.16)可知，零级反应实际是反应速率与反应物浓度无关的反应，即不管 A 的浓度为多少，单位时间 A 发生反应的数量总是那么多。

积分式(8.16)得

$$\int_{c_{A,0}}^{c_A} -dc_A=\int_0^t k dt$$

$$c_{A,0}-c_A=kt \tag{8.17}$$

式中，$c_{A,0}$为反应开始($t=0$)时反应物的浓度，c_A为反应到某一时刻 t 时反应物的浓度。由式(8.17)可以看出，零级反应 $c_A \sim t$ 呈线性关系。

当$c_A = \frac{c_{A,0}}{2}$时，代入式(8.17)得到零级反应的半衰期与反应物起始浓度之间的关系

$$t_{1/2} = \frac{c_{A,0}}{2k} \tag{8.18}$$

所以零级反应的特点是：反应物的浓度与时间 t 呈线性关系；速率常数的单位是[浓度]·[时间]$^{-1}$；半衰期与反应物的起始浓度成正比。

在实际应用中，一些光化学反应往往只与吸收光的强度有关，光的强度保持恒定则为等速反应，反应速率与反应物的浓度无关，因而可以看作零级反应。

【例 8.5】 某化学反应在反应中可以随时检测物质 A 的含量，设反应对 A 来说是零级，1h 后发现 A 已作用了 75%，试问 2h 后 A 是否有剩余，如果没有剩余，则完成反应需多长时间？

解： 因为

$$c_{A,0} - c_A = kt$$

则

$$(1-25\%)c_{A,0} = kt$$

$$k = 0.75c_{A,0}\text{h}^{-1}$$

当 $t = 2\text{h}$

$$(1-y)c_{A,0} = 0.75c_{A,0} \times 2$$

$$y = -0.5$$ 表示 A 早已作用完毕

按零级反应计算，A 作用完所需的时间 t 为

$$(1-0)c_{A,0} = kt$$

$$c_{A,0} = 0.75c_{A,0}t\text{h}^{-1}$$

$$t = 1/0.75\text{h}$$

$$t = 1.33\text{h}$$

8.2.4 *n* 级反应

反应速率与反应物浓度的 n 次方成正比，n 值可以是 0、1、2、3、…，也可以是 1/2、3/2…，等。以此来导出各种反应级数的一般表达式。

某反应

$$a\text{A} \longrightarrow \text{P}$$

该反应速率方程的微分式为

$$r = -\frac{\text{d}c_A}{\text{d}t} = kc_A^n \tag{8.19}$$

对此式进行定积分，得

$$\int_{c_{A,0}}^{c_A} -\frac{\text{d}c_A}{c_A^n} = \int_0^t k\text{d}t$$

$$\frac{1}{n-1}\left(\frac{1}{c_A^{n-1}} - \frac{1}{c_{A,0}^{n-1}}\right) = kt \tag{8.20}$$

通过上式可以看出该反应$\frac{1}{c_A^{n-1}} \sim t$ 呈直线关系，速率常数的单位为[浓度]$^{1-n}$·[时间]$^{-1}$。

将$c_A = \frac{c_{A,0}}{2}$代入式(8.20)中，得半衰期

$$t_{1/2} = \frac{2^{n-1}-1}{(n-1)kc_{A,0}^{n-1}} \tag{8.21}$$

很显然半衰期与$c_{A,0}^{n-1}$成反比，但式(8.20)和式(8.21)对一级反应不适用。

当反应条件满足以下之一者，皆符合上述通式。

① 只有一种反应物的反应，即 A ══ 产物。

② 除了一种反应物的反应外，其余组分保持大量过剩的反应，在反应中可以看成浓度不变。那么，反应速率就只与这一种物质的浓度的 n 次方成正比，而“准 n 级反应”可近似做 n 级反应处理。

③ 各组分初始浓度与计量系数成正比。

表 8.1 为具有简单级数的速率方程及对应级数的特征。

表 8.1 具有简单级数的速率方程

级数	速率方程		特征		
	微分式	积分式	半衰期	直线关系	k 的单位
0	$-\frac{dc_A}{dt}=k$	$c_{A,0}-c_A=kt$	$\frac{c_{A,0}}{2k}$	$c_A \sim t$	[浓度]·[时间]$^{-1}$
1	$-\frac{dc_A}{dt}=kc_A$	$\ln\frac{c_A}{c_{A,0}}=-kt$	$\frac{\ln 2}{k}$	$\ln c_A \sim t$	[时间]$^{-1}$
2	$-\frac{dc_A}{dt}=kc_A^2$	$\frac{1}{c_A}-\frac{1}{c_{A,0}}=kt$	$\frac{1}{kc_{A,0}}$	$\frac{1}{c_A} \sim t$	[浓度]$^{-1}$·[时间]$^{-1}$
n	$-\frac{dc_A}{dt}=kc_A^n$	$\frac{1}{n-1}\left(\frac{1}{c_A^{n-1}}-\frac{1}{c_{A,0}^{n-1}}\right)=kt$	$t_{\frac{1}{2}}=\frac{2^{n-1}-1}{(n-1)kc_{A,0}^{n-1}}$	$c_A^{n-1} \sim t$	[浓度]$^{1-n}$·[时间]$^{-1}$

思考题 3 具有简单级数的反应是否一定是基元反应？

思考题 4 对于简单级数反应，从速率常数的单位上能否判断出反应级数？

§8.3 反应级数的测定

根据具有简单级数反应的一些特点，可以反过来确定某个反应的级数。要达到这一目的，首先要得到一系列可靠的数据，如一定温度下不同时刻 t 的反应物的浓度或压力，改变反应物的起始浓度测得的反应半衰期等。然后再考虑选用如下何种方法来确定反应的级数。

8.3.1 微分法

微分法是对 n 级反应的微分式(8.19)两边取对数，得

$$\ln\left(-\frac{dc_A}{dt}\right) = \ln k + n\ln c_A \tag{8.22}$$

根据式(8.22)可以看出，要求得反应级数，首先要测定不同时刻 t 时反应物的瞬间浓度 c_A，

作$c_A \sim t$曲线，求出曲线上每一点的切线斜率，即为$-\frac{dc_A}{dt}$，然后以$\ln\left(-\frac{dc_A}{dt}\right) \sim \ln c_A$作图，那么，所得直线的斜率就是反应级数 n。该方法适用于任何级数的反应，但是作切线可能会引入较大的误差。

【例 8.6】 用微分法求反应级数。已知化学反应 $2NO(g)+2H_2(g) = N_2(g)+2H_2O(g)$ 在恒容的条件下进行，测定两组实验数据。第一组保持 $H_2(g)$ 的初压力一定，改变 NO(g) 的初始压力，然后测定以总压随时间的变化所表示的反应的初速率；第二组保持 NO(g) 的压力不变，改变 $H_2(g)$ 的压力，同样记录反应的初速率。实验数据如表 8.2 所示，求反应分别对 NO(g)、$H_2(g)$ 的级数(初速率单位为 $kPa \cdot min^{-1}$)。

表 8.2 实验数据

$p^0(H_2)=53.33kPa$			$p^0(NO)=53.33kPa$		
实验	$p^0(NO)/kPa$	$-(dp/dt)_0$	实验	$p^0(H_2)/kPa$	$-(dp/dt)_0$
1	47.86	20.00	1	38.53	21.33
2	40.00	13.73	2	27.33	14.67
3	20.27	3.33	3	19.60	10.53

解：

$$\begin{array}{cccc} 2NO(g) & +2H_2(g) = & N_2(g) & +2H_2O(g) \\ A & B & C & D \end{array}$$

用压力表示的动力学方程为

$$-\left(\frac{dp}{dt}\right)_0 = k_p (p_A^0)^a (p_B^0)^b \tag{1}$$

$$\ln\left(-\frac{dp}{dt}\right)_0 = \ln k_p + a\ln p_A^0 + b\ln p_B^0$$

以 $\ln\left(-\frac{dp}{dt}\right)_0$ 分别对 $\ln p_A^0$、$\ln p_B^0$作图，可得两条直线，从直线斜率可分别求得 $a \approx 2$，$b \approx 1$。

也可用实验数据代入上式(1)中分别计算 a、b 值。例如将第一组实验 1 和实验 2 的数据代入上式(1)，得

$$20.00kPa \cdot min^{-1} = k_p(47.86kPa)^a(53.33kPa)^b$$

$$13.73kPa \cdot min^{-1} = k_p(40.00kPa)^a(53.33kPa)^b$$

解得 $a \approx 2$，同理可求出另外两组数据的 a 值再取平均值。同法可求得 $b \approx 1$。

微分法求反应级数作图比较麻烦，引入误差比较大，但对具有简单级数的反应比较适用。

8.3.2 积分法

积分法也称为尝试法。就是找出某一化学反应的 c_A 与 t 的关系适合哪种级数的动力学积分式，从而确定该反应的级数。

该法可分为代入法和作图法。首先假设反应是整级数反应(通常设为二级)，然后将不同时刻 t 及与其对应的反应物的浓度代入二级反应的定积分式中，求反应的速率常数，看是否基本为一常数，若是，则该反应为二级反应，若不是，再假设为另一个整级数反应，重复上述步骤来确定反应的级数。或者，将实验数据代入二级反应的线性关系式中，作图看是否

得到直线，若基本为一直线，则可以判断该反应为二级反应。积分法只适用于整级数反应。

【例 8.7】 用积分法求反应级数。已知化学反应 $C_2H_5NH_2(g) \longrightarrow NH_3(g)+C_2H_4(g)$ 在 773K 及恒容条件下，在不同时刻测得的总压力的变化值 Δp 列于表 8.3 中，Δp 指在 t 时刻体系压力的增加值。反应开始时只含有乙胺，压力 $p_0=7.33\text{kPa}$。求该反应的级数和速率常数 k 值。

表 8.3 不同时刻测得的总压力变化值

t/min	Δp/kPa	t/min	Δp/kPa
1	0.67	10	4.53
2	1.20	20	6.27
4	2.27	30	6.93
8	3.87	40	7.18

解：

$$C_2H_5NH_2(g) \longrightarrow NH_3(g)+C_2H_4(g)$$

	A	B	C
$t=0$	p_0	0	0
$t=t$	$p_0-\Delta p$	Δp	Δp

动力学方程为
$$-\frac{\mathrm{d}p_A}{\mathrm{d}t}=k\,p_A^n$$

n 为反应级数，设其分别为 1、2，代入后积分得

$n=1$
$$\ln\frac{p_0}{p_0-\Delta p}=k_1 t \tag{1}$$

$n=2$
$$\frac{1}{p_0-\Delta p}-\frac{1}{p_0}=k_2 t \tag{2}$$

分别用各组实验数据代入式(1)、式(2)，计算各个 k 值。结果表明只有 k_1 基本为一常数，而 k_2 不是常数，所以该反应为一级反应，$\overline{k_1}=0.0938\text{min}^{-1}$。

本题也可用 $\ln(p_0-\Delta p)$ 和 $\frac{1}{p_0-\Delta p}$ 对 t 作图，若得一直线说明对应的 n 值就是反应的级数，k 值可从直线斜率求得。

8.3.3 半衰期法

半衰期法的依据是化学反应的半衰期和反应物的起始浓度之间的关系，与反应级数有关。对同一个化学反应在相同的实验条件下，反应物取两个不同的起始浓度 $c_{A,0}$、$c'_{A,0}$，分别测定其半衰期为 $t_{1/2}$、$t'_{1/2}$。若两个半衰期相同，就是一级反应；如果不同，代入式(8.21)，相比，消去常数，得

$$\frac{t_{1/2}}{t'_{1/2}}=\left(\frac{c'_{A,0}}{c_{A,0}}\right)^{n-1} \tag{8.23}$$

等式两边取对数，得

$$n=1+\frac{\lg(t_{1/2}/t'_{1/2})}{\lg(c'_{A,0}/c_{A,0})} \tag{8.24}$$

这样，用两组数据即可求得反应级数。

若数据较多，可用作图法。将式(8.21)两边取对数，得

$$\lg t_{1/2}=\lg\frac{2^{n-1}}{(n-1)k}+(1-n)\lg c_{A,0} \tag{8.25}$$

作 $\lg t_{1/2}\sim\lg c_{A,0}$图，应得一直线，由直线的斜率即可求得 n。

【例 8.8】 氰酸铵在水溶液中转化为尿素的反应为

$$NH_4OCN = CO(NH_2)_2$$

在相同的反应条件下，用三个不同起始浓度，测得三个半衰期值，试确定该反应的级数。

$a/(\mathrm{mol\cdot dm^{-3}})$	0.05	0.10	0.20
$t_{1/2}/\mathrm{h}$	37.03	19.15	9.45

解：从实验数据看，该反应不可能是零级反应，因为零级反应的半衰期与反应物的起始浓度成正比，也不可能是一级反应，因为一级反应的半衰期与反应物起始浓度无关。用两种方法可以证明是否是二级反应。

方法 1：代入用半衰期法测定反应级数的公式。

$$n=1+\frac{\lg(t_{1/2}/t'_{1/2})}{\lg(c'_{A,0}/c_{A,0})}$$

$$n=1+\frac{\lg(37.03/19.15)}{\lg(0.10/0.05)}=1.95\approx2.0$$

$$n=1+\frac{\lg(19.15/9.45)}{\lg(0.20/0.10)}=2.0$$

方法 2：看半衰期是否正好与反应物的起始浓度成反比。

$t_{1/2}$　　37.03∶19.15∶9.45＝4∶2∶1

$1/a$　　1/0.05∶1/0.10∶1/0.20＝4∶2∶1

符合二级反应的特点，所以该反应是二级反应。

§8.4　温度对反应速率的影响

早期实验就有人发现，温度对化学反应速率的影响十分显著，但最早是由范特霍夫(van't Hoff)提出了温度与反应速率之间的定量关系。他在总结大量实验数据的基础上给出了一个经验规则：在通常的反应温度范围内，温度每升高 10K，反应速率是原速率的 2～4 倍。用公式表示为

$$\frac{k(T+10\mathrm{K})}{k(T)}=2\sim4 \tag{8.26}$$

但是范特霍夫经验规则只能粗略地估计温度对反应速率的影响，并不很精确。

8.4.1　阿伦尼乌斯方程

1889 年，阿伦尼乌斯(Arrhenius)根据实验总结出了温度影响速率常数的经验公式，该公式有多种表示形式，可以根据需要选用。

微分式为

$$\frac{\mathrm{d}\ln k}{\mathrm{d}T}=\frac{E_a}{RT^2} \tag{8.27}$$

式中，E_a为阿伦尼乌斯活化能，单位为$J \cdot mol^{-1}$。

该公式表明了$\ln k$随T的变化率与活化能E_a成正比，活化能越高，反应速率随温度的升高增加得越快，对温度越敏感。将式(8.27)改写后得到活化能的定义式

$$E_a \overset{\text{def}}{=\!=\!=} RT^2 \frac{d\ln k}{dT} \tag{8.28}$$

如果温度变化范围不大，在此区间内E_a可以看作常数与温度无关。对式(8.27)作不定积分，得阿伦尼乌斯方程的不定积分式

$$\ln k = -\frac{E_a}{RT} + \ln A \tag{8.29}$$

式中，$\ln A$为积分常数。

可以看出用$\ln k$对$\frac{1}{T}$作图，将得到一条直线，从直线的斜率可以求出活化能。

定积分式为

$$\ln \frac{k_2}{k_1} = -\frac{E_a}{R}\left(\frac{1}{T_2} - \frac{1}{T_1}\right) \tag{8.30}$$

利用式(8.30)，若已知两个温度下的速率常数k，可求出反应的活化能E_a。也可从已知的活化能和某一温度时的k值求出另一温度下的k值。

指数式

$$k = A\exp\left(-\frac{E_a}{RT}\right) \tag{8.31}$$

式中，A称为指前因子，是与温度无关的常数，与速率常数具有相同的单位，但仅仅是一种经验常数。

阿伦尼乌斯方程的应用范围很广，由于其本身为经验式，故只要反应速率是随温度升高而增加，不论是基元反应和非基元反应均适用。但如果非基元反应的动力学公式不能表达为统一的速率常数，或反应速率并非随温度升高而增加就不适用了，如图 8-2 所示，表示了温度对反应速率较为复杂的一些影响情况。

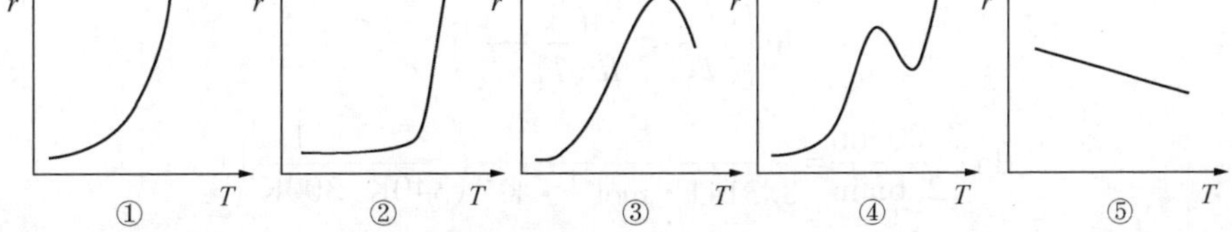

图 8-2　反应速率与温度关系的五种类型

① 反应速率随着温度的升高呈指数关系上升，大部分反应属于这一类型，本节主要讨论这类反应。

② 表示爆炸反应，反应开始随温度升高速率变化不大，当温度达到燃点，反应速率突然增大。

③ 开始时反应随温度的升高而增加，但到达一定温度时，速率反而下降。酶催化和多相催化反应会出现这种情况。

④ 此种情况表明可能发生了副反应。在有机物加氢、脱氢反应中可观察到。

⑤ 温度升高速率反而下降，如 $2NO+O_2 \longrightarrow 2NO_2$ 就属于这种情况。这种类型不多见。

【例 8.9】 有两个反应，反应(1)的活化能 $E_{a,1}$ 为 $100kJ \cdot mol^{-1}$，反应(2)的活化能 $E_{a,2}$ 为 $150kJ \cdot mol^{-1}$。设它们的指前因子 A 相同。当温度由 300K 上升至 310K 时，试分别求算两个反应在 310K、300K 的速率常数的比值。

解：此题可用指数式求解，也可以用定积分式求解，结果是一样的。若用定积分公式求解，为

$$\ln\frac{k_1(310K)}{k_1(300K)}=\frac{E_{a,1}}{R}\left(\frac{1}{300K}-\frac{1}{310K}\right)$$

$$=\frac{100\times1000J \cdot mol^{-1}}{8.314J \cdot mol^{-1} \cdot K^{-1}}\left(\frac{1}{300K}-\frac{1}{310K}\right)=1.293$$

$$\frac{k_1(310K)}{k_1(300K)}=3.64$$

同理，将 $E_a=150kJ \cdot mol^{-1}$ 代入，得

$$\frac{k_1(310K)}{k_1(300K)}=6.96$$

由计算可见，活化能大的反应，在温度变化相同时，k 的变化也大，也就是活化能大的反应其反应速率对温度的变化更敏感。

【例 8.10】 某一级反应，在 340K 时反应物转化 20%需时 3.20min，而在 300K 时转化相同量需时 12.6min。计算该反应的活化能。

解：用阿伦尼乌斯定积分式

$$\ln\frac{k_2}{k_1}=\frac{E_a}{R}\left(\frac{1}{T_1}-\frac{1}{T_2}\right)$$

由于同一反应达到相同的转化率，则

$$\frac{k_2}{k_1}=\frac{t(T_1)}{t(T_2)}$$

$$\ln\frac{t(T_1)}{t(T_2)}=\frac{E_a}{R}\left(\frac{1}{T_1}-\frac{1}{T_2}\right)$$

$$\ln\frac{3.20min}{12.6min}=\frac{E_a}{8.314J \cdot mol^{-1} \cdot K^{-1}}\left(\frac{1}{340K}-\frac{1}{300K}\right)$$

得

$$E_a=29.06kJ \cdot mol^{-1}$$

8.4.2 基元反应的活化能

从上面的讨论可以看出，活化能对反应速率常数影响很大，温度相同时，活化能越大，反应速率常数越小。阿伦尼乌斯认为，反应物分子要起反应，首要条件是彼此必须相互接触并发生碰撞，但并不是任何反应物分子相互碰撞后都可以生成产物，而是只有那些具有足够能量的反应物分子的碰撞才能克服新键形成前的斥力和旧键断开前的引力，反应形成产物。这种比一般分子平均能量高的可以发生有效碰撞的分子称为活化分子。活化分子具有的平均

能量与反应物分子平均能量的差值称为活化能。这就是说一般分子只有获得一定的能量后，才能成为活化分子而具有进行化学反应的能力，活化分子的能量越高，分子越活泼。在化学反应速率理论中，基元反应的活化能有明确的物理意义。目前常用的是托尔曼(Tolman)从统计力学的观点对基元反应活化能的解释，即基元反应的活化能等于活化分子的平均能量与反应物分子平均能量的差值。

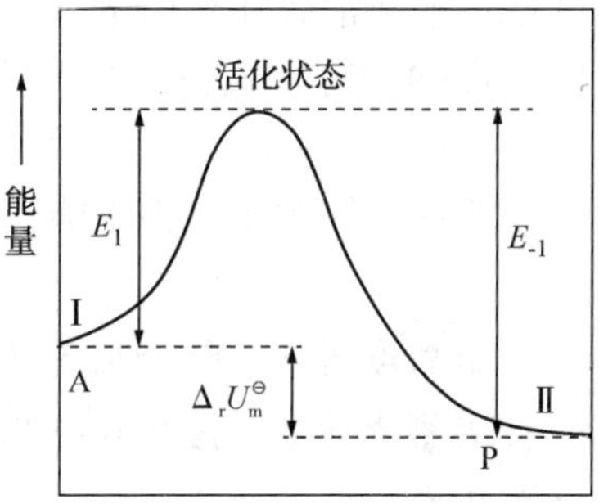

图 8-3　基元反应活化能示意图

如图 8-3 所示，从反应物 A 到生成物 P，必须经过活化状态。活化状态与 A 的平均能量Ⅰ的差值称为正反应的活化能 E_1，活化状态与 P 的平均能量Ⅱ的差值称为逆反应的活化能 E_{-1}。很明显，如果生成物的平均能量大于反应物的平均能量，则是吸热反应，反之，则是放热反应。

对非基元反应，活化能没有明确的物理意义，它仅仅是构成反应历程的各个基元反应的活化能的特定组合而已。

反应的速率可以通过催化剂调控。一般认为，催化剂的主要作用是与反应物反应，生成中间产物，同时催化剂一定会在随后形成产物的过程中重新生成出来。即催化剂参与反应，改变其活化能，改变反应机理，从而导致反应速率的改变。但催化剂不能改变反应的平衡规律。同时催化剂具有选择性，即对多个平行反应，使用不同的催化剂能使某个反应的速率提高，但其他反应速率无显著改变。

对于一个正向、逆向都能进行的反应，如：

$$A \underset{k_{-1}}{\overset{k_1}{\rightleftharpoons}} P$$

根据阿伦尼乌斯方程，得

$$\frac{\mathrm{d}\ln k_1}{\mathrm{d}T}=\frac{E_1}{RT^2}$$

$$\frac{\mathrm{d}\ln k_{-1}}{\mathrm{d}T}=\frac{E_{-1}}{RT^2}$$

$$\frac{\mathrm{d}\ln(k_1/k_{-1})}{\mathrm{d}T}=\frac{(E_1-E_{-1})}{RT^2} \tag{8.32}$$

在化学平衡中讨论温度对平衡的影响时，曾介绍范特霍夫等压方程

$$\frac{\mathrm{d}\ln K^{\ominus}}{\mathrm{d}T}=\frac{\Delta_r H_m^{\ominus}}{RT^2}$$

若用浓度表示，可得到相应公式

$$\frac{\mathrm{d}\ln K_c}{\mathrm{d}T}=\frac{\Delta_r U_m}{RT^2} \tag{8.33}$$

式中，K_c是平衡常数，$\Delta_r U_m$是反应进度为 1mol 时的热力学能变。

该反应的平衡常数用浓度表示，可写为

$$K_c=\frac{c_P}{c_A}=\frac{k_1}{k_{-1}} \tag{8.34}$$

可见，平衡常数在数值上等于正、逆反应的速率常数之比。

比较式(8. 32)、式(8. 33)与式(8. 34)，得

$$\Delta_r U_m = E_1 - E_{-1} \tag{8.35}$$

即反应的摩尔热力学能变等于正、逆反应活化能之差。

思考题5 阿伦尼乌斯方程是否适用于所有反应？

思考题6 活化分子具有的平均能量与反应物分子平均能量的差值称为活化能，这一概念是否适用于非基元反应？

思考题7 阿伦尼乌斯公式有几种形式？它们的适用条件是什么？公式中的活化能对基元反应与复杂反应的含义有何种不同？

思考题8 增加温度、反应物浓度或催化剂都能使反应速率增大，原因是否一样？

思考题9 反应活化能愈大是表示分子也愈活化呢？还是愈不易活化？活化能愈大的反应受温度影响是愈大还是愈小？

§8.5 典型复合反应

8.5.1 平行反应

反应物能同时进行几种不同反应的反应，称为平行反应，这种情况在有机合成和化工生产中经常发生。例如，氯苯再氯化，可得邻位和对位二氯苯两种产物，就为平行反应。平行反应中，生成主要产物的反应称为主反应，其余的反应称为副反应。

设反应物 A 发生平行反应，既能反应生成 B，又可以反应生成 C，即

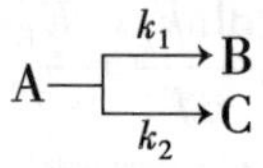

现在讨论比较简单的情况。设两个反应都是一级反应，而且，反应起始时，$c_{B,0}=c_{c,0}=0$，得

$$r_1 = \frac{dc_B}{dt} = k_1 c_A \tag{8.36}$$

$$r_2 = \frac{dc_C}{dt} = k_2 c_A \tag{8.37}$$

由于两个反应同时进行，反应的总速率等于两个平行反应的速率之和，得

$$r = -\frac{dc_A}{dt} = r_1 + r_2 = (k_1 + k_2)c_A \tag{8.38}$$

两边积分，得

$$\int_{c_{A,0}}^{c_A} -\frac{dc_A}{c_A} = \int_0^t (k_1 + k_2)\,dt$$

$$\ln \frac{c_{A,0}}{c_A} = (k_1 + k_2)t \tag{8.39}$$

可以看出总反应仍然是一级反应，不过速率常数为 k_1+k_2。

将式(8.36)和式(8.37)相除，得

$$\frac{dc_B}{dc_C}=\frac{k_1}{k_2} \tag{8.40}$$

当 $t=0$ 时，各个产物的浓度均为零，经过一段时间后，分别为 c_B，c_C，在此积分上下限对上式进行积分，得

$$\frac{c_B}{c_C}=\frac{k_1}{k_2} \tag{8.41}$$

即任一瞬间，产物浓度之比等于两反应速率常数之比。利用式(8.41)，同时结合式(8.39)可以求出 k_1，k_2。

【例 8.11】 当有碘存在时，氯苯与氯在 CS_2 溶液中有以下平行反应(碘为催化剂)

$$C_6H_5Cl+Cl_2 \begin{cases} \xrightarrow{k_1} HCl+o\text{-}C_6H_4Cl_2 \\ \xrightarrow[k_2]{} HCl+p\text{-}C_6H_4Cl_2 \end{cases}$$

设在定温下和碘的浓度一定时，C_6H_5Cl 和 Cl_2 在 CS_2 溶液中的初始浓度均为 0.5mol · dm^{-3}，已知 30min 后有 15%的 C_6H_5Cl 转化为 $o\text{-}C_6H_4Cl_2$，有 25%的 C_6H_5Cl 转化为 $p\text{-}C_6H_4Cl_2$，试求反应的速率常数 k_1 和 k_2。

解：设 $o\text{-}C_6H_4Cl_2$ 和 $p\text{-}C_6H_4Cl_2$ 在反应到 30min 时浓度分别为 x_1 和 x_2。

$$x_1=0.5\times15\%=0.075\text{mol}\cdot\text{dm}^{-3}$$

$$x_2=0.5\times25\%=0.125\text{mol}\cdot\text{dm}^{-3}$$

$$x=x_1+x_2=0.075+0.125=0.2\text{mol}\cdot\text{dm}^{-3}$$

平行反应的特点：

$$\frac{dx}{dt}=(k_1+k_2)(a-x)^2$$

$$\int_0^x \frac{dx}{(a-x)^2}=\int_0^t (k_1+k_2)dt$$

积分得

$$\frac{1}{a-x}-\frac{1}{a}=(k_1+k_2)t$$

$$k_1+k_2=\frac{1}{30\text{min}}\times\left[\frac{1}{(0.5-0.2)\text{mol}\cdot\text{dm}^{-3}}-\frac{1}{0.5\text{mol}\cdot\text{dm}^{-3}}\right]=0.0444\text{mol}^{-1}\cdot\text{dm}^3\cdot\text{min}^{-1}$$

因为

$$\frac{k_1}{k_2}=\frac{x_1}{x_2}=\frac{0.075\text{mol}\cdot\text{dm}^{-3}}{0.125\text{mol}\cdot\text{dm}^{-3}}=0.6$$

解得：

$$k_1=1.67\times10^{-2}\text{mol}^{-1}\cdot\text{dm}^3\cdot\text{min}^{-1}$$

$$k_2=2.78\times10^{-2}\text{mol}^{-1}\cdot\text{dm}^3\cdot\text{min}^{-1}$$

8.5.2 对行反应

正、逆两个反应都同时进行的反应称为对行反应，或称为对峙反应。如分子内重排、异构化、酯化等都是对行反应的典型例子。原则上，所有的反应都是对行反应，但有时逆反应的速率常数与正反应的速率常数相比，小到可以忽略不计，因而可认为反应是单向的。此种反应当反应结束时，反应物浓度不为零，只是降低到某一平衡浓度，而产物浓度也只是增加到某一平衡浓度。以下讨论最简单的对行反应，即正、逆反应均为一级反应。

$$A \underset{k_{-1}}{\overset{k_1}{\rightleftharpoons}} B$$

$$\begin{array}{lll} t=0 & c_{A,0} & 0 \\ t=t & c_A & c_{A,0}-c_A \\ t=\infty & c_{A,e} & c_{A,0}-c_{A,e} \end{array}$$

式中，$c_{A,0}$为 A 的初始浓度，$c_{A,e}$为 A 平衡的浓度。

正向反应，A 的消耗速率：$-\dfrac{dc_A}{dt}=k_1c_A$

逆向反应，A 的生成速率：$\dfrac{dc_A}{dt}=k_{-1}c_B=k_{-1}(c_{A,0}-c_A)$

A 的净消耗速率是正、逆反应速率的代数和，即

$$-\frac{dc_A}{dt}=k_1c_A-k_{-1}(c_{A,0}-c_A) \tag{8.42}$$

当正、逆反应速率相等时，反应达到平衡，得

$$k_1c_{A,e}=k_{-1}(c_{A,0}-c_{A,e}) \tag{8.43}$$

$$\frac{c_{A,0}-c_{A,e}}{c_{A,e}}=\frac{k_1}{k_{-1}}=K_c \tag{8.44}$$

式(8.42)与式(8.43)相加得

$$-\frac{dc_A}{dt}=(k_1+k_{-1})(c_A-c_{A,e}) \tag{8.45}$$

两边进行积分得

$$\int_{c_{A,0}}^{c_A}-\frac{dc_A}{c_A-c_{A,e}}=\int_0^t(k_1+k_{-1})dt$$

$$\ln\frac{c_{A,0}-c_{A,e}}{c_A-c_{A,e}}=(k_1+k_{-1})t \tag{8.46}$$

从式(8.46)可以知道，总反应仍然是一级反应。只要知道了反应物的平衡浓度和任意时刻时反应物的浓度，就可以求出k_1+k_{-1}的值，再结合式(8.44)就可以分别得到正反应和逆反应的速率常数。

【例 8.12】 某对行反应 $A \underset{k_{-1}}{\overset{k_1}{\rightleftharpoons}} B$，已知 $k_1=0.006\text{min}^{-1}$，$k_{-1}=0.002\text{min}^{-1}$，反应开始时只有 A，浓度为 $1\text{mol}\cdot\text{dm}^{-3}$，试求：(1)需要多少时间 A 和 B 的浓度相等；(2)经 100min 后，A 和 B 的浓度各为多少？

解： 因为 $K_c=\dfrac{1-c_{A,e}}{c_{A,e}}=\dfrac{k_1}{k_{-1}}=\dfrac{0.006}{0.002}=3$

所以 $c_{A,e}=0.25\text{mol}\cdot\text{dm}^{-3}$

(1) 当 A、B 两浓度相等，为 $0.5\text{mol}\cdot\text{dm}^{-3}$时

$$\ln\frac{c_{A,0}-c_{A,e}}{c_A-c_{A,e}}=(k_1+k_{-1})t$$

$$t=\frac{1}{k_1+k_{-1}}\ln\frac{c_{A,0}-c_{A,e}}{c_A-c_{A,e}}=\frac{1}{(0.006+0.002)\text{min}^{-1}}\ln\frac{(1-0.25)\text{mol}\cdot\text{dm}^{-3}}{(0.5-0.25)\text{mol}\cdot\text{dm}^{-3}}=137\text{min}$$

(2) 因为

$$t=\frac{1}{k_1+k_{-1}}\ln\frac{c_{A,0}-c_{A,e}}{c_A-c_{A,e}}=\frac{1}{(0.006+0.002)\,\text{min}^{-1}}\ln\frac{(1-0.25)\,\text{mol}\cdot\text{dm}^{-3}}{(c_A-0.25)\,\text{mol}\cdot\text{dm}^{-3}}=100\text{min}$$

所以

$$c_A=0.587\text{mol}\cdot\text{dm}^{-3}$$

$$c_B=(1-c_A)\,\text{mol}\cdot\text{dm}^{-3}=(1-0.587)\,\text{mol}\cdot\text{dm}^{-3}=0.413\text{mol}\cdot\text{dm}^{-3}$$

8.5.3 连串反应

经过连续几步，且前一步的生成物就是下一步的反应物的反应称为连串反应或连续反应。在连串反应中，若其中有一步的速率常数对总反应速率常数起着决定性影响，则该步骤称为速率控制步骤，通常为连串反应中的慢步骤，速率控制步骤对动力学研究具有非常重要的意义。常见的连串反应的典型例子有放射性元素的逐级蜕变、二元酸酯的逐级皂化反应等，这里只讨论由两个一级反应组成的最简单的连串反应。

$$\text{A}\xrightarrow{k_1}\text{B}\xrightarrow{k_2}\text{C}$$

$t=0$	$c_{A,0}$	0	0
$t=t$	c_A	c_B	c_C

A 的消耗速率：
$$-\frac{dc_A}{dt}=k_1c_A \tag{8.47}$$

C 的生成速率：
$$\frac{dc_C}{dt}=k_2c_B \tag{8.48}$$

B 的生成净速率：
$$\frac{dc_B}{dt}=k_1c_A-k_2c_B \tag{8.49}$$

对于第一个一级反应，即式(8.47)进行积分得

$$\ln\frac{c_{A,0}}{c_A}=k_1t \tag{8.50}$$

对于中间产物的浓度的计算较为复杂，因为它既是第一个反应的产物又是第二个反应的反应物，这里不再作烦琐的数学计算。对于这类复杂反应，为了得到比较简明的速率方程，在化学上一般采用合理的近似方法来处理。

§8.6 复合反应速率方程的近似处理法

对行反应、平行反应、连串反应可以进一步组合成更为复杂的复合反应。由于反应物、生成物、反应步骤的增多，使其微分速率方程变复杂，另外，微分方程出现活泼的中间物，其浓度不便测定，因而在求积分方程时出现了困难。为此，一般采用两种简便方法做近似处理。

8.6.1 稳态近似法

活泼的中间产物(如自由基、自由原子等)一旦生成就会马上转变为生成物。设反应达到稳定状态时，该中间产物的浓度不再随时间而改变。利用反应达到稳定态的假定对复合反应的微分速率方程做综合处理的方法称为稳态近似法。有了这样的近似，就可以将不易测定

的中间产物的浓度用反应物的浓度代替，使速率表达式有实际意义。

例如，在连串反应中

$$A \xrightarrow{k_1} B \xrightarrow{k_2} C$$

设中间物 B 很活泼，极易发生反应，也就是说 B 一旦生成就会立即经第二步反应掉，因而 $k_2 \gg k_1$，那么系统中 B 的浓度很小，且不随时间变化。采用稳态近似法，则有

$$\frac{dc_B}{dt} = k_1 c_A - k_2 c_B = 0$$

$$c_B = \frac{k_1 c_A}{k_2} \tag{8.51}$$

将式(8.51)代入式(8.48)中，得

$$r = \frac{dc_C}{dt} = k_2 c_B = k_1 c_A \tag{8.52}$$

因为反应物 A 在任意时刻的浓度是可以测定的，这样，通过稳态近似法，将不易测的中间产物的浓度转化为易得的反应物的浓度，使得速率方程有了实际意义。

【例 8.13】 有人设想氯仿光氯化反应 $CHCl_3 + Cl_2 = CCl_4 + HCl$ 的反应历程为

$$Cl_2 \xrightarrow{I_a} 2Cl$$

$$Cl + CHCl_3 \xrightarrow{k_2} HCl + CCl_3$$

$$Cl_2 + CCl_3 \xrightarrow{k_3} CCl_4 + Cl$$

$$Cl + Cl + M \xrightarrow{k_4} Cl_2 + M$$

试从反应历程推导当氯气分压很高时的速率方程。

解：对 Cl 和 CCl_3 做稳态近似处理，得

$$\frac{dc_{Cl}}{dt} = 2I_a - k_2 c_{Cl} c_{CHCl_3} + k_3 c_{CCl_3} c_{Cl_2} - 2k_4 c_M c_{Cl}^2 = 0$$

$$\frac{dc_{CCl_3}}{dt} = k_2 c_{Cl} c_{CHCl_3} - k_3 c_{CCl_3} c_{Cl_2} = 0$$

由上两式得

$$c_{CCl_3} = \frac{k_2 c_{CHCl_3}}{k_3 c_{Cl_2}} \left(\frac{I_a}{k_4}\right)^{1/2} c_M^{-1/2}$$

所以

$$r = \frac{dc_{CCl_4}}{dt} = k_3 c_{CCl_3} c_{Cl_2} = k_2 \left(\frac{I_a}{k_4}\right)^{1/2} c_M^{-1/2} c_{CHCl_3}$$

由于 Cl_2 的分压很高，将 $c_M \approx c_{Cl_2}$ 代入上式中得

$$r = k_2 \left(\frac{I_a}{k_4}\right)^{1/2} c_{Cl_2}^{-1/2} c_{CHCl_3}$$

8.6.2 平衡态近似法

利用对行反应能迅速达到平衡的假定处理复合反应速率方程的方法称为平衡态近似法。采用此法的必备条件是：复合反应中必须存在对行反应，并且对行反应的后续基元反应是整个反应的控制步骤(速率常数很小)。

设复杂反应由以下三个基元反应组成

$$A \underset{k_{-1}}{\overset{k_1}{\rightleftharpoons}} B \qquad （快速平衡）$$

$$B \xrightarrow{k_2} C \qquad （慢步骤）$$

由于最后一步是慢步骤，整个反应的速率由这一步控制，所以

$$r=\frac{\mathrm{d}c_C}{\mathrm{d}t}=k_2c_B \tag{8.53}$$

其中B物质是中间产物，浓度不知道。根据对行反应是个快速平衡反应，可以假设其随时都维持着平衡状态，得

$$k_1c_A=k_{-1}c_B$$

$$c_B=\frac{k_1}{k_{-1}}c_A \tag{8.54}$$

将式(8.54)代入速率表达式中，得

$$r=\frac{\mathrm{d}c_C}{\mathrm{d}t}=k_2c_B=\frac{k_1\cdot k_2}{k_{-1}}c_A \tag{8.55}$$

即可表示为

$$r=k\ c_A$$

其中

$$k=\frac{k_1\cdot k_2}{k_{-1}} \tag{8.56}$$

k 为表观速率常数。这样在速率方程中存在的是容易测得的反应物A的浓度，从而使速率方程有了实际意义。

【例8.14】 氢和碘生成碘化氢的反应是复杂反应。它的计量方程为：$H_2+I_2 = 2HI$。经长期研究，目前比较统一的看法认为它的反应机理是：

（1）　$$I_2+M \underset{k_{-1}}{\overset{k_1}{\rightleftharpoons}} 2I+M \qquad （快平衡）$$

（2）　$$H_2+2I \xrightarrow{k_2} 2HI \qquad （慢反应）$$

试写出反应的速率方程。

解：该反应情况符合使用平衡假设近似处理法的条件

$$r=\frac{1}{2}\frac{\mathrm{d}c_{HI}}{\mathrm{d}t}=k_2c_{H_2}c_I^2$$

使用平衡假设

$$k_1c_{I_2}c_M=k_{-1}c_Mc_I^2$$

$$c_I^2=\frac{k_1}{k_{-1}}c_{I_2}$$

所以

$$r=\frac{1}{2}\frac{\mathrm{d}c_{HI}}{\mathrm{d}t}=\frac{k_1k_2}{k_{-1}}c_{H_2}c_{I_2}=kc_{H_2}c_{I_2}$$

* §8.7 化学反应速率理论

最早的反应速率理论是硬球碰撞理论，建立于20世纪20年代，用来计算双分子反应的速率常数，并用碰撞频率概念解释和计算A。过渡态理论产生于1930~1935年，它借助于量子化学和统计热力学方法提供了从理论上计算A和E_a的可能性。这两种反应速率理论都致力于从理论上研究反应速率并计算k，都以基元反应为研究对象。

8.7.1 硬球碰撞理论

气体分子热运动线速率达每秒百米，而迁移距离很短。二者差距如此之大是因为分子在频繁碰撞中不断改变运动方向。单位时间内物质A的一个分子与其他分子的碰撞次数称为碰撞频率，以Z_A表示。单位时间单位体积内所有同种分子A与A或所有一种分子A与B的总碰撞次数称为碰撞数，以Z_{A-A}或Z_{A-B}表示。

硬球碰撞理论的基本假设为：①分子可视为无内部结构的钢球，无相互作用(碰撞除外)；②分子必须通过碰撞才可能发生反应；③相撞分子对的能量只有达到或超过某一最低值ε_0(称为阈能)才能发生反应，能发生反应的碰撞称为活化碰撞；④在反应过程中反应分子的速率分布始终遵守麦克斯韦-波尔兹曼分布。按照基本假设，对于气相双分子反应，有

$$A+B \longrightarrow C$$

反应速率可表示为

$$r = \text{总碰撞数}\times\text{活化碰撞百分率}$$
$$= Z_{A-B}\times f \tag{8.57}$$

式中，Z_{A-B}可用分子运动论计算。$Z_{A-B}=BT^{1/2}c_Ac_B$。系数B是与分子直径、分子质量有关的常量。

$$f=\frac{\text{活化分子数}N^*}{\text{总分子数}N}=e^{-E_0/RT} \tag{8.58}$$

E_0是活化1mol反应物分子所需能量，称为摩尔阈能($E_0=L\varepsilon_0$)，L为阿佛伽德罗常数。则式(8.57)变为

$$r=BT^{1/2}e^{-E_0/RT}c_Ac_B \tag{8.59}$$

与二级基元反应的速率公式$r=k(T)c_Ac_B$比较，则

$$k(T)=BT^{1/2}e^{-E_0/RT}=Z_0e^{-E_0/RT} \tag{8.60}$$

式(8.60)是硬球碰撞理论的数学表达式。Z_0是一个与硬球碰撞频率有关的物理量。将式(8.60)与阿伦尼乌斯方程即式(8.31)比较可以看出，阿伦尼乌斯方程中的指前因子A相当于Z_0，故又称为频率因子；指数项$e^{-E_a/RT}$与$e^{-E_0/RT}$相当，故称为活化碰撞百分率。

对于一些组成和结构比较简单的分子所发生的反应，由碰撞理论计算的k值与实验值比较一致，但对于具有复杂结构的分子参加的反应，理论计算值往往比实验值大，有的甚至差几千万倍。因此，为使式(8.60)更符合实际，再乘以一个校正因子P，得

$$k=PZ_0e^{-E_0/RT} \tag{8.61}$$

P值在($1\sim10^{-9}$)，称为方位因子、概率因子或空间因子。有人解释这是反应分子在碰撞时

必须取一定的方位才有效，否则即使能量足够大($\geqslant E_0$)也不能发生反应。所以，P 称为方位因子；又因分子的空间排列对碰撞有一定影响，故又称空间因子。实际上 P 只是一个校正偏差的因子，它包括一切没有考虑到的因素。可以把它看作活化分子能有效发生反应的概率，故又称概率因子。

硬球碰撞理论的优点是分子模型简单直观，清楚地表达了影响反应速率系数的三个因素：碰撞因素、能量因素和概率因素，定性地解释了阿伦尼乌斯方程中的指前因子 A 及 $e^{-E_0/RT}$ 是成功的。其缺点是把分子视为无内部结构的刚性硬球，未能反映分子结构因素，因而对复杂分子参加的反应计算值与实验值偏差较大，从定量上看是不成功的。

*8.7.2 活化络合物理论(ACT)或过渡状态理论(TST)

这个理论在 1932 年提出，又称为绝对反应速率理论。其基本观点如下：

化学反应中从反应物变为产物，并不是反应分子通过简单碰撞在瞬间完成，而是随着反应分子的相互趋近，需要经过原有键的逐渐削弱以至断裂，新键的逐步产生直至形成的过程。亦即化学键重新排列、能量重新分配的过程。在此过程中反应系统必将经过一个介乎反应物与产物之间的过渡状态，称为活化络合物。

以基元反应 $A+BC \longrightarrow AB+C$ 为例：设 A 原子沿 B—C 分子的轴线方向趋近于 B，则随着 A—B 距离的逐渐缩小，B—C 键逐渐松弛而削弱，而 A—B 新键逐步形成并加强。到一定程度时，出现一个过渡状态的活化络合物$[A\cdots B\cdots C]^{\neq}$。此时旧的 B—C 键将断而未断，新的 A—B 键则还没有完全建立，活化络合物中的 B 原子既属于 BC 分子也属于 AB 分子，但 B 离开 A 及 C 的距离都比相应的稳定分子键更大，因而更弱。同时活化络合物的形成需要提供能量以克服斥力并调整价键，故活化络合物处于高能状态，所以它很不稳定。如果 A—B 距离能进一步缩短，B—C 距离进一步拉长，则活化络合物就会分解，使 B—C 键完全断裂并形成稳定的产物 AB 分子，整个变化过程就完成了。以上过程大致可以表示如下：

(反应物) (活化络合物) (产物)

$$A+BC \xrightarrow{\text{A 沿轴线方向趋近 B}} [A\cdots B\cdots C]^{\neq} \xrightarrow{\text{分解}} AB+C$$

旧键逐渐削弱
新建逐渐产生

能量高，不稳定

按照上面的模型，反应速率取决于活化络合物分解形成产物的速率，艾琳(Erying)等假定活化络合物与反应物之间存在平衡(注：这个假定不尽合理，但所得结果与较严谨的推导是一致的)，即

$$A+BC \rightleftharpoons [A\cdots B\cdots C]^{\neq}$$

用统计力学方法可以导出反应速率常数为

$$k=\frac{RT}{Lh}K^{\neq} \tag{8.62}$$

式中，$K^{\neq}=\dfrac{c^{\neq}}{c_A \cdot c_{BC}}$($c^{\neq}$ 指活化络合物)，可看作活化过程中的实验平衡常数(注：严格地说，$K^{\neq}$ 并非真实的平衡常数，而是失去一个振动自由度后的活化络合物与反应物之间的平衡

浓度比)，h 是普朗克(Planck)常数($=6.626\times10^{-34}\text{J}\cdot\text{s}^{-1}$)。这就是过渡状态理论的基本公式。

根据 $\Delta_r G_m^\ominus=-RT\ln K^\ominus$ 和 $\Delta_r G_m^\ominus=\Delta_r H_m^\ominus-T\Delta_r S_m^\ominus$，应用于活化络合物的形成过程，可得

$$\ln K^{\ominus,\neq}=-\frac{\Delta G_m^{\ominus,\neq}}{RT}=\frac{\Delta S_m^{\ominus,\neq}}{R}-\frac{\Delta H_m^{\ominus,\neq}}{RT}$$

由于通常取$c^\ominus=1\text{mol}\cdot\text{dm}^{-3}$，故 $K^{\neq}=K^{\ominus,\neq}(K^\ominus=Kc^{\ominus-\sum\nu_B})$。代入式(8.62)即得反应速率常数为

$$k=\frac{RT}{Lh}e^{\Delta S_m^{\ominus,\neq}/R}e^{-\Delta H_m^{\ominus,\neq}/(RT)}$$

式中，$\Delta S_m^{\ominus,\neq}$和 $\Delta H_m^{\ominus,\neq}$分别为活化过程的标准摩尔熵变和标准摩尔焓变，称为标准摩尔活化熵和标准摩尔活化焓。将式(8.62)和阿伦尼乌斯方程式(8.31)和碰撞理论公式(8.61)相比较，可发现$\frac{RT}{Lh}e^{\Delta S_m^{\ominus,\neq}/R}$相当于式(8.31)中的指前因子 A 或式(8.61)中的 PZ_0，通常$\frac{RT}{Lh}$的数量级约为 10^{12}，与 Z_0大致相等，因此$e^{\Delta S_m^{\ominus,\neq}/R}$与 P 相对应。已知熵是与热力学概率有关的，所以 P 因子是与概率有关的因子。在反应物形成活化络合物时，通常混乱程度减小了，所以 $\Delta S_m^{\ominus,\neq}$一般是负值，即$e^{\Delta S_m^{\ominus,\neq}/R}<1$。这就解释了 P 值为何小于 1。

思考题 10 碰撞理论和过渡态理论是否对所有反应都适用?

课程思政

现代工业合成氨的条件是：$p=2\times10^7\sim5\times10^7\text{Pa}$，$T=\sim700\text{K}$，使用铁触媒作为催化剂，适时将氨液化分离，同时 N_2、H_2循环使用，从而获得较高的转化率且保证较快的反应速率，这些工业条件是根据合成氨的化学反应的特点从热力学和动力学两方面进行分析和实践确定的。

反应$N_2+3H_2\!=\!=\!=2NH_3$的特点是放热、分子数减少的反应，根据化学平衡的知识，该反应要获得较高的转化率可以通过降低温度、增大压强、原料气循环使用等措施。与此同时根据该反应的速率方程 $r=kc_{N_2}c_{H_2}^{1.5}c_{NH_3}^{-1}$分析可知，反应物的浓度与反应速率成正比，而产物的浓度与反应速率成反比，要提高反应速率可以增加反应物的浓度，减少产物浓度来实现。在动力学中还有一个重要的概念——活化能，当没有催化剂的时候$E_a=335\text{kJ}\cdot\text{mol}^{-1}$，如此高的活化能使得反应速率很慢，通过加入铁触媒催化剂，活化能从 $335\text{kJ}\cdot\text{mol}^{-1}$降低到 $167\text{kJ}\cdot\text{mol}^{-1}$，通过动力学的计算可知在温度达到 700K 时，速率常数$k_{cat}/k=3.4\times10^{12}$，由此可见催化剂的加入使速率常数得到了很大的提高。

因此工业生产中的反应条件往往是评估热力学和动力学两方面综合的结果，仅仅从单一方面分析是不够的。通过这一典型案例的介绍，启发学生如何运用所学知识与实际过程相结合，有助于提高学生的工业思维。

小　结

一、教学重点和难点

重点：反应速率的表示，简单级数反应的特征，典型的三种复合反应(对行反应、平行反应、连串反应)各自的特点，温度对反应速率的影响。

难点：简单级数反应的动力学方程，稳态近似法、平衡近似法拟定速率方程，化学反应速率理论。

二、主要公式及使用条件

1. 化学反应速率的定义

$$r \xlongequal{\text{def}} \frac{1}{V}\frac{\mathrm{d}\xi}{\mathrm{d}t}$$

若反应在恒容下进行时，则上式可改写为

$$r=\frac{1}{\nu_{\mathrm{B}}V}\frac{\mathrm{d}n_{\mathrm{B}}}{\mathrm{d}t}=\frac{1}{\nu_{\mathrm{B}}}\frac{\mathrm{d}c_{\mathrm{B}}}{\mathrm{d}t}$$

ν_{B}为反应方程式中的化学计量数，对反应物规定为负值，对产物规定为正值。

2. 反应速率方程及反应级数

若反应的反应速率与参加反应物质的浓度之间存在以下关系，即

$$r=-\frac{\mathrm{d}c_{\mathrm{A}}}{\mathrm{d}t}=kc_{\mathrm{A}}^{a}c_{\mathrm{B}}^{b}$$

则称此关系式为反应的速率方程。式中的 a、b 分别称为 A、B 物质的反应分级数，$a+b=n$ 便称为反应总级数。a、b 的数值可为零、分数和整数，而且可正可负。k 称为反应的速率常数。

3. 质量作用定律

对于基元反应，其反应速率与各反应物浓度的幂乘积成正比，而各浓度的方次则为反应方程式中各反应物的化学计量数，这就是质量作用定律。例如，有基元反应如下：

$$a\mathrm{A}+b\mathrm{B}\longrightarrow 产物$$

则其速率方程为

$$r=-\frac{\mathrm{d}c_{\mathrm{A}}}{\mathrm{d}t}=kc_{\mathrm{A}}^{a}c_{\mathrm{B}}^{b}$$

要注意：非基元反应绝不能用质量作用定律，所以如未指明某反应为基元反应时，不能随意使用质量作用定律。

4. 具有简单级数反应速率方程及特点

具有简单级数反应的特点分别从三个方面进行总结：速率常数的单位、浓度以什么形式与时间之间呈线性关系、半衰期与反应物起始浓度的关系。零级、一级、二级反应的这三个特点都不相同，因此这些特点将成为判断反应级数的方法之一。具体的公式及不同级数反应的特点见表 8.1。

5. 阿伦尼乌斯方程

微分式：$\frac{d\ln k}{dT}=\frac{E_a}{RT^2}$

指数式：$k=A\exp\left(-\frac{E_a}{RT}\right)$

积分式：$\ln k=-\frac{E_a}{RT}+\ln A$

$$\ln\frac{k_2}{k_1}=-\frac{E_a}{R}\left(\frac{1}{T_2}-\frac{1}{T_1}\right)$$

常用于计算不同温度 T 所对应的反应的速率常数 $k(T)$ 以及反应的活化能 E_a。只能用于基元反应或有明确级数且 k 随温度升高而增大的非基元反应。

习题

1. 在某反应 A=B+D 中，反应物 A 的起始浓度 $c_{A,0}=1.0\text{mol}\cdot\text{dm}^{-3}$，起始反应速率 $r_0=0.01\text{mol}\cdot\text{dm}^{-3}\cdot\text{s}^{-1}$。当反应为零级反应时求算 k，$t_{1/2}$及反应物消耗 90%所需的时间。

[答案：$k=0.01\text{mol}\cdot\text{dm}^{-3}\cdot\text{s}^{-1}$，$t_{1/2}=50\text{s}$，$t=90\text{s}$]

2. 在 298K 时，$N_2O_5(g)$分解其半衰期 $t_{1/2}$为 5.7h，此值与起始浓度无关，试求

(1) 该反应的速率常数；

(2) 作用完成 90%时所需时间。

[答案：(1)$k=0.1216\text{h}^{-1}$；(2)$t=18.94\text{h}$]

3. 乙酸乙酯的皂化反应

$$\underset{A}{CH_3COOC_2H_5}+\underset{E}{NaOH}=\!=\!=\underset{C}{CH_3COONa}+\underset{D}{C_2H_5OH}$$

该反应为二级反应，开始时，A、E 的浓度都为 $0.002\text{mol}\cdot\text{dm}^{-3}$，在 21℃反应 25min 后，取出样品并终止反应进行定量滴定分析，测得溶液中剩余的 NaOH 为 $0.529\times10^{-3}\text{mol}\cdot\text{dm}^{-3}$。

(1) 试求反应转化率达 90%所需时间；

(2) 如果 A、E 的浓度都为 $0.01\text{mol}\cdot\text{dm}^{-3}$，试求达到同样转化率需要的时间。

[答案：(1)$t_1=80.8\text{min}$；(2)$t_2=161.6\text{min}$]

4. 在 780K 及$p_0=101.325\text{kPa}$ 时，某碳氢化物的气相热分解反应的半衰期为 2s。若p_0降为 10.1325kPa 时，半衰期为 20s。用半衰期法求该反应级数和速率常数。

[答案：$n=2$，$k_p=0.00493(\text{kPa}\cdot\text{s})^{-1}$]

5. 在 65℃时 N_2O_5 气相分解的速率常数为 0.292min^{-1}，活化能为 $103.3\text{kJ}\cdot\text{mol}^{-1}$，求 80℃的 k 及$t_{1/2}$。

[答案：$k=1.39\text{min}^{-1}$，$t_{1/2}=0.499\text{min}$]

6. 硝基异丙烷在水溶液中与碱的中和反应是二级反应，其速率常数可用下式表示：

$$\ln k=-\frac{7284.4}{T/K}+27.383$$

时间以 min 为单位，浓度用 $\text{mol}\cdot\text{dm}^{-3}$表示。

(1) 计算反应的活化能。

(2) 在 283K 时，若硝基异丙烷与碱的浓度均为 0.008mol · dm^{-3}，求反应的半衰期。

[答案：(1) E_a = 60.56kJ · mol^{-1}；(2) $t_{1/2}$ = 24.18min]

7. 反应 $A(g) \underset{k_{-1}}{\overset{k_1}{\rightleftharpoons}} B(g)+C(g)$ 中，k_1 和 k_{-1} 在 25℃ 时分别为 0.20^{-1}MPa^{-1} · s^{-1}和 3.9477×10^{-3}MPa^{-1} · s^{-1}，在 35℃ 时二者皆增为 2 倍。试求：(1) 25℃ 时的平衡常数；(2) 正逆反应的活化能；(3) 反应热。

[答案：(1) $K_p^{\ominus}$ = 500，(2) E_a = 52.946kJ · mol^{-1}，(3) Q = 0]

8. 某气相反应(热分解) $A(g) \longrightarrow B(g)+C(g)$ 为一级。在一密闭抽空体积一定的容器中进行，651K 时，反应物转化 25% 费时 151.5min，反应活化能为 219.2kJ · mol^{-1}，若起始物的压力为 33.33kPa，要使 2min 内物系总压为 40kPa，则温度应控制多少度？

[答案：T_2 = 724K]

9. 设有反应 $2A(g)+B(g) = G(g)+H(s)$ 在某恒温密闭容器中进行，开始时 A 和 B 的物质的量之比为 2∶1，起始总压为 3.0kPa，在 400K 时，60s 后容器中的总压力为 2.0kPa，设该反应的速率方程为

$$-\frac{dp_B}{dt}=k_p p_A^{1.5} p_B^{0.5}$$

实验活化能为 100kJ · mol^{-1}

(1) 求 400K 时，150s 后容器中 B 的分压为若干？

(2) 在 500K 时，重复上述实验，求 50s 后 B 的分压为若干？

[答案：(1) p_B = 0.285kPa；(2) p_B = 2.92×10^{-3}kPa]

10. 设平行反应有如下动力学数据：

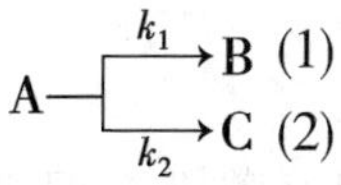

反　应	活化能 E_a/kJ · mol^{-1}	指前因子 A/s^{-1}
(1)	108.8	1.00×10^{13}
(2)	83.7	1.00×10^{13}

(1) 试问提高反应温度时，哪个反应的反应速率增加较快？为什么？

(2) 提高反应温度，能否使 $k_1>k_2$？

(3) 如把温度由 300K 增高至 1000K，试问反应产物中 B 和 C 的分布(以物质的量计)发生了怎样的变化？

[答案：(1) 提高反应温度，反应(1)的反应速率常数增加较快；(2) 即使 $T\to\infty$，也只能使 $k_1\to k_2$；(3) 把反应温度由 300K 增高至 1000K，反应产物中 B 和 C 的物质的量之比提高 1.14×10^{3}倍，但不管温度增加多少，c_B/c_C 增大多少倍，c_B 不可能超过 c_C]

第9章 界面现象

自然界中的物质一般以气、液、固三种相态存在，密切接触的两相之间的过渡区(约几个分子的厚度)称为界面。界面并不是两相接触的几何面，它有一定的厚度，其结构和性质与相邻两侧的体相有所不同，因而有时又将界面称为界面相。通常界面有五种类型，即气-液、气-固、液-液、液-固、固-固。习惯上，把气-液、气-固界面称为表面，而其余的相界面称为界面，而实际上没有严格区分的必要。

界面现象是自然界中普遍存在的一种现象，它的产生是由于物质界面层中的分子与体相中的分子二者所处的力场不同，因而使界面层中的分子具有特殊性，呈现各种不同的界面现象。例如，在光滑玻璃上的微小汞滴会自动呈球形；脱脂棉易于被水润湿；水在毛细玻璃管中会自动上升；固体表面会自动吸附其他物质；微小的液滴易于蒸发；等等。

在研究化学反应的多相催化作用或者研究多相的高分散体系的性质时，界面的作用很明显，如不考虑界面的特殊性，将会得出错误的结论。本章就是应用物理化学的基本原理，对界面的特殊性质、现象及应用进行讨论和分析。

§9.1 表面张力

9.1.1 分散度和比表面

把物质分散成细小微粒的程度称为分散度。通常用比表面积 a_s 表示物质的分散度，其定义为物质的表面积 A_r 与其体积 V 之比，即

$$a_s = A_s / V \tag{9.1}$$

多孔固体如多孔硅胶、分子筛、活性炭等，它们不仅有外观的表面，内部还有许多微孔和孔道，因此还有内表面，这时外表面对于内表面而言是微不足道的。在这种情况下，比表面积通常定义为物质的表面积 A_s 与其质量 m 之比。即

$$a_s = A_s / m \tag{9.2}$$

一定量物质的总表面积与物质的分散度有关，分散度越高，粒子越细，粒子数越多，比表面积也相应越大，表面效应也就越明显。直径 1cm 的球形水滴，表面积是 3.1416cm^2；当将其分散成 10^{18} 个直径为 10nm 的圆球形小水滴时，其总的表面积可高达 314.16m^2，是原来的 10^6 倍。若近似认为水在室温下的密度为 $1\text{g}\cdot\text{cm}^{-3}$，则上述两种情况下水的比表面积分别约为 $5\text{cm}^2\cdot\text{g}^{-1}$ 及 $500\text{m}^2\cdot\text{g}^{-1}$。

9.1.2 表面张力

物质表面层中的分子与体相中的分子二者所处的力场不同，以与饱和蒸气接触的液体表面分子与内部分子受力情况为例，如图 9-1 所示。

在液体内部的任一分子，皆处于其周围分子的包围中，平均看来，该分子所受周围分子

的吸引力是球形对称的，各个相反方向上的力彼此相互抵消，其合力为零，分子受力平衡，故液体内部分子可以任意移动而不消耗功。但表面层中的分子，由于单位体积内气体分子的数目远比液体内部分子少，因此，液体内部分子对表面层中分子的吸引力，远远大于液面上蒸气分子对它的吸引力，使表面层中的分子恒受到指向液体内部的拉力，因而液体表面的分子总是趋向液体内部移动，力图缩小表面积。这就是小液滴总是呈球形，肥皂泡要用力吹才能变大的原因：因为球形表面积最小，扩张表面就需要对系统做功。

假如用细钢丝制成一个框架，如图 9-2 所示，其一边是可以自由活动的金属丝。将此丝固定后给框架蘸上一层肥皂膜，若放松金属丝，肥皂膜会自动收缩以减小表面积。这时，欲使膜维持不变，需在金属丝上施加一相反方向的力 F，其大小与金属丝的长度 l 成正比，比例系数以 σ 表示，因肥皂膜有两个表面，故可得

$$F=2\sigma\cdot l$$

即

$$\sigma=\frac{F}{2l} \tag{9.3}$$

σ 即表面张力，它可看作引起液体表面积收缩的单位长度上的力，其作用在表面的边缘上，垂直于边缘，向着表面的中心，并与表面相切，单位为 $N\cdot m^{-1}$。

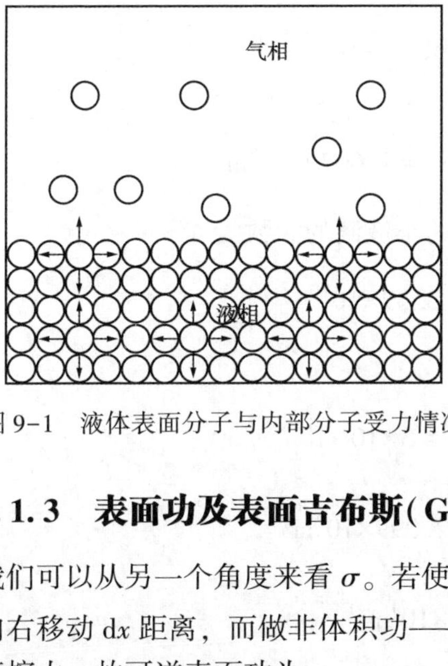

图 9-1　液体表面分子与内部分子受力情况

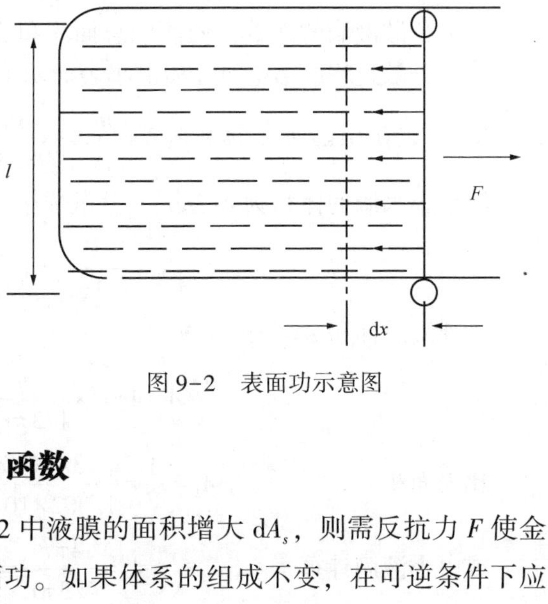

图 9-2　表面功示意图

9.1.3　表面功及表面吉布斯(Gibbs)函数

我们可以从另一个角度来看 σ。若使图 9-2 中液膜的面积增大 dA_s，则需反抗力 F 使金属丝向右移动 dx 距离，而做非体积功——表面功。如果体系的组成不变，在可逆条件下应忽略摩擦力，故可逆表面功为

$$\delta W'_r=F\mathrm{d}x=2\sigma l\mathrm{d}x=\sigma\mathrm{d}A_s$$

式中 $dA_s=2l\,dx$ 为增大的液体表面积，上式可改写为

$$\sigma=\delta W'_r/\mathrm{d}A_s \tag{9.4}$$

所以 σ 亦表示为使液体增加单位表面积时环境所需做的可逆功，称为表面功，单位为 $J\cdot m^{-2}$。

由于等温等压下，可逆非体积功等于系统的吉布斯函数变，即

$$\delta W'_r=\mathrm{d}G_{T,p}=\sigma\mathrm{d}A_s$$

故

$$\sigma=\left(\frac{\partial G}{\partial A_s}\right)_{T,P} \tag{9.5}$$

由式(9.5)可知，σ 又等于系统增加单位表面积时所增加的吉布斯函数，所以 σ 又称为表面吉布斯函数，单位为 $J \cdot m^{-2}$。

如果系统的温度、压力和组成不变，这时 G 可看作 σ 和 A_s 的函数，有

$$dG=d(\sigma \cdot A_s)=\sigma dA_s+A_s d\sigma \tag{9.6}$$

① 当 σ 一定时，式(9.6)可简化为

$$dG=\sigma dA_s \tag{9.7}$$

若要 $dG<0$，则必须 $dA_s<0$。所以在表面张力一定时，缩小表面积的过程是自发过程。

② 当 A_s 一定时，式(9.6)可简化为

$$dG=A_s d\sigma \tag{9.8}$$

若要 $dG<0$，则必须 $d\sigma<0$。即在表面积不变时，表面张力减小的过程是自发过程，这就是固体和液体物质表面具有吸附作用的原因。

③ σ 和 A_s 两者均有变化，即系统通过降低表面张力和表面积，使吉布斯函数降低。润湿现象就是这种情况。

【例 9.1】 在20℃时，将10g水分散成半径 $r=10^{-9}$m 的液滴，已知水的密度为 $998.3kg \cdot m^{-3}$，表面张力为 $72.75\times10^{-3}N \cdot m^{-1}$，试计算：

(1) 分散液滴的滴数，液滴的总面积和比表面积；

(2) 分散过程的 ΔG 和分离最小表面功 W'。

解：(1)0.01kg 水的体积为 $V=\dfrac{m}{\rho}=\dfrac{0.01kg}{998.3kg \cdot m^{-3}}=1.002\times10^{-5}m^3$

一个小水滴的体积为 $4/3\pi r^3$，分散成半径为 r 的小液滴的滴数为 N。

$$N=\frac{V}{4/3\pi r^3}=\frac{m/\rho}{4/3\pi r^3}=3.39\times10^{21}$$

小液滴总面积 $A=4\pi r^2 \cdot N$

$$A=4\pi r^2\times\frac{m}{4/3\pi r^3\rho}=\frac{3m}{\rho r}=3\times10^4 m^2$$

比表面积 $$A_s=\frac{A}{V}=\frac{3\times10^4m^2}{1.002\times10^{-5}m^3}=2.999\times10^9m^{-1}$$

或由小液滴计算 $$A_s=\frac{4\pi r^2}{4/3\pi r^3}=\frac{3}{r}=3\times10^9m^{-1}$$

(2) 0.01kg 水在分散过程中的表面积变化量近似为 $\Delta A\approx A$。

$$\Delta G=\sigma\Delta A=72.75\times10^{-3}N \cdot m^{-1}\times3\times10^4m^2=2186J$$

由于等温等压条件下，可逆非体积功等于系统的吉布斯函数变。

所以 $$W'=\Delta G=2186J$$

由此可见，分割越细，比表面积和表面吉布斯函数越大，界面效应也越明显。因此，对于高度分散具有巨大表面积的物质系统，必须充分考虑界面性质对系统的影响。高度分散的物质因具有巨大的表面吉布斯函数可显示出高活性、高效性，如此特性正是高能燃料、高效催化剂和高效能元器件着力追求的，也是当前纳米科技如火如荼的重要原因之一。

9.1.4 影响表面张力的因素

表面吉布斯函数或表面张力是强度性质，其值与物质的种类，共存的另一相的性质以及温度、压力等因素有关，主要的影响因素有以下几个：

① 表面张力与物质的本性有关。不同的物质，分子之间的作用力不同，对界面上的分子影响也不相同。以液体表面为例，通常气相对液体的表面张力影响不大，而不同液体表面张力之间的差异主要是由于不同液体分子之间的作用力不同而造成的。一般说来，极性液体，例如水，有较大的表面张力，而非极性液体的表面张力则较小。另外，熔融的盐以及熔融的金属，分子间分别以离子键和金属键相互作用，故它们的表面张力一般非常大。

② 表面张力还与温度有关。液体的表面张力一般随温度的升高近似呈线性下降。这是由于温度升高会造成分子间距离增加，从而减弱了分子间相互作用。当温度趋于临界温度时，饱和液体与饱和蒸气的性质趋于一致，相界面趋于消失，此时液体的表面张力趋于零。

③ 压力对表面张力也有影响。表面张力一般随压力的增加而下降。这是由于随压力增加，气相密度增大，同时气体分子更多地被液面吸附，并且气体在液体中的溶解度也增大，以上三种效果均使表面张力下降。

思考题 1 表面吉布斯函数与表面张力有哪些不同？

思考题 2 自然界中为什么气泡、小液滴都呈球形？

§9.2 弯曲液面的附加压力及毛细现象

9.2.1 弯曲界面的附加压力——杨-拉普拉斯(Yang-Laplace)方程

一般情况下液体表面是水平的，而液滴、水中气泡的表面则是弯曲的，液面可以是凸的，也可以是凹的，如图 9-3 所示。在图 9-3(a)中，表面任意一非边界点处，表面张力大小相等，方向相反，互相抵消，没有附加压力的存在。在一定条件下平衡时，水平面上每一点受到的蒸气压力都是 p_g，水平液面下的液体所承受的压力就等于外界压力 p_g。

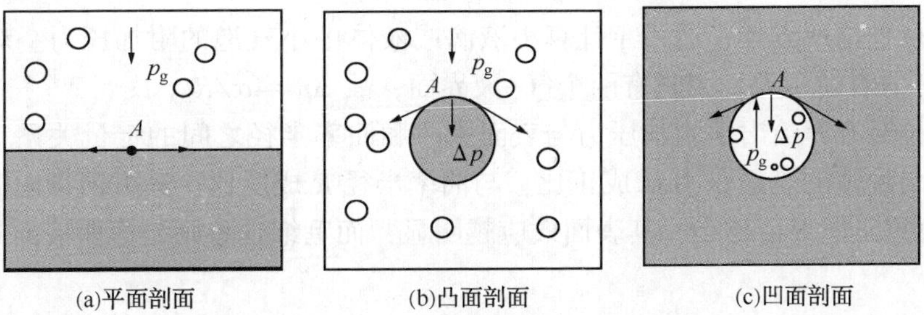

图 9-3 弯曲表面的附加压力

在图 9-3(b)中，一个液滴悬浮在它的饱和蒸气中，呈球状。图中凸液面上方为气相，其压力为 p_g，凸液面下方为液相，其压力为 p_1。以 A 点为例，在其周围画出表面张力(切线)，由于液滴是球形，A 点周围的表面张力不在一个平面上，无法对消，于是产生了一个指向球心的合力。球面上每一点所产生的这种力的合力称为附加压力，用 Δp 表示。因此凸液面下的液体，不仅要承受外界的大气压力 p_g，还要承受因液面弯曲而产生的附加压力 Δp，即

$$p_1=p_g+\Delta p$$

在图 9-3(c)中，一个蒸气泡悬浮于液体中，气泡的内表面(液面)是个凹面。以 A 点为例，同理球面上各点产生的表面张力的合力指向球心，这个合力也称为附加压 Δp。由于 Δp 的作用方向与蒸气压 p_g 对液面的作用方向相反，所以有

$$p_g=p_1+\Delta p$$

我们将任一弯曲液面凹面一侧的压力以 p_{in} 表示，凸面一侧的压力以 p_{out} 表示，将弯曲液面内外的压力差 Δp 称为附加压力，即

$$\Delta p=p_{in}-p_{out} \tag{9.9}$$

这样定义的附加压力 Δp 总是正值，其方向总是指向凹面曲率半径中心。对于液滴(凸液面) $\Delta p=p_{in}-p_{out}=p_1-p_g$；而对于液体中的气泡(凹液面)，则有 $\Delta p=p_{in}-p_{out}=p_g-p_1$。

为导出弯曲液面的附加压与 Δp 与弯曲液面曲率半径的关系，设有连一毛细管的较大容器。如图 9-4 所示，具有水平液面的大量液体通过毛细管与位于管端的半径为 R 的小液滴相连接。液滴外压力为 p，弯曲液面给液滴的附加压力为 Δp，水平液面上活塞施加的压力为 p'。当大量液体与小液滴平衡时，应满足下列关系：

$$p'=\Delta p+p$$

当活塞的位置向下作一个无限小的移动时，大量液体的体积减少了 dV，而小液滴的体积增加了 dV。此过程中液体净得功为

$$p'dV-pdV=\Delta pdV$$

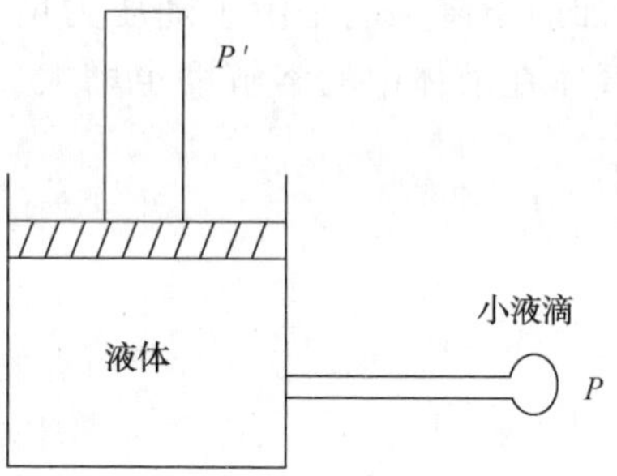

图 9-4　弯曲液面的 Δp 与液面曲率半径的关系

此功用于克服表面张力 σ 而增大液滴的表面积 dA，因此有

$$\Delta p dV=\sigma dA \qquad \Delta p=\frac{\sigma dA}{dV}$$

因球面积 $A=4\pi R^2$，$dA=8\pi R dR$；球体积 $V=\frac{4}{3}\pi R^3$，$dV=4\pi R^2 dR$，所以上式可改写为

$$\Delta p=\frac{\sigma 8\pi R dR}{4\pi R^2 dR}=\frac{2\sigma}{R} \tag{9.10}$$

此式称为杨-拉普拉斯方程，适用于计算小液滴或液体中小气泡的附加压力。对空气中的气泡(如肥皂泡)的附加压力，因其有两个气-液界面，故 $\Delta p=4\sigma/R$。

杨-拉普拉斯方程给出了附加压力与表面张力和曲率半径之间的定量关系，弯曲液面的附加压力 Δp 与液体的表面张力 σ 成正比，与曲率半径 R 成反比，其方向指向曲率半径的中心。弯曲液面的曲率半径越小，其表面效应越明显，而毛细现象则是弯曲液面具有附加压力的必然结果。

9.2.2　毛细现象

把一支半径一定的毛细管垂直地插入某液体中，会发生液体沿毛细管上升(或下降)的现象，称为毛细现象。若液体能润湿管壁，即接触角 $\theta<90°$(接触角的概念将在第 9.4.2 部分中阐述)，管内液面将呈凹形，此时液体在毛细管中上升；反之，若液体不能润湿管壁，

即接触角 $\theta>90°$，管内液面将呈凸形，此时液体在毛细管中下降。

以毛细管内液面升高为例，如图 9-5 所示。由于管内液面产生的附加压力指向大气，而使凹液面下的液体所承受的压力小于管外水平液面下的压力。在这种情况下，液体将被压入管内，直至上升的液柱所产生的净压力 ρgh 与附加压力 Δp 在数值上相等时，才可达到力的平衡状态，即

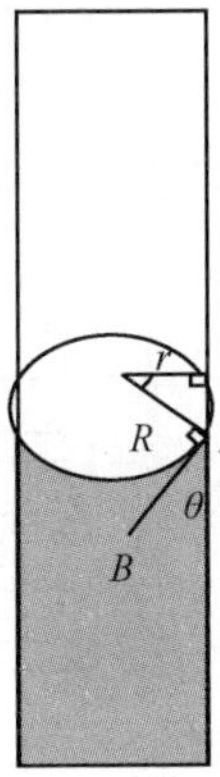

图 9-5　曲率半径与毛细管半径的关系

$$\Delta p=\frac{2\sigma}{R}=\rho gh \tag{9.11}$$

由图 9-5 可以看出：接触角 θ 与毛细管的半径 r 及弯曲液面的曲率半径 R 之间的关系为 $\cos\theta=r/R$，将此式代入式(9.11)可得到液体在毛细管中上升的高度：

$$h=\frac{2\sigma\cos\theta}{r\rho g} \tag{9.12}$$

式中，σ 为液体的表面张力，ρ 为液体的密度，g 为重力加速度。

由式(9.12)可知，在一定温度下，毛细管越细，液体的密度越小，液体对管壁润湿得越好，液体在毛细管中上升得越高。当液体不能润湿管壁，$\theta>90°$，$\cos\theta<0$ 时，h 为负值，表示管内凸液面下降的深度。例如将毛细玻璃管插入汞内水银面下降的现象。

综上所述，表面张力的存在，是弯曲液面产生附加压力的根本原因，而毛细现象则是弯曲液面具有附加压力的必然结果。掌握了这些基本知识，有利于对表面效应的深入理解，例如农民锄地，不但可以铲除杂草，而且可以破坏土壤中的毛细管，防止植物根下的水分沿毛细管上升到地表面而蒸发。

【例 9.2】 用最大泡压法测量液体的表面张力的装置如图 9-6 所示；将毛细管垂直插入液体中，其深度为 h。由上端通入气体，在毛细管下端呈小气泡放出，小气泡内的最大压力可由 U 形管压差计测出。已知 300K 时，某液体的密度 $\rho=1.6\times10^3\text{kg}\cdot\text{m}^{-3}$，毛细管的半径 $r=1\text{mm}$，毛细管插入的深度 $h=0.01\text{m}$，小气泡的最大表压 $p_{\text{m}}=207\text{Pa}$。该液体在 300K 时的表面张力为若干？

解：当不断向系统压入空气时，毛细管出口将出现小气泡，随着小气泡的变大，气泡的曲率半径将变小。当气泡的半径等于毛细管的半径时，气泡的曲率半径最小，液面对气体的附加压力达到最大，此后气泡若再增大，气泡半径也将增大，并且气泡将从液体内部逸出。

当气泡的曲率半径等于毛细管半径，即 $R=r$ 时，有

气泡内的压力　　$p_{\text{in}}=p_0+p_{\text{m}}$

气泡外的压力　　$p_{\text{out}}=p_0+\rho gh$

根据附加压力的定义及杨-拉普拉斯方程，半径为 r 的凹面对小气泡的附加压力为

$$\Delta p=p_{\text{in}}-p_{\text{out}}=p_{\text{m}}-\rho gh=2\sigma/r$$

于是求得所测液体的表面张力为

$$\begin{aligned}\sigma&=\frac{\Delta p\times r}{2}=\frac{(p_{\text{m}}-\rho gh)r}{2}\\&=(207-1.6\times10^3\times9.807\times0.01)\times10^{-3}/2\\&=2.504\times10^{-2}\text{N}\cdot\text{m}^{-1}\end{aligned}$$

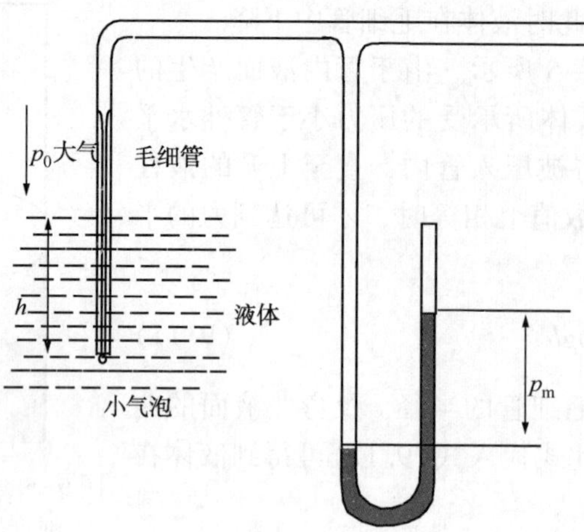

图 9-6　最大泡压法测定液体表面张力

§9.3　开尔文公式及亚稳状态

9.3.1　弯曲界面的饱和蒸气压——开尔文(Kelvin)公式

在一定温度和外压下，纯的液体有一定的饱和蒸气压，这只是对平的液面而言。实验表明，微小液滴上的饱和蒸气压要高于相应的平液面上的饱和蒸气压，这不仅与物质的本性、温度及外压有关，还与液滴的大小，即曲率半径有关。

设有物质的量为 dn 的微量液体，由平液面转移到半径为 r 的小液滴的表面上，使得小液滴的半径由 r 增加到 r+dr，面积由 $4\pi r^2$ 增加到 $4\pi(r+\mathrm{d}r)^2$，面积的增量为 $8\pi r\mathrm{d}r$，此过程表面吉布斯函数增加了 $8\pi r\sigma\mathrm{d}r$。如果这一过程是由于 dn 的液体从饱和蒸气压为 p 的平液面转移到饱和蒸气压为 p_r 的小液滴上而引起的，则吉布斯函数的增量为$(\mathrm{d}n)RT\ln(p_r/p)$（假设蒸气为理想气体）。两过程始末态均相同，吉布斯函数的增量相等，有

$$RT\ln\frac{p_r}{p}\mathrm{d}n = 8\pi r\sigma\mathrm{d}r$$

由于

$$\mathrm{d}n = 4\pi r^2\mathrm{d}r(\rho/M)$$

于是

$$RT\ln\frac{p_r}{p} = \frac{2\sigma M}{\rho r} = \frac{2\sigma V_\mathrm{m}}{r} \tag{9.13}$$

式中，ρ、M 和 V_m 分别是液体的密度、摩尔质量和摩尔体积。式(9.13)就是著名的 Kelvin 公式。对于在一定温度下的某液态物质而言，式中的 T、M、ρ 及 σ 皆为定值，此时 p_r 只是 r 的函数。

对于凹液面，可令物质的量为 dn 的微量液体，由半径为 r 的凹液面上转移到平液面，导致液面的曲率半径增大，表面吉布斯函数也随之增大，故开尔文公式变为

$$RT\ln\frac{p}{p_r} = \frac{2\sigma M}{\rho r} = \frac{2\sigma V_m}{r} \tag{9.14}$$

这表明凹液面的曲率半径越小，饱和蒸气压越小。

开尔文公式可以说明许多表面效应。例如在毛细管内，某液体若能润湿管壁，管内液面

将呈凹液面。在某温度下，蒸气对平液面尚未达到饱和，但对在毛细管内的凹液面来讲，可能已经达到了过饱和状态，这时蒸气在毛细管内将凝结成液体，这种现象称为毛细管凝结。硅胶是一种多孔性物质，具有很大的内表面，可自动地吸附空气中的水蒸气，在毛细管内发生凝结现象，从而达到干燥空气的目的。

9.3.2　开尔文公式的应用——亚稳状态及新相的生成

开尔文公式的主要应用是说明亚稳状态的形成。在通常情况下，表面效应是可以忽略不计的。但在蒸气冷凝、液体的凝固和溶液中溶质的结晶等过程中，由于最初生成的新相颗粒是极其微小的，其比表面和表面吉布斯函数都很大，系统处于不稳定状态。因此，系统中要产生一个新相是比较困难的。由于新相难以生成，而引起各种过饱和现象。例如：蒸气的过饱和、液体的过热或过冷以及溶液的过饱和现象等，这些状态均是亚稳状态，是热力学不稳定的状态。一旦新相生成，亚稳状态则失去稳定，而最终达到稳定的相态。

(1) 过饱和蒸气

恒温下将不饱和的蒸气加压，若压力超过该温度下液体的饱和蒸气压，仍不出现液体，这种蒸气就称为过饱和蒸气。过饱和蒸气之所以存在，是因为当蒸气凝结成液体时，刚出现的液体必然是微小的液滴，液面呈凸面。根据开尔文公式，微小液滴的饱和蒸气压比水平液面下液体的饱和蒸气压高。若蒸气的过饱和程度不高，对微小液滴还未达到饱和状态时，微小液滴既不可能产生，也不可能存在。只有继续增加蒸气的压力(大于平液面液体的饱和蒸气压)，小液滴才可能出现，凝聚现象才会发生。例如在0℃附近，水蒸气有时要达到5倍于平衡蒸气压，才开始自动凝聚。当蒸气中有灰尘存在或容器的内表面粗糙时，这些物质可以成为蒸气的凝结中心，使液滴核心易于生成及长大，在蒸气的过饱和程度较小的情况下，蒸气就可开始凝结。人工降雨的原理，就是当云层中的水蒸气达到饱和或过饱和状态时，在云层中用飞机喷洒微小的AgI颗粒，此时AgI颗粒就成为水蒸气的凝结中心，使新相(水滴)生成时所需要的过饱和程度大大降低，云层中的水蒸气就容易凝结成水滴而形成降雨。离子也可成为凝结的核心，研究基本粒子的威尔逊云雾室就是根据这个原理制成的。

(2) 过热液体

恒定外压下在开口容器中加热液体，若温度超过该外压下液体的沸点仍不发生沸腾，这种液体就称为过热液体。沸腾时液体生成微小的气泡，液面呈凹面。根据开尔文公式，气泡中液体的饱和蒸气压比平面液体的小，且气泡越小蒸气压越低。另外，由杨-拉普拉斯方程可知，微小气泡上还承受着很大的附加压力。所以，当液体达到正常沸点时，气泡内压力还很小，必须继续升高液体温度，使气泡凹液面的饱和蒸气压超过液面气压和弯曲液面附加压力之和，小气泡才可能产生并不断长大，液体才开始沸腾。此时液体的温度必然高于该液体的正常沸点。实验中，为了防止液体的过热现象，常在液体中投入一些沸石或多孔性物质等，因为在这些多孔性物质的孔中储存有气体，加热时这些气体成为新相种子，因而绕过了产生微小气泡的困难阶段，使液体的过热程度大大降低。如降低过热液体所受的压力，内部就会出现气泡，基本粒子研究中采用的气泡室即根据此原理制成。

【例9.3】 在101.3kPa、373.15K的纯水中，如所含的空气泡半径为1.00×10^{-6}m，试求这样的水开始沸腾的温度。已知水的汽化热为40.668kJ·mol^{-1}，373.15K时水的表面张力为58.9×10^{-3}N·m^{-1}，密度为985.4kg·m^{-3}。

解：由开尔文公式 $RT\ln\dfrac{p}{p_r}=\dfrac{2\sigma M}{\rho r}=\dfrac{2\sigma V_m}{r}$

得 $\ln\dfrac{p}{p_r}=\dfrac{2\times58.9\times10^{-3}\text{N}\cdot\text{m}^{-1}\times18\times10^{-3}\text{kg}\cdot\text{mol}^{-1}}{985.4\text{kg}\cdot\text{m}^{-3}\times10^{-6}\text{m}\times8.314\text{J}\cdot\text{mol}^{-1}\cdot\text{K}^{-1}\times373.15\text{K}}=7.1\times10^{-4}$

则此时 373.15K 的气泡内水的蒸气压为

$$p_r=101.325\times\exp^{(-7.1\times10^{-4})}\text{kPa}=101.25\text{kPa}$$

距液面 h 处的气泡的蒸气压应不低于 $p^{\ominus}+\Delta p+\rho gh$，小气泡才可能逸出液面，从而使液体沸腾，由于与前两项相比 ρgh 的数值较小，可忽略该项，有

$$p'_r=\left(101.325+\frac{2\times58.9\times10^{-3}}{1\times10^{-6}}\times10^{-3}\right)\text{kPa}=219.125\text{kPa}$$

由克劳修斯–克拉佩龙方程式的积分式

$$\ln\frac{p'_r}{p_r}=\frac{\Delta_{\text{vap}}H_{\text{m}}}{R}\left(\frac{1}{373.15}-\frac{1}{T_2}\right)$$

$$\ln\frac{219.125\text{kPa}}{101.25\text{kPa}}=\frac{40668\text{J}\cdot\text{mol}^{-1}}{8.314\text{J}\cdot\text{K}^{-1}\cdot\text{mol}^{-1}}\left(\frac{1}{373.15}-\frac{1}{T_2}\right)$$

则 $T_2=396.5\text{K}$

上述结果表明，在题给条件下，含此气泡的水至少高于正常沸点 23K 才会沸腾。若向水中投入沸石等多孔性物质，可增大初生气泡尺寸而使液体易于沸腾，从而避免了暴沸的现象。

（3）过冷液体

在恒定外压下冷却液体，若温度低于该外压下液体的凝固点，液体仍不凝结，这种液体就称为过冷液体。液体凝固时刚出现的固体必然是微小晶体，根据开尔文公式，它的蒸气压必然大于同温度下普通晶体的饱和蒸气压。在温度处于液体的凝固点时，液体的饱和蒸气压等于普通晶体的饱和蒸气压，但小于微小晶体的饱和蒸气压，此时微小晶体很难生成。只有继续降低液体的温度，直至液体的蒸气压等于微小晶体的饱和蒸气压，这时微小晶体才可能生成，凝固才会发生。例如纯净的水，有时可冷却到−40℃，仍呈液态而不结冰。用重结晶法提纯物质时，为避免过冷现象，常加入这种物质的小晶体作为新相种子，它们成为凝固的核心，使液体在过冷程度很低时即能迅速凝结成晶体。

（4）过饱和溶液

在一定温度下，溶液浓度已超过了饱和浓度，而仍未析出晶体的溶液称为过饱和溶液。之所以会产生过饱和现象，是因为同样温度下小颗粒晶体的溶解度大于普通晶体溶解度，而小颗粒晶体之所以会有较大的溶解度，是因为小颗粒晶体的饱和蒸气压恒大于普通晶体的蒸气压。在结晶操作中，若溶液的过饱和程度太大，将会生成很多细小的晶粒，不利于过滤和洗涤，因而影响产品的质量。在生产中，常采用向结晶容器中投入小晶体作为新相种子的方法，防止溶液的过饱和程度过高，从而获得较大颗粒的晶体。从溶液中结晶出来的晶体往往大小并不均一，此时溶液对小晶体是不饱和的，对大晶体是过饱和的，采取延长保温时间的办法可使微小晶体不断溶解而消失，大晶体则不断长大，使粒子的大小逐渐趋向均一，这种过程称为“陈化”。

思考题 3 已知水在两块玻璃板间形成凹液面，而在两块石蜡板间形成凸液面。试解

释为何两块玻璃间放一点水后很难将其分开，而两块石蜡板间放一点水后很容易被拉开。

思考题 4 试判断分散度很高的细小固体颗粒的熔点比普通晶体的熔点高些、低些，还是一样？为什么会有过冷液体不凝固的现象？

§9.4 润湿现象

当液体与固体接触时，随着液体和固体自身表面性质及液-固界面性质的不同，液体对固体的润湿情况也不同。如：普通棉布遇水一浸就湿，但由棉布制成的早期防雨布却不浸水；少量纯水能在洁净的玻璃板上展开形成水膜，却在石蜡或荷叶表面形成球形水珠。本节将简要介绍液体对固体的几种润湿情况，接触角与润湿的关系以及润湿在相关领域的应用。

9.4.1 润湿及其类型

固体与液体接触时，液体取代固体表面的气体而产生液-固界面的过程称为润湿。一定温度与压力下，润湿的程度可用润湿过程表面吉布斯函数的改变量来衡量，表面吉布斯函数减少得越多，则越易润湿。按润湿程度的深浅，一般可将润湿分为沾湿(adhesion)、浸湿(immersion)和铺展(spreading)三类。

图 9-7 中的(a)、(b)、(c)分别表示恒温恒压下沾湿、浸湿和铺展过程。沾湿过程是指气-液界面和气-固界面消失，同时产生液—固界面的过程，如图 9-7(a)所示。若 σ_{s-g}、σ_{s-l} 和 σ_{l-g} 分别表示在一定温度下的固-气、固-液及气-液之间的界面张力，则恒温恒压下，单位面积上沾湿过程的表面吉布斯函数变为

$$\Delta G_a=\sigma_{s-l}-\sigma_{l-g}-\sigma_{s-g} \tag{9.15}$$

浸湿过程是将固体浸入液体，气-固界面完全被液-固界面取代的过程，如图 9-7(b)所示。恒温恒压下，单位面积上浸湿过程的表面吉布斯函数变为

$$\Delta G_i=\sigma_{s-l}-\sigma_{s-g} \tag{9.16}$$

铺展是少量液体在固体表面上自动展开并形成一层液膜的过程，是液-固界面取代了气-固界面，同时又增大气-液界面的过程，如图 9-7(c)所示。若忽略少量液体在铺展前以小液滴存在时的表面吉布斯函数，则在一定温度、压力下，单位面积上铺展过程的表面吉布斯函数变为

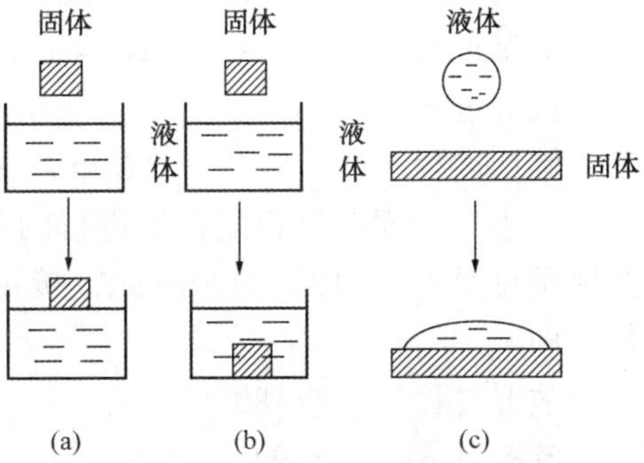

图 9-7 润湿的三种类型

$$\Delta G_S=\sigma_{s-l}+\sigma_{l-g}-\sigma_{s-g} \tag{9.17}$$

利用式(9.15)、式(9.16)和式(9.17)可以判断恒温、恒压下三种润湿过程能否自发进行。例如：若铺展过程为自发的，则需满足 $\Delta G_S<0$，令

$$S=-\Delta G_S=\sigma_{s-g}-\sigma_{s-l}-\sigma_{l-g} \tag{9.18}$$

式中，S 为铺展系数。显然若 $S>0$，则液体可自行铺展于固体表面，两种液体接触后能否铺展同样可用 S 来判断。原则上，只要知道 σ_{s-l}，σ_{s-g}，σ_{l-g} 的具体数值，即可计算某一润湿过程的表面吉布斯函数变，并可以此来判断该过程能否进行以及润湿的程度。但到目前为止，固-气、液-固界面张力的测定还无可靠的方法，故上述方程不能直接使用。在此情况下，

通常可用杨氏方程和接触角的数据来解决。

9.4.2 接触角与杨氏方程

当一液滴在固体表面上不完全展开时，它可以铺展开来或取一定形状而达成平衡，在气、液、固三相会合点，同时有 σ_{s-g}、σ_{s-l} 和 σ_{l-g} 三个界面张力的作用，这三个界面张力都趋于缩小各自的表面积，作用方向如图 9-8 所示。液固界面的水平线与气液界面切线之间通过液体内部的夹角 θ，称为接触角。如图 9-8 所示，当三种界面张力同时作用于 O 点处的液体分子上达到平衡时，有

$$\sigma_{s-g}=\sigma_{s-l}+\sigma_{l-g}\cos\theta$$

$$\cos\theta=\frac{\sigma_{s-g}-\sigma_{s-l}}{\sigma_{l-g}} \tag{9.19}$$

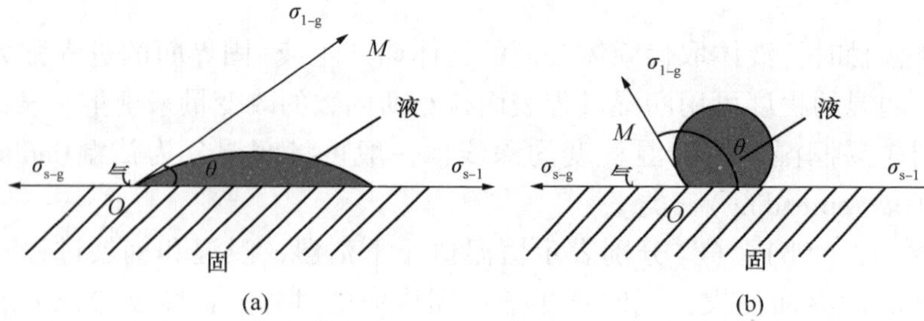

图 9-8 液滴形状与接触角

该式称为杨氏方程，杨氏方程只适用于光滑的表面。

将杨氏方程代入式(9.15)、式(9.16)和式(9.17)，则有

沾湿过程 $$\Delta G_a=\sigma_{s-l}-\sigma_{l-g}-\sigma_{s-g}=-\sigma_{l-g}(\cos\theta+1) \tag{9.20}$$

浸湿过程 $$\Delta G_i=\sigma_{s-l}-\sigma_{s-g}=-\sigma_{l-g}\cos\theta \tag{9.21}$$

铺展过程 $$\Delta G_S=\sigma_{s-l}+\sigma_{l-g}-\sigma_{s-g}=-\sigma_{l-g}(\cos\theta-1) \tag{9.22}$$

上述三种润湿过程能自发进行的条件是：$\Delta G<0$，因 $\sigma_{l-g}>0$，并且任何液体在固体上的接触角总是小于 180°的。因此，接触角只需满足以下条件就可使三种润湿过程自发进行，即

沾湿过程 $\theta<180°$

浸湿过程 $\theta<90°$

铺展过程 $\theta=0°$或不存在

因铺展过程的条件较为特殊，在这儿特别说明一下。一方面，从式(9.22)来看，在接触角 $\theta>0°$时，$\Delta G>0$，铺展系数 $S<0$，液体不可能在固体表面上铺展。而接触角 $\theta=0°$时，因 $\sigma_{s-g}=\sigma_{s-l}+\sigma_{l-g}$，当气-固界面被同样面积的液-固界面和气-液界面代替后，固然总界面吉布斯函数变为零，但从图 9-7(c)看，原在固体上面的小液滴的表面消失了，因而可以铺展。另一方面，当 $\sigma_{s-g}>\sigma_{s-l}+\sigma_{l-g}$时，如仍有式(9.22)成立则需 $\cos\theta>1$，这是不可能的，即此时无接触角可言，杨氏方程不成立，因而也不能用该式分析。但在这种情况下式(9.17)中的 $\Delta G_s<0$，铺展系数 $S>0$，液体可在固体表面铺展，这也正是许多铺展过程可以发生的原因。

习惯上人们常用接触角来判断液体对固体的润湿：把 $\theta<90°$的情形称为润湿，$\theta>90°$时称为不润湿，$\theta=0°$时称为完全润湿，$\theta=180°$时称为完全不润湿。例如，水在玻璃上的接触

角 $\theta<90°$时，水可在玻璃毛细管中上升，通常说水能润湿玻璃；而汞在玻璃上的接触角 $\theta=140°$时，汞在玻璃毛细管中下降，通常说汞不能润湿玻璃。

【例 9.4】 氧化铝瓷件上需要涂银，当加热至 1000℃时，试判断液态银能否润湿氧化铝瓷件表面？已知 1000℃时，固体氧化铝的表面张力$\sigma_{s-g}=1\times10^{-3}N\cdot m^{-1}$，液态银表面张力$\sigma_{l-g}=0.92\times10^{-3}N\cdot m^{-1}$，液态银与固体氧化铝的界面张力$\sigma_{s-l}=1.77\times10^{-3}N\cdot m^{-1}$。

解：由杨氏方程知

$$\cos\theta=\frac{\sigma_{s-g}-\sigma_{s-l}}{\sigma_{l-g}}=\frac{1\times10^{-3}N\cdot m^{-1}-1.77\times10^{-3}N\cdot m^{-1}}{0.92\times10^{-3}N\cdot m^{-1}}=-0.837$$

则

$$\theta=147°>90°$$

所以液态银不能润湿氧化铝瓷件表面。

9.4.3 润湿的应用

润湿在生产实践中有着广泛的应用，有的需要润湿，有的不需要润湿。从上面的讨论中知道，改变有关界面上的界面张力 σ 就可以改变接触角 θ，从而改变系统的润湿情况。掌握这一变化规律对实际生产有一定的指导意义。

(1) 模型铸造

浇铸工艺中，熔融金属和模子间的润湿程度直接关系着浇铸的质量。若润湿性不好，铁水不能与模型吻合，则所成铸件在尖角处呈圆形；反之，若润湿性太强(θ 角很小)，金属又易渗入模型缝隙而形成不光滑表面。为了调节润湿程度，可在钢液中加入硅，以达到良好的效果；其实质就是改变界面张力，使接触角 θ 发生变化。

(2) 细化晶粒

熔体在模型中结晶时，因表面吉布斯函数作用而难以自发形成晶核，但非自发晶核(如杂质)却可促进结晶过程的进行。杂质是否可以成为非自发晶核，关键在于杂质与晶核间的界面张力的大小，即能否润湿。若二者的界面张力越小，则接触角 θ 越小，润湿越好，形成的晶核质点便会在杂质表面铺展开，以杂质为中心进行结晶。此种原理在细化晶粒、改善和提高金属性能方面得到广泛应用。例如 Al 中加入 Ti，可以促进晶核，可获得晶粒细致的铸件。

(3) 熔炼冶金

在熔炼冶金中润湿现象也是应加以考虑的。首先，要求钢水与炉渣不润湿，否则彼此不易分离，扒渣时容易造成钢水损失；存在于钢中的难熔物颗粒，也会由于润湿而难排除，成为杂质混在钢中。其次，一方面，要求炉衬难被钢水润湿，以防炉体受到侵蚀；另一方面，由于不润湿，炉衬与钢液之间有空隙，易产生可带走杂质的气泡，对炼钢有利。

(4) 焊接金属

要使焊接剂能在金属表面上铺展，就要使焊接剂的附着功大，常用的焊接剂 Sn-Pb 合金要配合溶剂(如 $ZnCl_2$的酸性水溶液)使用。溶剂的作用是除去金属的氧化膜，并在金属表面上覆盖保护，以防止金属被氧化再生成氧化膜。因此溶剂既要能润湿金属，又要能被熔融的焊接剂从金属表面顶替出来，即焊接剂对金属的铺展系数要大于溶剂对金属的铺展系数。松香酸能溶解金属氧化物，又有亲金属的极性基团，有利于在金属上铺展，故是常用的焊接溶剂。

(5) 在农业上的应用

在植物上喷洒液体农药时，如果农药液体对植物茎叶表面的润湿性不好，不能很好地铺展，就很容易滚落到地面造成浪费，降低杀虫效果。若在液体农药中加入少量表面活性剂物质，使接触角 θ 变小，从而提高润湿程度，使农药在茎叶片表面及虫体上铺展，将会明显地提高杀虫效果。

(6) 节约能源

在蒸汽加热器中，管壁因蒸汽冷凝而形成水膜，将使传热速率显著减小，因此形成滴状冷凝是人们感兴趣的问题。要形成滴状冷凝，必须使蒸汽在加热管面上不润湿。这样蒸汽在管口才能凝结成滴状迅速流走，不致形成水膜而增大热阻，因而起到节约能源的作用。例如铜质冷凝管在用微量十八烷基二硫化物($C_{18}H_{37}S-SC_{18}H_{37}$)的 CCl_4 溶液处理后，其管壁变为憎水，当水蒸气在其上冷凝时形成微滴，并沿管壁滚下，从而使大部分表面不为液膜所覆盖，显著地提高了热交换效率，节约了能源。

(7) 其他方面

脱脂棉容易被水润湿，但经憎水剂处理后，可使水在其上的接触角 $\theta>90°$，这时水滴在布上呈球形，不易进入布的毛细孔中，经振动很容易脱落。雨衣和防水设备就是利用该原理制成的。另外，在机械设备的润滑、矿物的浮选、注水采油等方面皆涉及与润湿理论有密切关系的技术。

思考题5 将水滴在洁净的玻璃板上，水会自动铺展开来，此时水滴的表面积变大了，这与液体有自动缩小其表面积的趋势是否矛盾？请说明理由。

§9.5 溶液表面的吸附

9.5.1 溶液的表面张力

我们知道，纯液体无所谓吸附，恒温、恒压下，表面张力具有一定的值。然而对于溶液，由于溶质分子的存在，溶液的表面张力与纯溶剂有所不同。如果在表面层中溶质分子比溶剂分子所受到的指向溶液内部的引力还要大些，则这种溶质的溶入会使溶液的表面张力增高。由于系统自发向表面能降低的方向进行，因此这种溶质趋向于较多地进入溶液内部而较少地留在表面层中，这样就造成了溶质在表面层中比在本体溶液中浓度小的现象。另外，如果在表面层中溶质分子比溶剂分子所受到的指向溶液内部的引力要小些，则这种溶质的溶入会使溶液的表面张力减小。而且，溶质分子趋向在表面层相对富集，造成溶质在表面层中比在本体溶液中浓度大的现象。溶质在表面层中与在本体溶液中浓度不同的现象称为“溶液的表面吸附”，溶质在表面层浓度小于本体浓度，称为“负吸附”；溶质在表面层浓度大于本体浓度，称为“正吸附”。

实验表明，对水溶液来说，能使溶液表面张力略有升高，发生负吸附现象的溶质主要是无机电解质，如无机盐和不挥发性无机酸、碱等，这类物质的水溶液其表面张力随溶液浓度变化的趋势如图9-9中曲线Ⅰ所示。能使溶液表面张力下降，发生正吸附现象的溶质主要是可溶性有机化合物，如醇、醛、酸、酯等，其表面张力变化趋势如图9-9

中曲线Ⅱ所示。图 9-9 中曲线Ⅲ所示的是少量溶质的溶入可使溶液的表面张力急剧下降，但降低到一定程度之后变化又趋于平缓。这类物质称为“表面活性剂”，常见的有硬脂酸钠，长碳氢链有机酸盐和烷基磺酸盐，即肥皂和各种洗涤剂等。表面活性剂在结构上都具有双亲性特点，即一个分子既含有亲水的极性基团，如—OH、—COOH、$—SO_3^-$、$—NH_3^+$等；又含有憎水的非极性基团，如烷基、苯基。亲水的极性基团力图进入溶液内部，而憎水的非极性基团趋向逃逸水溶液而伸向空气，因此表面活性物质的分子极易在溶液表面上富集是很自然的。

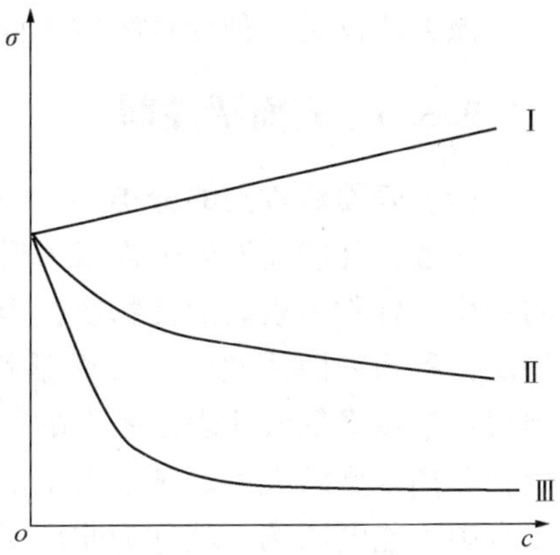

图 9-9　溶液表面张力与浓度的关系

9.5.2　吉布斯吸附等温式

溶液表面的吸附现象，可用恒温、恒压下溶液表面吉布斯函数自动减小的趋势来说明。在一定 T、p 下，由一定量的溶质与溶剂所形成的溶液，因溶液的表面积不变，降低表面吉布斯函数的唯一途径，是尽可能地使溶液的表面张力降低。吉布斯于 1877 年根据热力学原理导出了一定温度下表面吸附量与溶液表面张力及溶液浓度的关系式

$$\Gamma=-\frac{c}{RT}\cdot\left(\frac{d\sigma}{dc}\right)_T \tag{9.23}$$

此式即为吉布斯吸附等温式。表面吸附量 Γ 的定义为：单位表面积的表面层中所含溶质的物质的量与同量溶剂在溶液本体中所含溶质物质的量的差值，单位为 $mol\cdot m^{-2}$，通常也称为表面过剩。溶液表面张力随溶液浓度的变化率$-(d\sigma/dc)_T$，常称为表面活化度，是溶质表面活性的量度。由式(9.23)可知，在一定温度下，溶液的表面张力随浓度的变化率$(d\sigma/dc)_T<0$ 时，$\Gamma>0$，表明凡能使溶液表面张力降低的溶质，在表面必然发生正吸附；当溶液的表面张力随浓度的变化率$(d\sigma/dc)_T>0$ 时，$\Gamma<0$，表明凡能使溶液表面张力升高的溶质，在表面层必然发生负吸附。当溶液的表面张力随浓度的变化率$(d\sigma/dc)_T=0$ 时，$\Gamma=0$，说明此时无吸附作用。

用 Gibbs 吸附等温式计算某溶质的过剩吸附量时，可由实验测定一组恒温下不同浓度 c 时的表面张力 σ，以 σ 对 c 作图，得到 $\sigma-c$ 曲线。将曲线上某指定浓度 c 下的斜率$(d\sigma/dc)_T$ 代入式(9.23)，即可求得该浓度下溶质在溶液表面的过剩吸附量。将不同浓度下求得的过剩吸附量对溶液浓度作图，可得到 $\Gamma-c$ 曲线，即溶液表面的吸附等温线。

【例 9.5】　在 15℃时，$0.125mol\cdot dm^{-3}$ 和 $2.25mol\cdot dm^{-3}$ 丁酸溶液的表面张力分别等于 $57.1mN\cdot m^{-1}$ 和 $39.1mN\cdot m^{-1}$。求丁酸平衡浓度为 $1.187mol\cdot dm^{-3}$ 时溶液表面吸附丁酸的吸附量 Γ。

解：

$$\begin{aligned}\Gamma&=\frac{-c}{RT}\cdot\frac{d\sigma}{dc}=\frac{-c}{RT}\cdot\frac{\sigma_2-\sigma_1}{c_2-c_1}\\&=\frac{-1.187mol\cdot dm^{-3}}{8.314J\cdot mol^{-1}\cdot K^{-1}\times 288.15K}\cdot\frac{(0.0391-0.0571)N\cdot m^{-1}}{(2.25-0.125)mol\cdot dm^{-3}}\\&=4.2\times10^{-6}mol\cdot m^{-2}\end{aligned}$$

该方法仅是一种计算溶质表面吸附量的近似方法。

9.5.3 表面活性剂

(1) 表面活性剂的分类

一般，凡能使液体表面张力升高的物质，皆称为表面惰性物质。凡能降低液体表面张力的物质，皆称为表面活性物质，但习惯上，只把那些溶入少量就能显著降低液体表面张力的物质，称为表面活性剂。表面活性的大小可用表面活化度$-(\mathrm{d}\sigma/\mathrm{d}c)_T$来表示，其值越大，则表示溶质降低液体表面张力的能力越强。表面活性剂按照化学结构分类，大致可分为离子型和非离子型两大类。凡在水中能电离生成离子的表面活性剂，称为离子型表面活性剂；凡在水中不能电离的，就称为非离子型表面活性剂。而离子型表面活性剂按其在水溶液中具有表面活性作用的离子的电性还可分为阴离子表面活性剂(如 RCOONa)、阳离子表面活性剂(如 $R—NH_3^+Cl^-$)和两性表面活性剂(如 $R—NH—CH_2COOH$)三类。

(2) 胶束和临界胶束浓度

当在水中加入少量表面活性剂后，由于其结构上的双亲特点，大多数表面活性剂分子将自动地聚集于表面层，定向排列在界面上，使水和空气的接触面减少，溶液的表面张力急剧降低，极少数分子则分散在水中，如图 9-10(a)所示。这相当于图 9-9 中曲线Ⅲ急剧下降的部分。若继续加入表面活性剂到一定浓度时，表面层已达到饱和吸附，成为紧密排列的单分子膜，多余的分子在溶液中形成具有一定形状的胶束。胶束的结构是疏水基团靠在一起，亲水基团一致朝向溶液，结构完整时其疏水基几乎与水隔离。它的大小是纳米级的，与胶体粒子相仿，故称为胶束。开始出现胶束所需表面活性剂的最低浓度，称为临界胶束浓度(CMC，critical micelle concentration)，如图 9-10(b)所示。这相当于图 9-9 中曲线Ⅲ的转折处。若再继续增加表面活性剂的浓度，表面层基本上不发生变化，只是排得更紧密，加入的表面活性剂只能增加溶液中胶束的数量和大小，使小胶束变大，形成更多、结构更完整、更大的胶束，如图 9-10(c)所示。这相当于图 9-9 中曲线Ⅲ的平缓部分。在 CMC 前后，溶液的表面张力以及其他物理性质皆发生很大的变化。当表面活性剂浓度大于 CMC 时，溶液的表面张力、渗透压及去污能力等几乎不随浓度的变化而改变，但增溶作用、电导率等却随着浓度的增加而急剧增加。

(a)稀溶液　　(b)开始形成胶束的溶液　　(c)大于临界胶束浓度的溶液

图 9-10　表面活性物质的分子在溶液本体及表面层中的分布

(3) 表面活性剂的选择

表面活性剂种类繁多，在选用表面活性剂时，究竟按什么标准，目前还缺乏理论的指导。一般认为，比较表面活性剂分子中亲水基团的亲水性和亲油基团的亲油性是一项衡量表面活性剂的指标。目前比较通用的是 1945 年由 Griffin 提出的 HLB(hydrophile-lipophile balance)法，HLB 代表亲水亲油平衡。此法用 HLB 值的大小来表示每一种表面活性剂的亲水性，HLB 值越大，表示该表面活性剂的亲水性越强。根据表面活性剂的 HLB 值大小，就可知道它适宜的用途，表 9.1 给出了这种对应关系。

表 9.1　表面活性物质的 HLB 值与应用的对应关系(SAA)

SAA 加水后的性质	HLB 值	应用
不分散	0	
	2	
	4	W/O 乳化剂
分散得不好	6	
不稳定乳状分散体	8	润湿剂
稳定乳状分散体	10	
半透明至透明分散体	12	洗涤剂
透明溶液	14	O/W 乳化剂
	16	增溶剂
	18	

(4) 表面活性剂的应用

表面活性剂的种类繁多，不同的表面活性剂通常具有不同的作用。概括地说，表面活性剂具有润湿、助磨、乳化、分散、增溶、发泡、消泡、匀染、防锈、杀菌和消除静电等作用。因此，在许多生产、科研和日常生活中被广泛地使用。有关这些具体应用，许多专门著作中皆有详细的讨论。这里仅就几种常见的应用做一概述。

① 润湿作用

在生产和生活中，人们常常需要改变某种液体对某种固体的润湿程度。有时要把不润湿变为润湿，有时则正好相反。这些都可以借助表面活性剂来实现。例如，普通的棉布因纤维中有醇羟基团而呈亲水性，所以很易被水沾湿，不能防雨。过去曾采用将棉布涂油或上胶的办法制成雨布，虽能防雨但透气性变得很差，做成雨衣穿着既不舒适又较笨重。后经研究采用表面活性剂处理棉布，使其极性基与棉纤维的醇羟基结合，而非极性基伸向空气，使得与水的接触角加大，变原来的润湿为不润湿，制成了既能防水又可透气的雨布。

② 增溶作用

一些非极性的碳氢化合物，如苯、己烷、异辛烷等，在水中溶解度是非常小的。但浓度达到或超过临界胶束浓度的表面活性剂水溶液却能“溶解”相当量的碳氢化合物，形成完全透明、外观与真溶液非常相似的体系。例如，$100cm^3$ 含油酸钠的质量比为 0.10 的水溶液可“溶解”$10cm^3$ 苯而不呈现混浊。这种现象称为表面活性剂的增溶作用。

表面活性剂是由于胶束而产生增溶作用的，可以用形成胶束的概念解释常见的三种离子型表面活性剂的增溶作用。若增溶物是非极性分子，则可溶于胶束内的亲油基中；若增溶物是由亲水基和亲油基构成的极性分子，则它们可以与表面活性剂一起，以亲水基伸进水相，亲油基露在胶束“表面”；若增溶物既不溶于水又不溶于烃，则可能以吸附于“胶束”表面的方式而增溶。

增溶作用的应用相当广泛。例如肥皂或合成洗涤剂洗去大量油污时，增溶有相当重要的作用。一些生理现象也与增溶作用有关，例如脂肪类食物只有靠胆汁的增溶作用“溶解”之后才能被人体有效吸收。

③ 去污作用

去污作用是表面活性剂的渗透、乳化分散、增溶和发泡等多种作用的结合结果。例如把污染的衣服浸泡在洗涤剂(表面活性剂)中，由于渗透作用使洗液进到污染的衣服纤维中，因而减弱了污垢在纤维上的附着力，加上机械作用(用洗衣板或用手搓)，污垢从纤维上脱落。此时，由于洗涤剂的乳化分散作用在污垢表面上产生一层保护膜形成稳定的乳状液而被带入水中。

思考题6 用同一支滴管滴出相同体积的水、NaCl稀溶液和乙醇溶液，滴数是否相同?

§9.6 固体表面上的吸附作用

9.6.1 吸附及其类型

固体表面与液体表面一样，表面分子受力是不均匀的，所以也有表面张力和表面吉布斯自由能存在。但固体由于结构所限，分子不能自由移动，这使得固体不能像液体那样通过收缩表面积以降低表面吉布斯自由能。所以为了降低表面吉布斯自由能，固体只能利用其表面未饱和的剩余价力，自发地捕获表面张力比它低的气体分子，使它们在其表面富集，这种现象就称为固体对气体的吸附。被吸附的气体称为吸附质，具有吸附能力的固体物质称为吸附剂。吸附是表面效应，即固体吸附气体后，气体只停留在固体表面，并不进入固体内部。按照吸附剂与吸附质作用本质的不同，吸附可分为物理吸附和化学吸附。

物理吸附的作用力是范德华力，它存在于所有分子之间，吸附质以这种力在吸附剂表面凝聚，游离的吸附质又可在已吸附的分子上凝结，所以这种吸附无选择性，可以是单分子层，也可以是多分子层。吸附的热效应相当于吸附质分子的凝聚热，这种吸附不需要活化能，温度升高，吸附量下降。而化学吸附的作用力是吸附质与吸附剂分子之间的化学键力，吸附剂表面某一位置被吸附质分子占据后，就不再吸附其他分子，所以化学吸附具有选择性并且是单分子层吸附。化学吸附的建立通常需要活化能，吸附热效应接近于化学反应热，吸附量会随着温度的升高而增加。由于物理吸附与化学吸附在分子间作用力上有本质的不同，所以表现出许多不同的吸附性质，见表9.2。

表9.2 物理吸附与化学吸附的区别

区　别	物理吸附	化学吸附
吸附作用力	范德华力	化学键力
吸附分子层数	单或多分子层	单分子层
吸附热	接近于凝固热	接近于反应热
吸附选择性	无选择性	有选择性
是否需要活化能	不需要	需要
吸附量与温度的关系	随温度升高而下降	随温度升高略增
吸附稳定性	不稳定，易解吸	较稳定，不易解吸

物理吸附与化学吸附不是截然分开的，两者有时可同时发生，并且在不同的情况下，吸附性质也可以发生变化。例如，CO 在 Pd 上的吸附，低温下是物理吸附，高温时则表现为化学吸附；而 H_2在许多金属上的化学吸附则是以物理吸附为前提的，故吸附活化能接近于零。

9.6.2 吸附等温线

研究指定条件下的吸附量是人们十分关心的重要课题。吸附量的大小，一般用单位质量吸附剂所吸附气体的物质的量 n 或其在标准状况下所占有的体积 V 来表示，即

$$q=\frac{n}{m} \quad 或 \quad q=\frac{V}{m} \tag{9.24}$$

所以，q 的单位是 $mol \cdot kg^{-1}$或 $m^3 \cdot kg^{-1}$，吸附量的大小是衡量吸附剂的好坏和计算吸附剂比表面的重要参数。

实验表明，对指定的吸附剂和吸附质，平衡吸附量 V^a是温度和气体压力的函数。为了便于找出规律，在吸附量、温度、压力这三个变量中，常常固定一个变量，测定其他两个变量之间的关系，这种关系可用曲线表示。最常用的曲线是吸附等温线，即在恒温下，测定平衡吸附量与平衡压力之间关系而获得的曲线。如果吸附温度在气体的临界温度以下，吸附等温线也可以表示为 q 与 p/p^*之间关系的曲线，p^*为吸附质的饱和蒸气压。吸附等温线大致可以分为五种类型，如图 9-11 所示，其中第 I 种为单分子层吸附等温线，其余四种皆为多分子层吸附等温线。

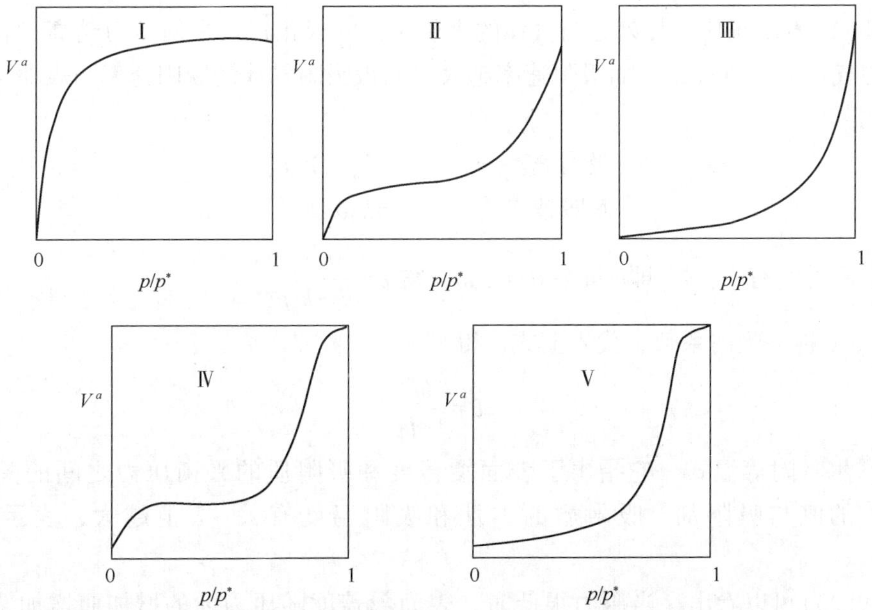

图 9-11　五种类型的吸附等温线

根据大量的实验结果，人们提出过许多描述吸附的物理模型及等温线方程，下面介绍两种较为重要、应用较为广泛的吸附等温线方程。

9.6.3 吸附等温式

(1) 朗缪尔(Langmuir)吸附等温式

朗缪尔根据吸附实验数据，从动力学观点总结出了单分子层吸附理论和相应的吸附等温式。其基本观点是：

① 吸附是单层的。由于固体表面原子力场是不饱和的，有剩余价力，也就是说固体表面有吸附力场存在，该力场的作用范围相当于分子直径的大小。气体分子只有碰撞到固体未被吸附的空白表面上，进入此力场作用力范围内，才有可能被吸附。固体表面盖满一层吸附分子后，力场得到饱和，不再有吸附能力，因此吸附是单分子层的。

② 固体表面是均匀的。固体表面上各个晶格位置的吸附能力是相同的，每个位置上只能吸附一个分子。气体分子吸附和解吸的难易程度，与其周围是否存在吸附质分子无关。吸附热是个常数，不随覆盖程度的大小而改变。

③ 吸附平衡是动态平衡。气体分子碰撞到固体空白表面上，可以被吸附，若被吸附的分子其热运动所具有的动能，足以克服固体表面对它的吸引力时，它可以重新返回气相，这种现象称为解吸或脱附。吸附开始时，因全是空白表面，吸附速率大于解吸速率。随着表面被气体分子覆盖程度的增加，吸附速率逐渐下降，解吸速率逐渐增加。最后两者速率相等，达到吸附平衡。

设表面被吸附质分子覆盖的分数为 θ，该分数称为覆盖度，则空白度为$(1-\theta)$，指定温度下的吸附速率常数和脱附速率常数分别为 k_a 和 k_d。由于气体吸附的速率一方面与固体表面的空白度$(1-\theta)$成正比，另外还与气体的平衡压力 p 成正比，平衡压力越高，表示撞到固体表面上的气体分子越多，因而吸附速率越大，而被吸附气体的脱附速率与表面覆盖度 θ 成正比。因此，

$$\text{吸附速率为} \quad r_a = k_a p(1-\theta)$$

$$\text{解吸速率为} \quad r_d = k_d \theta$$

达到吸附平衡时，有$r_a = r_d$，即$k_a p(1-\theta) = k_d\theta$，得 $\theta = \dfrac{k_a p}{k_d + k_a p}$

令 $b = k_a/k_d$，b 称为吸附系数，代入上式，得

$$\theta = \frac{bp}{1+bp} \tag{9.25}$$

此即为朗缪尔吸附等温式，它指出了表面覆盖度和吸附质的平衡压力之间的关系。吸附平衡常数 b 的值与吸附剂、吸附质的本性和吸附温度有关，b 值越大，表示吸附能力越强。

由式(9.25)可以看出，当压力很低时，表面覆盖度随压力 p 的增加而增加，当压力很高时，$(1+bp)\approx bp$，$\theta\approx 1$，这就是铺满单分子层的饱和吸附状态。朗缪尔吸附等温式适用于单分子层吸附，它能较好地描述Ⅰ型吸附等温线在不同压力范围内的吸附特征。

由于假定一个有吸附能力的位置上只吸附一个分子，所以 $\theta = V/V_\infty$，V 是某个覆盖度下的平衡吸附量，V_∞ 是铺满单分子层时的饱和吸附量，将这个关系式代入式(9.25)，变形得到朗缪尔吸附等温式的另一种形式

$$\frac{1}{V}=\frac{1}{V_{\infty}}+\frac{1}{V_{\infty}b}\cdot\frac{1}{p} \tag{9.26}$$

从实验测定不同压力 p 时的吸附量 V，作 $1/V-1/p$ 关系图，得一直线，从直线的截距和斜率可求得 b 和 V_{∞} 的值。进而计算出吸附剂的比表面积 a_s。

$$a_s=\frac{V_{\infty}}{V_0}N_A a_0 \tag{9.27}$$

式中，V_0为 1mol 气体在标准状况下的体积，N_A为阿伏加德罗常数，a_0为单个吸附质分子的截面积。

【例 9.6】 某温度下，Cu 粉对 H_2的吸附为单分子层吸附，符合朗缪尔吸附等温方程 $\Gamma=\frac{1.36p}{0.5+p}$，式中 Γ 为吸附量，单位为 $dm^3\cdot kg^{-1}$，p 为 H_2的平衡压力(atm)，计算 1kg Cu 粉的饱和吸附量和吸附平衡常数。

解：由朗缪尔吸附等温方程

$\because \theta=\frac{\Gamma}{\Gamma_{\infty}}=\frac{bp}{1+bp}$，$\therefore \Gamma=\Gamma_{\infty}\frac{bp}{1+bp}$，$\Gamma=\frac{1.36p}{0.5+p}=1.36\times\frac{2p}{1+2p}$

$\therefore$ 吸附常数 $b=2atm^{-1}$，饱和吸附量 $\Gamma_{\infty}=1.36dm^3\cdot kg^{-1}$

(2) BET 吸附等温式

朗缪尔吸附等温式能较好地说明图 9-11 中第Ⅰ种类型的吸附等温线，但对后四种类型的等温线却无法解释。Brunauer、Emmett 和 Teller 三人在朗缪尔吸附等温式的基础上加以扩展，在 1938 年提出了多分子层吸附理论，又称 BET 理论。他们认为吸附不一定是单分子层的，已被吸附的分子依靠范德华力，可以再吸引同类分子，所以吸附可以是单分子层也可以是多分子层的，从而导出了另一个吸附等温式，表示为

$$\frac{p}{V(p^*-p)}=\frac{1}{V_{\infty}C}+\frac{(C-1)p}{V_{\infty}Cp^*} \tag{9.28}$$

式(9.28)称为 BET 二常数公式，V 是吸附平衡压力 p 下的吸附量；V_{∞}是铺满单分子层时的饱和吸附量；p^*是吸附质在吸附温度时的饱和蒸气压；C 是与吸附热有关的常数。BET 吸附等温式能较好地表达全部五种类型吸附等温线的中间部分，以 $p/p^*=0.05\sim0.35$ 为最佳，特别是类型Ⅱ的 S 形等温线。推导时如限定吸附层数，可得三参数 BET 式，适用范围可扩展至 $p/p^*=0.60$。进一步改进时要考虑固体表面的不均匀性、同层吸附分子间的相互作用以及毛细管凝结现象等。

以实验测定不同吸附压力 p 下的吸附量 V 作$\frac{p}{V(p^*-p)}-\frac{p}{p^*}$关系图，得一直线，从直线的斜率和截距就可以求得$V_{\infty}$和 C 的值。BET 二常数公式最重要的应用是在低温氮吸附法中被用于测定和计算吸附剂或固体催化剂的比表面积。从所得的V_{∞}值，可以计算铺满单分子层的分子个数。若已知每个分子所占面积，即可得比表面积。该法被认为是目前所有计算比表面积方法中最好的一种，其相对误差一般在 10%左右。

思考题 7 纯液体、溶液和固体是怎样降低自身的表面吉布斯函数的？

课程思政

中国家庭逢年过节都有擦玻璃的习惯，由于周围环境中的油性物质易结合灰尘黏附在玻璃表面，所以玻璃表面很容易存在污渍。清洁玻璃对每个家庭来说都是一项费力费时的劳动，这时大家心中可能偶尔会冒出这种想法，能不能给窗户上装上“自清洁”的玻璃，如果可行的话就简直太棒了！从科学角度来说，自清洁这种想法并不是不切实际的。自清洁，是指可以通过不同的方式自发地清除其表面附着的杂质和细菌。

理论上，绝大多数天然自清洁表面都具有超亲水或超疏水性，通过水和物体表面的相互作用实现自清洁功能。水在超亲水表面上会自发铺展成面积很大而厚度很薄的水膜，阻碍了油脂和灰尘微粒等污染物与表面的直接接触；而完全铺展的水膜又会很快蒸发，带走其表面附着的杂质，实现自清洁功能，就像自然界中的蜗牛壳一样。水在超疏水表面会自发形成聚拢的水滴，当水滴在倾斜表面上滚动时，会自发带走表面附着的一些灰尘颗粒，实现自清洁功能，就像荷叶一样。

另一种自清洁的新方法是光催化自清洁。光催化自清洁主要是利用二氧化钛的光催化特性来实现自清洁的。在没有光照的情况下，二氧化钛表面具有疏水性，但在紫外光的照射下，会转变为超亲水性。此外，它还能够通过化学反应，分解表面附着的水和其他有机污染物。在紫外光的照射下，二氧化钛中全充满且能量最高能带上的电子，会吸收足够的能量从而摆脱约束成为自由电子，并跃迁到下一个能带上，在原来的位置留下一个空位，称为空穴。接着，这个摆脱束缚的电子和空穴会向二氧化钛表面迁移，这时就会有两种情况，一种情况，当电子和空穴到达二氧化钛表面，会在还原助催化剂和氧化助催化剂上与水发生还原和氧化反应，分解水产生氢气和氧气。另一种情况，到达表面的空穴与溶液中的氢氧根反应，生成羟基自由基；同时，到达表面的电子会与氧气反应生成氧气分子自由基，该自由基再经过一系列反应生成羟基自由基。由于羟基自由基具有极强的氧化能力，可与溶液中的污染物发生反应并使其氧化降解。

生活中，光催化“自清洁”这种技术已经得到了一定程度的应用，例如日本某些公共场所的吸烟室，通过光催化效应清除空气中残留的有机废气，效果显著。意大利罗马的Jubilee教堂也利用了这种技术，使教堂的雪白外墙历久如新。相信不久的将来，随着技术的进步和成本的降低，自清洁技术可以应用到更多的场合，使我们的生活变得更美好。

小　结

一、重点和难点

重点：表面吉布斯函数、表面张力、表面功、润湿、铺展和接触角的概念，杨-拉普拉斯方程、开尔文公式和朗缪尔吸附等温式的应用。

难点：吉布斯吸附等温式。

二、主要公式及使用条件

1. 表面吉布斯函数、表面功及表面张力

表面吉布斯函数为恒 T、p 及相组成不变条件下，系统由于改变单位表面积而引起系统吉布斯函数的变化量，即 $\sigma=\left(\dfrac{\partial G}{\partial A_s}\right)_{T,p}$，单位为 $\mathrm{J \cdot m^{-2}}$。

表面张力 σ 是指沿着液(或固)体表面并垂直作用于单位长度上的表面收缩力，单位为 $\mathrm{N \cdot m^{-1}}$。

表面功 σ 为在恒温、恒压、相组成恒定条件下，系统可逆增加单位表面积时所获得的可逆非体积功，称比表面功，即 $\sigma=\delta W'_r/\mathrm{d}A_s$，单位为 $\mathrm{J \cdot m^{-2}}$。

表面张力是从力的角度描述系统表面的某强度性质，而表面功及表面吉布斯函数则是从能量角度描述系统表面同一性质。三者虽为不同的物理量，但它们的数值及量纲相同，只是表面张力的单位为力的单位与后两者不同。

2. 杨–拉普拉斯方程与毛细现象

(1) 弯曲液面下的液体或气体均受到一个附加压力 Δp 的作用，该 Δp 的大小可由杨–拉普拉斯方程计算，该方程为

$$\Delta p=\frac{2\sigma}{R}$$

式中，Δp 为弯曲液面内外的压力差；σ 为表面张力；R 为弯曲液面的曲率半径。

注意：①计算 Δp 时，无论凸液面或凹液面，曲率半径 R 一律取正数，并规定弯曲液面的凹面一侧压力为 p_{in}，凸面一侧压力为 p_{out}，Δp 一定是 p_{in} 减 p_{out}，即

$$\Delta p=p_{\mathrm{in}}-p_{\mathrm{out}}$$

② 附加压力的方向总指向曲率半径中心；

③ 对于在气相中悬浮的气泡，因液膜两侧有两个气液表面，所以泡内气体所承受附加压力为 $\Delta p=4\sigma/R$。

(2) 弯曲液面附加压力引起的毛细现象。当液体润湿毛细管管壁时，则液体沿内管上升，其上升高度可按下式计算

$$h=\frac{2\sigma\cos\theta}{r\rho g}$$

式中，σ 为液体表面张力；ρ 为液体密度；g 为重力加速度；θ 为接触角；r 为毛细管内径。

注意：当液体不润湿毛细管时，则液体沿内管降低。

3. 开尔文公式

$$RT\ln\frac{p_r}{p}=\frac{2\sigma M}{\rho r}=\frac{2\sigma V_m}{r}$$

式中，p_r 为液滴的曲率半径为 r 时的饱和蒸气压；p 为平液面的饱和蒸气压；ρ、M、V_m、σ 分别为液体的密度、摩尔质量、摩尔体积和表面张力。上式只用于计算在温度一定下，凸液面(如微小液滴)的饱和蒸气压随球形半径的变化。当计算毛细管凹液面(如过热液体中亚稳蒸气泡)的饱和蒸气压随曲率半径变化时，则上式的等式左边项要改写为 $RT\ln\dfrac{p}{p_r}$。无论是凸

液面还是凹液面，计算时曲率半径均取正数。

4. 朗缪尔吸附等温式

朗缪尔在三项假设基础上导出了一个吸附等温式，即朗缪尔吸附等温式。三项假设为：固体表面是均匀的，吸附在固体表面上的分子之间无相互作用力；吸附为单分子层吸附；吸附平衡是动态的。所导得的吸附等温式为

$$\theta=\frac{bp}{1+bp}$$

式中，θ 称覆盖率，表示固体表面被吸附质覆盖的分数；b 为吸附平衡常数，又称吸附系数，b 值越大则表示吸附能力越强；p 为吸附平衡时的气相压力。实际计算时，朗缪尔吸附等温式还可写成

$$V/V_{\infty}=bp/(1+bp)$$

式中，V_{∞} 表示吸附达饱和时的吸附量；V 则表示覆盖率为 θ 时之平衡吸附量。注意，朗缪尔吸附等温式只适用于单分子层吸附。

5. 润湿与杨氏方程

（1）润湿为固体（或液体）的表面上的一种流体（如气体）被另一种流体（如液体）所替代的现象。为判断润湿程度而引进接触角 θ，如将液体滴在固体表面时，会形成一定形状的液滴，在气、液、固三相交界处，气-液表面张力与固-液界面张力之间的并将液体夹在其中的夹角，称为接触角，其角度大小取决于三种表（界）面张力的数值，它们之间的关系如下：

$$\cos\theta=\frac{\sigma_{s-g}-\sigma_{s-l}}{\sigma_{l-g}}$$

上式称为杨氏方程。式中，σ_{s-g}、σ_{s-l} 和 σ_{l-g} 分别表示在一定温度下的固-气、固-液及气-液的表（界）面张力。杨氏方程只适用于光滑的表面。

（2）铺展。铺展是少量液体在固体表面上自动展开并形成一层薄膜的现象。用铺展系数 S 作为衡量液体在固体表面能否铺展的依据，其与液体滴落在固体表面前后的表（界）面张力关系有

$$S=-\Delta G_S=\sigma_{s-g}-\sigma_{s-l}-\sigma_{l-g}$$

若 $S\geqslant 0$ 则液体能在固体表面上发生铺展；若 $S<0$ 则不能铺展。

6. 溶液的表面吸附及吉布斯吸附等温式

溶质在溶液表面层（又称表面相）中的浓度与其在本体（又称体相）中的浓度不同的现象称溶液表面的吸附。将单位表面层中所含溶质的物质的量与具有相同数量溶剂的本体溶液中所含溶质的物质的量之差称为表面吸附量，用符号 Γ 表示。吉布斯用热力学方法导出能用于溶液表面吸附的吸附等温式，称为吉布斯吸附等温式，其式如下：

$$\Gamma=-\frac{c}{RT}\cdot\left(\frac{\mathrm{d}\sigma}{\mathrm{d}c}\right)_T$$

式中，$-(\mathrm{d}\sigma/\mathrm{d}c)_T$ 为在温度 T、浓度 c 时 σ 随 c 的变化率。此式适用于稀溶液中溶质在溶液表面层中吸附量 Γ 的计算。

习题

1. 在 293.15K 及 101.325kPa 下，把半径为 1×10^{-3}m 的汞滴分散成半径为 1×10^{-9}m 的小汞滴，试求此过程系统的表面吉布斯函数变为多少？已知 293.15K 时，汞的表面张力为 $0.471\text{N}\cdot\text{m}^{-1}$。

[答案：5.916J]

2. 已知，在 100℃时，水的表面张力为 $5.85\text{mN}\cdot\text{m}^{-1}$。假设在 100℃的水中存在一个半径为 1×10^{-7}m 的小气泡和在 100℃空气中存在一个半径为 1×10^{-7}m 的小液滴。试求它们所承受的附加压力各为多少？

[答案：1.177×10^{3}kPa，1.177×10^{3}kPa]

3. 用毛细上升法测定某液体的表面张力。此液体的密度为 $0.790\text{g}\cdot\text{cm}^{-3}$，在半径为 0.235mm 的玻璃毛细管中上升的高度为 2.56×10^{-2}m。设此液体能很好地润湿玻璃，试求此液体的表面张力。

[答案：$23.3\text{mN}\cdot\text{m}^{-1}$]

4. 在 273K 时，液体汞的表面张力为 $0.47\text{N}\cdot\text{m}^{-1}$，与玻璃的接触角为 150°。试计算汞在直径 1mm 的毛细管中下降了多少？已知汞的密度为 $1.36\times10^{4}\text{kg}\cdot\text{m}^{-3}$。

[答案：0.012m]

5. 在一封闭容器底上钻一个小孔，将容器浸入水中，至深度 0.40m 处，恰可使水不浸入孔中。设在 298K 时水的表面张力为 $7.2\times10^{-2}\text{N}\cdot\text{m}^{-1}$，密度为 $1.0\times10^{3}\text{kg}\cdot\text{m}^{-3}$。求孔的半径。

[答案：3.67×10^{-5}m]

6. 一根毛细管插在某液体中，毛细管内的液体上升 15mm。如果把这根毛细管插入表面张力为原液体表面张力一半、密度也为原液体密度一半的另一液体中，则毛细管内液面上升高度为多少？假设该毛细管与上述两种液体的接触角均相等。

[答案：1.5×10^{-2}m]

7. 在 293.15K 时，水的饱和蒸气压为 2.337kPa，密度为 $988.3\text{kg}\cdot\text{m}^{-3}$，表面张力为 $72.75\times10^{-3}\text{N}\cdot\text{m}^{-1}$，试求半径为 10^{-9}m 的小水滴在 293.15K 时的饱和蒸气压。

[答案：6.865kPa]

8. 已知 $CaCO_3$在 773.15K 时的密度为 $3900\text{kg}\cdot\text{m}^{-3}$，表面张力为 $1210\times10^{-3}\text{N}\cdot\text{m}^{-1}$，分解压力为 101.325Pa。若将 $CaCO_3$ 研磨成半径为 30nm 的粉末，求其在 773.15K 时的分解压力。

[答案：139.8Pa]

9. 已知，在 298K 时，水在平面上的饱和蒸气压为 3167Pa。请计算在相同温度下，半径为 2nm 的水滴表面的蒸气压为多少？水的摩尔质量为 $18.016\text{g}\cdot\text{mol}^{-1}$，密度为 $1\times10^{3}\text{kg}\cdot\text{m}^{-3}$，水的表面张力为 $0.07197\text{N}\cdot\text{m}^{-1}$。

[答案：5343Pa]

10. 在 293.15K 时，乙醚-水、乙醚-汞及水-汞的表面张力分别为 $0.0107\text{N}\cdot\text{m}^{-1}$、$0.379\text{N}\cdot\text{m}^{-1}$及 $0.375\text{N}\cdot\text{m}^{-1}$，若在乙醚与汞的界面上滴一滴水，试求其润湿角。

[答案：68.05°]

11. 已知，在 293K 时，水-空气的表面张力为 0. 0728N · m^{-1}，汞-水的表面张力为 0. 375N · m^{-1}，汞-空气的表面张力为 0. 483N · m^{-1}。判断水能否在汞的表面上铺展开来？

[答案：能铺展]

12. 在 298K 时，某表面活性剂的稀溶液，其表面张力随浓度的增加而线性下降，当表面活性剂的浓度为 10^{-4}mol · dm^{-3}时，表面张力下降了 3×10^{-3}N · m^{-1}，计算表面吸附量。

[答案：1.21×10^{-6}mol · m^{-2}]

13. 现有 2000m^2的池塘，为了防止水分蒸发，将摩尔质量为 0. 30kg · mol^{-1}、密度为 900kg · m^{-3}的脂肪酸放入池中，使整个水池表面恰好形成一层紧密的单分子膜。求需要加入此物质的体积，已知此分子碳氢链的截面积为 0. 22nm^2。

[答案：$5\times10^{-6}m^3$]

14. 已知，在 273. 15K 时，用活性炭吸附 $CHCl_3$，其饱和吸附量为 93. 8dm^3 · kg^{-1}，若 $CHCl_3$的分压力为 13. 375kPa，其平衡吸附量为 82. 5dm^3 · kg^{-1}。试求：

(1) 朗缪尔吸附等温式中的 b 值。

(2) $CHCl_3$的分压力为 6. 6672kPa 时，平衡吸附量为多少？

[答案：(1)0. 5459kPa^{-1}；(2)73. 58dm^3 · kg^{-1}]

15. 在 473. 15K 时，测定氧在某催化剂表面上的吸附作用，当平衡压力分别为 101. 325kPa 及 1013. 25kPa 时，每千克催化剂的表面吸附氧的体积在标准状况下分别为 2. 5dm^3及 4. 2dm^3，假设该吸附服从朗缪尔吸附，试计算当氧的吸附量为饱和吸附量的一半时，氧的平衡压力为多少？

[答案：82. 81kPa]

第 10 章　胶体化学

在自然界和工农业生产中常遇到一种或几种物质分散在另一种物质的分散系统，我们将被分散的物质称为分散相，另一种呈连续分布的物质称为分散介质。

分散系统按分散相粒子的大小可分为三大类：

(1) 分子分散系统。分散相的粒子直径小于 1nm，分散相与分散介质以分子或离子形式，彼此均匀混合，形成均匀的单相系统，即真溶液。如 NaCl 溶液、蔗糖水溶液等。

(2) 胶体分散系统。分散相的粒子直径在 1～100nm，分散相可以是一种物质也可以是多种物质，可以是由许多原子或分子组成的粒子，也可以是大分子。胶体分散系统与真溶液相比，具有很多特殊性。可发生光的散射，胶体粒子扩散速率慢，不能透过半透膜，有较高的渗透压等。

(3) 粗分散系统。粗分散系统是分散相粒子大于胶体粒子的一类高度分散系统，有很大的界面，很高的界面能，因此是一类热力学不稳定系统。粗分散系统一般包括悬浮液、乳状液、泡沫和粉尘等。由于粗分散系统的很多性质与胶体类似，故归为胶体化学范畴来讨论。

水中杂质可分为真溶液状态、胶体状态和悬浮状态三种，其中胶体难于从水中分离，是净水处理的主要对象。

根据 IUPAC 的建议，胶体分散系统包括：①溶胶。传统上习惯将溶胶称为憎液溶胶，溶胶中的分散相与分散介质之间的亲和力较弱，分散相与分散介质之间有相界面存在，为热力学不稳定系统。②高分子溶液。高分子溶液又称为亲液溶胶，高分子以分子形式溶于介质中，分散相和分散介质之间亲和力较强并且没有相界面，因此它是均相的热力学稳定系统。③缔合胶体。包括两类，即胶束溶液和微乳状液，胶束溶液可由表面活性物质缔合形成胶束并分散于介质中而得到；微乳状液则由缔合的表面活性物质保护的微小液滴，分散于介质中形成。缔合胶体的分散相和分散介质之间有很好的亲和性，因此也是一类均相的热力学稳定系统。

分散系统按分散相粒子是否溶于分散介质可分为两大类：分散相以分子形式溶于介质中形成的分散系统是均相分散系统，一般混合物和溶液(此处溶液指小分子溶液、高分子溶液、电解质溶液和缔合胶体)就是此类系统；被分散的物质不溶于介质时形成的分散系统是多相分散系统，溶胶和粗分散系统即属于此类。多相分散系统按聚集状态，可分为八大类，名称和实例见表 10-1。

本章主要介绍以液体作为分散介质的系统，重点是液溶胶(通常称为溶胶)，其次是高分子溶液和粗分散系统。

表 10-1　多相分散系统按聚集状态的分类

分散介质	分散相	名称	实例
液	固	溶胶、悬浮液、软膏	金溶胶、AgI 溶胶、牙膏
	液	乳状液	牛奶、含水原油
	气	泡沫	肥皂泡沫

续表

分散介质	分散相	名称	实例
气	固	气溶胶	烟、尘
	液	气溶胶	雾
固	固	固态悬浮体	有色玻璃、照相胶片
	液	固态乳状液	珍珠
	气	固态泡沫	泡沫塑料

§10.1 溶胶的制备与净化

10.1.1 溶胶的制备

要形成溶胶必须使分散相粒子的大小落在胶粒范围之内，从分散度的大小看来，溶胶的分散度大于粗分散系统，而小于一般的真溶液。因此要制备胶粒有两种方法：一种是将粗分散系统的粒子进一步分散，称为分散法；另一种是将分子或离子聚结为胶粒，称为凝聚法。由于溶胶是热力学不稳定系统，要使溶胶具有足够的稳定性，在制备过程中必须加入合适的稳定剂(如电解质、表面活性剂等)。

(1) 分散法

利用机械设备，将粗分散的物料分散成胶体。分散过程所消耗的机械功或电功，远大于系统的表面吉布斯函数变，大部分能量则以热的形式传导给环境。常用的有以下几种方法：

① 研磨法。即机械粉碎的方法，利用胶体磨或喷射磨(又称气流粉碎机)将粗颗粒粉碎磨细，其中用胶体磨制备溶胶的方法有两种：干法与湿法。一般说来，湿法操作的粉碎程度更高。粉碎时常加入少量表面活性剂，作为稳定剂以防止分散相的微粒聚集成块。

② 胶溶法(或解胶法)。该方法不是使粗粒分散成溶胶，而只是使暂时凝结起来的分散相又重新分散。具体做法如下：在新生成并经过洗涤的沉淀中加入适当的电解质溶液，经过搅拌，沉淀会重新分散成溶胶。此处的电解质溶液用作稳定剂，可根据胶核表面所能吸附的离子来决定如何选取。如：

$$Fe(OH)_3(\text{新鲜沉淀}) \xrightarrow{\text{加 } FeCl_3} Fe(OH)_3(\text{溶胶})$$

③ 超声波粉碎法。以大于20000Hz的高频高能的超声波传入介质，在介质中产生相同频率的机械振荡，使分散相均匀分散，从而制得胶体分散系统。该法特点是产品纯度高。

④ 电弧法。通常用来制备贵金属溶胶，如金、银、铂等的溶胶。方法是将欲分散的金属作为电极，浸入水中，通直流电，调节两电极间的距离，使其产生电弧。电弧的温度很高，可使电极表面的金属气化，金属蒸气遇冷水而冷凝成胶体系统。若预先在水中加入少量碱(如 NaOH 等碱)作为稳定剂，便可形成稳定的金属溶胶。

(2) 凝聚法

与分散法相反，凝聚法是由分子(或原子、离子)的分散状态凝聚为胶体分散状态的一种方法。通常可分为物理法和化学法两种。

① 物理凝聚法。将蒸气状态的物质或溶解状态的物质凝聚为胶体状态的方法。

常见的蒸气凝聚法，例如将汞蒸气通入冷水中就可以制备汞的水溶胶，生成汞蒸气时少量生成的汞氧化物可以作为稳定剂。又如碱金属有机溶胶的制备，是在一密闭容器中，使碱金属蒸气和有机溶剂蒸气同时在一个内装液氮的管外壁冷凝，聚集到一定时间后，抽去液氮，冷凝在管外的混合蒸气熔化混合，呈液滴滴下，这就得到了碱金属的有机溶胶。

过饱和法实际上是把普通溶液突然变成过饱和溶液，使溶质凝聚成胶粒。例如，将松香的酒精溶液滴入水中，由于松香在水中溶解度很小，因而成过饱和状态，松香凝聚成胶粒，得到松香的水溶胶。类似地可以用突然降温的方法，降低溶解度，使溶质凝聚成胶粒。例如，用液氮冷却硫的酒精溶液，可以得到硫的醇溶胶。

② 化学凝聚法。利用生成不溶性物质的化学反应，控制析晶过程，使其停留在胶粒大小的阶段，一般将采用某一反应物过量一点作为稳定剂而得到溶胶的方法，称为化学凝聚法。

例如，在不断搅拌的条件下，将 $FeCl_3$ 稀溶液滴入沸腾的水中水解，即可生成棕红色、透明的 $Fe(OH)_3$ 溶胶。

$$FeCl_3+3H_2O \longrightarrow Fe(OH)_3+FeCl_3$$

过量的 $FeCl_3$ 起稳定剂的作用，$Fe(OH)_3$ 的胶粒可以选择性地吸附 Fe^{3+}，形成带正电荷的胶体粒子。

又如，As_2S_3 溶胶的制备，是用 H_2S 气体缓慢通入 As_2O_3 的饱和水溶液中，使之产生淡黄色的 As_2S_3 胶粒。

$$As_2O_3+3H_2O \longrightarrow 2H_3AsO_3$$

$$2H_3AsO_3+3H_2S \longrightarrow As_2S_3+6H_2O$$

过量的 H_2S 溶于水后解离的 HS^- 为其稳定剂，胶体粒子吸附 HS^- 带负电荷。

10.1.2 溶胶的净化

无论采用上述何种方法，制得的溶胶往往含有较多的电解质或其他杂质。除了与胶体表面吸附的离子维持平衡的适量电解质具有稳定溶胶的作用外，过量的电解质反而会促使溶胶聚沉，因此需要对溶胶进行净化。常用的净化方法是渗析法和超过滤法。

(1) 渗析法

渗析法是利用胶体粒子不能透过半透膜的特点，分离出溶胶中多余的电解质或其他杂质。一般可用羊皮纸、动物的膀胱膜、硝酸或醋酸纤维素等作为半透膜，将溶胶装于膜内，再放入流动的水中，经一定时间的渗透作用，即可达到净化的目的。为了加快渗透作用，可加大渗透面积、适当提高温度或外加电场。在外加电场的作用下，可加速正、负离子定向运动速度，从而加快渗析速度，这种方法称为电渗析。

(2) 超过滤法

用半透膜代替通常用的滤纸，在吸滤的情况下，分离胶粒与介质及多余电解质。为了加快吸滤速率，可以将漏斗上部密封，通入氮气进行加压，这种方法称为超过滤法。过滤完毕后，必须将膜上所得的新鲜胶粒立即分散到含有一定稳定剂的新的分散介质中，以免胶粒聚结而无法再形成溶胶。在超过滤用的膜两侧外加一个电场，可加快超过滤的速率，这种方法就称为电超过滤。

渗析法和超过滤法不仅可以提纯溶胶及高分子化合物，在工业上还广泛应用于污水处理、海水淡化及水的纯化等；在生物化学中常用超过滤法测定蛋白质分子、酶分子以及病毒和细菌分子的大小；在医药工业上常用来去除中草药中的淀粉、多聚糖等高分子杂质，从而提取有效成分制成针剂；人们还利用渗析和超过滤原理，用人工合成的高分子膜(如聚丙烯腈薄膜等)制成了人工肾，帮助肾功能衰竭的患者去除血液中的毒素和水分，用于严重肾脏病患者的“血透”方法就是基于这种原理让患者血液在体外通过装有特制膜的装置将血液中的有害物质除去的。

§10.2 溶胶的性质

溶胶是一个高度分散的非均相系统，分散相的固体粒子与分散介质之间存在着明显的相界面，它的光学、动力和电学等方面的性质，正是其高度的分散性和多相的不均匀性特点的反映。

10.2.1 光学性质

(1) 丁铎尔效应

1869 年英国物理学家丁铎尔(Tyndall)发现，若令一束会聚的光通过溶胶，则从侧面(与光束垂直的方向)可以看到一个发光的圆锥体，这就是丁铎尔效应，如图 10-1 所示。

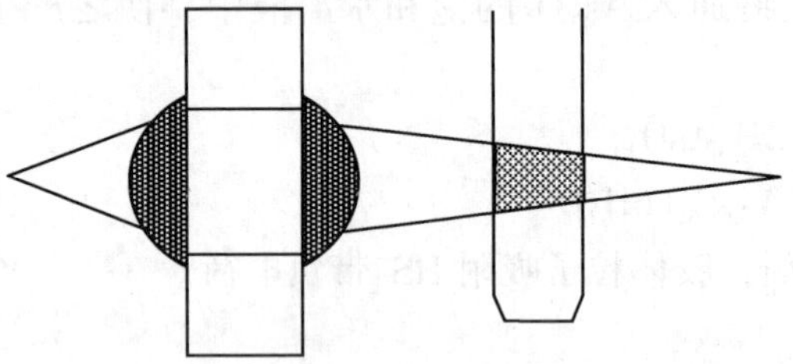

图 10-1 丁铎尔效应

当光线照射到宏观物体上时，主要发生反射或折射等现象，所以我们能看到物体的形状和颜色。当光束照到小于入射光波长的微粒上时，颗粒中的电子受电磁场作用产生极化，并以电磁场同样的频率振动，形成次级发射源，而向各个方向辐射与入射光同样频率的光或电磁波，称为瑞利散射。丁铎尔效应就是一种瑞利散射。利用瑞利散射原理设计了一种超显微镜，在垂直于入射光的方向上进行观察，可看到黑暗背景中因颗粒光散射作用而呈现的发光点。

因为三种分散系统中粒子的大小不同，所以当同样的会聚光束照在不同的分散系统上时，会产生不同的效果。

① 当光束通过粗分散系统时，因粒子大于入射光波长，主要发生反射，使系统呈现混浊和出现粒子原来的颜色。

② 当光束通过胶体溶液时，由于胶粒直径小于可见光波长，主要发生散射，可以在侧面看到乳白色的散射光柱。

③ 当光束通过小分子分散系统时，由于溶液十分均匀，小分子发出的散射光相互干涉而抵消，几乎看不见散射光。

溶胶是多相不均匀系统，在胶粒和介质分子上产生的散射光不能完全抵消，因而可以观察到散射现象，这是溶胶特有的光学现象，因此，丁铎尔效应实际上是判别溶胶与真溶液的最简便的方法。

(2) 瑞利散射定律

瑞利(Rayleigh)研究了大量的散射作用发现，散射光的强度与诸多因素有关，其中最主要的因素是：

① 散射光强度与入射光波长的 4 次方成反比，即入射光波长越短，散射越显著。所以在可见光中，蓝色、紫色的光容易被散射。

② 分散相与分散介质的折射率相差越显著，散射作用亦越显著，所以粒度相同的憎液溶胶比亲液溶胶的散射光要强得多。

③ 散射光强度与单位体积中粒子数成正比。因此可通过测定散射光强度，由已知浓度的溶胶，求另一相同溶胶的浓度。通常使用的浊度计就是根据这个原理设计的。

这就是瑞利散射定律的主要内容。如果分散相和分散介质等条件都相同，该散射定律用简化的公式表示为

$$I = K\frac{CV^2}{\lambda^4} \tag{10.1}$$

式中，I 是散射光强度；λ 是入射光波长；C 为数密度，即单位体积中的粒子数；V 为每个胶体粒子的体积；K 是与折射率等有关的数值。

从瑞利散射公式可以解释，为什么当白光照射某憎液溶胶时，从与入射光垂直的方向看到的光以淡蓝、紫色为主，因为这是散射光；而从与入射光 180°的方向看到的光以红、黄色为主，因为这是透过光。白光中容易被散射的短波长光被散射后，余下的是波长较长的光透过溶液。这就是危险信号要用红灯，旋光仪中要用钠光(黄色)灯的原因，还可以解释天空为什么是蓝的，早霞晚霞为何那么鲜艳等自然现象。

10.2.2 动力学性质

(1) 布朗运动

1827 年，植物学家布朗(Brown)用显微镜观察到悬浮在液面上的花粉末在不停地做无规则运动，后来发现凡是线度小于 4μm 的粒子，在分散介质中皆呈现这种运动。人们把微粒的这种运动称为布朗运动。粒子做布朗运动无须消耗能量，而是系统中介质分子固有热运动的体现。如果浮于液体介质中的固体远较溶胶颗粒大，则该固体在每一时刻都会受到周围分子千百次从不同方向而来的撞击。一则由于不同方向撞击力大体已相互抵消，二则由于粒子质量较大，故其运动极不显著或根本不动。但对于胶体分散程度的粒子，每一时刻受到周围分子撞击的次数要少得多，不能相互抵消，其合力足以推动质量不大的溶胶粒子，因而形成了不停的无规则运动。

1903 年，超显微镜问世后，人们利用超显微镜能够观察到胶粒像布朗观察到的花粉末一样，在不停地做无规则的热运动，并且能够看清粒子运动的路径。人们经过观察发现，粒子越小，布朗运动越激烈，且激烈程度不随时间而改变，随着温度升高，布朗运动加剧。

1905 年后，爱因斯坦(Einstein)等人才阐明了布朗运动的本质，认为在溶胶中，每个粒子都在做热运动。处于纳米级的胶体粒子相对于介质分子来说，已是很大的了，介质分子从不同角度、不同速率对胶粒进行冲击，胶粒由于受力不平衡，所以时刻做不同方向的无规则热运动，它是分子热运动的必然结果。爱因斯坦利用概率的概念和分子运动论的观点，导出了爱因斯坦-布朗平均位移公式。

$$\bar{x} = \left(\frac{RT}{N_A}\frac{t}{3\pi\eta r}\right)^{1/2} \tag{10.2}$$

式中，$\bar{x}$为在 t 时间间隔内粒子的平均位移，r 为粒子半径，η 为分散介质的黏度，T 为热力学温度，R 为摩尔气体常数，N_A为阿伏加德罗常数。后来人们用许多实验都证实了该公式

的正确性。

(2) 扩散

在有浓度梯度存在时，物质粒子因热运动而发生宏观上的定向迁移现象，称为扩散。粒子扩散的定向推动力是浓度梯度。因为系统总是向着均匀分布的方向变化。

胶体系统的扩散与溶液中溶质的扩散相似，也可用菲克(Fick)扩散定律来描述。

$$\frac{\mathrm{d}n}{\mathrm{d}t}=-DA_s\frac{\mathrm{d}c}{\mathrm{d}x} \tag{10.3}$$

该式表示单位时间通过某一截面的物质的量 $\mathrm{d}n/\mathrm{d}t$ 与该处浓度梯度 $\mathrm{d}c/\mathrm{d}x$ 及面积 A_s 成正比，其比例系数 D 称为扩散系数，式中的负号是因为扩散方向与浓度梯度方向相反。扩散系数 D 的物理意义是：单位浓度梯度下，单位时间通过单位面积的物质的量。D 的单位为 $\mathrm{m}^2\cdot\mathrm{s}^{-1}$。

通过实验观察，发现粒子越小，扩散系数越大，粒子的扩散能力越强。胶体粒子与真溶液相比，粒子要大得多，所以真溶液的扩散速率一般要比胶体粒子大几百倍。对于球形胶体粒子，扩散系数 D 可由 Einstein-Stocks 方程计算，即

$$D=\frac{RT}{6N_{\mathrm{A}}\pi r\eta} \tag{10.4}$$

(3) 沉降与沉降平衡

如果溶胶中分散相粒子的密度比分散介质的密度大，那么在重力场作用下粒子就有向下沉降的趋势。沉降的结果将使底部粒子浓度大于上部，即造成上下浓差，而扩散将促使浓度趋于均一。可见，重力作用下的沉降与浓差作用下的扩散，其效果是相反的。当这两种效果相反的作用相等时，粒子随高度的分布形成稳定的浓度梯度，达到平衡状态，这种状态称为"沉降平衡"。粒子大小均一的溶胶达到沉降平衡时，其浓度随高度的分布规律符合以下关系：

$$\ln\frac{C_2}{C_1}=-\frac{Mg}{RT}\left(1-\frac{\rho_0}{\rho}\right)(h_2-h_1) \tag{10.5}$$

式中，C_1 和 C_2 分别是高度为 h_1 和 h_2 处粒子的浓度(数密度)；ρ_0 和 ρ 分别是分散介质和分散相的密度；M 为粒子的摩尔质量；g 为重力加速度。由该式可看出粒子的摩尔质量越大，分散介质和分散相的密度差越大，达到沉降平衡时粒子的浓度梯度也越大。

如果沉降现象是明显的，还可以通过测定沉降速率来进行沉降分析，从而估算胶粒的大小。在重力场较大而忽略布朗运动的情况下，胶体粒子在受到重力 $G=\frac{4}{3}\pi r^3(\rho-\rho_0)g$ 的作用而沉降时，还会受到介质的阻力作用，阻力与其沉降速度 v 成正比，根据 Stocks 定律可知阻力 $f=6\pi\eta rv$。随着粒子沉降速度加快，阻力增加，在某一速度时，重力与阻力相等：

$$\frac{4}{3}\pi r^3(\rho-\rho_0)g=6\pi\eta rv \tag{10.6}$$

这时粒子做匀速运动，沉降速度为

$$v=\frac{2r^2}{9\eta}(\rho-\rho_0)g \tag{10.7}$$

由式(10.7)可知若已知密度和分散介质的黏度 η，测定胶粒的沉降速度，便可计算出胶粒的半径 r；反之，若已知胶粒的大小，则可通过沉降速度而求出液体的黏度。落球式黏度计就是根据此原理而设计的。

10.2.3 电学性质

溶胶中分散相的固体粒子与分散介质之间存在着明显的相界面，实验发现：在外加电场作用下，固、液两相可发生相对运动；反过来，在外力的作用下，迫使固、液两相进行相对运动时，又可产生电势差。溶胶这种与电势差有关的相对运动称为电动现象。溶胶电动现象的存在，说明溶胶粒子表面带有电荷，溶胶带电是溶胶能够稳定存在相当长时间的一个重要原因。

(1) 电动现象

① 电泳。在外电场作用下，分散相粒子在分散介质中做定向移动，称为电泳。如果胶粒带正电，它就向阴极移动，若带负电则向阳极移动。图 10-2 是一种测定电泳速度的实验装置。以 $Fe(OH)_3$溶胶为例，实验时先在 U 形管中装入适量的 NaCl 溶液[或 $Fe(OH)_3$溶胶的超离心滤液]，再通过支管从 NaCl 溶液下面缓慢地压入红棕色的 $Fe(OH)_3$溶胶，使其与 NaCl 溶液之间有清楚的界面存在，在 U 形管两端各放一根电极，通入直流电一定时间后可以观察到电泳管中 $Fe(OH)_3$溶胶的红棕色界面向阴极上升，而在阳极则界面下降。这说明 $Fe(OH)_3$溶胶粒子带正电。

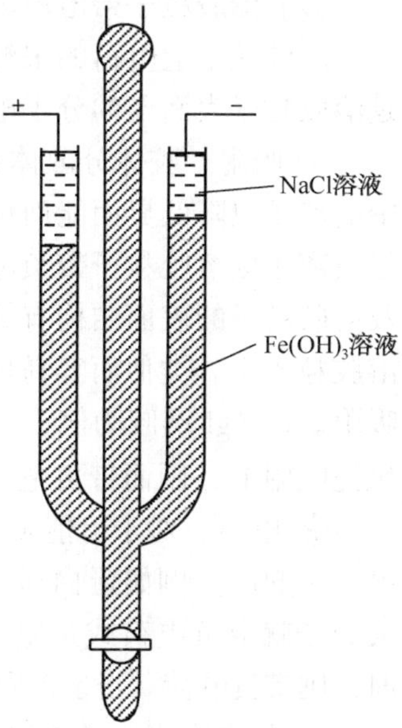

图 10-2 电泳装置

溶胶粒子的电泳速度与粒子所带电荷量及外加电势梯度成正比，而与介质黏度及粒子大小成反比。溶胶粒子比离子大得多，但实验表明，室温时在外电场作用下，胶粒的运动速度(2×10^{-4}~$4\times10^{-4}cm\cdot s^{-1}$)与一般离子的运动速度($6\times10^{-4}cm\cdot s^{-1}$)相当，这就说明胶体粒子所带电量是相当大的，否则质量比离子大得多的胶粒不可能具有与一般离子相近的运动速度。

研究电泳现象不仅有助于了解溶胶粒子的结构及电的性质，在生产和科研中也有许多应用。例如，根据不同蛋白质分子、核酸分子电泳速度的不同来对它们进行分离，已成为生物化学中一项重要的实验技术。又如，利用电泳使橡胶的乳状液凝结而浓缩；利用电泳使橡胶电镀在金属模具上，可得到易于硫化、弹性及拉力均好的产品，通常医用橡胶手套就是这样制成的。环境保护方面，可用电泳除尘，同时回收有用物质；还可以利用电泳对工件进行涂漆，称为电泳涂漆。该工艺是将工件作为一个电极浸在水溶性涂料中并通以电流，带电胶粒便会沉积在工件表面。目前汽车外壳就用这种新技术喷漆。

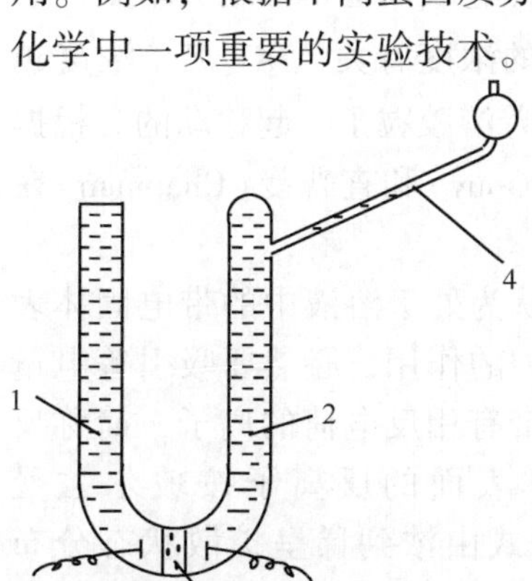

图 10-3 电渗管

1，2—介质；3—多孔膜；4—毛细管；5，6—电极

② 电渗。若在多孔膜(或毛细管)的两端施加一定的电压，固体胶粒不动而液体介质将通过多孔膜而定向流动，这种现象称为电渗。实验装置如图 10-3 所示。图 10-3 中 3 为多孔膜，管 1、2 中盛介质，当在电极 5、6 之间施加适当的直流电压时，从刻度毛细管 4 中弯月面的移动可以观察到液体介质的流动。实验表明，液体移动的方向与多孔膜的性质有关。例如，当用滤纸、玻璃或棉花构成多孔膜时，显示液

体向阴极流动，这表明多孔膜材料吸附了介质中的阴离子，使介质带正电。而当用氧化铝、碳酸钡等物质构成多孔膜时，介质向阳极移动，说明多孔膜材料吸附了介质中的阳离子而带负电。和电泳一样，外加电解质对电渗速率的影响很显著，随着外加电解质浓度的增加，电渗速率会降低，甚至会改变介质的流动方向。

电渗现象在工业上也有应用。例如，在电沉积法涂漆操作中，使漆膜内所含水分排到膜外以形成致密的漆膜。工业及工程中泥土或泥炭脱水、水的净化、纸浆脱水和陶坯脱水等，都可借助电渗法实现。

(2) 溶胶粒子带电原因

溶胶粒子上电荷的来源可以看作溶胶粒子表面吸附了很多相同电荷符号的离子，也可能是溶胶粒子表面上的分子电离或表面上的离子发生晶格取代而引起的。

① 吸附。胶体分散体系具有很大的界面和界面能，因此，在电解质溶液中能吸附溶液中的离子以降低界面能而使胶体体系趋于稳定。当吸附了正离子时，溶胶粒子带正电；吸附了负离子则溶胶粒子带负电。不同情况下溶胶粒子容易吸附何种离子，与被吸附离子的本性及溶胶粒子的表面结构有关。法扬斯(Fajans)规则表明：溶胶粒子吸附离子具有选择性，与溶胶粒子组分类似而容易形成胶粒晶格(因溶胶粒子通常具有晶体的结构)的离子能优先被吸附。以 AgI 溶胶为例，当用 $AgNO_3$和 KI 溶液制备 AgI 溶胶时，若 KI 过量，则 AgI 粒子会优先吸附 I^-，因而带负电；若 $AgNO_3$过量，AgI 粒子优先吸附 Ag^+，因而带正电。

② 电离。对于可能发生电离的大分子的溶胶而言，则溶胶粒子带电主要是其本身发生电离引起的。例如蛋白质分子，当它的羧基或胺基在水中离解成—COO^-或—NH_3^+时，整个大分子就带负电荷或正电荷，当介质的 pH 值较低时，蛋白质分子一般带正电，当 pH 较高时，则带负电荷。当蛋白质分子所带的净电荷为零时，这时介质的 pH 称为蛋白质的等电点。

③ 晶格取代。晶格取代是一种比较特殊的情况，许多硅铝酸盐黏土矿物，例如高岭土和蒙脱土，常因黏土晶体中的晶格同晶取代而带电。通常是晶体中的三价铝离子被镁离子或钙离子取代，因而质点带负电。

(3) 双电层结构

实验结果表明，在 $AgNO_3$过量时形成的 AgI 溶胶粒子，虽然它表面上牢固地吸附了一层 Ag^+离子，但是在电泳时溶胶粒子的迁移速度还与反离子 NO_3^-的浓度有关。NO_3^-离子浓度越大，溶胶粒子的迁移速度越慢，因而可以认为一部分 NO_3^-是随着溶胶粒子一起移动的。根据许多实验，人们提出了溶胶粒子的双电层结构。其中以库依(Gouy)和查普曼(Chapman)在1910 年前后提出的扩散双电层模型得到了较大的认同。

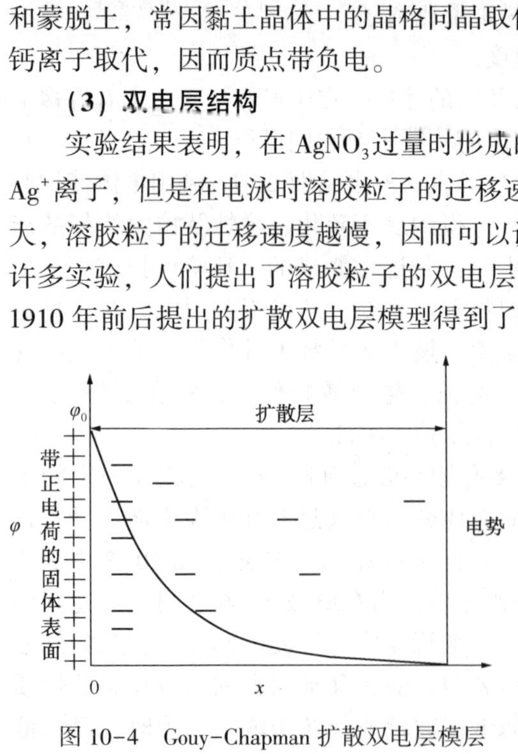

图 10-4　Gouy-Chapman 扩散双电层模层

库依和查普曼认为处于溶液中的带电固体表面，由于静电吸引力的作用，必然要吸引等电量的、与固体表面上带有相反电荷的离子，简称反离子，而靠近固体表面的反离子按玻尔兹曼(Boltzmann)分布公式由浓到稀呈扩散状态分布在溶液中，直到介质本体溶液浓度均匀的部分，即电势差等于零的地方，这样便在固、液两相之间形成了扩散双电层，如图 10-4 所示。

1924 年，斯特恩(Stern)对 Gouy-Chapma 的扩散双电层理论进行了修正，他认为在靠近表面

1~2个分子厚度的区域内，反离子由于受到强烈的吸引，会牢固地结合在表面，形成一个紧密的吸附层，称为固定吸附层或Stern层，其余反离子按玻耳兹曼分布呈扩散状态分布在溶液中，构成双电层的扩散部分，如图10-5(a)所示。在Stern层中，除反离子外，还有一些溶剂分子同时被吸附。反离子的电性中心所形成的假想面，称为Stern面。在Stern面内，电势的变化呈直线下降，由表面的热力学电势 φ_0 直线下降到Stern面内的 φ_δ。φ_δ 称为Stern电势。Stern面内的离子会发生溶剂化作用，当固、液两相发生相对移动时，Stern紧密层中吸附在固体表面溶剂化的反离子和溶剂分子与胶粒质点作为一个整体一起运动，其滑动面在Stern面稍靠外一些。滑动面与溶液本体之间的电势差，称为 ζ 电势。由图10-5(b)可以看出，ζ 电势与 φ_δ 电势在数值上相差很小，但却具有不同的含义。应当指出，只有在固、液两相发生相对移动时，才能呈现出 ζ 电势，因此又称为电动电势。

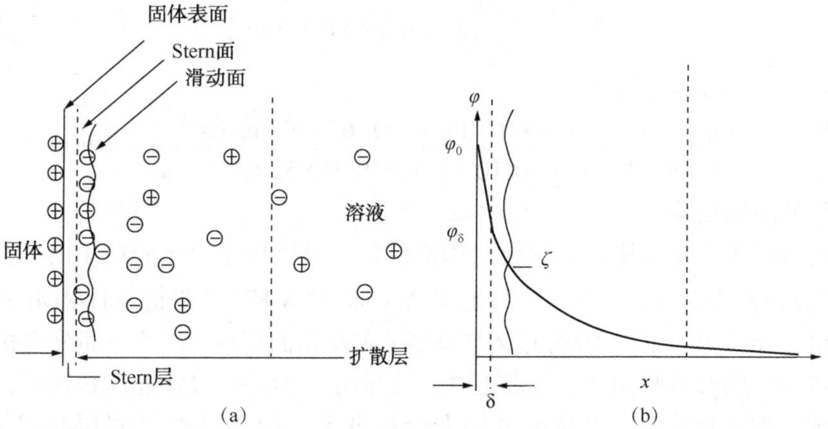

图10-5　Stern双电层模型

ζ 电势的大小，反映了胶粒的带电程度，会随着溶剂化层中离子浓度的改变而改变。ζ 电势越高，表明胶粒带电越多，其滑动面与溶液本体之间的电势差越大，扩散层越厚。当有外来电解质加入时，介质中反离子的浓度加大，将压缩扩散层使其变薄，把更多的反离子挤进滑动面内，使 ζ 电势在数值上变小，如图10-6所示。当电解质的浓度足够大时，可使得 ζ 电势为零。此时相应的状态，称为等电态。处于等电态的胶体质点不带电，因此不会发生电动现象，电泳、电渗速度也必然为零，这时溶胶非常容易聚沉。

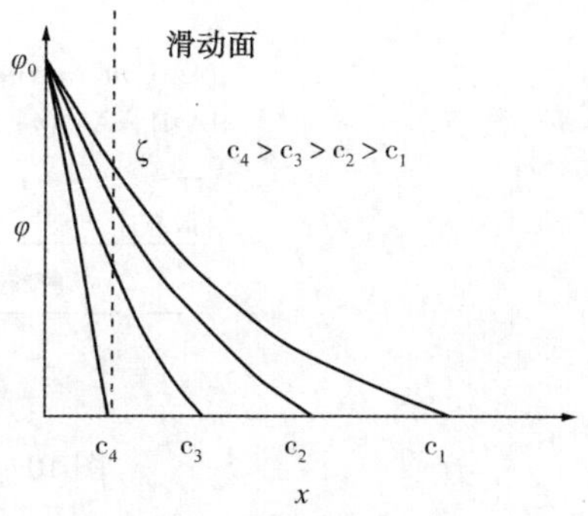

图10-6　电解质浓度对 ζ 电势的影响

Stern双电层模型给出了 ζ 电势明确的物理意义，很好地解释了溶胶的电动现象，并且可以定性地解释电解质浓度对溶胶稳定性的影响，使人们对双电层的结构有了更深的认识。

ζ 电势可通过实验测定。当外加一电场时，胶粒和液体就会做相对运动而产生电泳和电渗现象，但运动面不是在固体表面上，而是在距固体表面一定距离处的滑动面上，因此从电泳(或电渗)实验中测出电泳(或电渗)的速度，利用式(10.8)可求得 ζ 电势之值

$$\zeta=\frac{\nu\eta}{\varepsilon E} \tag{10.8}$$

式中，ε 为介质的介电常数，且有 $\varepsilon=\varepsilon_r\cdot\varepsilon_0$，$\varepsilon_0$ 为真空介电常数，$\varepsilon_0=8.854\times10^{-12}\mathrm{F\cdot m^{-1}}$，$\varepsilon_r$ 为分散介质的相对介电常数；v 为电泳速率，单位为 $\mathrm{m\cdot s^{-1}}$；E 为电势梯度，单位为 $\mathrm{V\cdot m^{-1}}$；η 为介质的黏度，单位为 Pa·s。该公式主要适用于分散介质为水的胶体系统，要求胶体粒子为球形质点，半径较大，并且双电层的厚度较薄。

【例 10.1】 在 298.15K 时，测得 $Fe(OH)_3$溶胶的电泳速率 v 为 $1.65\times10^{-5}\mathrm{m\cdot s^{-1}}$，两极间距离 l 为 0.2m，所加电压 U 为 110V，水的相对介电常数 ε_r 为 81，黏度 η 为 $1.1\times10^{-3}\mathrm{Pa\cdot s}$，求 ζ 电势的值。

解： 电势梯度

$$E=\frac{U}{l}=\frac{110}{0.2}\mathrm{V\cdot m^{-1}}=550\mathrm{V\cdot m^{-1}}$$

将相关数据代入 ζ 电势的计算式，得

$$\zeta=\frac{\nu\eta}{\varepsilon E}=\frac{\nu\eta}{\varepsilon_r\varepsilon_0 E}=\frac{1.1\times10^{-3}\mathrm{Pa\cdot s}\times1.65\times10^{-5}\mathrm{m\cdot s^{-1}}}{8.854\times10^{-12}\mathrm{F\cdot m^{-1}}\times81\times550\mathrm{V\cdot m^{-1}}}=0.046\mathrm{V}$$

（4）溶胶的胶团结构

根据上述溶胶粒子带电原因及双电层理论模型，可以推断出溶胶粒子的结构。以 $AgNO_3$ 和 KI 溶液混合制备 AgI 溶胶为例。固体粒子 AgI 称为“胶核”。若制备时 KI 过量，则胶核吸附 I^- 而带负电，反号离子 K^+ 一部分进入紧密层(在滑动面以内)，另一部分在扩散层；若制备时 $AgNO_3$ 过量，则胶核吸附 Ag^+ 而带正电，反号离子 NO_3^- 一部分进入紧密层，另一部分在扩散层。胶核、被吸附的离子以及在电场中能被带着一起移动的紧密层共同组成“胶粒”，而“胶粒”与“扩散层”一起组成胶团，整个胶团保持电中性。可以用下列简式表示胶团的结构：

在同一个溶胶中，每个固体微粒所含的分子个数 m 可以大小不等，其表面上所吸附的离子个数 n 也不尽相等。在滑动面两侧，过剩的反离子所带的电量应与固体微粒表面所带的电量大小相等而符号相反。即 $(n-x)+x=n$。KI 为稳定剂的 AgI 溶胶的胶团剖面图，如图 10-7 所示。

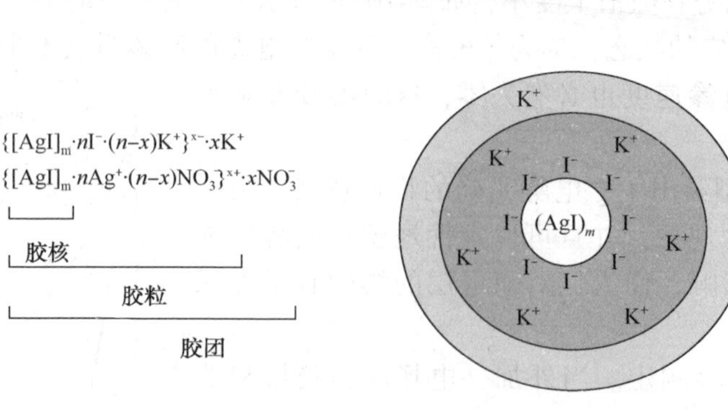

图 10-7　碘化银胶团构造示意图(KI 为稳定剂)

【例 10.2】 制备 AgCl 溶胶，使用 $0.015\mathrm{mol\cdot dm^{-3}}$、50mL 的 $AgNO_3$ 溶液，缓慢滴加 $0.02\mathrm{mol\cdot dm^{-3}}$ 的 KCl 溶液 10mL。

（1）指出溶胶胶粒的带电符号；

（2）写出溶胶胶团结构表达式。

解：(1) $AgNO_3+KCl=AgCl\downarrow+KNO_3$

Ag NO_3的物质的量为 $0.015\times50/1000=7.5\times10^{-4}$mol；

KCl 的物质的量为 $0.02\times10/1000=2\times10^{-4}$mol；

因此 $AgNO_3$过量，所以 AgCl 胶核优先吸附 Ag^+离子，使胶粒带正电。

(2) AgCl 正溶胶胶团结构表达式为

$$\{[AgCl]_m nAg^+\cdot(n-x)NO_3^-\}\cdot xNO_3^-$$

思考题1 影响胶粒电泳速度的主要因素有哪些？电泳现象说明了什么问题？

思考题2 什么是ζ电势？如何确定ζ电势的正、负号？ζ电势在数值上一定要小于热力学电势吗？为什么？

§10.3 溶胶的稳定与聚沉

10.3.1 溶胶的稳定性

憎液溶胶由于胶粒比表面积很大，总的表面自由能很高，粒子间有相互聚结以降低表面能的自发倾向，是热力学上的不稳定系统。但是制备得到的合格的溶胶在相当长的时间内可以保持不聚沉，仍有一定的稳定性，这主要依赖于如下两个因素。

(1) 布朗运动

由于胶粒的特有分散程度，粒径在1~1000nm，在介质分子的推动下，有比较剧烈的布朗运动，在重力场中不易沉降，具有一定的动力稳定性。但也正由于剧烈的布朗运动，增加了粒子相互碰撞的概率，粒子一旦合并变大，就会抵抗不了重力的作用而下沉，所以布朗运动不足以维持溶胶的稳定性。

(2) ζ电势

在制备溶胶时要加入少量的稳定剂，胶核选择性地吸附某种使胶核不易溶解的离子，离子外面又有较多的反离子，在胶核表面形成双电层结构。胶粒表面的离子又都是水化的，胶粒移动时带着这些水化的离子一起移动，水化层的滑移界面与溶液本体间扩散层的电势差称为ζ电势，也叫扩散电势。ζ电势越大，溶胶越稳定。因为胶粒带相同的电荷，同性电荷相斥，使胶粒不易相互靠近，两个胶粒要合并必须克服一个势能垒。ζ电势越大，势能垒越高，这才是憎液溶胶具有一定稳定性的主要原因，也是制备溶胶时必须加入少量电解质作为稳定剂的原因。

10.3.2 溶胶的聚沉

在生产和科学实验中有时要得到稳定的胶体。如照相用的胶片，需涂一层含有很细的AgBr悬浮体的明胶；为了制备某些活性高的催化剂也常常使体系成为稳定的胶体。但有时却不希望产生溶胶，所以就需要防止和破坏胶体的形成。如净化水时就需破坏泥沙形成的溶胶；在稀有金属生产过程中，往往有不少金属化合物或杂质呈胶体状态，$Fe(OH)_3$、SiO_2以及锆和铌的化合物易生成溶胶，它们既难完全沉淀，又不容易过滤，而且对以后的各种分离过程带来很多麻烦，因此常用各种凝聚剂对这些溶液进行处理，使其中胶粒发生聚沉而除去。

溶胶是热力学不稳定体系，其不稳定性是绝对的。虽然由于胶粒带电及布朗运动的存在，能使溶胶暂时稳定一段时间，但这种稳定性终究只是暂时的、相对的和有条件的，最终还是要聚集成大颗粒。当颗粒聚集到一定程度，溶胶便失去表观上的均匀性，此时就要沉降下来，这种现象称为“聚沉”。为促进聚沉过程，可以外加其他物质作为聚沉剂，如电解质等。

（1）电解质的聚沉作用

电解质对溶胶稳定性的影响有两重性。当电解质浓度较小时，有助于胶粒带电形成ζ电势，使粒子之间因同性电荷的斥力而不易聚沉，因此电解质对溶胶起稳定作用。但是当电解质浓度足够大时，使得扩散层变薄而ζ电势下降，因此能引起溶胶聚沉。关于外加电解质对溶胶聚沉的影响有以下几点经验规则：

① 外加电解质需要达到一定浓度方能使溶胶发生明显聚沉。使溶胶发生明显聚沉所需电解质的最小浓度称为“聚沉值”。聚沉值是电解质对溶胶聚沉能力的衡量，聚沉能力越强，聚沉值越小，反之亦然。

实验表明，当电解质浓度达到聚沉值时，并未使胶粒的电荷量减少为零，亦即ζ不等于零。一般来说此时电动电势的数值仍有25~30mV，但胶粒的布朗运动已足以克服胶粒之间所剩的较小静电斥力，故能发生聚沉。当ζ等于零时，溶胶聚沉速率可达到最大。

② 电解质中能使溶胶发生聚沉的离子，是与胶体粒子带相反电荷的离子，即反离子，反离子的价数越高，聚沉能力越大，这种关系称为舒尔茨-哈迪（Schulze-Hardy）价数规则。一般可以近似地表示为反离子价数的6次方之比，即

$$Me^{+} : Me^{2+} : Me^{3+} = 1 : 2^6 : 3^6 = 1 : 64 : 729$$

上述比值是在其他因素完全相同的条件下导出的，仅可作为一种粗略的估计，而不能作为严格的定量计算依据。当离子在胶粒表面强烈吸附或发生表面化学反应时这一规则不适用。

③ 当与胶粒带电荷相反的离子价数相同时，其聚沉能力也各不相同。但这个差别远小于因价数不同而引起的差异。通常若反离子是阳离子，则其聚沉能力随着金属活动性的增加而增加（聚沉值的变化恰好相反）；若反离子是价数相同的阴离子，则其聚沉能力随着形成该离子的元素非金属活动性的增加而增加。例如，对于负溶胶，外加电解质的一价阳离子硝酸盐聚沉能力的排列次序为

$$H^{+} > Cs^{+} > Rb^{+} > NH_4^{+} > K^{+} > Na^{+} > Li^{+}$$

对于正溶胶，不同的一价阴离子的钾盐对正溶胶聚沉能力的次序为

$$F^{-} > Cl^{-} > Br^{-} > NO_3^{-} > I^{-}$$

同价离子聚沉能力的这一次序称为感胶离子序。它与离子水化半径由小到大的次序相同，离子水化半径越小，聚沉能力越强。

④ 与溶胶带有相同电荷的同离子对溶胶的聚沉也略有影响。当反离子相同时，同离子价数越高，聚沉能力越弱。

【例10.3】 将浓度为0.04mol·dm^{-3}的KI溶液与0.10mol·dm^{-3}的$AgNO_3$溶液等体积混合后得到AgI水溶胶，试分析电解质$Ca(NO_3)_2$、K_2SO_4和$Al_2(SO_4)_3$对所得AgI溶胶的聚沉能力的强弱顺序如何？为什么？

解：由于$AgNO_3$过量，故形成的AgI胶粒带正电荷为正溶胶，能引起它聚沉的反离子为负离子。反离子的价数越高，聚沉能力越大，所以K_2SO_4和$Al_2(SO_4)_3$的聚沉能力均大于$Ca(NO_3)_2$。

由于和溶胶具有同样电荷的离子能削弱反离子的聚沉能力，且价态高的比价态低的削弱作用更强，故 K_2SO_4 的聚沉能力大于 $Al_2(SO_4)_3$，综上所述，聚沉能力顺序为

$$K_2SO_4>Al_2(SO_4)_3>Ca(NO_3)_2$$

(2) 高分子化合物的聚沉作用

在溶胶中加入高分子化合物既可以使溶胶稳定，也可以使溶胶聚沉(又称为絮凝过程)。作为一个好的聚沉剂，应当是相对分子质量很大的线型聚合物。例如，聚丙烯酰胺及其衍生物就是一种良好的聚沉剂，其相对分子质量可高达几百万。聚沉剂可以是离子型的，也可以是非离子型的。我们仅从以下三个方面，来说明高分子化合物对溶胶的聚沉作用。

① 搭桥效应：一个长碳链的高分子化合物，可以同时吸附在许多个分散相的微粒上，起搭桥的作用，把胶粒联结起来，变成较大的聚集体而聚沉。

② 脱水效应：高分子化合物对水有更强的亲和力，由于它的溶解与水化作用，使胶体粒子脱水，失去水化外壳而聚沉。

③ 电中和效应：离子型的高分子化合物吸附在带电的胶体粒子上，可以中和分散相粒子的表面电荷，使粒子间的斥力势能降低，而使溶胶聚沉。

高分子化合物对溶胶絮凝作用的研究，自20世纪60年代以来发展很快，广泛用于各种工业部门的污水处理和净化，化工操作中的分离和沉淀，以及有用矿泥的回收等。与无机聚沉剂相比，高分子絮凝过程有不少优点，如效率高，一般用量在10~100mg/kg就有显著的絮凝效果；絮凝物沉淀迅速，通常可在数分钟内完成，并且沉淀物大而疏松，便于过滤；此外在合适条件下还可以有选择性絮凝，这对有用矿泥的回收特别有利。

需要指出的是，若在溶胶中加入较多的高分子化合物，则过多的高分子能包围胶粒，使胶粒对分散介质的亲和力增加，形成亲液性的保护膜，从而增加溶胶的稳定性，使粒子反而不易凝聚析出。高分子化合物的这种保护作用是很重要的。血液中所含的难溶盐类，像碳酸钙、磷酸钙等就是靠血液中的蛋白质保护而存在。例如，照相用的胶片是用明胶所保护的 AgBr 悬浮体。又如，石油化工用的贵金属催化剂如铂等也常用保护胶制成胶状物质而使用。

(3) 溶胶的相互聚沉

将两种电性相反的憎液溶胶相互混合时，即能发生聚沉作用，这样的聚沉称为相互聚沉。它与电解质的聚沉作用不同之处在于聚沉的条件比较严格。只有在一种溶胶的总电量刚好中和另一种溶胶的异号电荷总量的情况下，才能完全聚沉，如不符合这一点，聚沉就不完全甚至不聚沉。明矾净水以及两种不同牌号墨水混合会出现沉淀都是溶胶相互聚沉的实例。

思考题3 溶胶为热力学非平衡系统，但它在相当长时间内可以稳定存在，其主要原因是什么？

思考题4 有稳定剂存在时胶粒优先吸附哪种离子？

思考题5 为什么明矾能将混浊的水澄清？

思考题6 用电解质把豆浆点成豆腐，有三种盐：NaCl、$MgCl_2$、$CaSO_4 \cdot 2H_2O$，哪种聚沉能力最强？

* §10.4 粗分散系统

10.4.1 乳状液

乳状液是指一种或多种液体分散在另一种与它不相溶的液体中的粗分散系统。例如开采石油时从油井中喷出的含水原油、橡胶树割淌出的乳胶、牛奶、炼油厂的废水、农药乳剂等皆属此类。乳状液中被分散的液珠一般大于0.1μm，以液珠形式存在的那一相称为内相，也就是分散相；另一相为外向，也就是连续相或分散介质。通常乳状液中一相为水，极性大，可用"W"表示。另一相为有机液体，如苯、苯胺、煤油，极性小，习惯上把它们称为"油"，并且用"O"表示。奥斯瓦尔德曾经指出，乳状液有两种类型：一类为油分散在水中，称为水包油型，用符号O/W表示；另一类为水分散在油中，称为油包水型，用符号W/O表示。因油水互不相溶，要得到比较稳定的乳状液，必须加入乳化剂。常用的乳化剂多为表面活性剂物质；此外，某些固体粉末也能起到乳化剂的作用。乳化剂能使乳状液比较稳定存在的作用，称为乳化作用。乳化和破乳在生产、科研当中具有重要的位置，现将有关理论简单介绍如下：

（1）乳状液类型的鉴别

鉴别乳状液是O/W型还是W/O型的方法有三种。

① 染色法。在乳状液中加入油溶性或水溶性染料，然后在显微镜下观察。

② 稀释法。乳状液通常容易被分散介质所稀释。

③ 导电法。O/W型乳状液的导电性能远好于W/O型乳状液。

（2）乳状液的应用

乳状液在工农业生产和日常生活中应用非常广泛。例如，在农业生产中为节省药量，提高药效常将农药制成乳液，使用时掺水稀释变成稀乳状液。在柴油中加入7%~15%的水，在乳化剂存在下用超声波使其形成乳状液，作为车用燃料能提高燃烧值10%，并减少了对大气的污染。在高分子聚合反应中可采用乳液聚合的方法，该法是将高分子单体在乳化剂作用下分散在一定介质中制成乳状液。乳液聚合法反应温度易控制，副反应少。新型的高速切削冷却液，甚至油脂在人体内输送以及消化作用都与乳状液有关。许多食品、饮料和化妆品都制成乳状液的形式。

有时乳状液的形成不仅无利反而有害。如原油中的水以油包水乳状液形式存在，在加工之前必须除去这些水分。许多工业污水也是乳状液，在排放之前必须进行破乳，以免引起污染。

（3）乳状液的破乳

添加了少量乳化剂的乳状液，由于乳化剂分子被吸附在两相之间的界面间，降低了表面张力，使系统的表面吉布斯函数值降低，因此这样的乳状液能够稳定地存在。使乳状液破坏的过程，称为破乳或去乳化作用。此过程一般分两步：分散相的微小液滴首先絮凝成团，但这时仍未完全失去原来各自独立的属性；第二步为凝聚过程，即分散相结合成更大的液滴，在重力场的作用下自动地分层。乳状液稳定是由于乳化剂的存在，所以凡能消除或削弱乳化剂保护能力的因素，皆可达到破乳的目的。常用的方法有以下几种。

① 化学法。若乳状液是由乳化剂形成表面膜而稳定的，可加入表面活性更强但不能形

成牢固膜的表面活性剂物质代替原来的乳化剂，例如异戊醇、十二烷基磺酸钠等；也可加入某些能与乳化剂发生化学反应的物质，来消除乳化剂的保护作用。例如，在以油酸钠为稳定剂的乳状液中加入无机酸，使油酸钠变成不具有乳化作用的油酸，而达到破乳的目的。

② 加热。温度升高可降低乳化剂在油-水界面的吸附量，削弱保护膜对乳状液的保护作用；升高温度还可降低分散介质的黏度，有利于碰撞而发生聚结。

③ 高压电法。例如石油的破乳脱水，在高压电作用下，油中的小水滴被极化，彼此合并为大水滴，最后在重力作用下分层。

④ 物理方法。如离心分离、蒸馏、过滤和电泳破乳等。例如在含油废水中鼓入空气产生泡沫，油滴能附着在泡沫上浮到水面，从而达到油水分离的目的，即泡沫分离。

⑤ 其他。可加入类型相反的乳化剂，如向 O/W 型的乳状液中加入 W/O 型的乳化剂。

10.4.2 泡沫

泡沫是气体分散在液体或固体介质中形成的粗分散系统。气泡的尺寸常超过 1μm，用肉眼即可观察到泡沫的存在。要得到比较稳定的泡沫必须加入起泡剂。起泡剂的分子在气-液界面上定向排列形成吸附膜。这种膜既可明显降低气-液界面张力，又可增加气泡壁的机械强度，从而使泡沫得以稳定存在。常用的起泡剂一般是表面活性剂，如油酸三乙醇胺等，此外，一些不易被水润湿的固体粉末如石墨也可对气泡起稳定作用。

（1）泡沫的应用

泡沫技术的应用也非常广泛。矿物浮选就是最典型的例子，浮选过程如下：先将矿石粉碎成尺寸在 0.1mm 以下的微粒，加入足量的水以及适量的浮选剂(浮选剂包括三类：捕集剂、气泡剂和调整剂)，再强烈鼓入空气，使形成大量气泡。这时在各种浮选剂的作用下矿粒与气泡黏附，气泡上升、形成矿化泡沫层浮至液面，而脉石等则沉入水底。浮选可提高矿物的品位，从而有利于冶炼。此外，泡沫技术在泡沫除尘、泡沫灭火剂、泡沫杀虫剂和泡沫塑料等方面都有重要的应用。

（2）泡沫的破坏

在有些场合需防止泡沫的出现或消除泡沫。例如在电解工业上，氢气泡吸附在阴极表面，造成阻力增加而消耗电能；又如电镀时若镀件不经过仔细脱油，则表面亲液性能降低，使气泡趋于稳定，造成镀层出现麻点，严重影响质量；再如污水处理、印染、造纸和精馏等也要极力避免气泡的产生。

泡沫的消除方法主要有物理法和化学法两大类。

① 物理方法。如通过振动、过滤、加压或改变温度消除泡沫，也可以采用离心法、紫外、红外、X 射线照射等方法消泡。

② 化学方法。加入少量短碳链(如 $C_5 \sim C_8$)的醇或醚等类型的消泡剂，由于其表面活性大，能顶替原来的起泡剂，又由于碳链短，故不能在气泡外围形成牢固的保护膜，从而有利于泡沫的消除。

思考题 7 K、Na 等碱金属的皂类作为乳化剂时，易于形成 O/W 型的乳状液；Zn、Mg 等高价金属的皂类作为乳化剂时，则有利于形成 W/O 型乳状液。试说明原因。

*§10.5 高分子溶液的渗透压

某些有机物(如橡胶、蛋白质、纤维素等)的相对分子质量很大，斯陶丁格(Staudinger)把摩尔质量大于10^4的物质称为高分子化合物。高分子化合物既包含合成的高聚物，也包含天然高分子。然而不论是天然的还是合成的高分子化合物，每个分子的大小是不一样的，即聚合度不一定相同，所以当提及高分子化合物的摩尔质量(相对分子质量)时，乃是指它的平均值。在高分子化合物的研制和生产过程中都要了解其摩尔质量及其分布情况。

在第4章中讨论稀溶液的依数性时，曾提到通过测定稀溶液的渗透压来得到溶质的摩尔质量的方法。高分子化合物在适当的溶剂中可自动地分散成高分子溶液，同稀溶液一样高分子溶液也表现出依数性效应。由于渗透压的数值主要与溶质的分子数目而不是与溶质的性质有关，因此，通过渗透压法实际得到的乃是高分子化合物的数均摩尔质量(又称为数均相对分子质量)。本节主要讨论如何利用高分子溶液的渗透压来测定其摩尔质量。

10.5.1 不带电荷高分子溶液的渗透压

溶液的依数性中渗透压占有重要地位，对低分子溶液很难找到理想的半透膜，造成实验的困难；因此高分子溶液的渗透压性质广泛地被用来测定高分子的摩尔质量及研究溶液中高分子与溶剂中分子间的相互作用等。

在高分子溶液中，分散相和分散介质间存在较强的亲和力，有明显的溶剂化效应，这势必影响溶液的渗透压。因此，必须对适用于稀溶液的范特霍夫渗透压公式进行修正。高分子溶液的渗透压π和溶质浓度$\rho(\mathrm{g\cdot dm^{-3}})$的关系可采用如下维里方程的模型来表示，即

$$\pi/\rho=RT\left(\frac{1}{M}+A_2\rho+A_3\rho^2+\cdots\right) \tag{10.9}$$

式中，A_2，A_3…皆为常数，M为溶质的摩尔质量。对比较稀的溶液，可以略去括号内的二次方以上的项，则

$$\pi/\rho=RT\left(\frac{1}{M}+A_2\rho\right) \tag{10.10}$$

以π/ρ为纵坐标，以ρ为横坐标作图，得一直线，外推至ρ趋于0时，其截距即为RT/M，从而计算其摩尔质量。

此法适用于不带电荷的高分子溶液，高分子的摩尔质量在$10\sim500\mathrm{kg\cdot mol^{-1}}$，因为相对摩尔质量太小时，不易制备合适的半透膜；摩尔质量太大时，又因渗透压很低，不易准确测定。

10.5.2 高分子电解质溶液的渗透压——唐南平衡

在高分子电解质中通常含有少量电解质杂质，即使杂质含量很低，但按离子数目计还是很可观的。在半透膜两边，一边放高分子电解质，一边放纯水。高分子的离子不能透过半透膜，而离解出的小离子和杂质电解质离子可以。由于膜两边要保持电中性，使得达到渗透平衡时小离子在两边的浓度不等，这种平衡称为膜平衡或唐南平衡。

由于离子分布的不平衡会造成额外的渗透压，影响高分子摩尔质量的测定，所以又称之为唐南效应，要设法消除。高分子溶液的膜平衡有三种情况。

(1) 不电离的高分子溶液

由于高分子不能透过半透膜，而 H_2O 分子可以，所以在膜两边会产生渗透压。渗透压可以用不带电粒子的范特霍夫公式计算，即

$$\pi_1 = c_2RT \tag{10.11}$$

其中 c_2是高分子溶液的物质的量浓度，由于高分子物质的浓度不能配得很高，否则易发生凝聚，如等电点时的蛋白质，所以产生的渗透压很小，用这种方法测定高分子的摩尔质量误差太大。

(2) 能电离的高分子溶液

以蛋白质的钠盐为例，它在水中发生如下离解：

$$Na_zP \longrightarrow zNa^+ + P^{z-}$$

蛋白质分子 P^{z-}不能透过半透膜，而 Na^+可以，但为了保持溶液的电中性，Na^+也必须留在 P^{z-}同一侧。这种 Na^+在膜两边浓度不等的状态就是唐南平衡。因为渗透压只与粒子的数量有关，所以

$$\pi_2 = (z+1)c_2RT \tag{10.12}$$

由于高分子中 z 的数值不确定，就是测定了 π_2也无法正确地计算高分子的摩尔质量。

(3) 外加电解质的高分子溶液

在蛋白质钠盐的另一侧加入物质的量浓度为 c_1的小分子电解质氯化钠。达到膜平衡时，为了保持电中性，有相同数量的 Na^+和 Cl^-扩散到了左边，见图 10-8。

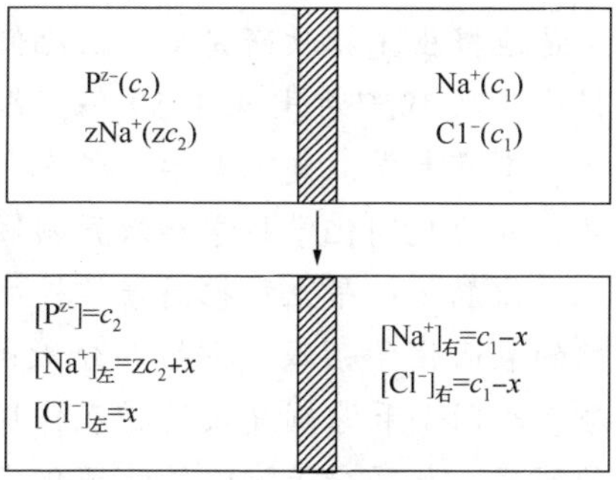

图 10-8　唐南膜平衡示意图

（两侧体积相等）

虽然膜两边 NaCl 的浓度不等，但达到膜平衡时 NaCl 在两边的化学势应该相等：

$$\mu(\text{NaCl，左}) = \mu(\text{NaCl，右})$$

则有

$$a(\text{NaCl，左}) = a(\text{NaCl，右})$$

即

$$a_{Na^+(左)} \cdot a_{Cl^-(左)} = a_{Na^+(右)} \cdot a_{Cl^-(右)}$$

设活度系数均为 1，则：$c_{Na^+(左)} \cdot c_{Cl^-(左)} = c_{Na^+(右)} \cdot c_{Cl^-(右)}$

即

$$(zc_2+x)x = (c_1-x)^2$$

于是有

$$x = \frac{c_1^2}{z\,c_2+2\,c_1}$$

由于渗透压是膜两边的粒子数不同而引起的，所以

$$\pi_3 = [(c_2+z\,c_2+2x) - 2(c_1-x)]RT$$

将 x 代入 π_3计算式得

$$\pi_3 = \frac{z\,c_2^2+2\,c_2c_1+z^2c_2^2}{z\,c_2+2\,c_1}RT \tag{10.13}$$

当加入电解质太少，$c_1 << zc_2$，与(2)的情况类似：

$$\pi_3 \approx (c_2+z\,c_2)RT = (z+1)c_2RT$$

当加入的电解质足够多，$c_1 >> zc_2$，则与(1)的情况类似：

$$\pi_3 \approx c_2RT$$

这就是加入足量的小分子电解质，消除了唐南效应的影响，使得用渗透压法测定高分子的摩尔质量比较准确。

课程思政

傅鹰在回到中国前，已是公认的享誉国内外的表面与胶体科学家，但他并没有在已有的成就和地位上止步不前，而是把"帮助祖国发展工业和科学作为严肃的首要任务"。他上书学校和教育部门的领导，建议在我国发展这一学科。以充分的事实和理由，申明胶体科学是能为工农业生产服务的利国利民的科学。他的意见很快得到批准，以他为主任的我国第一个胶体化学教研室和相应的专业于1954年在北京大学建立起来。

他通宵达旦地编写了急用的《胶体科学》讲义，亲自为青年教师上课，指导实验室建设，培养既严谨笃实又注意勤俭节约的好学风。他从"在一个正在进行工业化的伟大国家中，胶体科学一定会起重要作用"的前提出发，急切提醒"在这门科学中的高分子、乳状液、凝胶、气胶、胶状电解质、电动现象……部门之中，我们究竟有多少人才？而这些人才哪一种不是在工业建设中所急迫需要的？作为高等学校的教师，我们的神圣任务就是培养这些人才"。于是他提出先招收研究生，让他们边学边干，和原有教师组成骨干队伍，然后再大量培养本科生。从1957年起至1959年，各类学生相继毕业走出校门，使新生的胶体化学又在山东大学、南京大学、复旦大学、华东师范大学等重点高等学校和一些科研单位生根、开花、结果，成为我国化学科学和教育领域一个重要的组成部分。

傅鹰是最早主张把高等学校办成教学和科研两个中心的学者之一。他一方面继续在他擅长的表面化学领域，指导部分教师和研究生研究不同的吸附模型和热力学，深入探讨吸附质、吸附剂和溶剂复杂的相互作用。另一方面又组织力量开展国内尚属空白的许多胶体体系的研究，如高分子溶液的物理化学、缔合胶体的物理化学、分散体的流变学、乳状液与泡沫的稳定性、水面不溶物膜等。由于傅鹰重视理论联系实际，崇尚埋头苦干，在短短的三五年内就取得了丰硕的成果。当年那些跟随傅鹰共同为新中国胶体科学事业奋斗的研究生、年轻教师而今都已成为我国科技、教育战线上的专家、教授和学术带头人。一位知名的化学家后来评论说："傅先生才是一位大科学家，书教得好，科研做得精，有远见，有胆识，当初是他把胶体的各个领域都带动了起来。"

在"左"的思潮和错误路线下，傅鹰本人和他所开拓的胶体科学都历经坎坷。他所创建和主持的胶体化学教研室，几经沉浮，直到被彻底取消。1958年，他受到错误批判时，教研室一度被合并，他愤愤不平，经力争，于1960年再度恢复。为重新开展教学和研究，他一方面夜以继日地赶译生产部门急需的《乳状液理论和实践》一书；另一方面又查阅文献，亲自去工厂、油田调研，筹措新的研究计划。在国家科委领导的支持下，他联合黄子卿，成立了北京大学物理化学和胶体化学研究室。在他的带动和指导下，胶体化学的师资力量和研究队伍不断壮大，设备得到了更新和补充，很快就在分散体系的光学、流变学，表面活性剂的物理化学、表面膜、气溶胶和用超真空技术研究吸附理论诸方面开始了赶超世界先进水平的研究，有些项目较快地取得了成果。化学教育的一代宗师傅鹰执教于化学讲坛整整半个世纪。为国家培养了几代化学人才，堪称桃李满天下。

小　结

一、重点和难点

重点：胶体的光学性质、动力性质、电学性质，溶胶的稳定性与聚沉作用以及胶团结构和双电层结构。

难点：双电层结构和电动电势的概念。

二、主要公式及使用条件

1. 胶体系统及其特点

胶体：分散相粒子在某方向上的线度在 1～100nm 范围的高分散系统称为胶体。对于由金属及难溶于水的卤化物、硫化物或氢氧化物等在水中形成胶体称憎液溶胶（简称为溶胶）。憎液溶胶的粒子均是由数目众多的分子构成，存在着很大的相界面，因此憎液溶胶具有高分散性、多相性以及热力学不稳定性的特点。

2. 胶体系统的动力学性质

（1）布朗运动

胶体粒子由于受到分散介质分子的不平衡撞击而不断地作不规则运动，此运动称为布朗运动。其平均位移 $\bar{x}$ 可按下列爱因斯坦–布朗位移公式计算

$$\bar{x}=\left(\frac{RT}{N_{\mathrm{A}}}\frac{t}{3\pi\eta r}\right)^{1/2}$$

式中，$\bar{x}$为在 t 时间间隔内粒子的平均位移，r 为粒子半径，η 为分散介质的黏度，T 为热力学温度，R 为摩尔气体常数，N_{A}为阿伏加德罗常数。

（2）扩散、沉降及沉降平衡

扩散是指当有浓度梯度存在时，物质粒子（包括胶体粒子）因热运动而发生宏观上的定向位移之现象。

沉降是指胶体粒子因重力作用而发生下沉的现象。

沉降平衡：当胶体粒子的沉降速率与其扩散速率相等时，胶体粒子在介质的浓度随高度形成一定分布并且不随时间而变，这一状态称为胶体粒子处于沉降平衡。其数密度 C 与高度 h 的关系为

$$\ln\frac{C_2}{C_1}=-\frac{Mg}{RT}\left(1-\frac{\rho_0}{\rho}\right)(h_2-h_1)$$

式中，ρ 及 ρ_0分别为粒子及介质的密度，M 为粒子的摩尔质量，g 为重力加速度。此式适用于单级分散粒子在重力场中的沉降平衡。

3. 光学性质

当将点光源发出的一束可见光照射到胶体系统时，在垂直于入射光的方向上可以观察到一个发亮的光锥，此现象称为丁铎尔现象。丁铎尔现象产生是胶体粒子直径小于可见光的波长，而发生光的散射之结果。

4. 电学性质

胶体是热力学不稳定系统，其所以能长期存在的重要因素就是胶体粒子本身带电的结

果。证明胶体粒子带电的有：电泳、电渗、流动电势和沉降电势等电动现象。电泳与电渗是指在外电场作用下，胶体中分散相与分散介质发生相对运动；流动电势与沉降电势则是当外力场作用于胶体上时，使得分散相与分散介质发生相对移动而产生电势差。产生上述电动现象的原因是胶体粒子具双电层结构。

5. 斯特恩双电层模型

有关胶粒带电的双电层模型中以斯特恩双电层模型(图 10-5)使用较广。图 10-5 中：φ_0 为热力学电势，表示固体表面与溶液本体的电势差。φ_δ 为斯特恩电势，斯特恩面与溶液本体的电势差。ζ 为电势(流动电势)，当分散相与分散介质发生相对移动时，滑动面与溶液本体的电势差。从电泳速率或电渗速率计算 ζ 电势的公式如下：

$$\zeta = \frac{\nu\eta}{\varepsilon E}$$

式中，ε 为介质的介电常数，ε_0为真空介电常数；ν 为电泳速率，单位为 $m \cdot s^{-1}$；E 为电势梯度，单位为 $V \cdot m^{-1}$；η 为介质的黏度，单位为 $Pa \cdot s$。

6. 胶团结构

根据吸附与斯特恩双电层结构可知，溶胶的胶团结构分为胶核、胶粒及胶团三个层次。以 $AgNO_3$和 KI 溶液混合制备 AgI 溶胶为例，制备时 KI 和 $AgNO_3$分别过量时所形成的胶团结构如下图所示：

$$\{[AgI]_m \cdot nI^- \cdot (n-x)K^+\}^{x-} \cdot xK^+$$

$$\{[AgI]_m \cdot nAg^+ \cdot (n-x)NO_3^-\}^{x+} \cdot xNO_3^-$$

胶核

胶粒

胶团

7. 溶胶的稳定与聚沉

(1) 溶胶稳定的原因有二：胶体粒子带电和布朗运动。

(2) 聚沉：是指溶胶中胶粒互相聚结变成大颗粒，直到发生沉淀的现象。为比较不同电解质对溶胶的聚沉作用大小而引进聚沉值，聚沉值是指令溶胶发生明显的聚沉所需之电解质最小浓度。聚沉值的倒数称为聚沉能力。

应指出：起聚沉作用的主要是与胶粒带相反电荷的离子(反离子)，反离子价数越高则聚沉值越小。离子价数及个数均相同的不同反离子，其聚沉能力亦不相同，如：

$$H^+ > Cs^+ > Rb^+ > NH_4^+ > K^+ > Na^+ > Li^+$$

$$F^- > Cl^- > Br^- > NO_3^- > I^- > SCN^- > OH^-$$

习 题

1. 在 H_3AsO_3 的稀溶液中通入 H_2S 气体，生成 As_2S_3 溶胶。已知 H_2S 能电离成 H^+ 和 HS^-。试写出 As_2S_3胶团的结构。

2. 将 $0.010dm^3$、$0.02mol \cdot dm^{-3}$ $AgNO_3$溶液，缓慢地滴加在 $0.100dm^3$、$0.005mol \cdot dm^{-3}$ 的 KCl 溶液中，可得到 AgCl 溶胶，试写出其胶团结构的表达式，指出胶体粒子电泳的方向。

3. 由电泳实验测定 Sb_2S_3溶胶，在两极相距 38.5cm 的电压 210V 下，通过电流的时间为

36min12s，引起溶液界面向正极移动 3.20cm，该溶胶分散介质的相对介电常数 $\varepsilon_r=81.1$，黏度 $\eta=1.03\times10^{-3}$ Pa·s，试求该溶液的 ζ 电势。已知：$\varepsilon=\varepsilon_r\cdot\varepsilon_0$，$\varepsilon_0=8.854\times10^{-12}$ F·m^{-1}，1F=1C·V^{-1}。

[答案：3.87×10^{-2}V]

4. 欲制备 AgI 的正溶胶。在浓度为 0.016mol·dm^{-3}，体积为 0.025dm^3 的 $AgNO_3$ 溶液中最多只能加入 0.005mol·dm^{-3} 的 KI 溶液多少？试写出该溶胶胶团结构的表达式。相同浓度的 $MgSO_4$ 及 $K_3Fe(CN)_6$ 两种溶液，哪一种更容易使上述溶胶聚沉？

[答案：0.08dm^3，$K_3Fe(CN)_6$]

5. 在 298K 时，半透膜两边，一边放浓度为 0.1mol·dm^{-3} 的大分子有机物 RCl，RCl 能全部电离，但 R^+ 不能透过半透膜；另一边放浓度为 0.5mol·dm^{-3} 的 NaCl，计算膜平衡后，各种离子的浓度和渗透压。

[答案：大分子一侧[Cl^-]=0.327mol·dm^{-3}，[Na^+]=0.227mol·dm^{-3}；
另一侧[Cl^-]=[Na^+]=0.273mol·dm^{-3}；2.676×10^5Pa]

附　录

附录一　国际单位制

国际单位制是我国法定计量单位的基础，一切属于国际单位制的单位都是我国法定计量单位。国际单位制的国际简称为 SI。

国际单位制的构成

国际单位制(SI)
- SI 单位
  - SI 基本单位(见表 1)
  - SI 导出单位
- SI 单位的倍数单位

国际单位制以表 1 中的七个基本单位为基础。

表 1　SI 基本单位

量的名称	单位名称	单位符号	量的名称	单位名称	单位符号
长度	米	m	热力学温度	开[尔文]	K
质量	千克(公斤)	kg	物质的量	摩[尔]	mol
时间	秒	s	发光强度	坎[德拉]	cd
电流	安[培]	A			

注：

1. 圆括号中的名称，是它前面的名称的同义词，下同。

2. 无方括号的量的名称与单位名称均为全称。方括号中的字，在不引起混淆、误解的情况下，可以省略。去掉方括号中的字即为其名称的简称。下同。

导出单位是用基本单位以代数形式表示的单位(表 2、表 3)。

表 2　SI 导出单位

量的名称	SI 导出单位		
	名称	符号	用 SI 基本单位和 SI 导出单位表示
[平面]角	弧度	rad	$1rad = 1m/m = 1$
立体角	球面度	sr	$1sr = 1m^2/m^2 = 1$
频率	赫[兹]	Hz	$1Hz = 1s^{-1}$
力	牛[顿]	N	$1N = 1kg \cdot m \cdot s^{-2}$
压力，压强，应力	帕[斯卡]	Pa	$1Pa = 1N \cdot m^{-2}$
能[量]，功，热量	焦[耳]	J	$1J = 1N \cdot m$
功率，辐[射能]通量	瓦[特]	W	$1W = 1J \cdot s^{-1}$
电荷[量]	库[仑]	C	$1C = 1A \cdot s$
电压，电动势，电位(势)	伏[特]	V	$1V = 1W \cdot A^{-1}$
电容	法[拉]	F	$1F = 1C \cdot V^{-1}$

续表

量的名称	SI 导出单位		
	名称	符号	用 SI 基本单位和 SI 导出单位表示
电阻	欧[姆]	Ω	$1\Omega = 1V \cdot A^{-1}$
电导	西[门子]	S	$1S = 1\Omega^{-1}$
磁通[量]	韦[伯]	Wb	$1Wb = 1V \cdot s$
磁通[量]密度，磁感应强度	特[斯拉]	T	$1T = 1Wb \cdot m^{-2}$
电感	亨[利]	H	$1H = 1Wb \cdot A^{-1}$
摄氏温度	摄氏度	℃	1℃ = 1K
光通量	流[明]	lm	$1lm = 1cd \cdot sr$
[光]照度	勒[克斯]	lx	$1lx = 1lm \cdot m^{-2}$

表 3　具有专门名称的 SI 导出单位

量的名称	SI 导出单位		
	名称	符号	用 SI 基本单位和 SI 导出单位表示
[放射性]活度	贝可[勒尔]	Bq	$1Bq = 1s^{-1}$
吸收剂量 比授[予]能 比释放能	戈[瑞]	Gy	$1Gy = 1J \cdot kg^{-1}$
剂量当量	希[沃特]	Sv	$1Sv = 1J \cdot kg^{-1}$

用 SI 基本单位和具有专门名称的 SI 导出单位或(和)SI 辅助单位以代数形式表示的单位称为组合形式的 SI 导出单位。

附录二　希腊字母表

名　称	正体		斜体	
	大写	小写	大写	小写
alpha	A	α	A	α
beta	B	β	B	β
gamma	Γ	γ	$\mathit{\Gamma}$	γ
delta	Δ	δ	$\mathit{\Delta}$	δ
epsilon	E	ε	E	ε
zeta	Z	ζ	Z	ζ
eta	H	η	H	η
theta	Θ	θ	$\mathit{\Theta}$	θ
iota	I	ι	I	ι
kappa	K	κ	K	κ
Lambda	Λ	λ	$\mathit{\Lambda}$	λ
mu	M	μ	M	μ
nu	N	ν	N	ν
xi	Ξ	ξ	$\mathit{\Xi}$	ξ
omicron	O	o	O	o

续表

名称	正体		斜体	
	大写	小写	大写	小写
pi	Π	π	*Π*	*π*
rho	P	ρ	*P*	*ρ*
sigma	Σ	σ	*Σ*	*σ*
tau	T	τ	*T*	*τ*
upsilon	Υ	υ	*Υ*	*υ*
phi	Φ	ϕ	*Φ*	*ϕ*
chi	X	χ	*X*	*χ*
psi	Ψ	ψ	*Ψ*	*ψ*
omega	Ω	ω	*Ω*	*ω*

附录三　某些气体的范德华常数

气体		$10^3 a/(\mathrm{Pa \cdot m^6 \cdot mol^{-2}})$	$10^6 b/(\mathrm{m^3 \cdot mol^{-1}})$
Ar	氩	136. 3	32. 19
H_2	氢	24. 76	26. 61
N_2	氮	140. 8	39. 13
O_2	氧	137. 8	31. 83
Cl_2	氯	657. 9	56. 22
H_2O	水	553. 6	30. 49
NH_3	氨	422. 5	37. 07
HCl	氯化氢	371. 6	40. 81
H_2S	硫化氢	449. 0	42. 87
CO	一氧化碳	150. 5	39. 85
CO_2	二氧化碳	364. 0	42. 67
SO_2	二氧化硫	680. 3	56. 36
CH_4	甲烷	228. 3	42. 78
C_3H_8	丙烷	556. 2	63. 80
C_2H_6	乙烷	877. 9	84. 45
C_2H_4	乙烯	453. 0	57. 14
C_3H_6	丙烯	849. 0	82. 72
C_2H_2	乙炔	444. 8	51. 36
$CHCl_3$	氯仿	1537	102. 2
CCl_4	四氯化碳	2066	138. 3
CH_3OH	甲醇	964. 9	67. 02
C_2H_5OH	乙醇	1218	84. 07
$(C_2H_5)_2O$	乙醚	1761	134. 4
$(CH_3)_2CO$	丙酮	1409	99. 4
C_6H_6	苯	1824	115. 4

附录四　某些气体的摩尔等压热容与温度的关系

$$C_{p,\mathrm{m}}=a+bT+cT^2$$

物　质		a/(J·mol^{-1}·K^{-1})	10^3b/(J·mol^{-1}·K^{-2})	10^6c/(J·mol^{-1}·K^{-3})	温度范围/K
H_2	氢	26. 88	4. 347	−0. 3265	273~3800
Cl_2	氯	31. 696	10. 144	−4. 038	300~1500
Br_2	溴	35. 241	4. 075	−1. 487	300~1500
O_2	氧	28. 17	6. 297	−0. 7494	273~3800
N_2	氮	27. 32	6. 226	−0. 9502	273~3800
HCl	氯化氢	28. 17	1. 810	1. 547	300~1500
H_2O	水	29. 16	14. 49	−2. 022	273~3800
CO	一氧化碳	26. 537	7. 6831	−1. 172	300~1500
CO_2	二氧化碳	26. 75	42. 258	−14. 25	300~1500
CH_4	甲烷	14. 15	75. 496	−17. 99	298~1500
C_2H_6	乙烷	9. 401	159. 83	−46. 229	298~1500
C_2H_4	乙烯	11. 84	119. 67	−36. 51	298~1500
C_3H_6	丙烯	9. 427	188. 77	−57. 488	298~1500
C_2H_2	乙炔	30. 67	52. 810	−16. 27	298~1500
C_3H_4	丙炔	26. 50	120. 66	−39. 57	298~1500
C_6H_6	苯	−1. 71	324. 77	−110. 58	298~1500
$C_6H_5CH_3$	甲苯	2. 41	391. 17	−130. 65	298~1500
CH_3OH	甲醇	18. 40	101. 56	−28. 68	273~1000
C_2H_5OH	乙醇	29. 25	166. 28	−48. 898	298~1500
$(C_2H_5)_2O$	乙醚	−103. 9	1417	−248	300~400
HCHO	甲醛	18. 82	58. 379	−15. 61	291~1500
CH_3CHO	乙醛	31. 05	121. 46	−36. 58	298~1500
$(CH_3)_2CO$	丙酮	22. 47	205. 97	−63. 521	298~1500
HCOOH	甲酸	30. 7	89. 20	−34. 54	300~700
$CHCl_3$	氯仿	29. 51	148. 94	−90. 734	273~773

附录五　某些物质的标准摩尔生成焓、标准摩尔生成吉布斯函数、标准摩尔熵及摩尔等压热容

（标准压力 $p^{\ominus}$ = 100kPa，25℃）

物　质	$\Delta_f H_m^{\ominus}$/ (kJ · mol^{-1})	$\Delta_f G_m^{\ominus}$/ (kJ · mol^{-1})	$S_m^{\ominus}$/ (J · mol^{-1} · K^{-1})	$C_{p,m}$/ (J · mol^{-1} · K^{-1})
Ag(s)	0	0	42.55	25.351
AgCl(s)	-127.068	-109.789	96.2	50.79
Ag_2O(s)	-31.05	-11.20	121.3	65.86
Al(s)	0	0	28.33	24.35
Al_2O_3(a，刚玉)	-1675.7	-1582.3	50.92	79.04
Br_2(l)	0	0	152.231	75.689
Br_2(g)	30.907	3.110	245.463	36.02
HBr(g)	-36.40	-53.45	198.695	29.142
Ca(s)	0	0	41.42	25.31
CaC_2(s)	-59.8	-64.9	69.96	62.72
$CaCO_3$(方解石)	-1206.92	-1128.79	92.9	81.88
CaO(s)	-635.09	-604.03	39.75	42.80
$Ca(OH)_2$(s)	-986.09	-898.49	83.39	87.49
C(石墨)	0	0	5.740	8.527
C(金刚石)	1.895	2.900	2.377	6.113
CO(g)	-110.525	-137.168	197.674	29.142
CO_2(g)	-393.509	-394.359	213.74	37.11
CS_2(l)	89.70	65.27	151.34	75.7
CS_2(g)	117.36	67.12	237.84	45.4
CCl_4(l)	-135.44	-65.21	216.40	131.75
CCl_4(g)	-102.9	-60.59	309.85	83.3
HCN(l)	108.87	124.97	112.84	70.63
HCN(g)	135.1	124.7	201.78	35.86
Cl_2(g)	0	0	223.066	33.907
Cl(g)	121.679	105.680	165.198	21.84
HCl(g)	-92.307	-95.299	186.908	29.12
Cu(s)	0	0	33.150	24.435

续表

物　质	$\Delta_f H_m^\ominus$/(kJ·mol^{-1})	$\Delta_f G_m^\ominus$/(kJ·mol^{-1})	$S_m^\ominus$/(J·mol^{-1}·K^{-1})	$C_{p,m}$/(J·mol^{-1}·K^{-1})
CuO(s)	-157.3	-129.7	42.63	42.30
Cu_2O(s)	-168.6	-146.0	93.14	63.64
F_2(g)	0	0	202.78	31.30
HF(g)	-271.1	-273.2	173.799	29.133
Fe(s)	0	0	27.28	25.10
$FeCl_2$(s)	-341.79	-302.30	117.95	76.65
$FeCl_3$(s)	-399.49	-334.00	142.3	96.65
Fe_2O_3(赤铁矿)	-824.2	-724.2	87.40	103.85
Fe_3O_4(磁铁矿)	-1118.4	-1015.4	146.4	143.43
$FeSO_4$(s)	-928.4	-820.8	107.5	100.58
H_2(g)	0	0	130.684	28.824
H(g)	217.965	203.247	114.713	20.784
H_2O(l)	-285.830	-237.129	69.91	75.291
H_2O(g)	-241.818	-228.572	188.825	33.577
I_2(s)	0	0	116.135	54.438
I_2(g)	62.438	19.327	260.69	36.90
I(g)	106.838	70.250	180.791	20.786
HI(g)	26.48	1.70	206.594	29.158
Mg(s)	0	0	32.68	24.89
$MgCl_2$(s)	-641.32	-591.79	89.62	71.38
MgO(s)	-601.70	-569.43	26.94	37.15
$Mg(OH)_2$(s)	-924.54	-833.51	63.18	77.03
Na(s)	0	0	51.21	28.24
Na_2CO_3(s)	-1130.68	-1044.44	134.98	112.30
$NaHCO_3$(s)	-950.81	-851.0	101.7	87.61
NaCl(s)	-411.153	-384.138	72.13	50.5
$NaNO_3$(s)	-467.85	-367.00	116.52	92.88
NaOH(s)	-425.609	-379.494	64.455	59.54
Na_2SO_4(s)	-1387.08	-1270.16	149.58	128.20
N_2(g)	0	0	191.61	29.125
NH_3(g)	-46.11	-16.45	192.45	35.06
NO(g)	90.25	86.55	210.761	29.844

续表

物　质	$\Delta_f H_m^\ominus$/（kJ·mol^{-1}）	$\Delta_f G_m^\ominus$/（kJ·mol^{-1}）	$S_m^\ominus$/（J·mol^{-1}·K^{-1}）	$C_{p,m}$/（J·mol^{-1}·K^{-1}）
NO_2(g)	33.18	51.31	240.06	37.2
N_2O(g)	82.05	104.20	219.85	38.45
N_2O_3(g)	83.72	139.46	312.28	65.61
N_2O_4(g)	9.16	97.89	304.29	77.28
N_2O_5(g)	11.3	115.1	355.7	84.5
HNO_3(l)	−174.10	−80.71	155.60	109.87
HNO_3(g)	−135.06	−74.72	266.38	53.35
NH_4NO_3(s)	−365.56	−183.87	151.08	139.3
O_2(g)	0	0	205.138	29.355
O(g)	249.170	231.731	161.055	21.912
O_3(g)	142.7	163.2	238.93	39.20
P(α-白磷)	0	0	41.09	23.840
P(红磷，三斜晶系)	−17.6	−12.1	22.80	21.21
P_4(g)	58.91	24.44	279.98	67.15
PCl_3(g)	−287.0	−267.8	311.78	71.84
PCl_5(g)	−374.9	−305.0	364.58	112.80
H_3PO_4(s)	−1279.0	−1119.1	110.50	106.06
S(正交晶系)	0	0	31.80	22.64
S(g)	278.805	238.250	167.821	23.673
S_8(g)	102.30	49.63	430.98	156.44
H_2S(g)	−20.63	−33.56	205.79	34.23
SO_2(g)	−296.830	−300.194	248.22	39.87
SO_3(g)	−395.72	−371.06	256.76	50.67
H_2SO_4(l)	−813.989	−690.003	156.904	138.91
Si(s)	0	0	18.83	20.00
$SiCl_4$(l)	−687.0	−619.84	239.7	145.31
$SiCl_4$(g)	−657.01	−616.98	330.73	90.25
SiH_4(g)	34.3	56.9	204.62	42.84
SiO_2(α-石英)	−910.94	−856.64	41.84	44.43
SiO_2(s，无定形)	−903.49	−850.70	46.9	44.4
Zn(s)	0	0	41.63	25.40
$ZnCO_3$(s)	−812.78	−731.52	82.4	79.71

续表

物质		$\Delta_f H_m^{\ominus}$/(kJ·mol^{-1})	$\Delta_f G_m^{\ominus}$/(kJ·mol^{-1})	$S_m^{\ominus}$/(J·mol^{-1}·K^{-1})	$C_{p,m}$/(J·mol^{-1}·K^{-1})
$ZnCl_2$(s)		-415.05	-369.398	111.46	71.34
ZnO(s)		-348.28	-318.30	43.64	40.25
CH_4(g)	甲烷	-74.81	-50.72	186.264	35.309
C_2H_6(g)	乙烷	-84.68	-32.82	229.60	52.63
C_2H_4(g)	乙烯	52.26	68.15	219.56	43.56
C_2H_2(g)	乙炔	226.73	209.20	200.94	43.93
CH_3OH(l)	甲醇	-238.66	-166.27	126.8	81.6
CH_3OH(g)	甲醇	-200.66	-161.96	239.81	43.89
C_2H_5OH(l)	乙醇	-277.69	-174.78	160.7	111.46
C_2H_5OH(g)	乙醇	-235.10	-168.49	282.70	65.44
$(CH_2OH)_2$(l)	乙二醇	-454.80	-323.08	166.9	149.8
$(CH_3)_2O$(g)	二甲醚	-184.05	-112.59	266.38	64.39
HCHO(g)	甲醛	-108.57	-102.53	218.77	35.40
CH_3CHO(g)	乙醛	-166.19	-128.86	250.3	57.3
HCOOH(l)	甲酸	-424.72	-361.35	128.95	99.04
CH_3COOH(l)	乙酸	-484.5	-389.9	159.8	124.3
CH_3COOH(g)	乙酸	-432.25	-374.00	282.5	66.5
$(CH_2)_2O$(l)	环氧乙烷	-77.82	-11.76	153.85	87.95
$(CH_2)_2O$(g)	环氧乙烷	-52.63	-13.01	242.53	47.91
$CHCl_3$(l)	氯仿	-134.47	-73.66	201.7	113.8
$CHCl_3$(g)	氯仿	-103.14	-70.34	295.71	65.69
C_2H_5Cl(l)	氯乙烷	-136.52	-59.31	190.79	104.35
C_2H_5Cl(g)	氯乙烷	-112.17	-60.39	276.00	62.8
C_2H_5Br(l)	溴乙烷	-92.01	-27.70	198.7	100.8
C_2H_5Br(g)	溴乙烷	-64.52	-26.48	286.71	64.52
CH_2CHCl(g)	氯乙烯	35.6	51.9	263.99	53.72
CH_3COCl(l)	氯乙酰	-273.80	-207.99	200.8	117
CH_3COCl(g)	氯乙酰	-243.51	-205.80	295.1	67.8
CH_3NH_2(g)	甲胺	-22.97	32.16	243.41	53.1
$(NH_3)_2CO$(s)	尿素	-333.51	-197.33	104.60	93.14

附录六 水溶液中某些溶质的标准摩尔生成焓、标准摩尔生成吉布斯函数、标准摩尔熵

（标准压力 $p^{\ominus}=100\text{kPa}$，25℃）

物	质	$\Delta_f H_m^{\ominus}/(kJ \cdot mol^{-1})$	$\Delta_f G_m^{\ominus}/(kJ \cdot mol^{-1})$	$S_m^{\ominus}/(J \cdot mol^{-1} \cdot K^{-1})$
H_2	氢	−4.2	17.6	57.7
O_2	氧	−11.7	16.4	110.9
O_3	臭氧	125.9	174.1	146
Cl_2	氯	−23.4	6.94	121
Br_2	溴	−2.59	3.93	130.5
I_2	碘	22.6	16.40	137.2
H_2O_2	过氧化氢	−191.17	−134.03	143.9
NH_3	氨	−80.29	−26.50	111.3
H_2S	硫化氢	−39.7	−27.83	121
CO	一氧化碳	−120.96	−119.90	104.6
CO_2	二氧化碳	−413.80	−385.98	117.6
SO_2	二氧化硫	−322.98	−300.676	161.9
$HClO$	次氯酸	−120.9	−79.9	142
HSO_3	亚硫酸	−608.81	−537.81	232.2
HCN	氰化氢	107.1	119.1	124.7
NH_4OH	氢氧化氨	−366.121	−263.65	181.2
H_2CO_3	碳酸	−699.65	−623.08	187.4
H_3BO_3	硼酸	−1072.32	−968.75	162.3
CH_4	甲烷	−89.04	−34.33	83.7
C_2H_6	乙烷	−102.09	−17.01	118.4
C_2H_4	乙烯	36.36	81.36	122.2
CH_3OH	甲醇	−245.931	−175.31	133.1
C_2H_5OH	乙醇	−288.3	−181.64	148.5
$HCOOH$	甲酸	−425.43	−372.3	163
CH_3COOH	乙酸	−485.76	−396.46	178.7
CH_3NH_2	甲氨	−70.17	20.77	123.4

附录七　水溶液中某些离子的标准摩尔生成焓、标准摩尔生成吉布斯函数、标准摩尔熵及标准摩尔定压热容

（标准压力 $p^{\ominus}=100$kPa，25℃）

物　质	$\Delta_f H_m^{\ominus}$/(kJ·mol^{-1})	$\Delta_f G_m^{\ominus}$/(kJ·mol^{-1})	$S_m^{\ominus}$/(J·mol^{-1}·K^{-1})	$C_{p,m}$/(J·mol^{-1}·K^{-1})
H^+	0	0	0	0
Li^+	−278.49	−293.31	13.4	68.6
Na^+	−240.12	−261.905	59	46.4
K^+	−252.38	−283.27	102.5	21.8
NH_4^+	−132.51	−79.31	113.4	79.9
Tl^+	5.36	−32.40	125.5	
Ag^+	105.579	77.107	72.68	21.8
Cu^+	71.67	49.98	40.6	
Hg_2^{2+}	172.4	153.52	84.5	
Mg^{2+}	−466.85	−454.8	−138.1	
Ca^{2+}	−542.83	−553.58	−53.1	
Ba^{2+}	−537.64	−560.77	9.6	
Zn^{2+}	−153.89	−147.06	−112.1	46
Cd^{2+}	−75.90	−77.612	−73.2	
Pb^{2+}	−1.7	−24.43	10.5	
Hg^{2+}	171.1	164.40	−32.2	
Cu^{2+}	64.77	65.49	−99.6	
Fe^{2+}	−89.1	−78.90	−137.7	
Ni^{2+}	−54.0	−45.6	−128.9	
Co^{2+}	−58.2	−54.4	−113	
Mn^{2+}	−220.75	−228.1	−73.6	50
Al^{3+}	−531	−485	−321.7	
Fe^{3+}	−48.5	−4.7	−315.9	
La^{3+}	−707.1	−683.7	−217.6	−13
Ce^{3+}	−696.2	−672.0	−205	
Ce^{4+}	−537.2	−503.8	−301	
Th^{4+}	−769.0	−705.1	−422.6	
VO^{2+}	−486.6	−446.4	−133.9	
$[Ag(NH_3)_2]^+$	−111.29	−17.12	245.2	

续表

物　质	$\Delta_f H_m^\ominus$/(kJ·mol^{-1})	$\Delta_f G_m^\ominus$/(kJ·mol^{-1})	$S_m^\ominus$/(J·mol^{-1}·K^{-1})	$C_{p,m}$/(J·mol^{-1}·K^{-1})
$[Co(NH_3)]^{2+}$	−145.2	−92.4	13	
$[Co(NH_3)_6]^{3+}$	−584.9	−157.0	14.6	
$[Cu(NH_3)]^{2+}$	−38.9	15.60	12.1	
$[Cu(NH_3)_2]^{2+}$	−142.3	−30.36	111.3	
$[Cu(NH_3)_3]^{2+}$	−245.6	−72.97	199.6	
$[Cu(NH_3)_4]^{2+}$	−348.5	−111.07	273.6	
F^-	−332.63	−278.79	−13.8	−106.7
Cl^-	−167.159	−131.228	56.5	−136.4
Br^-	−121.55	−103.96	82.4	−141.8
I^-	−55.19	−51.57	111.3	−142.3
S^{2-}	33.1	85.8	−14.6	
OH^-	−229.994	−157.244	−10.75	−148.5
ClO^-	−107.1	−36.8	42	
ClO_2^-	−66.5	17.2	101.3	
ClO_3^-	−103.97	−7.95	162.3	
ClO_4^-	−129.33	−8.52	182.0	
SO_3^{2-}	−635.5	−486.5	−29	
SO_4^{2-}	−909.27	−744.53	20.1	−293
$S_2O_3^{2-}$	−648.5	−522.5	67	
HS^-	−17.6	12.08	62.8	
HSO_3^-	−626.22	−527.73	139.7	
NO_2^-	−104.6	−32.2	123.0	−97.5
NO_3^-	−205.0	−108.74	146.4	−86.6
PO_4^{3-}	−1277.4	−1018.7	−222	
CO_3^{2-}	−677.14	−527.81	−56.9	
HCO_3^-	−691.99	−586.77	91.2	
CN^-	150.6	172.4	94.1	
SCN^-	76.44	92.71	144.3	−40.2
$HC_2O_4^-$	−818.4	−698.34	149.4	
$C_2O_4^{2-}$	−825.1	−673.9	45.6	
HCO_2^-	−425.55	−351.0	92	−87.9
CH_3COO^-	−486.01	−369.31	86.6	−6.3

附录八　某些有机化合物的标准摩尔燃烧焓

（标准压力 $p^{\ominus}=100\text{kPa}$，25℃）

物　　质		$-\Delta_c H_m^{\ominus}/(\text{kJ}\cdot\text{mol}^{-1})$	物　　质		$-\Delta_c H_m^{\ominus}/(\text{kJ}\cdot\text{mol}^{-1})$
CH_4(g)	甲烷	890. 31	C_2H_5CHO(l)	丙醛	1816. 3
C_2H_6(g)	乙烷	1559. 8	$(CH_3)_2CO$(l)	丙酮	1790. 4
C_3H_8(g)	丙烷	2219. 9	$CH_3COC_2H_5$(l)	甲乙酮	2444. 2
C_5H_{12}(l)	正戊烷	3509. 5	HCOOH(l)	甲酸	254. 6
C_5H_{12}(g)	正戊烷	3536. 1	CH_3COOH(l)	乙酸	874. 54
C_6H_{14}(l)	正己烷	4163. 1	C_2H_5COOH(l)	丙酸	1527. 3
C_2H_4(g)	乙烯	1411. 0	C_3H_7COOH(l)	正丁酸	2183. 5
C_2H_2(g)	乙炔	1299. 6	$CH_2(COOH)_2$(s)	丙二酸	861. 15
C_3H_6(g)	环丙烷	2091. 5	$(CH_2COOH)_2$(s)	丁二酸	1491. 0
C_4H_8(l)	环丁烷	2720. 5	$(CH_3CO)_2O$(l)	乙酸酐	1806. 2
C_5H_{10}(l)	环戊烷	3290. 9	$HCOOCH_3$(l)	甲酸甲酯	979. 5
C_6H_{12}(l)	环己烷	3919. 9	C_6H_5OH(s)	苯酚	3053. 5
C_6H_6(l)	苯	3267. 5	C_6H_5CHO(l)	苯甲醛	3527. 9
$C_{10}H_8$(s)	萘	5153. 9	$C_6H_5COCH_3$(l)	苯乙酮	4148. 9
CH_3OH(l)	甲醇	726. 51	C_6H_5COOH(s)	苯甲酸	3226. 9
C_2H_5OH(l)	乙醇	1366. 8	$C_6H_4(COOH)_2$(s)	邻苯二甲酸	3223. 5
C_3H_7OH(l)	正丙醇	2019. 8	$C_6H_5COOCH_3$(l)	苯甲酸甲酯	3957. 6
C_4H_9OH(l)	正丁醇	2675. 8	$C_{12}H_{22}O_{11}$(s)	蔗糖	5640. 9
$CH_3OC_2H_5$(g)	甲乙醚	2107. 4	CH_3NH_2(l)	甲胺	1060. 6
$(C_2H_5)_2O$(l)	二乙醚	2751. 1	$C_2H_5NH_2$(l)	乙胺	1713. 3
HCHO(g)	甲醛	570. 78	$(NH_3)_2CO$(s)	尿素	631. 66
CH_3CHO(l)	乙醛	1166. 4	C_5H_5N(l)	吡啶	2782. 4

参 考 文 献

[1] 沈文霞．物理化学核心教程[M]．北京：科学出版社，2004.

[2] 印永嘉，奚正楷，张树永．物理化学简明教程[M]．第四版．北京：高等教育出版社，2007.

[3] 天津大学物理化学教研室编．物理化学[M]．第四版．北京：高等教育出版社，2001.

[4] 韩德刚，高执棣，高盘良．物理化学[M]．北京：高等教育出版社，2006.

[5] 傅献彩．物理化学(上、下册)[M]．第五版．北京：高等教育出版社，2006.

[6] 程兰征．物理化学[M]．第三版．上海：上海科学技术出版社，2008.

[7] 傅玉普，王新平．物理化学简明教程[M]．大连：大连理工大学出版社，2007.

[8] 刘彬，卢荣．物理化学[M]．武汉：华中科技大学出版社，2008.

[9] 邵光杰，王锐，等．物理化学[M]．哈尔滨：哈尔滨工业大学出版社，2002.

[10] 薛万华，刘月成，等．物理化学简明教程[M]．北京：地震出版社，2001.

[11] 肖衍繁．物理化学[M]．天津：天津大学出版社，2004.

[12] 王永辉，黄廷林．水物理化学[M]．西安：西北工业大学出版社，1993.

[13] 苏克和，胡小玲．物理化学[M]．西安：西北工业大学出版社，2004.

[14] 蔡炳新主编．基础物理化学[M]．第二版．北京：科学出版社，2006.

[15] 范康年主编．物理化学学习指导[M]．第二版．上海：复旦大学出版社，2007.

[16] 张玉军．物理化学[M]．郑州：郑州大学出版社，2007.

[17] 王淑兰．物理化学[M]．第三版．北京：冶金工业出版社，2007.

[18] 侯新朴．物理化学[M]．第六版．北京：人民卫生出版社，2007.

[19] 胡英．物理化学[M]．第四版．北京：高等教育出版社，1999.

[20] 董元彦，李宝华，路福绥．物理化学[M]．第二版．北京：科学出版社，2001.

[21] 安邦继．物理化学[M]．北京：中国石化出版社，1995.

[22] 高月英，戴乐蓉，程虎民．物理化学(生物类)[M]．北京：北京大学出版社，2000.

[23] 林清枝．物理化学[M]．北京：北京师范大学出版社，2000.

[24] 石国乐．给水排水物理化学[M]．第二版．北京：中国建筑工业出版社，1997.

[25] P. W. 阿特金斯．物理化学[M]．天津大学物理化学教研室，译．北京：高等教育出版社，1990.

[26] 周祖康，顾惕人，马季铭．胶体化学基础[M]．北京：北京大学出版社，1987.

[27] 王亚琴，马腾．原始创新从哪里来：再谈化学中合成氨方法的发现[J]．大学化学，2021，36(4)：2008035.

[28] 张进，刘利，姚思童．物理化学 MOOC 课程思政探索与实践[J]．大学化学，2021，36(3)，2010076.